JN284772

ACT(アクセプタンス&コミットメント・セラピー)をまなぶ
セラピストのための機能的な臨床スキル・トレーニング・マニュアル

著
ジェイソン・B・ルオマ
スティーブン・C・ヘイズ
ロビン・D・ウォルサー

監訳
熊野宏昭　　高橋 史　　武藤 崇

星和書店

Seiwa Shoten Publishers

2-5 Kamitakaido 1-Chome
Suginamiku Tokyo 168-0074, Japan

Learning ACT

An Acceptance & Commitment Therapy
Skills-Training Manual for Therapists

by

Jason B. Luoma, Ph.D.
Steven C. Hayes, Ph.D.
Robyn D. Walser, Ph.D.

Translated from English
by

Hiroaki Kumano, M.D., Ph.D.
Fumito Takahashi, Ph.D.
Takashi Muto, Ph.D.

English Edition Copyright © 2007 by Jason B. Luoma, Ph.D., Steven C. Hayes, Ph.D.,
and Robyn D. Walser, Ph.D. and New Harbinger Publications,
5674 Shattuck Ave., Oakland, CA 94609

Japanese Edition Copyright © 2009 by Seiwa Shoten Publishers, Tokyo

目次

イントロダクション　xi

第1章　ACTの6つのコア・プロセスとその共通ターゲット……………1

精神病理のACTモデル　5
  体験の回避　6
  認知的フュージョン　9
  概念としての過去と未来の優位・制限された自己知識　13
  概念としての自己に対するとらわれ　14
  価値の明確化・価値との接触の欠如　16
  行為の欠如，衝動性，回避の持続　16

ACTの6つのコア・セラピー・プロセス　17
  アクセプタンス　18
  脱フュージョン　19
  「今，この瞬間」に存在すること　22
  文脈としての自己　22
  価値づけされた方向性を定義すること　24
  コミットされた行為　26

ACTの定義　27

第2章　ウィリングネス／アクセプタンスの育成‥29

ウィリングネスとは何か　31
　　なぜ，ウィリングネスなのか　33
　　ウィリングネスと脱フュージョンのつながり　35
　　何がこのプロセスのきっかけとなるのか　36
　　その方法はどのようなものか　37
　　　　コントロールを弱める　37
　　　　アクセプタンスを育成して実践する　64
　　　　ウィリングネスは他のACTプロセスに依存する　70
　　コア・コンピテンシーの実践　70

第3章　認知的フュージョンを弱める　………101

　　脱フュージョンとは何か　102
　　なぜ，脱フュージョンか　104
　　何がこのプロセスのきっかけとなるのか　105
　　その方法はどのようなものか　108
　　　　体験の再発見で言語の限界を教える　111
　　　　思考や気分と人との間に距離をおく　114
　　　　言語の隠された性質を明らかにする　119
　　　　より大きな言語的関係を弱める　122
　　セッション内での脱フュージョンを活用する　128
　　　　言葉づかいの約束事　129
　　　　メタファーを思い出させる　129
　　　　マインドのフュージョン性をクライエントに認識させる　133
　　脱フュージョンを適用する際の柔軟性　135

コア・コンピテンシーの実践　137

第4章　「今，この瞬間」との接触 …………173

「今，この瞬間」との接触とは何か　174
なぜ，「今，この瞬間」と接触するのか　176
何がこのプロセスのきっかけとなるのか　178
その方法はどのようなものか　179
　構造化されたエクササイズを用いて，「今，この瞬間」へ
　　の気づきを高めていく　180
　瞬間を発見する　185
　「今，この瞬間」の中で関わる　189
　「今，この瞬間」への気づきを通して文脈としての
　　自己を形成する　191
コア・コンピテンシーの実践　192

第5章　概念としての自己と文脈としての
　　　　自己を区別する ………………213

概念としての自己　214
文脈としての自己　217
なぜ文脈としての自己を内容としての自己と区別する
　のか　219
何がこのプロセスのきっかけとなるのか　220
その方法はどのようなものか　222
　メタファー　223

　　　　短期的介入　226
　　　　体験的エクササイズ　231
　　　　自己評価とのフュージョン　233
　　　　文脈としての自己と，良く生きること　236
　　コア・コンピテンシーの実践　238

第6章　価値に沿った方向性を見出す……… 253

　価値とは何か　257
　なぜ，価値か　259
　この章の内容　262
　何がこのプロセスのきっかけとなるのか　263
　価値についての効果的な対話とはどのようなものか　264
　　　活力　264
　　　選択　268
　　　現在への志向性　270
　　　傷つきやすさを進んで受け入れる姿勢　271
　　　価値？　どのような価値？　271
　その方法はどのようなものか　274
　　　クライエントが自分の価値と向き合い，はっきりと言語化できるようにガイドする　276
　　　自分の価値に関してはっきりした立場をとるようにコーチする　277
　　　価値に照らし合わせて現在の人生の方向性を再検討することを支援する　278
　　　価値についての特徴を教える　281

セラピーにおけるセラピスト側の価値を直接述べる　287
　　コア・コンピテンシーの実践　293

第7章　コミットされた行為のパターンを形成する……309

　　コミットされた行為とは何か　310
　　なぜ，コミットされた行為か　312
　　ウィリングネスとコミットされた行為の関連　312
　　何がこのプロセスのきっかけとなるのか　314
　　その方法はどのようなものか　315
　　　価値に沿った人生のゴールを特定し，実行計画に結びつける　316
　　　感情的バリアがある中でコミットメントを維持する　322
　　　コミットされた行為の特徴を正当に評価する　330
　　　時間軸に沿った行為のパターンの形成　334
　　　逸脱と再発　335
　　コア・コンピテンシーの実践　339

第8章　ACTを用いたケースの概念化………363

　　なぜ，ケースの概念化か　365
　　ACTケース概念化プロセスの概要　367
　　ケースの概念化のサンプル　389
　　　サンプル・ケース：アルフォンソ　389
　　　アルフォンソの完成したケース概念化　401

ケースの概念化の実践　408
　　実践ケース：サンドラ　408
継続的なプロセスとしての機能分析　421
　　複数のトラッキング　422
　　機能のレンズを通じて見る　423
ACTのケース概念化は伝統的なCBTとどう異なるのか　424
　　ACTと伝統的なBT　424
　　ACTと伝統的なCBT　425

第9章　ACTの治療スタンス：ACTを実行するためのACTの使用 …………………… 429

ACT治療スタンスのコア・コンピテンシー　430
3つのレベルでのACTプロセス：クライエント，セラピスト，関係　437
　　クライエント　437
　　実践家　437
　　関係　440
治療関係のACTモデル　441
　　ACTを治療関係に適用する　442
　　いつ関係そのものに焦点を当てるか　443
治療関係をターゲットとする　444
　　クライエントが「うまくいっていない」と言う　445
コア・コンピテンシーの実践　455
　　クライエントが「ものごとはうまくいっている」と言う　456

クライエントが何かの説明を望む 465

第10章　ACTというダンスの踊り方 473

6つすべてのプロセスを具体的に示す面接記録サンプル　477
ACTのトラブルシューティング：7つのよくある落とし穴　491
落とし穴を探す実践練習　504
　落とし穴を探すさらなる実践練習　514
実践練習：ACTモデルで柔軟性を構築する　514
　実践エクササイズ：柔軟性を高める　515
セラピストの対応の選択に影響を与える文脈　530
　クライエントの行動を理解する　530
　セラピーのより大きな枠組み　531
　即時のセラピスト行動　531
よくある質問　532
結論　544

付記A　グループや教室という場での本書の使用 549

グループ学習環境で本書を使用するにあたっての一般的な問題点　549
ピア・コンサルテーション・グループに特有の問題　552

スーパーヴィジョン，実践演習，および訓練環境での
体験的ワーク 553
視覚的・聴覚的記録の使用 557
訓練でのロールプレイの使用 559
モデルの提供 560

付記B　さらなる学習のためのリソースと参考文献 ‥563

付記C　ACTコア・コンピテンシー評価フォーム ‥567
自分自身のスーパーヴィジョンのためにこのフォーム
を使う 567
他者のスーパーヴィジョンをするときにこのフォーム
を使う 569
コア・コンピテンシー評価フォーム 570

ACT用語の解説 575
文献 581
索引 585

監訳者あとがき 595

● イントロダクション ●

リチャード・コリーが街中に出るといつも,
歩道にいた私たちは彼を見た。
彼は頭のてっぺんから足の爪先まで紳士で,
高潔な顔立ちに皇帝のような細身の身体。

そして彼はいつも身だしなみがよく,
話すときにはいつも,人間味があった。
それでもやはり,彼から「おはよう」と言われると,
胸がどきどきしたし,歩くときには人目を奪った。

そして彼は裕福だった——そう,王様よりも裕福だった。
そしてすべてのたしなみで,尊敬に値する教育を受けていた。
要するに,私たちはあらゆる意味で
彼のようになりたいと考えた。

私たちは労働を続け,光がさすのを待っていた。
肉など手が出ず,パンを呪いながら。
そしてリチャード・コリーは,ある静かな夏の夜,
家に帰ると自分の頭を撃ち抜いた。

Edwin Arlington Robinson (1922)

　苦痛と無縁の人生を構築するのは不可能である。Edwin Arlington Robinsonの有名な詩は,毎日,少なくとも外から見たところでは,誰もが欲しがるようなものはすべて手に入れている人が,それ以上一瞬たりとも我慢するよりも,存在を終結する方を選んでいることを思い出させる。ヒトという種として,私たちはほかの種が遭遇するのと同じような苦しい出来事にたくさん遭遇する。ヒトもヒト以外の動物も同じように,喪失,予期せぬ困惑,身体的に苦痛な体験に直面する。それでも,私たちはそういった出来事に対して,動物がしないあることを行う。私たちはそのことに

ついて「いろいろと考える（mind）」のであり，このプロセスを通じて苦しみを増幅させ，その苦しみを感じ続けるようになってしまうのだ。

　人間の思考や理由づけの能力は，まことに驚くべきものだ。私たちの言語システムはほかの何ものとも似ていない。それは切れ目のないプロセスとして，私たちの意識（awareness）を決して終わらない言語のつながりでできた流れで満たす。この能力は，すばらしくもあれば恐ろしくもある。そもそも人間がさまざまな偉業を達成できるのは，この能力が支えてくれているからだ。それはコミュニケーションをし，作り上げ，計画し，問題解決するという能力である。深く愛する能力，他人にコミットする能力，希望する未来を夢見る能力，そしてその実現のために努力する能力の一部でもある。しかしながら，こういった可能性を支える認知的・言語的能力の構成要素と同じものが，満ち足りた生活のただ中でさえも私たちに苦悩を与える。私たちをリチャード・コリーに**する**のである。

　人間は，苦痛をもたらし人生すら変えてしまうようないろいろな方法で懸命の努力をする。困難な感情や思考をもたらすような出来事が起これば，そのような体験を取り除こうと懸命に努力するものだ。そこで使う手段は，困難な感情や思考の引き金となった出来事を避けようとすることと，その体験に伴うネガティブに評価された感情や思考を取り除こうと試みるというものだ。例えば，失敗に関する不安や喪失に関する悲しみを感じたくないので，そういった感情を引き起こすかもしれない出来事が起きると，その出来事と結果としての感情反応を回避しようとするのである。

　こういったステップを踏むのは予測できないことではない。もし不愉快なことがあれば，その修正方法を考え出すのはもっともである。この方略の問題点は，言語――「マインド」[訳注]と呼ばれているものを構成している表象能力――のパラドックス的効果にある。回避できないものを回避するために，こういった能力を使おうと試みるからだ。ある形で考えたり感じたりしないことが重要であるが，それでもなお，そのように考えたり感じたりしているのがわかると，そのような体験を排除しようとしてマインドは

訳注　心の働きの理性的な側面。日本語では「頭（あたま）」に近いかもしれない。

消耗してしまうかもしれない。しかしながら，こういった体験を排除しようという集中的な努力の中で，追い払いたいと思っている悪魔を実際には増殖・強大化させてしまうのだ。

　アクセプタンス & コミットメント・セラピー（Acceptance & Commitment Therapy; ACT(アクト)）[32]は，この言語能力の有害な機能と言語能力が人間の苦しみにおいて果たす役割に対して，解毒剤になりうるものを提供する。ACTは文脈(主義)的な認知行動的介入（cognitive-behavioral intervention）であり，私たちを苦しめる言語的困難を打破しながら，自分の体験に基づく知恵の感覚ともっと接触できるように支援することで，心理的柔軟性を作り出すことをねらいにしている。ACTは人間の認知プロセスに内在するパラドックスに取り組み，クライエントが有意義で価値に基づいた生活を送れるようにアクティブに働きかける。ACTは多くの方法で，クライエントが価値づけされた方向に動くのを助ける。「今，この瞬間」との接触，自己と他者のアクセプタンス，脱フュージョンと脱言語化，超越的な自己の体験[訳注]との接触，価値に基づいた生活，コミットされた行為などである。これらのプロセスはそれぞれ，クライエントのもがき苦しみや望まない体験からの困難に対して，温かさと共感をもって適用される。ACTは心理療法に対する建設的なアプローチであり，価値を志向する建設的な行動のレパートリーを築くことに焦点を当てる一方で，自分の内的体験をあるがままに思いやりをもって受けとめられるようになるのを助けるのだ。

　ACTは，関連する基礎理論の関係フレーム理論（Relational Frame Therapy; RFT）[26]から情報を得て，どのように言語が機能して，人間を苦痛な心理的内容の中で身動きがとれないようにするのか，そしてこのことが苦しみや悲惨さの増大にどうつながっていくのかを探求している。この関係は既刊書で詳しく説明されているので，本書ではそれについてのより臨床的な面を簡単に要約する。ACTのこういった問題へのアプローチ法についていくぶん詳細に記述することにする。そして，本書の主要な部分で

訳注　「文脈としての自己」「観察者としての自己」「場としての自己」「視点としての自己」とも呼ばれる。

は，ACTの中核的なセラピー・プロセスがいかに適用されるかを，読者にとって有用かつ理解可能な形で示している。

　私たちは，本書によって臨床家の方々が臨床実践でこの技法の適用を始められるようエンパワーされることを願っている。これこそ，本書のたいへんユニークな点である。この技法の哲学，理論，概念，言語的な知識を超えて，スキルとコンピテンシーを現実に作り出すことをねらいとしているのだ。実践面に重点をおき，意図的に参考文献などはあまり含めず，読みやすいスタイルになるように書きあげた。

　本書の特徴は，以下のとおりである。
- もっと生きがいを感じ，充実して，生き生きとした生活を送れるように，臨床家がクライエントを支援できるようにする。
- 章のそれぞれの内容が明確であり，それぞれがACTワークにおける別々の主要なコア・セラピー・プロセスを扱うように構成されている。
- 本書に書かれていることを実践することで，臨床家がACTを使い始めることができるくらいの知識とスキルのレベルに到達するための訓練を行う。
- 次のようなほかのACTのテキストにとってもスキル訓練に役立つように意図されている。ほかのテキストとは，ACTの理論，哲学，データ，メタファー，エクササイズ，適用方法についてのものや，不安，うつ，慢性的疼痛，精神病性障害のような多様なクライエントの問題に対するACTの適用やその適切さについて，より詳細な情報を提供するものである（p.581の文献を参照）。
- クライエントの訴えの内容がどんなものであっても効果を上げられるように，臨床家が各セラピー・プロセスに関係するコア・コンピテンシーのスキルを築けるように支援する。

　私たちは本書をハウツー本と考えているわけではない。ACTはその種のセラピーではない。私たちが臨床家に望むのは，ACTがどのように実施されるかをはっきりと理解するだけではなく，このセラピーが人間の体験に

もたらしうる活力も理解することである。エクササイズとホームワークに取り組むことも含めて，本書には個々人で深く関与してもらいたい。それには多くの理由があるのだが，一番大切な理由は，セラピストとしてクライエントに実行してもらうACTに個人的に取り組むことの意味を体験できる，ということだ。このセラピーは，自分自身の生活で同じアプローチを適用していないと，実行が難しいことがあるのだ。例えば，自分自身の感情との個人的体験を考えてみよう。自分にとって最も苦しいことに直面したとき，どうするだろうか。その答に排除あるいはコントロールするためのいろいろな努力が含まれていたら，「何の目的で？」と質問されることになるだろう。多くの人と同じように，たぶんあなたにとっての目的も「気分を良くするため」というものであろう。しかしながら，もしあなたの答が「苦痛をありのままに体験する」というものであれば，そして，そうすることでより良く生きることができるのであれば，あなたはACTアプローチの学習でかなり駒を進めていることになる。

多くのセラピストはおおむね，人々の気分が改善するように助けることに焦点を当てている。セラピーの後，クライエントの症状が減少し感情的に気分が良くなるというのが望ましいことなのだ。一方，ACTの焦点は明白に，より良く生きることに当てられる。これには，気分が良いことも含まれるかもしれないが，含まない場合もありうる。時として，より良く生きるには実際，苦痛を**感じる**ことが求められる。もし，そうすることが他とのつながり，選択，活力をもって生きることを促進するのであれば，ACTは不必要な防衛をせずに苦しみを感じるために必要なスキルを提供するように努める。ACTの鍵となるゴールは，クライエントが選択し個人的に価値づけされた方向へ動くのを助ける一方で，すでに直接的に感じ考えていることをそのまま感じて考えるサポートをすることである。

◪本書の使い方

本書は，ACTの概念や方法に関する他書との併用を推奨しているが，と

くに以下の書を推薦する[訳注]。

Hayes, S. C., Strosahl, K. & Wilson, K. G. (1999). *Acceptance and commitment therapy: An experiential approach to behavior change*. New York: Guilford Press. [This is still the seminal ACT book and no ACT clinician should fail to have it and to read it.]

Hayes, S. C. & Strosahl, K. D. (2005). *A practical guide to acceptance and commitment therapy*. New York: Springer-Verlag. [Shows how to do ACT with a variety of populations.]

Eifert, G. & Forsyth, J. (2005). *Acceptance and commitment therapy for anxiety disorders*. Oakland: New Harbinger. [Although this is nominally for a specific population, it is also a strong, generally useful ACT protocol that shows how to mix ACT processes into a brief therapy for anxiety disorders.]

Hayes, S. C. & Smith, S. (2005). *Get out of your mind and into your life*. Oakland, CA: New Harbinger. [A general purpose ACT workbook. Can be useful in helping therapists new to ACT contact the work experientially and can readily be used as homework for clients.]
武藤崇, 原井宏明, 吉岡昌子, 岡嶋美代訳：〈あなた〉の人生をはじめるためのワークブック―「こころ」との新しいつきあい方 アクセプタンス＆コミットメント. ブレーン出版, 2008.

Hayes, S. C. (2007). *ACT in action*. Oakland, CA: New Harbinger. [A six DVD series with some of the best ACT therapists showing how to do ACT.]

　上記に加えて，特定の障害や問題に関するセラピスト向け，個人向け両方のACTの本も，多数存在する。

　文脈的行動科学学会（Association for Contextual Behavioral Science）のウェブサイト（www.contextualpsychology.org）に，リストが掲載されている。このウェブサイトは，ACT研究，臨床的・理論的出版物，オンライン討論，訓練，団体，会議，マニュアル，プロトコル，メタファー，ネットワーキングの門戸になっている。このサイトはACTの学習を始める際の貴重なリソースであるばかりか，すでにACTの訓練を受けていたりACTを使用している場合にも有用である。

　さらに，www.learningact.comは，本書のサポートを目的としたサイトだ。他の読者と交流することができ，ACT学習の付加的なガイダンスが含まれている。上記の本やリソースは読者がACTについてもっと発見できるようにという目的のためだけにリストアップしている。本書はACT書籍の他の出版業者（Guilford PressやSpringer-Verlagなど）に推薦されている

訳注　"*Get out of your mimd and into your life*"以外は翻訳されていない。日本語で読めるものとしては，上記以外に，『アクセプタンス＆コミットメント・セラピーの文脈』（ブレーン出版），『こころのりんしょう à la carte　ACT特集号』（星和書店），『ACTを実践する』（星和書店）などを推奨したい。

◘本書の構成

　本書のイントロダクションと最初の章は，ACTの背後にある理論の概略とACTの観点からケースを考えるのに役立つような，いくつかの道具を提供している。具体的に，第1章は，基本的学習プロセスが，問題をはらむ言語の影響とあいまって，人間にとっての苦しみの増加にどうつながっていくのか，概要を示す。変化についてのACT理論の概要もまた，この章で示される。第2章から第7章までと第9章は，ACT臨床家が学習すべきコア・コンピテンシー領域に焦点を当てる。これらの章のうち，初めの6章は6つのコア・セラピー・プロセスに焦点を当て，第9章はACTでの治療関係に焦点を当てる。各章には，各技法のクライエント－臨床家という構図での具体的な説明と並んで，当該コンピテンシーに関連して用いられる基本的メタファー，物語，技法の描写が含まれ，実践的な記述課題で締めくくられる。この課題は，実例となるさまざまなクライエントの資料に，学習した原則を適用するというものである。各章はまた，論じられるプロセスをいつ使うか，そのプロセスの実施の際に発生する，よくある問題にどう対処するか，そして少なくとも1問の体験的エクササイズを取り上げる。第8章は，ACTの観点からのケースの概念化を行い，トリートメント[訳注]・プランを立てることを通して，ACTモデルを練習用症例に適用するチャンスを提供し，それまでの章で学んだことのすべてを統合するプロセスを始める。

　第2章から第7章までは，ACTプロセスのそれぞれは，おおかた別々のものとして示されている。けれども，実際のクライエントとのセッションでは，単独のコンピテンシーがそれだけで焦点を当てられることはまれで

訳注　treatmentは一般的に「治療」と訳出されるが，ACTの特性上，日本語の「治療」がもっているニュアンスよりも広い意味（例えば「支援」など）を含むため，そのまま「トリートメント」とした。

ある。むしろ各セッションでは，複数のプロセスが探求され活用される。第10章は，セッションでのさまざまなACTプロセスの使用を統合し，それを柔軟に行えるように示唆している。ちょうどACTがクライエントに心理的柔軟性を構築しようと試みるのと同様に，本書によって，ACTの適用に際しての臨床家としての柔軟性が伸びていけばよいと考えている。第10章では，柔軟性を伸ばせるように多様なエクササイズを提供し，ACTについてのよくある質問にも回答している。

　本書の最後のセクションが「付記」である。付記Aは学習グループ，クラスルーム環境，大学の実習科目のようなグループでACTを学んでいる人へのガイダンスを提供する。これまでの体験から，ACTに関わるセラピストを支援するためには，コミュニティをもつことが大切だとわかっている。友人・同僚のグループでも，インターネットでアクセスするバーチャル・コミュニティでも，一時的なコース，あるいはスーパーヴァイザーやメンターとの関係であっても，この社会的／言語的コミュニティは，臨床家，とくにACT臨床家としての軌道からはずれないために必須である。幸か不幸か，有能なACT臨床家のレパートリーの一部である話し方や考え方の多くは，普通の文化の中でよく目にするものではない。主流の西洋文化が発するメッセージの多くでは，とくに「良い気分主義（feelgoodism）」（つまり体験のコントロール）や思考との字義どおりの相互作用を育むメッセージが非常に支配的かつ自動的なので，ACTに精通した社会的／言語的コミュニティの支援なしでは，ACTに基盤をおく，新しく，あまり実践されていない行動や思考のレパートリーが長期間維持される可能性は低いだろう。

◘ 別売りDVD[訳注]

　DVDは，訓練された俳優たちがクライエントを演じた，コア・コンピテンシーのロールプレイの実例を提供し，本書を補足している。ACTの方法と原理の適用例として，比較的スキルのあるものと比較的スキルのないも

訳注　2010年春，星和書店より刊行予定。

のの両方を示すために，これらの実例を創作した。すべてのコンピテンシーがDVDでカバーされたわけではないが，第8章（ケースの概念化）以外の第2章から第10章までの例が提供されている。

　DVDは，文字では表現しきれないエクササイズや方法のモデルを示している。利用方法の良い例として，各クリップを再生し，ナレーター（セラピスト）が何が実演されているのか説明する前に再生をポーズにする，という方法もある。クリップの中で，どこがACTモデルに当てはまりどこが当てはまらないのかを決めるようにしてみて，その後に初めて，ナレーターの考えを聞くのだ。このスタート ＆ ストップ方式は，本とDVDの両方をワークショップやクラスルーム環境で使用する場合にとくにお勧めしたい。DVDを見る前に本の対応章を読むようにするとよい。

◧本書の実践エクササイズの使用

　ACTの技法とスキルについて読むのも大事だが，有能なACT臨床家になるには，スキルを実践する方が大切である。あるセラピーについて広範な知的理解をもてば，明らかにそれを使い始めることへの舞台が整う。しかし，ACTでは，それ以上のことをするように求めたい。ACTでは，セラピーをガイドしてくれるのは言語的知識ばかりではない。体験的に知ること（つまり，体験的知識）もまた，質の高いセラピーの理解と提供には重要である。ACTの学習は，バイオリンを習う試みに似ている。弓のもち方や音階の機能について，本で読むことはできる。けれども，ただ演奏法について読んでも，バイオリンを弾くことはできないのだ。実践練習が必須である。本を読むこと（言語的知識）で「弓のもち方」は教えてもらえるが，この本のエクササイズは，バイオリンの演奏（体験的知識）を始めるのを助けるように作られている。

　第2章から第7章までの各章末に，「コア・コンピテンシーの実践」という名称のセクションを用意した。架空のクライエントの逐語録に基づいた実践エクササイズを提供しているのだ。本書で取り上げるケースの多くは，

実在のクライエントをもとにしたり何人かのクライエントを合成したものである。すべてのケースで，その人物のプライバシーを保護するために何らかの側面を変更してある。これらのエクササイズによって，現実のクライエントで行う前に，架空のクライエントへの対応を定式化して練習できるのだ。エクササイズは自分自身で対応するようにし，それからACTと合致した対応として提案されるもの（それぞれ，章末に「モデル」として掲載）と比較してほしい。

実践エクササイズに加えて，「体験的エクササイズ」も各章についている。これは実践練習として行うように意図されていて，個人的性質のものである。「体験的」という語は，ACT臨床家として最も有能になれるようなACTスペース，スタンス，心理的姿勢を見つけるのに役に立つのが目的である，ということを意味している。これらのエクササイズの性質は，セラピーの性質と深く関連している。

ACTではクライエントに，体験的に提供されたものすべてを困難やネガティブなものも含めて進んで体験するというプロセスに全面的に関与するよう求める。これを，豊かで価値づけされた人生を送るというゴールを目指して行っていくのだ。あなたにも，本書で取り上げた体験的エクササイズに全力でオープンに取り組み，自分自身に結びつくようなやり方でエクササイズに関わっていくことを通して同じことを行ってほしいのである。本書にはインタラクティブなエクササイズをできるだけ多く盛り込むようにしたので，すべてを使ってほしい。ほかの内容を学ぶために，飛ばして先に行きたいという誘惑があるかもしれないが，その好奇心に気づいて，手元にある内容にとどまり，順番どおりにエクササイズに取り組んでほしい。どうしても飛ばして先に進むなら，この本の価値のすべてを引き出せるように，後でそのエクササイズに戻って完了していただきたい。

◤ACTを始める前に

このセラピーの使用を始めるにあたっては，以下のことをお勧めしたい。

第一に，クライエント相手にこのアプローチを実践し始める前に，ACTモデル全体の意義を十分に理解していただきたい。すでに述べたように，セラピー・プロセスは分離したものであるかのように掲載されているが，実際には相互に依存している。ひとつのプロセスの基本的理解が欠如していると，ほかのプロセスの実施が困難になったり混乱したり，セラピーが行き詰まったりするかもしれない。その上，アプローチの全般的な理解がなければ，セラピストは介入の全体的な主旨をだめにしてしまうような矛盾をもち込むことになる。大半の臨床家は，ACTの最初の本[32), 訳注]を読めばモデル全体を十分に理解できるだろう。すでにこれを注意深く行ったのであれば，本書で説明されている方法を，読み進めながら適用していくことができるかもしれない。しかし，本書がACTについて初めて読む本であるなら，この本の方法をクライエントに使う前に，最初から最後まで読むべきである。

　第二に，理論やセラピーと共に成長する時間をとってほしい。これらのアプローチを使い始めたとき，実践で混乱してしまうかもしれない。とくに，コントロールすることに基盤をおく介入理論に基づいた実践をしてきたのであれば，そうなるだろう。ACTに魅力を感じた実践家がACTを適用する際に，最初はぎこちなく，混乱して不安に感じるのは珍しいことではない。一般外来開業の初心者のセラピストに関する最近の介入効果研究は，伝統的な認知行動療法（cognitive behavior therapy; CBT）に比べて，ACTはセラピストをより不安にさせ，その方法を適用する体験を重ねても不安が減少するには時間がかかるが，クライエントの臨床的アウトカムは有意に優っている，ということを示している[40)]。とくにこのことは，臨床家の不安やぎこちなさがセラピーの有効性をなくすものでないと示唆しているので，ACT実施にあたって体験する不快感をおさめる「スペースを作る」ようにし，新しい技法の適用を続けていってほしい。『〈あなた〉の人生をはじめるワークブック』（"*Get out of Your Mind and Into Your Life*"）[29)]などのセルフヘルプ形式のACTの本は，このプロセスにACTを適用する場合

訳注　日本語への翻訳はされていない。

に役に立つだろう。時間と努力は，オープン性とあいまって，最終的にはより大きな全体性の感覚を生むであろうが，ACTを行う際の傷つきやすさの感覚は決して完全には消えないと付け加えておこう。ACTは臨床家に，防衛なしにオープンな状態で他人と共に立つことを求めている。このプロセスは生々しく，そして豊かなものであり，それはワークそのものをやめなければ回避できないものである。

　第三に，実践に際してはACTを統合し始める以下の基本的方法をお勧めしたい。ひとつは，多様な形態で入手できる標準化されたマニュアル（p.581の文献やウェブサイト www.contextualpsychology.orgにリストされた本など）に基づきACTを実施することから始める方法だ。理想的には，そのマニュアルで論じられている特定のトリートメントに合致する問題を訴えるクライエントを相手に，最初から最後までマニュアルにしたがうことができればよい。もうひとつは，うまくいかずに苦労していると思われるクライエント相手にACTを始めるというものだ。よくあることだが，その人が難しいクライエントであれば，初めてのケースとすることは直感に反するかもしれない。しかし，あなたが以前からもっている介入レパートリーが肝心な部分で効果を上げてこなかったのだから，自分自身がクライエントと同じ立場にいることがわかるだろう。つまり，行き詰まっている，ということだ。ACTを試せば，何か新しいことが起きて，セラピー・プロセスの膠着状態を脱出できるかどうか，確認できるというわけだ。

　第四に，体験的なACTワークショップに参加してみてはいかがだろうか。これはこの特別な介入を学習するための，本当に最善の方法のひとつである。ACTの主題は，あらゆる体験——ネガティブなものもポジティブなもの——と共に存分に生きることと，目的ある生活がもたらす自由や豊かさである。ワークショップへの参加は，世界の中での個人としての生き方においても，クライエントとの仕事においても，あなたの人生にこういった出来事を生み出すのに役に立ち，ACTプロセスの**形態ばかりではなく，機能**に関しても直観的に理解する助けになるだろう。ACTトレーニングとワークショップについてはwww.contextualpsychology.orgを参照してほしい。

最後に，ACTは科学哲学，基礎心理学，精神病理学，臨床介入の領域における大量の学術的研究に基盤をおいていることを知っておいてほしい。本書では，意図的に比較的インフォーマルな言葉を使っている。なぜなら，私たちの目的は極めて実践的なもので，スキルに焦点を当てているからだ。ACTスキルが伸びていくにしたがって，より幅広い研究成果を読めば理解が深まると思うかもしれない。初めてACT関連の学会などに参加する実践家は，しばしば，RFT，行動的原理，文脈的科学哲学のワークショップやセッションを見つけて驚愕する。たぶんもっと驚くのは，ある程度体験すると，臨床家たちは自らこれらのセッションを求めるようになり，多くの場合，その実践的有用性に情熱を傾けることになることである。本書では臨床的で常識的な言葉を用い，一般にそれらを基礎原理に結びつけるために立ち止まったりはしない。例えば，私たちは容易にマインドについて語る。この常識的領域に含まれている構成要素としての行動的スキルを特定するため，RFTの実験室で行われている研究を掘り下げたりはしないのだ。必要であれば，ACTとRFT文献をもっと読むことで，関心を満たすことができる。

もしこのワークに深く関われば，最終的には，ACTが心理学そのものを再構築する試みの一部になっているとわかるであろう。すぐに実現したい実践的目的に関心があるとしても，この本によってACTについて詳しく学び，さらに大きな文脈に注意が向けられるようになるだろう。最も重要なのは，この本を「読むこと」——ここでは「行うこと」の方が適切だろう——で，あなたが十分にACTを学び，ACTの方法によって利益を得られるクライエントを相手に，その方法を使い始めることができるようになるだろうと，私たちが思っているということだ。

第1章
ACTの6つのコア・プロセスと
その共通ターゲット

> カーテンの陰のあの男には，まったく注意を払うな。
> ——オズの魔法使い

　人間という存在を祝福しているのも呪っているのも言語である。ACTのすべてのプロセスは，この洞察とこの洞察につながった基本的研究から流れ出ている。
　ACTの観点からは，精神病理と人間の不幸の主たる源は，言語と認知が，私たちの生活の状況と相互作用して，価値づけされた長期的な目標にかなうように行動を持続したり変化を起こす能力の欠如を生み出してしまうことだ。この種の心理的非柔軟性は，人々が言語ツールをそういったツールが役に立たない場面で使ったり，効果のない方法や問題のある方法で使ったりするときに生じる。言語と論理的あるいは合理的思考はとても多くの場面で役に立つので，それが必要でもなく役にも立たない生活の領域でも容易に使われてしまう。
　言語がありがたい恩恵であることは疑いもない。すべての出口に錠がかかった部屋の中にいて，逃げ出すチャンスを後にも先にも一度だけ与えられたと想像してみよう。このシナリオでのあなたの課題は行動方針を決め

ることだが，その計画を言葉にした後でないと行動をとることが許されないとしよう。この状況下では，あなたはたぶん，さまざまな選択肢とその予測される結末を評価するようにマインドを働かせ，それから一番成功しそうなものを口にするだろう。マインドが作り出した計画を振り返ってみる時間を少しとれば，助けを求めるために携帯電話を使う，ドアを蹴り倒す，隣の部屋にいる配偶者を大声で呼ぶ，窓を割って地面までジャンプするといった考えを思いついたことに気づくかもしれない。思考のみを使って，こういった計画のそれぞれに付随するリスクを検討することができるのだ。例えば，「蹴って開けるにはドアが硬すぎたらどうしようか」，あるいは「誰も電話に出なかったらどうしようか」などのような疑問を検討できる。マインドのみを用いて，計画を全面的に立案し，その計画が成功する可能性が高い理由も説明できるのだ。

　この例には，人間が言語スキルと認知スキルを使用して，外的世界でうまくやるのに必要とする要素がすべて入っている。複雑な状況は複数の構成要素や特徴に分割されている。これらの構成要素や特徴が，想像上の行動，予想，評価が行われる場を設定し，可能性が高い結果に基づいて，ひとつの計画が選択される。

　この言語による問題解決のプロセスは進化上の大利益をもたらすものだ。このおかげで，弱く，遅く，防御が少ないのに，人間はこの惑星を支配できたのだ。しかし，この同じ強力な能力は容易にとんでもない不利益にもなるのだ。部屋に閉じ込められているという場面の代わりに，激しい不安や大変なことが起こりそうだと感じる気持ちにとらわれていると想定してみよう。ここでも，課題は出口を探すことだ。解決策（例：鎮静剤を服用する，不安を抑圧する，自傷行為を行う）を生み出し，可能性のある結果（例：その感情から逃避する）を提案するために，同じ問題解決能力が動員されるかもしれない。しかし，今回の場合は，問題を解決するために立案された解決策そのものが問題になるであろうと，ACTの研究が示唆している[27]。つまりここでは，ACTモデルで体験の回避として知られている，精神病理のコア・プロセスに励んでいることになるのだ。それでも，この

「呪い」と見なせるものは，錠のかかった部屋の例における祝福と実質的に同じもの（問題解決能力）なのである。

本書が基盤をおく研究は，外界でうまく機能するのと同じものが内的世界へと向けられたときには害を生みやすいことをはっきりと示している。例えば，もしはげかけたペンキが嫌ならば，壁を削って新たに上塗りできるだろう。その一方で，過去のトラウマについて考えるのが嫌だからといって「削りはがそう」とすれば，それをもっと重要で，より顕著で，さらに影響力のあるものにしてしまうのだ。将来の旱魃（かんばつ）を恐れるなら，将来の渇きをしずめられるように水を取っておくことができるだろう。しかし，将来の拒絶を恐れ，誰からも二度とそんなふうに傷つけられないようにするには，私たちは人間関係から遠ざかったり，コミットするのを避けたりするだろう。そうやって人生における拒絶の役割を増幅してしまうのだ。

ACTは，基本的な行動原理とそれを人間の言語と認知に拡大したものに基盤をおく。この点は関係フレーム理論（Relational Frame Therapy; RFT）[26]が説明している。RFTは私たちの言語能力の根源を説明する。ACTのすべてが関係しているので，この理論を全般的に理解する必要がある。この理解はまた，ある意味では認知行動療法（cognitive behavioral therapy; CBT）の一部であるACTが，伝統的CBTと劇的に違う理由も明らかにしている。

RFTでは，社会的慣習に基づいてさまざまな出来事をお互いに関係づけることを，小さな子どものときに学ぶと説明されている。「出来事」という言葉は，ある物体を見る，ある匂いを嗅ぐ，別の人に触る，ある考えを抱く，感情を感じるといった，ある人物のあらゆる体験を意味している。社会的／言語的コミュニティによる訓練の結果，私たちはある出来事に，それがもつ別の出来事との想定された関係に基づいて反応することを学ぶ。単にこれらの出来事の物理的性質に基づいて反応するのではないのだ。ひとつの例がこの概念を具体的に説明してくれる。言語能力が十分になるまで，小さな子は形が大きいという理由でダイム（10セント硬貨）よりニッケル（5セント硬貨）の方を好み，ニッケルの代わりにダイムを与えられ

ると嫌がるだろう。もっと言語的に成熟した子どもは，ニッケルよりダイムを好む。ダイムの方がニッケル「より（価値が）大きい」ことを教えられて知っているからであり，実際に物品の購入のためにダイムを使ったことが一度もなかったとしても，ダイムの代わりにニッケルを与えられると嫌がるのだ。したがって，硬貨の機能（この例での出来事）は，ニッケルはダイムより「小さい」と恣意的に宣言する社会的な思いつきや慣習にのみ基づいている。

　人間の関係づけスキルの柔軟性は，物理的世界に存在する非恣意的な関係を超越することを可能にするが，これがあまりにシームレスに行われるので，世界そのものが私たちの関係づけ行為に完全に巻き込まれてしまう。私たちは「ガリガリの方が太っているよりいい」と言うことができ，この文章の「〜よりいい」は，「ゾウはネズミより大きい」という文章の「〜より大きい」と同じように思える。その関係（この例では，評価）は，社会的訓練の恣意的な学習歴よりも，対象そのものに存在するように見える。ひとたび，このような能力が強くなると，私たちは膨大な関係ネットワークを作り上げ，どんどん，直接体験には基盤をおかずに言語的にその機能を獲得した世界に住むようになる。これによって私たちは，文化や社会によって作り上げられた生き方や関係づけのモードに陥ってしまう可能性がある。このモードは選ばれたものでなく，常に役に立つとは限らないものだ。このように，言語は風景の背後に潜んでいて，私たちの世界を構築するように働いている。

　他方，ACTは，言語の錯覚をあらわにし，「カーテンの陰の男」をむき出しにするように働く。私たちが「マインド」として言及するものは，RFTの観点からはまったく「もの」ではなく，むしろ関係づけ能力の集合体である。出来事を——例えば，考えることで，計画することで，判断することで，評価することで，あるいは思い出すことで——関係づけるこの能力には明るい面と暗い面の両方があるが，そのプロセスはどちらの面でも非常に似通っている。違うのは文脈とターゲットとなる領域である。字義どおりの言語と認知は道具であるが，あらゆる目的に適した道具という

わけではない。

　幸い，RFTは，どのように言語と高度の認知が発達し，なぜ役にも立つが妨害にもなるかを示唆するだけではなく，こういった能力に使われることなく使う側に立てるように，この能力の手綱を引く方法も示唆してくれる。RFTは言語や認知が過剰に働く理由を明らかにする。研究者たちは，重要な言語スキルや認知スキルを訓練するために，RFTが提供する知見をますます使えるようになっている。このスキル訓練の例は，子どもに論理的比較をするように教えたり[5]，あるいは視点としての自己の体験を確立するように教えたり[46,50]するものだ。

　RFTの概念は，ACTの観点からは精神病理につながると考えられているコア・プロセスの基盤を提供する。本質的に問題なのは，字義どおりの言語が苦しみの増加につながり，その苦しみを解決する方法としての問題解決モードの思考を過度に拡張する傾向につながるということだ。結果として，自分の感情から逃避したり回避しようとし，思考に巻き込まれ，現在との接触を失い，自分自身についての自分だけの物語を信じてそれを守ろうとし始めるのだ。その間，本当に望むものはおあずけになったり，背景に退いたりして，コミットされた行為はさらに難しくなる。要するに，人間の言語を過度に拡張すれば，硬直して心理的柔軟性のない生き方につながる。ACTやRFTの観点からは，これらのコア・プロセスが人間の苦しみを生み出したり悪化させたりするのである。それでは次に，これらのプロセスをより詳しく検討してみよう。

精神病理のACTモデル

　精神病理についての全般的なACTモデルは，六角形の形でイラスト化できる（図1.1）。六角形の各頂点が，人間の苦しみや精神病理の多くを引き起こしたり助長したりすると仮定された6つのプロセスのそれぞれに呼応している[27]。この図の中央には，「心理的非柔軟性」と記されているが，これは単にこれらのプロセス全部の相互作用に言及するために使われた用語

図1.1

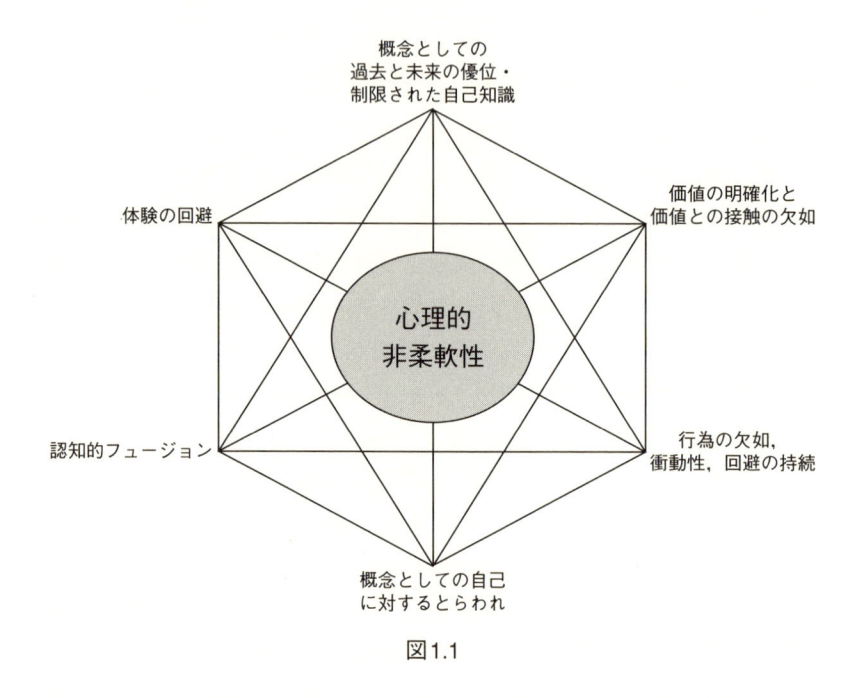

である。ACTは特定の精神病理プロセスが特定の障害と関連していることを認めるものの、ここで取り上げる一般的なプロセスが**精神病理**と呼ばれるものの伝統的境界線を横断し、多くの人たちが別個の障害とするものに併存症（comorbidity）が認められるという事実のかなりの部分を説明できる可能性があるとも主張している。

体験の回避

体験の回避は「体験のコントロール」とも呼ばれ、そのようにすることが行動上の害を引き起こす場合でさえも、内的体験（すなわち、思考、感情、身体感覚、記憶）の形態、頻度、状況に対する感受性（situational sensitivity）をコントロールあるいは変容しようという試みである[34]。ACT/RFTの観点から見ると、体験の回避は、私たちが出来事を評価し、予想し、回避する能力から自然に発生する。言いかえると、言語と認知と

の絡み合いの中で増長されるのだ。言語は外的世界では有用であ○、の理由の一部は，外的な出来事が予想でき，評価でき，回避できるこ○、由来する。こういった言語スキルが外的世界から内なる世界へと拡大するのを妨げるものは何もない。錠のかかった部屋から逃げるのに関わる認知プロセスと，薬物を使用する衝動から逃れるのに用いられる認知プロセスの間にも，食物の欠乏を予想するのに使われる認知プロセスとパニック発作を予想するのに使われる認知プロセスの間にも，本質的には差異がないのだ。

　私たちの予想と評価の能力は，感情，思考，身体感覚，そして記憶を，ポジティブなものとネガティブなものにカテゴリー分けすることにつながる。そして，これらの感情や思考などの体験は，部分的にはこのカテゴリー分けに基づいて，求められたり回避されたりするのだ。そして不運なことに，体験を回避したり変容したりする直接的な試みは特定の文脈でパラドックス的効果をもつことがあるのだ。

　ネガティブな思考を回避するプロセスから始めてみよう。何かについて考えないことが，非常に大事だと想定しよう。この思考の出現をコントロールしようという意図的な試みは，「X」を考えるな，という言語的ルールを必要とする。しかし，Xが何であろうとも，Xを特定することはXを喚起しがちである。湖について考えないようにすると湖の思考が喚起される。赤ん坊のことを考えないようにすれば赤ん坊の思考が喚起される。こういったことは単に言語的な出来事は現実の出来事に関係しているため，そして現実の出来事の性質のいくつかが言語的出来事へと転移するため，発生するのである（例：「赤ちゃん」という語と聞くと，心の中に赤ちゃんのイメージが浮かぶことがあるだろう）。

　感情についても同じことが起こる傾向がある。この理由の一部は，たった今論じた言語ルールと同じことである。したがって，不安をコントロールすることには不安について考えることが含まれ，これには不安を喚起する傾向があるのだ。一方で，その理由の一部は，こういったコントロール努力の背後にある言語的理由によるものだ。通常，不安は回避すべきもの

だと言われるが，それは望ましくない結末がいくらでもあげられるからだ。「バカなことをしてしまう」「気が狂ってしまう」「心臓発作を起こすだろう」「ちゃんとできないだろう」などなどである。けれども，こういった結末に対する自然な感情的反応には不安が含まれるということは想像できるだろう。

　これらと他にもいくつかの理由から，体験の回避は長い目で見ると役立たずで自己増幅的である。しかし残念なことに，短期的にはそうでもないのだ。飲酒で不安に対処している人は，長年の間，「うまく逃げる」かもしれない。恐ろしい状況を回避している人は，その瞬間には安堵し，自分の生活スペースが狭まっていくことには少しずつしか気づかない。さらに，体験の回避には，文化的プロセスの原因となるものも，文化的プロセスが原因になっているものもあるように思われる。ファッショナブルな服を買うことで拒絶の恐怖を回避している人は，表向きは文化と文化の経済的原動力を支えているように見える。たぶん同じような理由で，体験の回避はしばしば，社会的／文化的コミュニティによって増幅されている。コミュニティは，健康な人間は心理的な傷つきやすさ（例：ストレス，うつ，トラウマの記憶）など抱えていないという考え方を助長し，こういったネガティブな私的出来事を回避するためにとる必要のある行為を特定するからだ。少なくとも西洋文化では，一般的な社会の焦点は「気分良く感じる(feeling good)」ことに当てられている。時にはこれを超えて，私たちは気分良くあるべきであるばかりか，気分良く感じる**権利を有している**のだ！となる。アルコール，薬物，マインドレスな性行為のような回避的解決方法は，テレビ番組，コマーシャル，他のメディアでモデルが示され，全般的な"良い気分主義"は文化的に助長されているのだ。

　悲しいことに，おそらく気分良く感じることは，メンタルヘルスのモデルのまさに核心部におかれていることがよくある。障害やトリートメントの名前そのものが，この関連性を明らかに示している。障害は，私的出来事や体験の特定の組み合わせが存在するかどうかに基づいて診断される。例えば，自己批判的思考，自殺念慮，疲労感はうつ病の一部である。それ

を受けて，私たちは，その人を良い健康状態に戻すことを表向きのゴールにして，こういった症状を除去することを目的とした治療を組み立てる。不運にも，こういったことにはすべて，"良い気分主義"のメッセージを強化するというリスクがある。

認知的フュージョン

一般的な用語として，**認知的フュージョン**が指すのは，人間が自分の考えている内容にとらわれてしまい，その内容が行動を制御するための他の有用なリソースを抑えて支配的になってしまうという傾向だ。「考えている」という言葉で，私たちは，恣意的に適用できるという意味で象徴的あるいは関係的と表現できるあらゆるものを意味している。例えば，これは言葉，身振り，思考，サイン，イメージ，そして感情の一部の性質を含んでいる。

フュージョン（fusion）の動詞形である**fuse**という語は，「注ぐ」という意味の語に由来する。メタファーとしては，認知の内容と私たちがそれについて考えている世界は，レモン，水，砂糖が一緒になってレモネードになるのとほとんど同じように，1つになるまで一緒に注ぎ込まれているようなものだ。しかし，思考作業と私たちがそれについて考えている世界が1つのものとして扱われると，思考習慣が私たちの世界への反応方法を支配できるようになり，私たちは思考が世界に与えている構造がアクティブなプロセスであることを見失いかねない。それは，私たちが**している**ことなのだ。

言語的ルールによってコントロールされている行動が硬直して柔軟性に欠けることは，かなり前から知られている（文献23の本1冊の長さがあるレビュー参照）。ほとんどの種類の心理的介入がこのことを認識しており，論理的な道筋をたどって言語的ルールを変える（すなわち，思考を変える）ことで問題を解決しようとする。不運にも，これでは問題の核心をはずしてしまう。不正確なルールが使われているというよりも，言語的に解釈された出来事では2つのもの──出来事とその出来事の解釈──が1つに見えるという問題なのだ。思考の意味を字義どおりの出来事と混同してしまい，進

行中の思考というプロセスそのものを見落としてしまう。ACT/RFTの観点から見ると，一番問題なのは私たちが**何を**考えるかではなく，私たちが**どのように**自分の考えることに関わるか，なのである。

　思考は，かけているのを忘れてしまったサングラスのようなものだ，と想像してみるとよい。サングラスはあなたが世界を見る視界を色づけするが，あなたは色づけされていることに気づいていない。このことによって引き起こされる問題は，思考が思考を通じて構造化された世界――この色を通して見えた世界――を見せるようになるということだ。あなたは，直接的に体験されたものとして世界に対処するようになり，実は世界について「言語化している」ことを見落としてしまう。例えば，強迫性障害（obssesive-compulsive disorder; OCD）の人が「私が手を洗わないと，家族は汚染されてしまう」と考えるとき，その思考に色づけされた世界にあまりに集中しているために，思考とまったく相互作用してはいないように見えるであろう。そこでは，思考ではなく，汚染とその結末（例：家族が死んでしまう）に対処しているのだ。

　すべての言語化は文脈の中で発生し，言語と認知は特定の文脈の中でのみ特定の機能をもつ。しかしながら，象徴的思考は人間の問題解決と生態系での成功にとても幅広く役立つため，成功しているほとんどの文化は，言語に自動的な機能を与える文脈をどんどん押し広げてきた。大半の実践的目的のためには，言葉を，その言葉が自らはこういうものだと言っているとおりのものであるかのように扱うと役に立つのである。浜辺を歩くことを考えるとき，実際に浜辺を散歩しているときのような反応をそれほど鮮明ではない形で体験しても，何の害もない。マインドの目で水を「見て」，肌に触れる風を「感じる」だろう。このプロセスは，錠のかけられた部屋から脱出する方法を考えるときに体験するような，ほとんどの文脈で役に立つ。社会的な訓練と社会の支持によって，私たちは通常，思考を直接観察することはなく，思考の見地から世界を見ている。思考を通じて構造化されたように世界を見ることは，税金の計算や車の修理，作物の植え付けのような活動をする際には問題ない。しかしながら，日没を観賞したり，

心の平和を達成する方法を考え出そうとしたりする際には，それほど役に立たないものだ。

　部屋からの脱出方法で悩むという，前述の例に戻って考えよう。この作業に本当に懸命に取り組んでいたら，たぶん，その瞬間に身体的に行っていることには気づかなかっただろう。足や座っている椅子にはとくに気づかなかっただろうし，こうやって見ている言葉が書かれている紙の手触りや色も気にかけなかっただろう。つまり，注意の焦点が狭まり，脱出計画に集中していたのだ。

　これが認知的フュージョンで起こることである。言語的／認知的構築物が出来事との直接的な接触に取って代わる。そして，私たちは，現実のものではなく思考と相互作用していることを忘れてしまう。過去は死んで消え去っているのだが，今起こっているかのように現れてくることになる。未来も，「そのとき離れたところ」にあるにもかかわらず，「今，ここ」に存在するようになる。マインドが過去と未来に注意を集中させるため，今の瞬間は失われてしまうのである。私たちは認知的に体系化された世界と休みなく相互作用しているが，自分が休みなく世界を体系化していることに気づいていないのだ。

　うつ病のクライエントが，もう一日職場で働いたらストレスで倒れてしまうと想像するとき，その人は，文字どおり倒れてしまうという問題に対処しているように見える。先ほど，錠のかかった部屋に対処しているように見えたのと同じように。もし，その思考の字義どおりの機能が他のすべての可能な機能を抑えて支配的になれば，取り組むべきなのは無数にある他の可能な対応や状況的問題ではなく倒れるのを回避する方法，ということになるだろう。こうして，心理的・行動的柔軟性は失われる。その結果，クライエントが仕事に行かなくなったり，寝過ごしたり，職場でのチャレンジや同僚を回避することになるかもしれない——それらはすべて，うつと呼ばれるものの一部となっている典型的行動である。危険なのは，クライエントが言語的内容とフュージョンすると，その内容がその人の行動をほぼ全面的に支配しうるということだ。そしてその結果，セラピスト，よ

り新しくてより弱い言語的レパートリー，あるいは環境内の直接的な随伴性といった，他に影響を与える可能性があるものが制限されてしまうのだ。

　言語の過度の拡張には，数種類の重要な文脈的な源がある。最初に，言語は**字義どおりという文脈**の中で始まる。これは，私たちが聞くある音（「レモン」という発話された語）と私たちが見るある映像（レモンのイメージ）を，意味をもった語や思考として確立する社会的／言語的文脈である。社会的コミュニティはまた，このレパートリーを他の方法でも拡大する。例えば，子どもはたいてい小さい頃から，自分の行為を正当化して説明するように言われる。これは，社会的／言語的コミュニティが子どもの理由づけスキルにアクセスすることを助け，子どもの行為を文化的コミュニティの中で言語的に正当化できる範囲内に留めるのに役立つ。子どもも大人も，自分の行為にはそれを正当化し説明する理由があるものと期待されている。理由というのはしばしば，「うつ**だから**ベッドから出なかった」と言うなど，原因と結果の言語的記述という形をとる。

　不運にも，この字義どおりという文脈はまた，理由というのは字義どおりの原因であるという考え方を支持しがちだ。例えば，うつがベッドに留まる状態を**引き起こした**，というような考え方である。結局のところ，この字義どおりの原因という概念は，「なぜ」と問う質問への答が目指していると思われるものだ。事実上，言語的に構築された「なぜ」への答は，言語的コミュニティが本当として扱うというだけで「本当」と見なされる。行動への説明としてスタートした理由は，この理由づけの社会的文脈のせいで，のちに行動をコントロールするようになる。生活はそのあらゆる側面が分析され，カテゴリー分けされるにつれて，巨大化する言語的定式化のネットワークに巻き込まれていくのである[2]。

　その上，「なぜ」という質問への答の多くは，困難な私的体験に向けられる。例えば，「忘れた」ので会議を欠席し，「恐怖を感じる」ので課題を回避する。この定式化に異議が唱えられるのはまれだ。「なぜ忘れたのですか？」または「なぜ，恐怖は感じるだけにしておいて，その課題をやらなかったのですか？」と尋ねるのは，かなり失礼なことだろう。したがって，

理由づけの文脈はすぐに体験のコントロールの文脈へと拡大する。論理的な次のステップは，例えば忘れることや恐れることをやめて，もっと行動をコントロールできるようになるために，やっかいな私的体験を除去しようとすることだ。西洋における支配的な文化は，私的体験は危険なものになるのでコントロールする必要があると教える。例えば，息子に「怖がるな。怖がるのは赤ん坊だけだ」と言う父親を考えてみよう。

　認知的フュージョンは，私的出来事がもつ原因としての効果，危険な性質，それらをコントロールする必要性とそのためにもっているはずのコントロール能力について，文化的に支持されたメッセージと組み合わされている。例えば，「私は倒れてしまう」と考えている人は，この思考が字義どおり倒れるプロセスの一部であると信じるであろう——思考は原因なのだ。私たちは「不安は良くない」ということを，まるで感情そのものが危険であるかのように教えられる。そして子どものときに「泣くのはやめなさい。そうでないともっと泣かないといけなくなるような目にあわせるぞ」と言われる。まるで，感情をコントロールすることが合理的なのは言うまでもない，とでも言うかのように。子どものときに大人に向かって，「私が泣くのを嫌がるのはやめなさい。やめないならもっと嫌になるようなことをするぞ」と言って，その命令の愚かさを示すことができるとしたらおもしろいだろう。こういった文化的なメッセージのすべては，思考が行動に対してもっと支配的で過度の影響を与えるように力を貸すだけなのである。

概念としての過去と未来の優位・制限された自己知識

　フュージョンや回避は私たちを今の瞬間から引き離しがちだ。これは次のような点で問題である。第一に，私的出来事についての現在進行中で柔軟な気づき（awareness）が減らされてしまう。この瞬間に私たちが感じ，考え，知覚し，思い出すことについて知ることは，しばしば否定的な対応を受ける（punished）。なぜなら，人間の反応の幅広さを考えれば，こういった気づきは恐怖，不安，悲しみなどの体験との接触につながる可能性があるからだ。体験の回避，失感情症，そして関連するプロセスが強く相関

しているのは，以上のような理由によるのだ[27,33]。

　第二に，とくにフュージョンは「今，この瞬間」との接触を減らす。私たちはすでに，概念化された世界に踏み込むと非概念的で直接的な現在の体験への気づきを失いがちだということに気づいている。メタファー的には，錠のかけられた部屋から出ることがより中心的になり，呼吸や他の身体感覚への気づきは中心的でなくなる。概念としての過去あるいは未来が，現在よりも優位になる。クライエントは過去の過ちや恐れに満ちた未来のことを反芻（はんすう）するかもしれない。白昼夢が効果的な行為に取って代わる。ひとつひとつの些細な傷に気持ちを注ぐことで，「今，この瞬間」における親密さやつながりが妨げられる。「今，この瞬間」との適切な接触がないと，行動は学習経験を通してプログラムされた思考や反応に支配されがちになり，過去に起こったのと同じ行動がくり返される結果になる。そして，新しい可能性は締め出されてしまう。

概念としての自己に対するとらわれ

　おそらく，自分自身ほど言語的プロセスの重要な焦点となるものはない。幼い頃から，子どもは，何歳か？　何が好きか？　大きくなったら何になりたいか？　学校で何が楽しいか？　など，自分自身に関する質問をたくさんされる。まるで答はすでに手に入っていて，内気さだけが全面的で真実を明らかにする答を阻んでいるかのように，子どもは「なぜ」という質問に答えるように迫られて悩まされるのだ。実際，子どもはこのような内容について初めはほとんど説明することができない。「なぜ」という質問は正直な「ただ〜だから」という答で応じることができ，他の複雑な自己知識に関する質問は同様に正直な「わからない」という答を引き出すことになる。しかしながら，そのうちに，より一貫性があって人を楽しませる物語が語られるようになる。過去は定式化され，説明され，未来は予想され，評価される。この物語づくりプロセスの中には**概念としての自己**がある[32]。その個人とその人の属性が記述され分析されるのだ。子どもはすぐに，正当な理由なしに物語を変えると眉をひそめられると学ぶので，時間経過と

共に物語は安定してくる。クライエントがセラピーに来る頃までには，このプロセスが自己に関するカテゴリー分け，解釈，評価，期待を蜘蛛の巣状に張りめぐらせている。

　私たちは，自分がやってきたことや自分が好きなことについて，なぜ問題を抱えていて，何が解決策として機能するかについて，自分がどのようであり，他人とどう違うかについての物語をもっている。通常，こういった物語にはすべて真実が含まれる。問題は，私たちが語っている真実が必ずしも使えるわけでなく，助けにもならないということだ。むしろ，その真実とは，言語的定式化と想定上の客観的事実との間に対応があることで正当化される真実なのだ。言いかえれば，これらの物語は必ずしも生活の助けになるからではなく，「正しい」ということで真実とみなされるのだ。

　「私は広場恐怖です。12年間もそうでした。夫から殴られて，そのとき2歳だった子どもと一緒に捨てられてからずっとです。両親は助けようとしてくれましたが，とても批判的なので，事態は悪くなるばかりでした。それ以来ずっと，私はひどい不安を抱えています。その結果，きちんと生活できていませんし，あまりに怖くて不安をどうすることもできません。いつでも不安のことを考えているのです」などと言って来院する，典型的なクライエントを考察してみよう。こういった出来事は100パーセント本当かもしれないが，もっと重要なのは，その人が自分についての物語とフュージョンしていて，その物語の中で問題を解決しようとしていることだ。柔軟で複雑な人間を相手にするのではなく，「私は広場恐怖である」という自分で作り出した漫画に対処しているのだ。「私は恐怖を感じる」ということではなく，「私は（広場恐怖という）一診断カテゴリーである」ということだ。「私は怖がりすぎである」という台詞の「すぎ」という言葉は，「私という人」がどこか正常でないことを意味している。

　問題は，解決策がこの物語内部には存在しないかもしれないということだが，それでもなお，この物語は強く支持されているので，そこから脱する可能な方法はすべて，無効なものとして体験されてしまう。概念としての自己は狭く，檻のようなものになってしまい，柔軟性のない行動パター

ンはその不可避な結果なのである。

価値の明確化・価値との接触の欠如

　価値というのは，人生の選択された性質であり，継続する行動パターンで表される。つまるところ，価値は，選択した意味のある方法で生きることに関係している。私たちの人生をガイドするのに使える方位磁石の針なのだ。価値はそれ自体評価されるものではないが，それによって他のことが評価されるような選択された基準として役に立つ。価値づけは，部分的には言語的プロセスであるが，論理的あるいは理性的プロセスではなく，選択，想定，創造，仮定の作業を含んでいる。これは人生のゴールを設定する際に普通に使う方法ではない。しばしば，ゴールはマインドレスに設定されたり，評価上の理由（例：利点と欠点のリスト）から選択肢が作り出された後，「最善」のものが選択される。これは多くの場合に役に立つだろうが，不運にも，これらの理由の多くは，人生で意味深く選択された道筋を追究することよりも，最終的には重要でないプロセス・ゴール（例：正しさ，痛みの回避，他人を喜ばせること）の方に結びついている。

　行動が体験の回避に結びついている限り，自分の人生で本当に大切なことと接触するのは困難だろう。大切にすることには苦しみが伴うので，喪失や後悔，失敗で満ちた人生を送ってきたのならば，大切にすることを避けた方が容易かもしれない。とくに混沌とした家庭に育ち，人生が予測不可能で失望させられることが多かった人は，さらなる喪失と痛みを回避するため，価値づけされた未来の構築を回避することもあるだろう。このような人は，価値づけされた未来を言語的に構築する行動レパートリーを堅固に確立したことが一度もないかもしれないし，こういった価値は苦しみで抑制されてしまったかもしれない。いずれにしても，価値づけは欠如しているか弱いかである。

行為の欠如，衝動性，回避の持続

　フュージョン，回避，概念としての自己，「今，この瞬間」の喪失に関連

しているのは，選ばれた価値に基づいて効果的に行動する能力が欠けていることだ。長期的目標に向けて方向づけされた柔軟な行動ではなく，衝動性や硬直化した行動の持続が認められる。

　良い気分でいる，正しくある，概念としての自己を防衛するといった短期的目標は，長期的に望まれている人生の質（つまり，価値）が後部座席に追いやられてしまうほどに支配的となり，人生で望むものとの接触を失ってしまう。心理的な傷つきやすさから免れるだけとなるのだ。生活全体が，不安から自分自身を防衛する，うつに対処する，自尊心を防衛するといったプロセス・ゴールで消耗されてしまう。より重大な意味，深さ，活力をもちうる可能なアウトカム・ゴールが他に多数あるというのに。メタファー的に言うと，常に斧を研ぐことで消耗していて，実際に木を切ってずっと住みたかった家を建てるために使う機会は決して来ないかのようだ。

　長期的に求めている性質からは乖離した行為のパターンが出現し，次第にその人の行為のレパートリーを支配してしまう可能性がある。時として，これは全般的な人生の方向づけの弱さという形態で現れる。例えば，仕事に有能に関わること，家族や友人との親密な関係，健康的なエクササイズや栄養をとる習慣，レクリエーションやレジャー活動，有意義なスピリチュアルな実践が欠けているという人もいるだろう。このようなパターンは，活力の欠如や，その人が自分の人生から「チェックアウト」してしまったという感覚として現れることがよくある。

　現在の環境での行動レパートリーは狭まり，価値づけされた行動をとる可能性に対する感受性は弱まってしまう。そして，効果的な行動を大きくするような持続や変化は起こりにくくなる。

ACTの6つのコア・セラピー・プロセス

　ACTは今説明したコアとなる問題のそれぞれをターゲットにし，**心理的柔軟性**を増加させることを全般的目標としている。心理的柔軟性とは，つまり，意識をもった人間として，より全面的に今の瞬間と接触し，価値づ

```
           コミットメントと
           行動変化のプロセス
```

```
        「今，この瞬間」に
           存在すること

アクセプタンス                価値づけされた
                            方向性を定義すること

           心理的
           柔軟性

脱フュージョン                コミット
                            された行為

         文脈としての自己
```

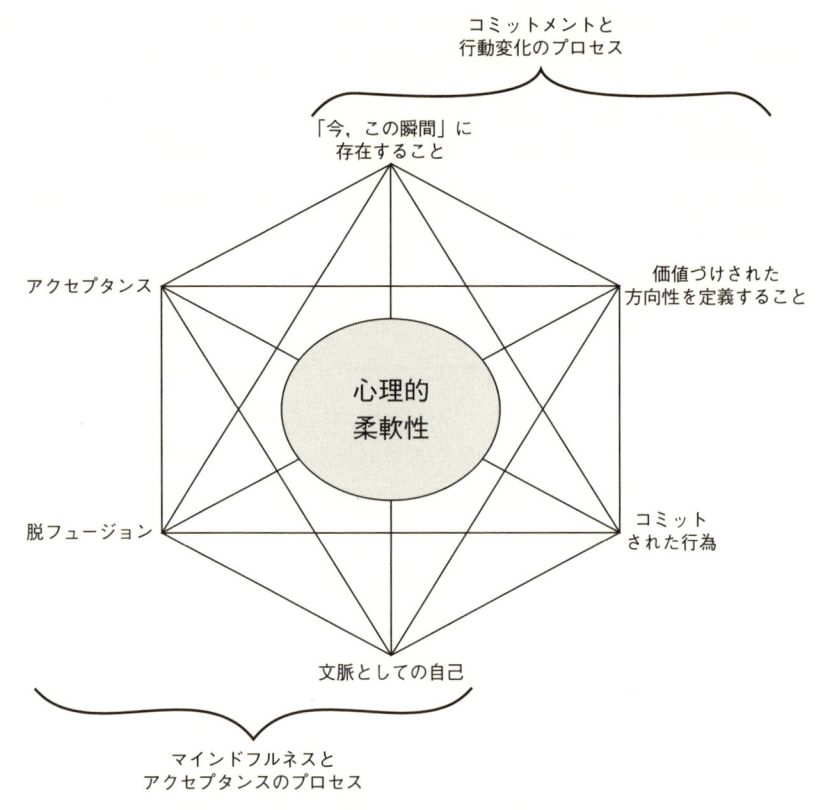

```
  マインドフルネスと
  アクセプタンスのプロセス
```

図1.2　ACTの6つのコア・セラピー・プロセス

けされた目標にかなうように，状況がもたらすものごとに基づき行動を変化あるいは持続させる能力である[30]。心理的柔軟性は，図1.2に示されているように，6つのコア・ACTプロセスを通じて確立される。これらの領域のひとつひとつは，単なる精神病理を回避する方法としてではなく，ポジティブな心理的スキルとして概念化されている。

アクセプタンス

　私的出来事の**アクセプタンス**は体験の回避への代替案として教えられる。

これは私たちの学習経験から生み出される私的出来事を，私的出来事の頻度や形態を変えようという不必要な試みを（とくにそのような試みが心理的な害をなす場合には）抜きにして，能動的，意識的に受けとめることを含んでいる。例えば，不安を体験しているクライエントは，不安を感情として，防衛なしに存分に感じるようにと教えられる。痛みを体験しているクライエントには，痛みとの戦いを手放すように力づける方法が与えられる。

ACTにおけるアクセプタンスはそれ自体が目標ではない。むしろ，アクセプタンスは価値に基盤をおいた行為を増やすための方法として涵養されるものだ。ACTのアクセプタンスの手法には，以前には回避されていた体験との豊かで柔軟な相互作用を促進させるエクササイズが含まれる。例えば，感情は描写された対象物に変えられ，複雑なリアクションは体験的要素に分解され，回避されている出来事の比較的些細な側面が注目されることになる。これらは，ある程度まではエクスポージャー・エクササイズと似ているが，感情的反応性を減らすのではなく，ウィリングネスと反応の柔軟性を増すという付加的な目的をもっている。

脱フュージョン

ACTは認知／行動療法（cognitive and behavioral therapy）のひとつであるが，他のいわゆる第三世代CBTアプローチと同様[25]，伝統的CBTの理論的な中核——すなわち，クライエントは，深遠な行動変化が可能となる前に，ネガティブな感情とゆがんだ，あるいは非現実的な思考を除去する必要があるという考え——を信奉するものではない。RFTの観点からは，問題はこういうことだ。関係のネットワーク（すなわち，思考パターン）を変える努力は，一般にこれらのネットワークを拡大し，その人が焦点を当てている出来事（例：思考あるいは感情）をよりいっそう重要にしてしまうのだ。専門用語では，関係的文脈は一般に機能的文脈でもあるのだ。

一般に，クライエントはネガティブな私的出来事に焦点を当てすぎている。事実上，自らの行動レパートリーを狭めているのである。この領域に

さらに注意を集中させることが，最大限に役立つわけではない可能性がある。認知的内容を永久的に完全に変化させることは難しい。なぜなら，思考は学習経験によって生じ，多くの場合は自動的で，少なくとも臨床領域では一般的にしっかりと確立しているからである。思考の変容は，成功したとしても時間がかかり，本当に消えたとは言いがたい――ストレスがかかると古い言語的／認知的ネットワークが再出現する傾向に示されているとおりである[59]。さらに，クライエントは，ネガティブな思考や感情を容易に抑制または排除しようとする傾向があり，それは時として，こういった体験の頻度，強度，行動に対する制御力を増してしまうパラドックス的な結果をもたらすことになりうる[57]。認知変容技法は，通常抑圧的になるよう意図されてはいないが，この傾向は認知変容方略の使用にリスクを加える。認知を消したり変化させることが行動変化に役立つ，あるいは行動変化につながる鍵であると示唆するデータはとても少ない。これまでのところ，こういった方法は効果が比較的鈍く，場合によっては有害ですらあることが研究で示唆されている[14,37]。

　幸いにも，RFTは，人生における思考の機能を変えるために思考の内容を変える必要はない，と提言している。字義どおり，理由づけ，感情コントロールという典型的な文脈は，通常，思考の行動に対する機能を決定する。この通常の文脈で，思考作業が行為に対して与える影響は機械仕掛け風だ。つまり，思考あるいは感情は，ビリヤードの球が第二の球に当たって動かすように，行為の原因となるように思われるのだ。そうなると，行為を変えるためには思考を変えねばならない。しかしながら，文脈的な見方をすれば，思考作業の影響は単に機械的に見えているだけだとわかる。行動の原因となるように**見える**が，実際にはそうではないのだ。むしろ，特定の思考は，ある任意の文脈内でのみ，特定の行為あるいは思考と結びつけられている。したがって，他の文脈を作り出すことによって（例：脱フュージョンや体験のアクセプタンスを通じて），思考のインパクトは，最初に思考の形態を変えるということなしに変容できるのだ。そう，思考を変える必要はないのだ。実際に，思考や感情の内容を直接ターゲットにし

た方略よりも，文脈的方略の方が早く，長続きする行動変化につながる，と示唆する研究がある[27]。ACTの視点からは，クライエントがまるで自分の命がかかっているかのように（思考が字義どおりに受け取られたときなどのように），自分自身の私的体験との戦いに取り組み，自分の行為を正当化し説明する物語を作り出すときには，結果的に苦しみと反応の硬直化を強めることになるかもしれず，もしそうなったとしたら両者ともに克服するのは困難である。このような結果になるひとつの主要因は，まさに以上のような努力が，字義どおり，理由づけ，感情のコントロールという広く行きわたり硬直した文脈を作り出してしまうことである。ACT技法がターゲットにするのはこういった文脈である。

　脱フュージョンは「フュージョンを解きほぐす」（"de(脱) + fusion"）という意味の造語であり，字義どおりではない文脈を創造するプロセスに言及している。この文脈では，言語がアクティブで現在進行中の関係的なプロセスであり，学習経験によって生じるという性質をもち，「今，この瞬間」に存在しているものと見なされる。すなわち，言語は，この瞬間に言語として観察可能なのだ。私たちはマインドの言うことを注意深く観察することができ，マインドの言うことの奴隷になることはないのである。言葉は，「それが意味するように思われるもの」としてではなく，言葉として見られる。この字義どおりではないという文脈を作り出すことで，思考との関係がゆるみ，さらに大きな柔軟性がもたらされる。自分の言葉によって駆り立てられる必要はないのだ。

　専門的に言うと，脱フュージョンはたぶん，ACTの最も独創的な特徴のひとつである。多数の脱フュージョン技法が，実にさまざまな臨床的訴えに対して開発されてきた。例えば，ネガティブな思考は冷静に観察することができるし，その音だけが残るまで大きな声でくり返すことができるし，あるいは，形，大きさ，色，スピード，形態を与えて，外的に観察できる出来事として扱うこともできる。脱フュージョンの結果は，その思考の頻度の即時的変化ではなく，通常，思考を信用する度合いや思考への執着が減ることである。さらに，脱フュージョンは思考やそのインパクトを除去

するプロセスではない。大切なのは，思考に対するもっとマインドフルな視点を手に入れることであり，それが選ばれた価値と結びついた行動の柔軟性を増すのだ。マインドレスな状態，直観，理性の排除などについて語っているのではない。

脱フュージョン技法はすべて，作動中の言語プロセスを捕獲して，それを文脈的コントロールのもとにおくことを目的にしている。必要なときには，言語**から**見るのではなく，言語**を**見られるようにするのだ。

「今，この瞬間」に存在すること

ACTは心理的・環境的出来事と，それが起こったそのときに，その場で判断をせずに接触することを促進する。ゴールは**「今，この瞬間」への気づき**である。「今，この瞬間」と接触するとき，人は柔軟で，反応性に富み，現在の状況がもたらす可能性や学習チャンスに気づいている。概念としての過去や未来に生きているのと比べて，「今，この瞬間」への気づきはより直接的で，非概念的で，フュージョンが少なく，反応性が大きい。「今，この瞬間」との適切な接触なしでは，行動はフュージョン，回避，理由づけに支配される傾向がより強くなり，過去に起こったのと同じ行動がさらに生じる結果になる。そして新たな可能性は最初から締め出されてしまう。

プロセスとしての自己という体験[32]が積極的に推奨されるが，それは，思考，感情，他の私的出来事に対する，脱フュージョンされた，判断を伴わない，現在進行中の記述という特徴をもっている。どんな瞬間にも手に入る豊かな相互作用にもっと全面的に注目できるようになるために，率直なマインドフルネスの体験も促進されている。

文脈としての自己

RFTの視点からは，言語トレーニング（すなわち，「私／あなた」「今／そのとき」「ここ／あそこ」のような対象指示の関係フレーム）が境界のない場（locus）としての自己体験を確立するとされている。この視点からは，自己は個々の体験そのものというよりも，体験が起こる文脈あるいは舞台

のようなものだ。Hayesら[32]は次のように述べている。

> 人々が自分の学習経験や体験について多くの質問を尋ねられたとき，首尾一貫している唯一のものは答の内容ではなく，答が生起する文脈あるいは視点だけだ。何かしら有意義な意味での「私」とは，内容の差異がすべて差し引かれたときに残る場所のことである。(p.185)

例えば，以下の質問で共通しているものを考えてみよう。

「あなたは何を食べましたか？」
「あなたは何がほしいですか？」
「あなたは誰と話しましたか？」
「あなたはいつ，それをしましたか？」
「あなたはなぜ，それをしましたか？」

それは，すべての質問に答える同じ私――答が生まれる場所――だけである。

体験的エクササイズとメタファーを通じて，ACTは私たちがこの**文脈としての自己**――連続的で安全な「私」であり，そこから出来事が体験されるが，出来事とは区分されてもいる私――の感覚と接触するのを助ける。このプロセスは私たちが言語マシーンから解放されるように助けてくれる。ゴールは，私たちがその瞬間に体験している特定の体験とは独立した，観察者または体験者としての自分自身という，より堅固な自己体験を発達させるのを助けることである。

さらに言うと，意識と気づきの境界は，意識と気づきの内部では接触できないので，人間言語は超越体験という人間の通常の体験のスピリチュアルな側面につながっている。この超越的な自己の体験を確立することは，内容への執着を減らすためにも役立つ。この考え方は，ACTとRFTの両方がそこから生まれた種のひとつ[22]であり，これが共感，慈愛，心の理論な

どの基盤にある言語機能にとって重要だというエビデンスがある[4,5,46]。ACTでは超越的な自己の体験が重要視されるが，それは部分的には，この視点から見ることで自分自身の体験の流れに執着なしに気づくことができるからである。そして，脱フュージョンとアクセプタンスは，この人間体験の自然でスピリチュアルな側面によって育まれるのである。

価値づけされた方向性を定義すること

ここまでに説明してきたACTのプロセスは，言語が相対的に役に立たない生活領域において，言語を弱体化させることに主なねらいがあった。それに対して，価値の明確化とコミットメントのプロセスは，言語が有効に適用される可能性が高い領域で，言語を強化することに焦点を当てている。価値の明確化は私たちに，毎日の生活の問題から一歩下がって自分の人生に意味を与えるものに注目し，私たちの苦闘に威厳を与え建設的な行為をガイドできるような，より大きな可能性を探すように求めている。

価値は選ばれた行為であり，物体としては決して獲得できないが，瞬間ごとには具体化できるものだ。それは，名詞ではなく動詞と副詞の組み合わせで表現される（例：「**愛情をこめて関わる**」，あるいは「**正直に参加する**」）。ACTは多様なエクササイズを用いて，体験の回避，周囲の期待に合わせる傾向（social compliance），そして認知的フュージョンに基づいた選択につながりうる言語的プロセスは打破しながら，クライエントがさまざまな領域（例：家族，キャリア，スピリチュアリティ）で人生の方向性を選ぶのを助ける。例えば，以下はどれもACTでいう価値ではない。

「Qに価値づけしないと，私は罪悪感を感じるだろう」
「親がそうすることを望むので，私はZに価値づけする」
「私はXに価値づけすべきだ」
「善人はYに価値づけするだろう」

1つ目は回避的で，2つ目は周囲に合わせ，最後の2つはフュージョンし

ている例である。価値は選択である。価値は「自分の人生の主題を何にするかを選べる世界にいたら，何を選びますか」という質問への答である（文献61, p.135）。

　価値はACTの要である。ACTの真実性と有用性がそれに依存しているからだ。ACTにおいて，アクセプタンス，脱フュージョン，「今，この瞬間」に存在すること，そして他のコア・プロセスは，それ自体としては目標ではない。むしろ，より活力にあふれ，価値と一致する人生への道を開いてくれるものなのだ。

　ACTは，**機能的文脈主義**と呼ばれるプラグマティックな哲学の一領域が規定する真実を志向するスタンスをとる。そこでの真実は，機能する可能性（workability）に基づいて定義され，その機能する可能性は選ばれた価値につながっている。もっと普通に認められる機械論的な世界観では，字義どおりであることが真実を定義する文脈であり，その真実は対応関係に基づいて規定されるタイプのものである。地図のメタファーを使うと，地図上の複数の場所が「現実世界」での事物がどこにあるのかをお互いの関係において正確に示しているのなら，その地図は真実である。それに対して，プラグマティックな真実は，ある特定の文脈内でのみ，何であれ，その文脈内で評価されているものが機能する可能性を基盤として真実を探す。そのため，世界地図は，世界を飛行機で飛んでいる場合にどの都市に飛ぶかを明らかにするのに役に立つ（真実）かもしれない一方で，ニューヨークの歩き方を発見するにはまったく役に立たない（真実でない）ことになる。通常の対応関係に基づくという意味では，ある地図が別の地図よりも真実性に劣るということがあるだろうか。そんなことはない。しかし，ニューヨークで道を見つけようとしている文脈では，確かに他よりも役に立つ地図がある。これがACTにおいて真実を定義しているという意味だ。ACTは字義どおりという文脈（つまり，対応関係）から出現する真実を別の真実と交換するのだ。それは，価値によって導かれた豊かで有意義な人生を送れるように私たちをエンパワーする点で役に立つかどうかということで定義された真実である。

この真実に対する革新的なスタンスによって，ACTセラピストは，次のようなクライエントではよくありがちなトリートメントの罠にはまらずにすむ。自分自身の物語が正しいか間違っているか，または自分の世界観が正確か不正確かという議論に没頭してしまうクライエントである。クライエントにとっては，真実とは局所的なもので，ある特定の考え方やふるまい方が価値づけされた生活の追求に役に立つか立たないかで定義されるのだ。例えば，自分は本質的に人から好かれないと考えているクライエントを想定しよう。人生はうまくいかないことばかりで，思いやりのある関係と家族をもてる人生を手に入れることはとても重要だと感じているものの，決して実現はしないだろう。ACTセラピストは，こういった思考の合理性や非合理性，またはそれを支持あるいは反駁する証拠に焦点を当てはしない。代わりに焦点となるのは，この思考がどんな役割を果たしているのか，そして，価値を反映する選ばれた人生に向かって導くのに役に立つと体験が示しているのか，ということだ。セラピールームで問題になるのは，こういった思考が浮かんでくるときに，クライエントが自分から進んでその思考をもちながら自分で選んだ価値の方向に進むかどうかであり，その思考が世界や自分自身の状態について示していると主張している字義どおりの内容ではないのである。

コミットされた行為

　最後に，ACTは選ばれた価値と結びついた効果的な行為のパターンをどんどん大きく発達させるように促す。この点では，ACTは伝統的行動療法と非常に似ており，エクスポージャー，スキルの獲得，シェイピング法，目標設定を含めたほぼあらゆる行動変化の方法はACTのプロトコルにうまく組み込むことが可能である。瞬間瞬間に常に具体化するものの決して対象物として達成されることはない価値とは異なって，価値と合致する具体的な目標は達成可能である。ACTのプロトコルはほとんど例外なく，行動変化の短期的・中期的・長期的目標に対応したホームワークを含む。そして，行動変化への努力によって，再び心理的バリアとの接触をもたらし，

このバリアには他のACTプロセス（例：アクセプタンス，脱フュージョン）によって取り組むことになる。

ACTの定義

　ACTの6つのコア・プロセスは重複し相互に関係している。全体としてとらえると，それぞれが他のプロセスを支えており，すべてが心理的柔軟性——意識をもった人間として，「今，この瞬間」に全面的に接触し，選ばれた価値に沿うように行動を持続または変化するプロセス——をターゲットにしている。6つのプロセスは2グループにまとめられる。第一に，**マインドフルネス**と**アクセプタンス**のプロセスは，アクセプタンス，脱フュージョン，「今，この瞬間」との接触，文脈としての自己，を含む。実際のところ，これらの4つのプロセスはマインドフルネスの操作可能な行動的定義を提供する[16]。第二に，**コミットメント**と**行動変化**のプロセスは，「今，この瞬間」との接触，文脈としての自己，価値，コミットされた行為，を含む。「今，この瞬間」との接触と文脈としての自己は両方のグループに入る。なぜなら，意識をもった人間のすべての心理的活動は，知られたものとしての「今」を含むからだ。

　以上で6つのプロセスが定義できたので，ACTを非常にシンプルに定義できる。ACTはRFTを含む現代の行動心理学に基盤をおいた心理的介入法であり，心理的柔軟性の創造に向けて，マインドフルネスとアクセプタンスのプロセス，およびコミットメントと行動変化プロセスを適用していくものである。

　したがってACTは，特定の技術ではなくモデルである。精神病理のモデルと介入プロセスと健康についてのモデルを含んでいるのだ。心理的介入と人間の機能性へのひとつのアプローチであり，学習の基本原理に基盤をおいた6つの特定の理論的プロセスによって定義されている。次章で私たちが見ていくのは，これら6つのプロセスのうち，最初のものである。

━━━━━━━━ さらに情報を入手するために ━━━━━━━━

○アウトカムについての研究の概要や，ACTの基礎にある変化プロセスの証拠に関しては，文献27を参照。

○ACTの基盤にある言語と認知の理論，RFTの入門的概説としては，www.contextualpsychology.org/rft_tutorial の4時間の優秀なオンライン・チュートリアルを参照。

○もっと短いRFTの入門書としては，Blackledgeによる入門的論文[9]を読んでいただきたい[訳注]。

○RFTを一冊の書として扱ったものとしては──読むのがたいへんだと警告しておくが──，Hayesら[26]を参照。

訳注　日本語で書かれたものとしては以下がお勧めである。ブラックレッジ，モーラン：臨床家のための「関係フレーム理論」入門．こころのりんしょうà·la·carte, 28(1); 87-97, 2009.

第2章

ウィリングネス／アクセプタンスの育成

苦しみが扉をノックし，あなたが「席はありません」と答えると，苦しみは「自分の座る椅子は持参したので心配しないように」と言う。
—— Chinua Achebe, from "*Arrow of God*"（1967, p.84）

ウィリングネス／アクセプタンスにとって鍵となるターゲットは以下のとおりである。

○ クライエントが内的体験のコントロールというアジェンダを放棄するのを助ける。
○ クライエントが体験へのウィリングネスを体験のコントロールに対する代案として理解するのを助ける。
○ クライエントが願望ではなく選択としてのウィリングネスに接触するのを助ける。
○ クライエントがアウトカムではなくプロセスとしてウィリングネスを理解するのを助ける。

苦しみが避けられないことを否認するために，多大な努力と苦悩がささげられている。恐怖，不安，悲しみ，絶望，あるいは他のネガティブな気

分を感じるとき，または自分自身を劣っている，あるいは価値がないものと考えるとき，しばしば，こういった体験をなかったことにしようとするものである。そして内的体験との戦いが始まるのだ。多くの場合，他の選択肢には気づかずに，体験のコントロールというアジェンダを選び，それで「かた」をつけようとする。不運にも大半が学習経験の産物であり，自分の学習経験やその中身を簡単には除去できないので，体験のコントロールというアジェンダはほとんど効果がなく裏目に出てしまい，自分自身との勝ち目のない戦争に陥り，自己増幅的なループを生み出し，さらに付加的な苦悩が生み出されることになる。その結果，人生の長い年月が，実現する可能性のない目標に向けられた実を結ばない努力や破壊的行為で消耗されてしまう。

　この体験の回避に向かう傾向は自然なものであり，人間という存在の基本的な一部である。それは言語から生まれ，文化によって増幅されるのだ。私たちは皆，苦しい体験をコントロールしようとし，相当の数の人が，時に苦しい出来事を回避するために無我夢中になる。しかしながら，苦しみも人の状態として基本的なものなので，喪失，満たされない願望，その他の似たような状態に遭遇した場合に引き起こされる体験を回避するための，長続きする，または実現性のある方法などないのだ。コントロールのための方法は，時として短期的には成功するが，長い目で見ると実際には苦悩を増大させるというパラドックス的な効果をもつ傾向がある。苦悩の増幅は言語の基本的性質を通じても起こるし，私たちが大切にしている価値からはずれて生活することによってもたらされる喪失と苦しみを通じても起こる。前者の例は，嫌な記憶について考えないようにするとその記憶が思い出されてしまうような場合であり，後者の例は，社交不安の人が人と一緒にいることを望んでいるのに恥ずかしい思いをすることを恐れて人を避けてしまい孤立に苦しむような場合である。

　ACTは，誤って適用されたコントロール，言いかえれば，健康的な方法では実現できない体験の除去を目的にしたコントロールを手放すことをとくにターゲットとしている。ACTは，コントロール努力を続けて苦しみを

強めるよりも，クライエントがネガティブな体験に接触するのを助けるという代案を提供する。体験をあるがままの状態と異なるものにしようとして，過度に，または厳しく努力するのではなく，体験と接触させるような代案である。この代案がウィリングネスである。

ウィリングネスとは何か

　ウィリングネスは，価値づけされた人生の方向に進むことを能動的に意図的に選択しながら自分の体験全体にオープンであること，と定義できる。ウィリングネスは，価値づけされた意図に導かれて行動するのと同時に，そのときの内的体験がどのようなものであったとしても，あるがままの「今，この瞬間」と接触するというプロセスを通じて発達する。「ウィリングネスの逆」によっても，クライエントとこのプロセスを進めているときに私たちが探求しているものを知ることができる。クライエントがウィリングでないのならば，その人は個人的に価値づけした方向ではなく内的体験の回避に基づいた選択をすることになる。

　ウィリングネスは行動であり，全か無かという性質をもつ。それはジャンプのようなものだ。ある行為がジャンプとなるには，どの部位も地面につかないようにして，重力が働いていても，ある時間，完全に空中にいなければならない。ジャンプには，各瞬間がコントロールされている歩行とは異なる性質がある。一歩は大きな一歩になりうるが，なおも一歩にすぎず，一歩で進める距離には限度がある。椅子からは一歩踏み出せるが，屋根からではできない。反対に，ジャンプは小さなものになるかもしれないが，それでもジャンプはジャンプであり，上限はない。椅子からのジャンプに含まれる動きは，屋根からのジャンプに含まれる動きと同一である。私たちは空中にいるか，そうでないか，どちらかである――ウィリングであるか，ないか，そのどちらかであるのと同じように。

　忍耐強さがあればウィリングであることに一歩近づくが，忍耐強さには，何かもっと良いものが訪れるまでネガティブな体験は耐え忍ぶべきだとい

う含みがある。なおも「一歩」という性質があるのだ。他方，ウィリングネスは，そこにあり，感じられ，感覚でとらえられ，目撃されるものに対して，オープンで，あるがままにして，それと共に存在するという性質がある。ウィリングネスは現在進行中のプロセスとして体験されるもので，何かがもっと良いものに変化するのを忍耐強く待つということではないのだ。

クライエントはしばしば，ウィリングネスを気分と混同する。ウィリングになるためにはウィリングに感じる必要はないのだ。ウィリングネスはまた，何かをしたいと思うこととも違う。クライエントは，何かをすることにウィリングとなるために，何かを感じ**たい**，考え**たい**と思わなくともよいのだ。もし，それが自分の人生に新たな可能性を生み出すことを意味するのであれば，そこにある気分や思考を存分に防衛なしに体験することにクライエントがウィリングであるかどうか，が問題なのだ。

ウィリングネスは本質的にアクティブなものだ。クライエントの価値の内容にしたがって，ウィリングネスは，自分の気持ちを傷つけるような友人に電話をする，気乗りしないときに配偶者と会話をする，何かを主張したいときに防衛を捨てる，あるいは「愛している」というのを恐れているのにあえて言う，といった行動に見出すことができる。

本書での目的を果たすため，**ウィリングネス**と**アクセプタンス**という用語を相互に交換可能なものとして用いる。残念ながら「アクセプタンス」という語は文化的な意味合いを多分に背負っているので，とくにいかに何かを受容しなくてはならないかと教えられたクライエントには，役に立たない場合もあるかもしれない。セラピストが，これらの言葉のどのようなものであれ，それに関わるネガティブな言外の意味に警戒するのは意味のあることである。私たちははっきりと人生を肯定し，エンパワーし，活性化するような言外の意味のある用語を使いたい。アクセプタンスやウィリングネスは喪失や断念を主題にしてはいない。アクセプタンスというと断念のように聞こえるという人もいるし，実際，そのような定義をした文献もある。これはACTで使われているアクセプタンスではないので[32]，もしク

ライエントが「アクセプタンス」という用語にこのような反応をするのならば，「ウィリングネス」という用語を用いる方がよいだろう。
　ACTがアクセプタンスで何を意味しているのか，この語の歴史的起源を調べることによってわかるだろう。アクセプタンスは「提供されたものをとる，受け取る」という意味のラテン語からきている。これは，人生が提供するものを抱擁し，抱きかかえ，とる——ウィリングに——という行為を示唆している。アクセプタンスは，究極のところ，人生と人生の提供するものを抱擁するという選択肢である。つまり，人生に「イエス」と言うことだ。これがACTでアクセプタンスを理解する際の意味である。

なぜ，ウィリングネスなのか

　ウィリングネスはACT介入の大切な機能的ゴールのひとつである。アクセプタンスとウィリングネスは，クライエントに単に説明するだけで有益な結果をもたらすだろう（つまり，クライエントが「アクセプトするようになる」，または「もっとウィリングになる」）というものではない。なぜなら，それは概念ではなく学習すべきスキルだからだ。ACTでは，セラピストがクライエントに特定の活動に取り組ませ，アクセプタンス行動を構築しようと試みる。その活動とは困難な思考，気分，感情などを体験することを選択する可能性を構造化するものだ。アクセプタンスは，文脈としての自己，脱フュージョン，「今，この瞬間」との接触と並んで，マインドフルネスの一構成要素と考えることができる。これらの全プロセスは，クライエントが意識をもった人間として，オープンで判断から離れた仕方で現在に存在するようになることを助けるべく企画されている。臨床的には，これらすべての方法は結びついており，それらがさらに価値に基づく選択をする能力にリンクしている。
　不愉快で，望まれない，困難な内的体験をコントロールして管理しようという，杓子定規で不適切な試みは，少なくとも2つの面で私たちに代償を払わせる。第一には，自分の苦しい感情，思考，身体感覚，記憶を減ら

すか除去しようとすれば、しばしば裏目に出て、皮肉にももっと苦悩を生み出すことになる。苦しみをなくそうという努力で引き起こされた苦しみは、ACTコミュニティでは「汚い苦しみ」と呼ばれている。対照的に「きれいな苦しみ」とは、人生を生きることの自然で自動的な結果としての苦しみを意味する。実際、これまでの研究結果は、思考や感情を抑制しようとするとリバウンド効果でその感情や思考をよりいっそう顕著にしてしまいがちだ、ということを示している[34]。悪い記憶について考えないようにしたのに、同じ記憶を引き出すことになってしまう、というのはよくあることだ（例：心的外傷後ストレス障害〔post-traumatic stress disorder; PTSD〕において）。人生の無意味さから逃避するために終日ベッドで過ごすうつ病の人は、自分の人生の無意味さという恐怖をさらに確認するだけになる。パニックは、少なくとも部分的には、不安を**もつまい**という戦いの結果である。体験の回避の皮肉な効果について、さらに多くの例がACTの他のテキストに記載されている[15,32]。

　第二に、良い気分でいることを求めて生きたとしても、最も深いところで大事にしている価値に沿うようには生きられない。多くの場合、重要なことや大切なことを行うには、苦しみを伴うか、少なくとも傷つきやすさという感覚が生み出されるものだ。その理由は他でもなく、大切だと思うことが私たちが傷つきうる場所──そして、しばしば、これまでに傷ついた場所──を示すからである。この苦しみと価値の関係は、体験の回避がなぜこれほどの代償を伴うかという理由の一部になっている。体験を回避しようとすればある体験を調整したりコントロールしたり、あるいは回避できるように、価値づけされた方向、関係、活動からそれることにつながる。例えば、前章で論じたように、社交不安を抱える人は恥ずかしい思いをすることを回避したいという願望のせいで友人がいないのかもしれないが、まさにその不安は、その人にとって友人がどれほど重要かということも示しているのだ。同様に、慢性的に持続的に体験を回避している人は、感じないことにひどく没頭しているため、人生で自分が求めている感覚を決して発達させることができないのかもしれない。最終的には、良い気分

でいることを求めて生きても，あまり良い気分にはなれないだろう。

ウィリングネスと脱フュージョンのつながり

　ウィリングネスはとくに脱フュージョン（第3章を参照）と密接にリンクしているので，そのつながりについて，ここでもう少し論じておこう。私たちは字義どおりの言語とフュージョンしてしまいがちなので，言語によって概念化された世界と直接的に体験された世界を区別しないことがよくある。世界はただありのままに存在しているように思われ，それが実際には直接的体験と思考が混じり合った結果であることを理解していないのだ。私たちは自分のマインドとフュージョンしているのだ。このような状況では，マインドの言語的内容が行動を支配し，体験の直接的随伴性は失われてしまう。例えば，「もう一瞬だって，この気分には耐えられない」と言っているクライエントは，フュージョンによって，その気分が続くと自分が壊れたり存在しなくなったり傷つけられてしまうと，信じている。しかしながら，脱フュージョンすれば，クライエントは直接的体験に注目できるようになり，少しの間その気分に耐えられるようになり，耐えようとするであろうし，自分が存在しなくなるなどということはないことも体験するであろう。さらに現在の体験の瞬間瞬間の流れに注目すれば，この気分が過ぎ去り，また別の気分がやって来ることがわかるだろう。

　フュージョンの主たる問題のひとつには，この章に関係するように，以下に述べるような文化的に支持されたメッセージとフュージョンを起こすことが含まれる。それは，ネガティブな思考や気分は悪いもので除去すべきだというメッセージと，全体性と幸福は大丈夫だと感じることによっておおむね定義され，大丈夫だと感じるためにあらゆる努力をすべきだというメッセージである。こういったメッセージを全面的に買ってしまうと，ネガティブな思考や気分を除去し，その結果おそらくは幸福になるように計画された行動をとることになる。その上，何かを好きでないのならば，その取り除き方を考え出して，実際に取り除くようにと教えられる。この

方法は，皮膚の外の世界では意味をなす。何かが好きでないのなら修正しなさいというわけだ。例えば，室内の配置が気に入らないのならば配置替えする。流しの汚れた皿が嫌なら洗って片づける。長い髪が嫌いなら切ればよいのである。問題の修正方法を考え出して，修正するのだ。しかしながら，この方略が内的でネガティブな体験に適用されると，それを修正しようという努力そのものが修正しようとしている体験を実際には維持したり，時には増大させてしまうのだ。「不安が嫌なら，不安の除去法を考え出して，そして除去しなさい」というのでは，実際，不安が長引いたり増加したりする事態を引き起こすであろう。不安を望まないということ自体が不安になる必要がある対象だからだ。そしてそこでの結論は，問題の修正のためにはさらなる戦略が必要だというものだ。つまりもっとコントロールしなくてはならないというわけだ。

このように考えると，ACTセラピストのゴールは，内的な私的出来事に適用する場合には，この方略を機能する方略としては認めないということである。セラピストは，この作業において，論理ではなく体験に訴える。論理は同じ自己永続化するシステムの一部である。なぜなら，論理はクライエントに気分や思考はコントロールできるはずだと「命令」するからだ。

何がこのプロセスのきっかけとなるのか

セッション内でウィリングネス要素を用いる必要性を最も明確に示すのは，体験の回避である。セッションで難しい題材に触れたとき，クライエントは話題を変えたり，表面的な応答をしたり，冗談を言ったり，問題の存在を否定したり，自分の感情に調和しないと思われる言葉を用いたりするかもしれない。初期のセッションでは，ウィリングネスはしばしば，クライエントが示す行動の乏しさ，苦しんでいる感じ，反芻（はんすう）などに対して必要とされるだろう。セラピーの後の方では，議論をふっかけてくること，過度な論理性，動機の欠如，受動性，セラピストに責任をあずけようとしているように感じること，などによってウィリングネスが必要とされるか

もしれない。

　臨床家自身の反応もまた，クライエントに，そしておそらくセラピストにも体験の回避が認められることを効果的に知らせる目安になる。回避は，セラピストが退屈に感じるとき，クライエントを押し進めたいというフラストレーションのかかった衝動を感じるとき，クライエントと論争しているといった感覚があるとき，クライエントを納得させる必要を感じるときなどに，その存在が明らかになるかもしれない。

その方法はどのようなものか

　アクセプタンスを育成するプロセスには，たいてい次のような主な臨床的焦点がある。

① 初期のオープンさを生み出すため，そして残りのワークへの先駆的役割を果たすように，自己と世界に関係していく支配的な方法としての体験のコントロールを弱める。
② 以前には回避していた内的体験が存在するところで，クライエントがウィリングネス・スキルをアクティブに実践し，意図的に発達させる機会を構築する。

　これらのステップは両方とも，心理的柔軟性を養成するように意図されている。心理的柔軟性とは，意識をもった人間として「今，この瞬間」にもっと全面的に接触し，それが価値づけされた目標に沿うことになるのであれば，行動を変えたり維持したりする能力のことである。

コントロールを弱める

　体験の回避とコントロールがとてもうまく実行されているために，ほとんど気づくことなしに起こっていると言えるような場合もある。多くの人にとって，内的体験の管理とコントロールは選択することではなく，「そう

いうふうになっている」にすぎない。不安を抱く，痛みと共に座る，悲しみの中で休む，恐怖を抱擁する，不確実性の中へとリラックスするといった行動を進んで**選択する**というのはあまりに普通ではない新しい考え方なので，「呼吸しなくても生きていられる」と言われるのとちょっと似ているとさえ感じるかもしれない。とくに体験の回避を広範囲で慢性的に学習してきたクライエントに対しては，ウィリングネス，アクセプタンス，思いやりが成長するスペースを用意するには相当量のワークが必要とされる。ACTのセラピストはしばしば，とくに次のような項目に焦点を当て，体験のコントロールを弱めるプロセスでセラピーを開始する。

① 「システムを引き出して」，クライエントが体験の回避やコントロールを試みている方法に気づくように助ける。
② もっと長い時間幅ともっと大きな人生のゴールという点で，これらの方略が役に立つかを検討し，役に立たないと思われる方略を放棄できる場所へクライエントを導く。

　コントロールを弱めることによって，体験のコントロールというアジェンダを最終的に成功させることへの執着と確信度を弱め，古いシステムに引き戻されることなくウィリングネスとアクセプタンスという新しい方略を実践できるスペースを得ることを目指すのである。**システムと対決する**（confront）という用語も，このプロセスを説明するのに使われる。つまり，このセラピーはクライエントと対決するのが主題ではなく，むしろクライエントがはまり込んでいる体験のコントロールという社会的・言語的・文化的システムとの対決が主題であるという考え方にセラピストを向かわせるのに役立つのだ。対決はクライエントとセラピストの間にあるのではなく，むしろクライエントが実際に生きている体験と，社会的・文化的条件づけの結果としてクライエントのマインドが提案する問題への解決策との間に発生するのだ。

　これがどのように起こるのか，次を見てみよう。

システムを引き出す

　コントロールを弱めるには，クライエントが自分の内的体験に関して何をコントロールしようとしているのかを理解していくことから始まる。これは通常，現在の問題の中に見出すことができる（例：「私はあまりにも不安です」「これ以上，悲しみたくないのです」）。セラピストは「あなたは何と戦っているのですか？　どんな理由でセラピーに来たのですか？」と尋ねてもよいだろう。クライエントはたいて，何かしらの気分，記憶，あるいは自己評価（例：苦しみ，不安，恐怖，空虚感，自己疑惑，無価値感）との戦いを訴えるだろう。セラピストがクライエントのコントロールしようとしているものを十分に理解できたなら，次はクライエントが現在の問題の解決のために用いてきた方略をきっちりと引き出すことができるだろう。「方略」という用語を使うことで，クライエントがある特定の行動を意識しているとか，意図的に選んでいると必ずしも暗示しているわけではない。むしろ，クライエントの行動には実は目的があるという事実に光を当てているのだ。例えば，不安を抱えるクライエントを相手に，セラピストはクライエントが不安を感じるときにすることについて話すことができる。同様にセラピストは，うつ病のクライエントにはうつを取り去るため，あるいは管理するために，その人が何をしてきたのかを特定することができる。薬物依存のクライエントに対しては，薬物の使用でどのような不愉快な内的反応を和らげるようとしたのかわからせ，他の問題解決法を理解できるように助けることができる。ここでは，他人から助けてもらったこと，向精神薬治療，カウンセリングのような，見たところ健康的な方法も含めて，問題を解決できるすべての方法を探すべきである。

　クライエントは多くの場合，自分の私的出来事をコントロールする戦いの多様性や範囲に気づいておらず，自分の行動の目的を表現したり特定したりできない。したがって，問題の解決の目的を明らかにしてクライエントに示唆することは，セラピストの役目のひとつである。例えば，うつ病のクライエントは，睡眠過多や過食がどのように気分を回避したり調整したりするか，または不愉快な反芻を減らすのか，ということを即座には理

解できないだろう。自分自身の行動の目的をより上手にたどることができれば，クライエントが「今，この瞬間」の気づきを発達させ，自分の行動をよりよく観察するのに役立つであろう。

機能するかどうかを調べる

システムを引き出すのに加えて，セラピストの仕事は，クライエントの行動がとくに長期間にわたって機能する（役に立っている）（workability）かどうかを確認することである。ここで問われる基本的な質問は，クライエントの問題に対するさまざまな解決策が，クライエントのマインドがそうなると言っていたような結果を本当にもたらしたかどうかということである。

機能するかどうかの第一の側面は，クライエントの変化の試みが実際に苦悩を長期的に減少させたかどうかを調べてみることで明らかになる。例えば，クライエントが不安の減少や除去のためにしたことは，長期的に見て，本当に良い結果をもたらしたのだろうか。うつをうまく扱おうとしたことが，本当にうつを何とかできそうなレベルにまで軽くしたのだろうか。多くのクライエントが，この領域での体験のコントロールがもたらした皮肉な効果を容易に認識するだろうし，苦悩に対処しコントロールしようとしても，苦悩は実際には時間と共に増加するか，少なくとも何の影響もないままだったことがわかるだろう。しかしながら，長いこと苦しんできたとしても，この側面で体験のコントロールがもたらす代償をそれほどはっきりとは理解しないクライエントもいるだろう――例えば，生気のない，疲れ果てた，喜びを感じないうつ病のクライエントを考えてみるとよい。そのようなクライエントは，急に強くなるような苦悩はないものの，長い間，人生における無意味さと孤独感を感じているのである。

機能するかどうかの第二の側面は，どのような問題が認められたとしても，それに対処する努力として，クライエントが自分の生活を圧縮・制限してきた方法に見出される。これは基本的に，クライエントがそれに向かって生きようとする価値から見たときに機能するかどうかということだ。

機能するかどうかのこの側面を明らかにするために，セラピストは「時間経過と共に，あなたの人生で何が起こりましたか？」「人生に多かれ少なかれ満足してきましたか？」「時間と共にあなたの選択肢は増えましたか？」「あなたの生活スペースは狭くなりましたか」などと尋ねてもよいだろう（文献15, p.135）。「あなたの○○○（ここには，何であれ，困難な気分，思考，身体感覚，イメージ，衝動，記憶を入れる）を何とかするのに忙しくなかったなら，時間をどう使っているでしょうか？」「この問題に対処しようとして，何をあきらめましたか？」「あなたは自分がとても生きたいと思う人生の方向に進んでいると思いますか？」「逆にそこから離れていっていると思いますか？」

　以上のような側面を探る理由は，これらが体験のコントロールというアジェンダにおいてリンクしているからである[32]。体験のコントロールのアジェンダが何よりもはっきりと約束しているのは，意図的で意識的なコントロールを通じて，もっと多くの，もっと良い，あるいは別の感情，自己評価，思考，身体感覚，イメージなどを手に入れられるということだ。機能するかどうかの第一の側面は，この約束された結果が達成されたかを検討する。しかし，私たちは**ただ単に**良い気分になりたいだけではない。私たちは良い生き方もしたいし，ひとりひとりに固有の夢や人生の抱負（すなわち，価値）から見たときに，満ち足りて豊かで意義深い，生き生きとした生活を送りたいのだ。体験のコントロールというアジェンダが約束する最も誘惑的なことは，それが第二の側面でもたらすことができるとするもの，つまり，より良い生活だ。社会がその文化の中で語るのは，もし私たちがもっと幸福に，喜びに満ちて，エネルギッシュになり，不安，うつ，悲しみ，後悔，疲労，怒りを感じることが減れば──あるいは，異なる自己評価，体験，思考を手に入れられれば──，夢を追い求めることができ，より良い関係がもて，より生き生きとした生活ができ，価値を体現し，より有意義な仕事を見つけられる，といったことである。しかし不運にも，現実はしばしば反対であり，体験のコントロールの第一のゴールを達成しようとするうちに，人生のすべてが消耗されてしまう。体験のコントロー

ルは価値づけされた人生という第二のゴールを目指すと言いながら，実際にはそれを犠牲にしてしまうのだ。

　クライエントの行動が機能するかどうかを調べるこのプロセスの間に，セラピストは次のようなことに注意しなければならない。第一にセラピストは，クライエントがやってきたことは何であっても理解可能で理にかなっている——クライエントの学習経験を考慮すると実際にそうなのである——という立場をとるべきである[32]。セラピストが正しいかクライエントが正しいか，ではなく，機能するかどうかという問題に完全に集中することも重要である。セラピストの方が良い方法を知っているとクライエントに証明するのが主題ではない。これは基本的なACTのスタンスに対して根本的に逆行する。セラピストの仕事はそうではなく，クライエントが自分自身の人生のゴールや抱負を前提として，機能するかどうかという基準を適用できるように手助けすることである。

　ここで落とし穴に触れておこう。セラピストはこのワークをしていると，クライエントが言っていることの内容にとらわれないでいるのが難しくなることがある。コントロールを弱めることに焦点を当てているとき，セラピストの仕事は，これらの方略がクライエントの人生で機能したかどうかという問題に常に戻っていくことである。クライエントの言語的な定式化は，よく練習され大切にされているので，クライエントは脅かされていると感じ，自分の行為や自分のしたことの理由を防衛し始めることがある。これはこのプロセスへのごく普通の理解できる反応である。これに対応する方法は，非判断的で非防衛的に（「ふり」だけではいけない），一歩退いて，少しの間クライエントに「自分の見解の正しさを防衛する」ことを方略として見なし，自分の人生でそれが機能してきたかどうかを確認してもらうことだ[15]。例えば，セラピストは「それで，今まさにあなたがやっていること——このアプローチを防衛すること——ですが，それは長い目で見て役に立ちましたか。正しいか間違っているかではなくて，この立場をとることで，あなたが人生で望む場所へと到達する役に立ちましたか」と尋ねてもよい。このようなことを言うときには，自分は正しくてクライエン

トが間違っている，という立場で話さないことが大事である。そうではなく，たぶん強く信じている，このものごとに対する姿勢がクライエントにとって機能してきたのかどうかを率直に検討するという立場から話すのだ。

　もうひとつのよくある落とし穴は，クライエントがある特定の方略が機能してきたと言う場合だ。この文脈では，クライエントは普通，短期的な効果について言及しており，セラピストの仕事はもっと長期的に見た場合に機能するかどうかを調べるようにクライエントを促すことだ。もし長期的にも機能すると防衛してきたら，セラピストは**優しく**セラピーの必要性を問うことができる。例えば，「それでは，なぜ，今もここにいるのですか？」と言ってみよう[15]。

　システムを引き出し，機能するかどうかを調べることについて，もっと知りたいのなら，文献32, pp.92-98を参照してほしい。

クライエントの体験の妥当性を確認する

　過去における体験のコントロールと回避の努力についての考察は，古い解決策があまりうまく機能していなかったことを示すことが多い。こういった努力はまた，かなりの個人的代償を伴った可能性がある[15]。クライエントがこういったパターンを理解するところから，実際に体験のコントロールや回避の努力を放棄し始めるところまで進むのを手助けするため，セラピストはこのすべてを一緒にして，**創造的絶望（絶望から始めよう）**という感覚を育むようにする（文献32, pp.87-112）。「創造的絶望」という用語は，読者が気分のことを言っていると誤解しうるので，さまざまな問題を生んできた。実際には自己の妥当性を確認するスタンスなのである。セラピーの中では，クライエントが自分がとらわれてきた戦いが不毛であるという体験の妥当性を確認し，自己の妥当性の確認から生まれる全面的に新しい可能性にオープンになっていくプロセスのことを意味している。クライエントは自分のしてきたことがうまくいっていなかったことを知っている。ACTのセラピストがこの混乱にさらに付け足すことができるのは，この体験が妥当なのかもしれないということだ。つまり，これは機能**する**はずが

ないものなのだ。

　ひとたび多くの異なる行動が機能するかどうか探求され，クライエントとセラピストの両方が問題と解決への試みが広範囲に及んでいると感じられたら，セラピストはセッションのその瞬間に，創造的絶望を発展させるように試みる。たいへんな努力を注ぎ込んだのにほとんど報われなかったときのことに対しては，多数の物語やメタファーのどれでも適用することができる。クライエントの状況は，どこにも行き着かない回し車に乗ったハムスター，流砂（りゅうさ）^{訳注}から脱出しようと四苦八苦している人，八百長のゲームをしているギャンブラー，だめな投資アドバイザーの言うことを聞いて投資している人などにたとえられる（文献32, p.97）。その他の物語としては，追い払うためにトラに肉を与えるが，結局もっと大きく強くなった空腹のトラが戻って来るのを目にする羽目になる人[15]，穴に落ちてしまい，地面を掘るためのシャベルしかもっていない人（文献32, pp.101-104）などだ。「穴の中の人」というのはACTの鍵となるメタファーであり，その人が手にしている道具（シャベル）が，穴からの出口を作るのではなく，むしろ穴を大きくしてしまうことを示唆している。よって，ゴールはシャベルを捨てることなのだ。クライエントは機能していない変化のアジェンダを調べて，自分が穴にはまっていることに気づくように求められる。セラピーが続いていく途中で，クライエントが別のコントロール方略にはまってしまったときに，このメタファーあるいは異なるメタファーのイメージを再度もち出すことができる。そのとき，セラピストは「また穴を掘っているのですか？」，あるいは「また回し車のハムスターになっていませんか？」などといたずらっぽく質問できるだろう。

面接記録の例

　2つの面接記録を使って，コントロールを弱めるプロセスを示す。ここ

訳注　水分を含んだもろい地盤に重みや圧力がかかって崩壊する現象。川岸，沼地，海岸の近くなどで起こることがあるが，地震による液状化現象は流砂の大規模なものである。ここでは，「底なし沼」をイメージした方がわかりやすいかもしれない。

ではスペクトラムの両極にあるプロセスの例を示すため，以下のような面接記録を選んだ。最初の例（面接記録 2.1）は，長い間，生活のすみずみまで行きわたった体験の回避の経歴をもつクライエントに対しての創造的絶望を示しているので，このプロセスは強力で，長くて，感情面に訴えるものである。面接記録 2.2は，体験の回避へのとらわれが少なく，その経歴が短く，こういった行動に代償を払う体験もあまりないクライエントとの面接で，より穏やかで，一時的なバージョンである。

最初の面接記録は，セラピストとクライエントが2回のセッションを終え，治療関係を形成し，クライエントの価値とクライエントがそれまでどのように不安をやりくりしてきたかについて少し話した後で始まっている。

面接記録 2.1

クライエント わぁ，本当にたくさん違うことを試してきたんですね。それにセラピーもやってみたし，ただ無視しようともしてきたと思います。	セラピストはできるだけ多数の例を引き出し続ける。
セラピスト それらもリストに加えましょう──セラピーと無視。他に何か？	
クライエント ええと，手が震えるのを人に見せないように，隠そうとしてきました。	
セラピスト なるほど，隠す……。他には？	
クライエント 他に何かあったことは間違いなんですが，今は思いつきません。	
セラピスト きっともっとたくさんあるのでしょうね。ワークをしているうちに思い出すか	このプロセスを進める際には，クライエントが行ってきた努力の妥当性を認める

もしれませんから，そのときリストに追加しましょう。さて，ここにかなり長いリストがあります……。不安を何とかしようとして，間違いなく，たいへんな努力をされてきたんですね。

クライエント　ええ。やってきたと思います。もしかすると，まだ十分じゃないかもしれません。もっと努力すべきですか？

セラピスト　ちょっと質問させてください。一生懸命がんばってきましたか？　がんばってきたようですね。これまでに試してきたことのリストがこんなに長いのですから。試したことのリストに，「もっと努力する」を加える必要があるでしょうかね。

クライエント　〔クスクス笑う〕ええ，加えましょう。

セラピスト　では，「もっと努力する」がこの長いリストに入りました。間違えたくないのでもう一度言いますが，十分な努力をしなかったというわけではないのです……。けれども，何かおかしいですね。これだけ多くのことを試したのに，なおもあなたはここにいて，まだ不安と戦っているのですよね。実際，このリストの中で，ある程度長い間不安の問題を解決してくれたものがありますか？

クライエント　〔困惑して〕そうですね，不安

ようにするだろうが，同時に，この働きかけは，解決策として見ると「同じことのくり返し」という状況の土台を崩し始める。

字義どおりのレベルでは，どのような解決策もたぶん大いなる努力を要求することになる。しかし，機能的には「もっと努力する」というのは，目下のコントロールというアジェンダにリンクすることになるので，弱めていく必要がある。

セラピストはクライエントに，この行為を短期的にではなく長期的枠組みで機能するかどうかを見るように促す。短期的に見ると，長期的に見た場合よりもうまくいくように見える可能性がある。

セラピストはクライエントの体験に訴える。もしこれ

マネージメント法はうまくいったと思います。

セラピスト　〔こちらも困惑して〕もしうまくいっていたとしたら，今ここにはいないはずですよね。不安マネージメント法自体をもっとやれば，それでいいんじゃないか，ということになります。

クライエント　思い出させてほしいんです。ほとんど忘れてしまいました。

セラピスト　その点を考えましょう。前にも，思い出させてもらったことは？

クライエント　ええ，何度も。

セラピスト　では先に進んで，それもうまくいかなかったことのリストに加えますよ。思い出させることはできますけれど，何度も何度も思い出していただく必要があるように思われます。当たっていそうですか？

クライエント　〔笑って〕ええ。私はたくさん忘れるんですよ。これがどれほどつらいか，わかりますか。答を見つけ出せさえすればいいのですが。

セラピスト　どのくらいの間，答を見つけ出そうとしてきたのですか？

クライエント　ああ，ざっと30年ですね。

セラピスト　それならば，「答を見つけ出す」

らの解決策が長期的な意味で効果を上げたのならば，クライエントはどうしてセラピーを受けているのか，ということだ。

セラピストは，クライエントが今現在行っていることが，以前にも試みたことと同じであることを示す。そして，クライエントがここにいるということから，それもうまくいかなかったに違いないということになる。

よくある対応は，答を見つけ出すというものだ。

セラピストは，どのくらいの期間この方法を使ってきたかという点に焦点を当てる。

セラピストは対応法の機能

もうまくいかなかったことのリストに加えるべきですね。30年間も答を見つけ出そうとしてきたのでしたら，今頃は効果が出ているはずでしょうから。

クライエント　〔少しイライラして〕あなたはセラピストなんですから，何がうまくいくのか，教えてください。

セラピスト　ああ，それはすばらしい作戦ですね。これをどう解決するか，他の誰かから情報を得る。それなのに，あなたはここにいます。セラピーも受けたし，本も読んだとおっしゃいましたね。情報を手に入れようともしたし，それでも解決しなかった。では，それもリストに加えましょう。リストが長くなってきましたね。

クライエント　これでは欲求不満になってしまいます。何かうまくいく方法があるに違いない，そうでしょう？

セラピスト　おかしく聞こえるかもしれませんが，私たちはまだ同じ場所にいます。今，私に何がうまくいくのかとお聞きになりましたね。ですから，ここには2つのことがあります。質問することと，また情報を手に入れることです……。情報を手に入れるのはうまくいかないと，すでにわかっていますね。質問はどうでしょうか？　不安について，どのくらい質問されましたか？

的カテゴリーを特定し，それにラベルをつける。

再び，セラピストはクライエントの目下の行動の機能的カテゴリーを特定し，ラベルをつける。ここでセラピストも焦りを感じているかもしれないが，こりかたまっているクライエント相手では，粘り続けるのが大切である。

この段階でのフラストレーションは，必ずしも悪い反応ではない。

クライエントが言うことに文字どおりに対応しても，ここでは役に立たないであろう。そうせずに，セラピストはクライエントがいつも行っていることのもうひとつの例として，これにラベルをつける。

クライエント 何千回と。

セラピスト では「質問する」というのもリスト行きですね。

クライエント うまくいくものがあるはずです。なぜ，人はセラピーに行くのですか？ 先生は私が理解できるように助けてくれなくちゃいけません。

セラピスト わかりました。では，不安をもっとよく理解できたら問題は解決する，と。

セラピストはクライエントの行動の機能にラベルを貼り続ける。

クライエント 〔間〕不安についてはかなりよくわかっています。

セラピスト では，不安をよりよく理解することもうまくいかないように思われるし……。

クライエント わかっていますよ。リスト行きですね。〔間〕何もうまくいかないのなら，帰った方がよさそうです。

セラピスト そうかもしれません。けれども，家にいるというのも，すでにリストに載っているようですね。ですから，ただ家に帰っても何も解決しません。それも効果のない戦略なのです。

しばしば，あきらめや放棄は方略として現れるが，それも古いアジェンダの中での方略である。その形態はアクセプタンスのように見えるかもしれないが，おそらく，コントロール方略が偽装したものだ。あきらめの背後にあるのは，いつの日にか，ものごとが変わるだろうという希望である。

クライエント ああ，地獄，地獄。もうできることは残っていません。お手上げだ。

セラピスト 以前にもあきらめたことがありま

すか？

クライエント　ええ。〔欲求不満気味に〕どうぞ，それもリストに載せてください。

セラピスト　ええ，あきらめても問題は解決しなかった，と。

クライエント　これでは欲求不満になるだけです。

セラピスト　お察ししますよ。

クライエント　ただ，受け入れるしかないのでしょう。

セラピスト　今までに，ただ受け入れるようにしたことは？

クライエント　ああ，ああ，もうたくさんですよ。これはアクセプタンス & コミットメント・セラピーっていうんじゃないんですか？

セラピスト　確かに。でも，アクセプタンスをこれまでに試したことがありますか？

クライエント　ええ。

セラピスト　そして，それも不安を解決するように機能しなかった。さもなければ，ここにはいないでしょう。私たちは何もかもうまくいかないという場所にやって来たようです。このように，これらすべてのことをやってみて，どれも不安の解決には役に立たなかった。私がそう言っているからといって信じなけれ

フラストレーションの表現は，たぶん以前まわりの人たちを譲歩させたことがあったのだろう。もしセラピストがただ譲歩したり，解決策（例：何かの種類のリラクセーション・エクササイズ）を提案したりすれば，たぶんクライエントはその瞬間には気分が良くなるであろう。しかしながら，機能的には古いアジェンダをカづけていることになる。セラピストは，この非常に行き詰まっていて回避が行きわたっているクライエントでは，この時点でクライエントが提案することは何であれ，新しい行動ではなく古いアジェンダの一部に違いないと想定している。

セラピストはクライエントに自分の体験を確認するように促す。クライエントをある対応方法へとシフトさせようとしている。もっと自分の体験に触れるようにして，セラピストが作ったルールも含めて（あるいは，

ばいけないということはありません。これまでのことをずっと振り返ってみて，こういったすべてのことをやってみたあなたの体験に基づいて言ってください。何が効果を上げましたか？

クライエント　まあ，いくつかは，ほんの少しは効果がありました。

セラピスト　もちろんです。ここでこれをちょっと試して，あそこであれをちょっと試して，ちょっとは気分が良くなるのです。アルコールを飲んで，ちょっと気分が良くなることだってあるでしょう？　でも，次にはどうなりますか？

クライエント　戻ってきてしまいます。

セラピスト　そうなったら，何をしないといけませんか？

クライエント　もっと努力することです。

セラピスト　でも，もっと努力するというのはうまくいかないと，すでにわかっています。今日，あなたが私の前に座っているのは，努力不足のせいではないのです。

クライエント　何が何だか。何をしていいのか，わかりません。

セラピスト　どうしていいのかわからなくなったとき，何にぶつかりますか？

セラピストが作ったルールにはとくに），ルールに縛られないようにする対応方法だ。

セラピストは再び，クライエントの注意を長期的パターンへと向けさせる。クライエントは普通，短期間な面に焦点を当てたがる。

「十分な努力をしていない」というのが主題ではないのだと示唆すれば，クライエントを不必要な自己非難から遠ざけることになる。

「今，この瞬間」との接触は，クライエントが今，出てき

クライエント　絶望的です。することなどありません。

セラピスト　ようやく，何か見えてきましたね。

クライエント　ご冗談を。私はどうしていいのかわからないのに，何か見えてきたと言うのですか？

セラピスト　少なくとも，今現在のところ，どうしていいかわからないというのは，いい位置です。わからないということは，何か違うことが起こりうるという意味です。すでにわかっているのならば，それもうまくいかないことのリストに載せないといけなくなるかもしれません。うまくいかなかったもののところへ，あなたを引き戻したくはありません。ですから，今のところは，どうしていいのかわからないというのが，いるべき場所なのです。けれども，これは創造的な場所です。おそらく，としか言えませんが，何か新しいことが起きるとしたら，この場所からになるからです。

ているものに注目するように求められたときに起こる。

これは明らかに，予期された対応ではない。これは字義どおりの会話の境界をはみ出している。字義どおりにとると，「絶望的」と「どうしていいのかわからない」というのは，そこにいるには本当に悪い場所である。しかしながら，このクライエントに関していうと，絶望して，どうしていいのかわからないと感じないようにすることが，身動きをとれなくする原因の一部なのである。

――●体験的エクササイズ：アクセプタンス●――

問➡　面接記録を読みながら，あなたの反応はどのようなものでしたか。どのように感じましたか？　何らかの点で不快でしたか？　どのような気分に気づきましたか？　何らかの評価をしましたか？　以上のようなことを書き留めなさい。

●体験的エクササイズ●

　長い時間をかけて直面化する形で治療を進める場合には，クライエントに敬意をはらい，謙虚であることが重要だ。さもないと，クライエントとゲームをしているか，クライエントの妥当性を無視しているかのように見えてしまうだろう。要点は，コントロールが効果を上げないというクライエントの実際の体験の妥当性を確認し，クライエントが正しくないというのではなく，クライエントに与えられた社会的メッセージが正しくないのだと示唆することだ。また，この種のセッションを終える前には，クライエントが絶望的なのではなく，アジェンダが絶望的だと示唆していることを指摘することが大切である。

　創造的絶望の創造的な部分とは，以下のようなオープン性のことを意味している。それは，不必要な体験のコントロールが最終的に放棄されて，選ばれた価値に調和する人生を送ることの方に注意の焦点が当てられたときに得られるものだ。ここでのゴールは絶望を感じることや絶望を信じることではない。実際，このプロセスは普通，希望に満ちているように感じられる。ゴールは，役に立たないものを放棄するプロセスを早めることだ[32]。古いコントロールのアジェンダが剥ぎ取られたとき，クライエントがどうしてよいかわからなくて混乱したという感覚を体験するのはよくあることだ。これはネガティブな兆候ではない。古いコントロール行動が弱まり始めている印なのだ。他のよくある反応には次のようなものがある。クライエントがゆっくりと話すようになる，あるいは，もっと考え込むようになる。沈黙の時間。面接室内に軽さの感覚が感じられる。笑い。クライエントが習慣的な思考パターンをつかまえようとしているかのような対話を始めたりやめたりという行為。

他のガイドラインも心に留めることが重要だ。セラピストが非常によく犯す過ちは，回避は役に立たない，あるいは体験の回避のアジェンダは断念すべきだとクライエントを説得しようとすることだ。セラピストはまた，クライエントの準備ができている範囲を越えてクライエントを押し進めようとすることもある。**クライエントの体験が絶対的な権威者である**ことが大事だ。創造的絶望は，対決がセラピストとクライエントの間でなされるのではなく，クライエントのマインド（体験のコントロールというシステム）とクライエントの体験の間でなされるときにのみ，その本来の機能を発揮する。クライエントは自分自身の体験に基づいて，マインドによって提案された解決策が想定されていたような効果を実際に上げたか，あるいは体験がそうではないと示しているかを決定することになるのだが，セラピストがそこにいるのは，このプロセスをガイドするためなのだ。

セラピストはクライエントの発言の内容に取り込まれないようにしなければならない。例えば，論理的または健全と思われる解決策を申し出るクライエントを，その解決策の実際の機能を完全に確認しないうちに力づけるのは間違いだ。提案された解決策がACTの方法と似ていたり，形式的（内容的）に同一であったりすると，とくにそうしたくなるものである。しかしながら，ここでの目的は形式的に正しい方法をリストアップすることではなく，ありとあらゆる解決策の機能的なインパクトを探求して，効果のないものを捨てることなのだ。一般的には，効果を上げないのは，クライエントが認知的に巻き込まれ，その結果目に見えないコントロールというアジェンダにつかまってしまうことである。この状況は容易には見えてこないし，論理的にも目に見えにくい。クライエントの体験が最大の同盟者となるのである。

創造的絶望は一回限りの全か無かという行動の変化ではなく，むしろ，コントロール以外の何ものかの可能性を——この瞬間に，そして次の瞬間に，そしてそのまた次の瞬間に——確立するのが主題であると注意するのも大切だ。最終的にクライエントが次のことを理解するのを手助けするのが主題なのだ。つまり，存在の瞬間瞬間が「体験にノーと言い，体験の回

避のアジェンダを強める」か，あるいは「体験にイエスと言って，自分が大切に思う人生の活力を豊かにする」か，そのチャンスを提供するということだ。

　コントロールを弱めることをどれくらい強調するかは，体験の回避とコントロールがクライエントの生活のすみずみまでどれくらい行きわたっているかによって決まる。体験のコントロールが長年にわたって優勢な生活法であった結果，このパターンにはまり込んでいるというクライエントもいる。体験のコントロールがそれほど行きわたってはおらず，実践もされていなくて，それほど優勢でもないので，解決策としての体験のコントロールを放棄する準備がもっと容易にできるクライエントもいる。長い期間にわたってすみずみまで行きわたっているほど，ACTのこの部分を強調しなくてはならない可能性が高い。相対的に体験の回避の広がりが低いクライエントでは，たぶんセラピストはこのステップをもっと迅速に進めることができるだろうし，価値の追求という文脈に沿ってマインドフルネスとアクセプタンスのスキルを発達させる支援に入っていけるであろう。

　次の面接記録は，賢明で，若くて，比較的機能性が高い社交不安のクライエントとの早期セッションから引用している。

面接記録　2.2

セラピスト　〔クライエントがどのように不安に対処しようとしてきたか，ふり返った後で〕ちょっと提案させてください。これが，するのが簡単でわかりきったことだとしたら，自分自身でもう何とかしているでしょうね？

クライエント　そう思います，ええ。

セラピスト　あなたは頭の良い，能力のある人です。人生の大半，これと戦ってきたんですよね。そして，この問題には本質的に何か罠にはめるようなことがあると，直接ご存知です。ですから，例えば，何かがそこ

にないと気づくだけでも，それ自体を生み出すのに十分なのです。「ああ，気分が良くなった……あ，だめだ……いや，気分は良くなってはいない」というように。そんな感じです。あなたが不安を管理するためにやってきたことのリストを見てみましょう。気を紛らわす，安心させる，自分に語りかけて不安から抜け出す，避ける，そしてたぶん，まだ話し合っていない他のこともあるでしょう。これらには，ある共通した特徴があるのがわかりますか？　時として，少しは助けになるけれど……究極的にはそれほど助けにならないということです。

クライエント　ええ。

セラピスト　不安を解決はしない。

クライエント　しませんね。それはわかっています。〔笑う〕

セラピスト　これでも十分にはわかっていないということを見てみましょう。こういうやり方は，短期間はうまくいくこともあるけれども，中くらいとかもっと長期の時間では事態をもっと悪化させかねない。こんな具合に。気を紛らわすために何かすると，遅かれ早かれ，それでうまくいっているかどうか，チェックしないといけない。それで，うまくいったのかチェックする段になると，忘れようとしていたことを思い出してしまう……そして，戻ってきてしまう。

クライエント　ええ，時々，「よーし，気を紛らわそう。何か楽しいことを考えよう。それじゃあ……，スキーだ，丘を滑り下りていく，ロッジに到着して，友達とワイワイやって──，くそ！　しかたがない，もう一回初めからだ」と考えたりします。

セラピスト　なるほど。

クライエント　あるいは，時々は，何てことだ，気分が良くなっているのに気づいたら，またすぐに元の木阿弥じゃないか，と思ったり。

セラピスト　うん。ここに問題がありますね。あなたはマインドがあなたに仕掛けてくるトリックを語っていました。そうですよね。でも問題は，あなただけではなくて，あなたのマインドも同じ部屋にいるということです。そこでマインドがやれと言っているたくさんのことをあなたはやっているのです。どうであれ，それはうまくいくのだけれど，長い目で見るとうまくいくようには思えない，だからあなたはここにいるわけです。そして今もマインドは部屋にいて，私たちが話していることを聞いているわけです。

クライエント　マインドは知っている。〔クスクス笑う〕

セラピスト　ええ，何が起こっているのか知っています。そうですよね？

クライエント　はい。

セラピスト　けれども，マインドはあなたに究極の最終的な答を与えることはできないようです。どちらかと言えば，あなたを苦しめるようです。あなたが考えたくない記憶を手当たり次第に思い出させますし。

クライエント　そして私は，それを論理的に追い払えないのです。先生の言われていることは理解しているつもりです。私が考えていることは論理的でないとわかっているのですが，やりすごせないのです。

セラピスト　そのとおり。これはただの論理的なやりとりではなくて，心理的なやりとりだからです。それは同じものではないのです。では，今話してきたことをまとめてみましょう。少し考えてみるためのスペースを切り開く必要があります。論理的で，合理的で，分別があるように見えるもののせいで，あなたが相当消耗しているのではないかという可能性を考えてみてほしいのです。手に入ったものはこんな感じです。〔両手を広げる〕他には何も手に入っていないのです。

クライエント　〔笑う〕そうですね。

セラピスト　手に入ったものはこんな感じです。もしそうだとしたら，必要なのは，それに対する別の全面攻撃であるという可能性を考える必要がありそうですね。それでも，マインドは部屋の中で私たちと一緒にいて，「ああ，そうそう，わかります。そんな感じです」と言い，同じシステムに引き戻そうとするでしょうね。……さて，あなたは流砂がどのようなものか，知っていますか？

クライエント　はい。

セラピスト　人は流砂にはまると，正常で論理的で合理的で分別のあることをします。つまり抜け出そうとするのです。

クライエント　そして事態をいっそう悪くする。

セラピスト　そうです。ものごとから抜け出す普通の方法は，抜け出そうともがくことです。問題は，流砂にそういうことをすると，もっと深く沈んでしまうだけだということです。片方の足ではうまくいかないので，もう一方の足で押す。そこで，両足ともはまってしまう。おそらく，そんな感じですよね。あなたがやってきたことはたぶん，吸い込まれる泥にはまってしまったときにする，正常で論理的で合理的で分別のあることと同じようなものなのです。実際には，それはあなたを解放してくれるわけではなく，どちらかと言えば，もっと身動きをとれなくしてしまいます。そこで，もし今話してきたことが真実ならば，役に立つかもしれないすべてのものの他に，何か実際に役に立つものを発見しないといけません。私の言いたいことが，おわかりですか？

クライエント　〔笑う〕ええ。……では，そこで，どうするのですか？

セラピスト　〔間，ほほえむ〕そうですね，あなたは自分の体験から「何かすると報われない。短期間の効果はあっても長期間では効果がない」とわかっています。そして，本当のところ，問題はそこにあるままです。時として改善し，時として悪化しますが，相変わらずそこにあります。

そして，あなたは問題を大きくしないようにがんばっている。でも，問題はなおもそこにあって，あなたは行き詰まっている。

クライエント　〔ぶつぶつと同意をつぶやく〕

セラピスト　さて，私はドアを開けて「身動きがとれないという，自分の抱えている感覚をご存知ですね。まあ，本当に行き詰まっているので，その感覚をもっているのでしょう」と言いたいと思います。このゲームは行き詰まりのゲームです。何か別の展開になってうまくいくというものではありません。こういうふうに運ぶのです。あなたは，自分の体験で，どんなふうにものごとが運んできたのか知っています。もし，少し引いて見てみれば，これはほとんど八百長のゲームのように見えます。あなたの人生の他の領域では，努力をすれば結果がついてきますね。ここではそうはいきません。ですから，何か本当に違うことをする必要があるのです。

コントロールこそが問題である

　面接記録2.2では，セラピストが，創造的絶望の感覚への働きかけによって，体験と気分のコントロールがクライエントの現在の困難への解決策というよりも問題の一部になっていることをもっとはっきりと概観する作業へと移行していたのがわかるであろう。多くのクライエントは，自分の内的体験に対するコントロールをもっと必要としていると信じながらセラピーに来る。しかしながら，信じていたことの代わりに起きるのは，不適切にコントロールしようとすることで，クライエントは役に立たないアジェンダに着手する——それも，自分の生活を犠牲にしつつそうすることになるのだ。なぜなら，自分の気分あるいは思考をコントロールするため努力する間，自分の生活は保留状態なっているからだ。

　クライエントが「不安をコントロールできれば就職できる」「この苦しみがなくなれば別の恋愛関係が見つけられる」「罪悪感をもう感じなくなったら，子どもとまた気持ちが通じ合えると思います。子どもを私の罪悪感で

困らせたくないのです」などと言うのを，よく耳にする。この種の言葉はあらゆる内容と強さで表現されるが，すべてが，「クライエントは自分の内的体験をコントロール下において初めて生き始められる」という主題をもっている。もちろん，ここでの問題点は，人生は「今，この瞬間」に起こっているということと，内的に起きることをいかなる永続的で有意味な方法で変えようとしても非常に難しいということだ。その上，コントロールの努力は，さらなる問題や代償につながることもある。それははっきりとした形で起こるかもしれない。悲しさを回避するために深酒をするという場合がそれである。あるいは不適切にコントロールしようとすることは，もっと微妙な形でも問題になる。苦しみを伴う話題について取り上げ始めるたびに微妙に話題を変えるが，それでも親密さを望んでいるクライエントを想像してみるとよい。以下の面接記録は，この問題を示している。

> **セラピスト** では，週末は湖で楽しく過ごしたんですね。
>
> **クライエント** ええ。とても楽しかったです。水上スキーをして泳ぎました。本当に休息できました……，でもひとりでしたから，ちょっと残念でした。
>
> **セラピスト** ひとりだったんですか？ あなたにとって，ひとりでいるのがつらかったということはわかります。苦しかったですか？
>
> **クライエント** ええ，でもハイキングにも行けましたし，何が起こったのか，先生には信じられないでしょう。歩道の横に熊が出たんです……。
>
> **セラピスト** 〔話をさえぎって〕今，苦しみを感じる部分を飛ばしたのに気がつきましたよ。
>
> **クライエント** ええ，でもどうしても熊の話をしたかったのです。
>
> **セラピスト** たった今，また同じことが起きたようですね。苦しみを直視したら，何が起きると思いますか？

クライアント 〔涙を浮かべながら〕泣き出すでしょうし，そうはしたくないのです。

ここで，クライアントが親密さを犠牲にして傷つきやすさを回避しているのがわかるだろう。セラピストのゴールは，この種類のコントロールの代償，つまり価値づけされた生活が失われることを指摘することである。例えば，このクライアントにとって，これは親密さ，人との結びつき，愛に満ちた関係をもてなくなることを意味しているのだ。

不適切なコントロールに対しては，体験へのアピールとメタファーの使用の両方により取り組むことができる。創造的絶望では体験に訴える。セラピストは，例えば「あなたの体験では，コントロールすることは役に立ちましたか？」と尋ねるかもしれない。コントロールの問題のモデルとなるメタファーを通じて，さらなる柔軟性を育てることができるだろう。ACTの文献には，そのようなメタファーがたくさん記載されている。「チャイニーズ・フィンガー・トラップ」メタファー，「バックミラーつき運転」メタファー，「フィードバック・スクリーチ（金切り声）」メタファー，「ものでいっぱいの箱」，「モンスターとの綱引き」メタファー，「ゼリー・ドーナッツ」メタファー，「恋に落ちる」エクササイズ，「嘘発見器」メタファーである（文献32, pp.104-105, 108, 136-138, 109, 123-124）[訳注]。すべてがコントロールのパラドックスを具体的に説明している。内的体験をコントロールしようとすればするほど，コントロールを失ってしまうというパラドックスだ。

このパラドックスは「それをもちたくないと思うと，もつことになる」というメッセージ（文献32, pp.102-122），あるいは，そのバリエーションの「それをなくしたくないと思うと，なくしてしまう」というメッセージでうまく言い表されている。不安をもっていたくないのであれば，不安はそれについて不安を感じる対象となり，さらに不安が大きくなるだろう。愛を失いたくないのであれば，愛を手に入れられない。なぜなら，愛する者を

訳注 『〈あなた〉の人生をはじめるためのワークブック』[29]にも，多くのメタファーやエクササイズが載っている。

常にコントロールしようとするからだ。

　これらの例の多くは気分に関連した体験のコントロールに焦点を当てているが，この種のパラドックスは思考にも適用できる。もしマインドの考えていることをコントロールしようとするならば，たちまち問題が発生する。ある考えをコントロールしたいのだと知るために，そのコントロールしたいものと接触せねばならない。一例として，クライエントにバナナについて**考えないように**と促したとする。何が起こるかといえば，クライエントはすぐにバナナのことを考えるのだ。そして，バナナについて考えないように努力すればするほど，「バナナ」を考えてしまうであろうし，たぶんバナナスプリット[訳注]や黄色という色，バナナの房や朝食に食べたバナナについてまで考えてしまうだろう。この努力が，とくにコントロールするのが重要に思われる思考に適用されたとき，いかに裏目に出やすいか，ここで論じてみてもよいだろう。バナナを見たり「バナナ」という語を聞いたりしなければ，バナナについて考えないようにできるだろう。バナナについて考えることは，大半の人にとっておそらく取るに足らないことであろう。しかしながら，次のような思考にはかなり強いインパクトをもつだろう。例えば，「私はできそこないだ」「私にはどこか悪いところがある」「私は自分の人生を無駄にした」といった，クライエントが本当に排除したがっている思考である。これらは重苦しい思考であって，気をそらすのはずっと難しいであろう。言いかえれば，クライエントは一般に，幸福や良い考えをコントロールしたり取り除いたりしようとはしない。それらは歓迎されるし，留まっている間そこに留まるだけなのだ。コントロールの努力は，望まないもの，つまりネガティブなものに適用される。ここでパラドックスが出現する。この問題をクライエントと探求することは，クライエントが望まない私的体験をコントロールする方法として「気を紛らわすこと」をあげるときには有用であろう。

　次の面接記録で，セラピストは流砂のメタファー[32]に戻るが，今回は少し違う目的がある。ウィリングネスとはどういうものかを示し始めるのが目

訳注　二分したバナナにアイスクリームなどをかけたデザート。

的なのだ。

>セラピスト　流砂に落ちるというメタファーを覚えていますよね。
>
>クライエント　ええ。抜けようとがんばるほど状況が悪くなる，という話のことですよね。
>
>セラピスト　そのとおりです……，抜けようと努力すればするほど，速く沈んでいってしまうのです。前には話さなかったことですが，このメタファーは，このような状況にはまり込んだ際，もがくことの他に何をすべきかということをも示しています。流砂では，沈まないためにする必要があることは，あなたがしようとすることの反対のことなのです。流砂の中で沈まないでいるためには，静かに手足を広げて，できるだけ身体の多くの部分を砂に接触させねばなりません。表面部分がより多く砂に触っているほど，浮きやすくなっておぼれないのです。今話してきた不安を取り除く行為が，流砂でおぼれるのと似ているとしたら，どうですか？　懸命に急いで抜け出そうとすればするほど，もっと中に入り込んでしまい，事態が悪化してしまうのです。すべきことは，もがくことをやめて感情と接触すること，その中に浮くことなのです。
>
>クライエント　でも，中で浮いていても出られません。
>
>セラピスト　そのとおりです。あなたが感じていることは，まだそこにあって，感じられるのです。ただ，もがくのをやめたのです。それがおぼれないということを意味するとしたら，やってみる気になるようなことですか？
>
>クライエント　はい。でも，どうやって？

　これはコントロールに対する代替案としてウィリングネスの考えを導入する方法の一例にすぎない。このプロセスについては，次のセクションで，さらにその要点を示そう。

アクセプタンスを育成して実践する

　クライエントの体験のコントロールというアジェンダへの執着をゆるめるための初期的なワークが完了したら，セラピーの焦点は，クライエントが自分の人生で起こる出来事にウィリングネスをもって向かうことの支援へと進む。前セクションでは，焦点は主として頻繁に実践されている一連の行為，つまり体験のコントロールを弱めることにあった。このセクションで，新しい行動の構築にはっきりと焦点を当てるように臨床的注目を向ける。それは，自分の体験を抱きとめ，抱きかかえ，共感的にアクセプトすることを主題にする行動である。クライエントは普通，気分が今よりも**良く**なることを直接希望するというアジェンダをもってセラピーを受け始める。アクセプタンスは，より良く生きることができるようになるために，より気分良く**感じる**（つまり，感じることがもっとうまくなる[32]）ように，クライエントを助けるワークである。セラピーのこの部分での仕事は，ウィリングネスを自分の人生に幅広く適用する能力を育成することを目標としながら，多様な文脈での多様な私的出来事に対してウィリングネスを実践できるように，クライエントを導くことだ。時として，クライエントが自分自身の体験をもっと有効にアクセプトする方法を学ぶ準備ができて，それにオープンな状態でセッションに来た場合には，セラピストはこのステップにいきなり飛び込める。クライエントとどこからスタートするかは，ケースの概念化次第である（第8章を参照）。

　クライエントは一般に，自分の感情を進んで体験しようとしたら何が起きるのか，よくわかっていない。私的出来事のコントロールを放棄すれば，「未知」へと踏み込むかのように感じることができるし，実際に感じるものだ。感情の内容を進んでアクセプトしようとするのは，目を閉じて一歩踏み出して，足が地に着くのを期待するようなものだ。セラピストの仕事は，クライエントにウィリングネスとは何か教え，クライエントと一緒にいて，クライエントがこのようなステップを踏み出せるように穏やかに促すことである。それには次のような方法がある。

① ウィリングネスとは何か教える。
② 「今，この瞬間」を受けとめて，アクティブにウィリングネスを実践する。

ウィリングネスとは何か教える

　ウィリングネスとは，自己の妥当性の確認に関わる本質的に共感的な行為であり，その中で人は瞬間瞬間を，今，ここで展開していくままに受けとめる。「今，ここ」という概念は第4章でもっと徹底的に探求する。ここでは，全面的にかつ防衛なしに，瞬間ごとの気づきをアクティブに実践することの重要性に注目するにとどめる。「全面的に」というのは，幅広く包括的ということだ。つまり，すべての感情とマインドの内容が──その一部でもなく，好きな部分に限定されもせず──体験されるべくしてそこに存在しているのである。これは接触の問題である。すなわち，体験のすべての部分に対して接近する，あるいは流砂のメタファーの場合のように，体験の中で自分を伸ばし広げるということだ。「防衛なしに」が意味しているのは，非判断的で非評価的な気づき，つまり冷静に観察することである。この種類の気づきはその瞬間の実践を要求する。多くのクライエントにとって，セッション内でもセッション外でもマインドフルネスを実践するのが有用である。

■ウィリングネスは選択である

　選択とは，ただ単に選べるから選ぶという意味だ。そのため，進んで受け入れるという選択肢はすべての瞬間に存在する。クライエントが自分には選択肢はないと思い込み，進んで受け入れるという選択ができない理由を多数ではないまでも複数リストアップするのはよくあることだ。このようなクライエントと一緒に選択できない理由と思われるものから脱フュージョンしたり，それらを観察した上でなおも行動するようにクライエントを促すことができる。このようなことをクライエントに具体的に手早く示す方法が2つある。最初に，クライエントに2つの似たものを選択肢として

与える。例えば「紅茶かコーヒー，どちらを選びますか？」と尋ねてもよい。クライエントが選んだ後で，そちらを選んだ理由をできるだけ多くあげるように促す。仮に，コーヒーを飲む理由をたくさん聞けたとして，そしてその理由というのが「紅茶にはアレルギーがあります」「紅茶の味で気分が悪くなります」のような本当に立派な理由だったとしよう。そのようなもっともな理由があるにもかかわらず，紅茶を選んで飲むこともできるのではないかと尋ねてみる。答は，もちろん，イエスである。選択をするのは「理由」ではなくて，その人なのである。これを今取り組んでいるもっと大きな問題に戻って当てはめることができる。例えば，「もし，自分の人生を生きられるようになることを意味するのであれば，進んでウィリングネスを選ぶことができますか？」と質問できるのだ。

　以下の「やっかいなご近所のエドナ」メタファー（文献32, p.240）は，このような状況のときに役に立つ。

> **セラピスト**　新居を購入して，お披露目会を開くことを決めると想像してください。「誰でも歓迎」と書いた招待状を作って，近所に貼り出します。あなたはパーティーにワクワクして，すべての見栄えを良くし，食べ物と飲み物を準備して，用意を整えます。大切な日となり，万事が順調です。客がやって来て楽しんでいます。皆が笑っていて愉快に過ごしています。さらに客がやって来ます。そのとき，ドアをノックする音が聞こえます。あなたはほほえんでドアを開けますが，その微笑はすぐに嫌悪の表情に変わってしまいます。あなたの前にいるのは，近所に住むやっかいなエドナです。エドナは気に触る騒音を立て，しばしば無礼はふるまいをし，臭くて，恐ろしくマナーが悪いのです。新居に住んでまだ1カ月ですが，すでに彼女のことはよく知っていました。すぐにドアを閉めようとしますが，エドナがドアと柱の間に片足を入れたのでドアを閉められません。エドナに帰るように言いますが，彼女はゆっくりと首を横に振り，あなたが近所に貼った招待状を見せます。彼女は大きな字で書かれている言葉を繰り返します，「誰でも歓迎」と。彼女は，自分は帰

らないし，入れてくれるまでその場に座り込むとも言います。状況──彼女は帰らないし，客を放っておいている──を考えて，エドナを入れることにしますが，客には近づかずキッチンに留まるようにと主張します。急いでキッチンに連れていき，そこを離れないように言います。キッチンのドアを閉めて歩き始めます……。すると，あなたの真後ろにエドナがいます。あなたについてキッチンから出てきたのです。あなたは振り返って，「だめだ，エドナ。キッチンにいてくれなくちゃいけないんだよ」と言い，彼女を連れて戻ります。再び，パーティーに参加するため向きを変えると，そこからいったい何が起きると思いますか？

クライエント エドナがまたドアを押し開けて出てくる。

セラピスト そのとおり！　そこでわかるのは，エドナを視界の外においておくには，まさにキッチンのドアに足をつっぱらせていないといけないということです。あなたは閉じ込められてしまいます。ここでの問題は何ですか？

クライエント 私はパーティーに出られません。

セラピスト そうですね。ここで大事な質問ですが，あなたもパーティーに出られるのなら，エドナが家をぶらぶらするのを見逃せますか？

クライエント それは難しいでしょう。

セラピスト そうですね，でも，エドナを止めておいたら，パーティーに出られますか？

クライエント ええ，それが私のしたいことなんですね。

　この領域でのクライエントとのワークは，単純な質問に還元される。進んで以下のことができるか，というものだ。「あなたは自分が感じていることを感じられますか？」「自分の抱えている思考を抱えられますか？」「全面的に防衛なしで，身体感覚をそのままにしておくことができますか？」

「あなたが価値づけするものにしたがって，自分にとって効果のあることをすることができますか？」。

■ウィリングネスは行動である

　この章を通じて，ウィリングネスをさまざまな方法で説明してきた。ウィリングネスは気分ではなく，直接的に指導したり説明したりできるものでもない。自転車の乗り方や楽器の弾き方，技能を要するスポーツのやり方を直接説明できないのと同様なのだ。部分的には，ウィリングネスをスキー中に起こることにたとえれば把握できるかもしれない。

> **セラピスト**　スキーをしたことがありますか？
>
> **クライエント**　ええ，何回かは。
>
> **セラピスト**　スキーをしていてスピードが出すぎたとき，自然な傾向として，体を後ろに傾け斜面の方へ逃げようとしませんか？　問題は，そうすることで自分の向かっている方向に対してコントロールが利かなくなり，転倒しやすくなってしまう，ということです。この状況では，自然な反応――後ろに傾ける――はあまりうまく働きません。あなた自身の思考や気分に関して，これと似た状況だとしたらどうなるでしょう。自然な反応――あなた自身の体験から自分をそらす――が実際には問題の一部だとしたら？　人生が向かう方向に対してもっとコントロールできるようにするため，ここで必要なのは，斜面の下の方へと体を傾ける実践であり，体験の中へと傾けていく実践だとしたら？

ウィリングネスの実践

　理想を言えば，ウィリングネスはセラピーの最初から最後まで実践され，他の全ACTプロセスと織り合わされることになる。ウィリングネスを実践する非常に基本的な方法として，ACTセラピストはクライエントに，あるエクササイズをするかしないか，難しい話題を話し合うかどうか，選択さ

せることができる。これは，セラピストが，クライエントにとって困難な内容を喚起しうるエクササイズを実施したり話題を話し合うという考えを思いつくたびに起こることで，セラピストはそのワークを始める前に，エクササイズを進んで行う気があるかどうか，クライエントに質問するのだ。

　セッション内，セッション外で実践される多数のエクササイズが記載されているが，そのほとんどで，クライエントがウィリングネスを実践するチャンスをどう構造化するかということがテーマになっている。多くの例がいろいろなテキストに記載されている。例としては，「空き缶モンスター」エクササイズ，「アイズ・オン」エクササイズ，「ミスター不快を探して」エクササイズ（文献32, pp.171-174, 244-247），そしてエクスポージャー・エクササイズ[15]などだ。これらは通常，治療が進んでから，脱フュージョンと文脈としての自己のワークをした後に行われる。

　ウィリングネスは全か無かという性質をもちがちであるが，ウィリングネスが実践される文脈は少なくとも部分的には選択が可能である[53]。例えば，クライエントは5秒間ウィリングになるか，1時間にするか，選択できる。ショッピングモールではウィリングになるが書店ではならないと選べる。ひとつの感情についてはウィリングネスを練習しても，別の感情ではしないこともできる。このように状況を（ウィリングネスのレベルではなく）選ぶことができることで，セラピストはクライエントの現在のウィリングネスのレベルに合わせてウィリングネスのワークを調整できる。エクスポージャーを実行しているセラピストがエクスポージャーの階層表を作成するのと同じように，ACTセラピストは普通，クライエントにささやかなウィリングネス行為から始めるように促す。セッション内の短い時間だけ，あるいはそれほど困難でない私的出来事に関して，という具合である。そこから，より大がかりなウィリングネス行為へと動いていけるのだ。数年間も話をしていない兄に電話をして，電話中に現れるものは何であれ進んで感じるようにする，といったことだ。ウィリングネス・エクササイズが困難な題材を喚起するセッション内のエクスポージャー・エクササイズという形をとるのはよくあることだ。セラピストとクライエントは，セッシ

ョンでこの題材を用いて一緒にワークをする。

ウィリングネスは他のACTプロセスに依存する

ウィリングネスはプロセスであり，アウトカムではなく，ACTの全側面に統合されている。「ウィリングになれば，おしまい」というわけではない。いつでも，さらなる実行すべきウィリングネスがあるのだ——人生にも，治療過程の最初から最後までにも。

ウィリングネスは，ACTモデルの他の構成要素がなければ十分に実現できない。したがって，本書の現時点では，セラピーが進んでからのウィリングネスの適用に関しては概略を示すことしかできない。ウィリングネスには，「今，この瞬間」が展開する際に，その瞬間を受けとめることが含まれるので，ウィリングネスは，第4章でこれらのトピックに取り組む際に重要なサブテキストになる。ウィリングネスは選択である——これは，理由づけとのフュージョンを放棄し，同時に代替となる行動方針の中で選択をするという意味だ。よって，ウィリングネスは次章で論じられるように，全面的に発達した形態になると，必要な構成要素として脱フュージョンを包含する。困難な思考，気分，体験を体験することへのウィリングネスは，私たちの価値に貢献するものだ。これがウィリングネスとさまざまな体験にふけることとの違いである。このことについては，第6章でさらに説明する。最後に，コミットされた行為やエクスポージャーの文脈でウィリングネスを実施するために，重要な方略が利用できる。これについては第7章で取り上げる。

コア・コンピテンシーの実践

ここでは，ACTセッションに基づいたサンプルの面接記録に対応して，ウィリングネスを使う実践練習を取り上げる。ここにリストされているのは，ウィリングネス／アクセプタンスのための10のACTコア・コンピテンシー（他では真似できない核となる技能）である。それぞれのコア・コ

ンピテンシーに対して，ある臨床状況とそれに応じた面接記録の一部を示している。その面接記録で，コア・コンピテンシーを具体的に説明する。ひとつの介入プロセスがそれだけで使われることはほとんどないので，大半の面接記録にはACTプロトコルの他の構成要素も入っている。面接記録はクライエントの言葉で終わっているので，そのコンピテンシーを反映する対応の例を示していただきたい。また，自分の対応に対する根拠を説明するようにも求められる。それぞれの作業の後，pp.83-99に掲げた，それぞれ2例ずつの回答例と比較することができるようになっている。

　モデルとして示した対応だけが正しいというわけではない。ACTに合致するような良い代替案が多数ある。モデルを提供する主な目的は，ACTに合致した良い対応が意味するところを伝えることである。もし，モデルのうちのどちらかの可能性を感じとれたとすれば，それはとても良い兆候である。もしあなたの対応が，モデルの説明やコンピテンシーにちょうど合うように思われれば，うまくやれているということだ。もしモデルの方が強力だったかもしれないと思ったら，モデルから学ぶようにしてほしい。モデルの対応が理解できなかったり，あなたの対応が合っていないように思われるなら，この章や他のテキストを再検討してほしい。自信がなければ，掲示板（www.learningact.com/forum/）に質問してもらってもよい。

　面接記録のいくつかは，複数のコンピテンシーにわたって継続していることがある。そのような場合は，次のセクションとそれに関連したエクササイズが始まるところがわかるように説明してある。

　自分自身で考えて回答するまでは，回答例は読まない方がよい。最初に自分なりの対応を考え出すようにすることで，学ぶチャンスを最大限に生かすことができ，フィードバックから得られる効果も大きくなる。より柔軟になれるように，複数の可能な対応を書き留めることだってできるだろう。ACT全般に合致する対応を示すよりも，各セクションの特定のコンピテンシーの実例となるような対応を示すことに焦点を当て，そのコンピテンシーを最も効果的に実施できるようなステップを説明するのも重要である。

　次ページに，コア・コンピテンシー・エクササイズの例を示す。

コンピテンシー：セラピストは，クライエントが感情に対するコントロール方略のパラドックス的効果とじかに接触できるように支援する。

完成された回答例・エクササイズ

クライエントは19歳の女性で大学生であり，社交不安と自分の生活には彩りや興奮がないという全般的な感覚を訴えている。彼女は，これが子ども時代の性的虐待という過去の体験に関係していると感じている。セラピーを通じて，人に対して親しく感じていることに気づくと虐待の記憶が浮かんでくることを理解できていた。そのようなときには，周囲と距離をおくか自分自身を麻痺させるという。この対話は6回目のセッションのものである。

セラピスト　では，私が流れをつかめたのか，確認させてください。あなたはボーイフレンドと座っていた。彼があなたに触れた。あなたは不安で，本当に危険だと感じ始めた。それから，そのように感じていることが恥ずかしく思えた。合っていますか？　それから，その場を離れる言い訳を見つけて家に帰り，そのことを考えなくていいようにとアルコールを飲んだんですね。こういう流れですか？

クライエント　ええ，どうにも，そのことを考えられないのです。あまりにつらいのです。ひどく疲れました。何とかこれを克服する方法が必要なんです。

問 ➡ あなただったらどう対応するかを書きなさい（このコンピテンシーを使うこと）。

セラピスト　この体験について話すことで，とても手に入れたいと思っているオープンで愛情のある関係をもてるのであれば，自分から進んでそうすることができますか？

クライエント　はい。

セラピスト　では，質問させてください。このような不安感や罪悪感を追い払おうとすればするほど，どうなるかわかりましたか？　時間と共に，だんだん減ってきましたか？　それとも，もしかするともっと強くなって，あなたはそこでもやっぱり自分自身が遠くにいて，孤独で切り離されていると感じていますか？

問 ➡ そのように言うときに，あなたが考えているのはどんなことですか？　何に対応し，何を達成したいと思っているのですか？

　彼女の回避は明らかに機能していない。私はこの問題を彼女の価値と結びつけて，苦しくてデリケートな話題になると思われることを話す許可を得ようとする。それはクライエントが脅かされたと感じるかもしれない話題だ。それから，この回避という方略が実際に思っていたような良い結果を出したのか，あるいは，もしかするとパラドックスではあるが事態をさらに悪化させたのかを，彼女に確認してもらうようにする。

次のエクササイズに進む前に，p.83-99のモデルと比較して，自分の対応を確認しなさい。

コア・コンピテンシー・エクササイズ

コンピテンシー1： クライエント自身がだめなのではなく，役に立たない方略を使っているだけであることを伝える。

エクササイズ2.1　　⇨ 回答例はp.83

　56歳の男性クライエントが，PTSDに関係した不安をなくしてほしいと訴えてセラピーにやって来た。これまでに複数の治療プログラムに参加し，少なくとも他に3人のセラピストや精神科医の治療を受けたことがある。彼は不安が強すぎて，規則的に毎日行わなくてはならないようなことができないと訴える。自分自身を孤立させ，ものごとが違っていたらと願うのと同時に，他の回避方略も使っている。

> **クライエント**　〔不安を取り除く方略を10ほどリストアップしてから〕私が本当にしたいのは，この不安をコントロールする方法を発見することです。
>
> **セラピスト**　たくさん違うことを試されたようですね。確かに努力されてきたんですね。
>
> **クライエント**　ええ。もっと努力が必要なだけです……。これを変えてくれる何かを発見するために。

問⇨　あなただったらどう対応するかを書きなさい（コンピテンシー1を使うこと）。

問⇨　そのように言うときに，あなたはどんなことを考えていますか？何に対応し，何を達成したいと思っているのですか？

コンピテンシー2：クライエントが感情に対するコントロール方略のパラドックス的効果とじかに接触できるように助ける。

エクササイズ2.2 ⇨ 回答例はp.84

（コンピテンシー1のクライエントの面接の続き）

> **セラピスト** 〔p.83の回答例2.1bに書かれた対応をする〕
>
> **クライエント** 先生の言われることはわかりますが，私はこの状況が変わってくれればと思っているだけなのです。四六時中，不安に感じています。こんなふうにしているのは我慢できないのです。
>
> **セラピスト** 状況が変わったとしたら，あなたは何をしているでしょうか？
>
> **クライエント** あらゆることが違うでしょう。私は人のそばにいられて，仕事もできるでしょう。万事がずっと良くなるでしょう。

問⇨ あなただったらどう対応するかを書きなさい（コンピテンシー2を使うこと）。

問⇨ そのように言うときに，あなたはどんなことを考えていますか？何に対応し，何を達成したいと思っているのですか？

コンピテンシー3：臨床的なやりとりの中で，役に立つかどうかという考え方を積極的に用いる。

エクササイズ2.3　⇨ 回答例はp.85

（コンピテンシー2のクライエントの面接の続きであるが，セッションのもっと後の方の様子）

> **セラピスト**　もっと努力することで，どのくらいうまく事態を変えることができましたか？
>
> **クライエント**　その……，しばらくはうまくいきますが，最初からまた問題がくり返しになってしまうんです。そして不安が戻ってきます。

問➡　あなただったらどう対応するかを書きなさい（コンピテンシー3を使うこと）。

問➡　そのように言うときに，あなたはどんなことを考えていますか？何に対応し，何を達成したいと思っているのですか？

コンピテンシー4：感情をコントロールしようとする戦いをやめる実験をしてみるように促し，代替案としてウィリングネスを提案する。

エクササイズ2.4 ⇨ 回答例はp.87

　41歳の女性クライエントは，失恋による怒りや悲しみを和らげるためにセラピーを受けたいと思っている。破局はセラピーを受け始める3年前に起きた。最初のセッションでクライエントは，裏切られたと感じていて，別れの苦しみを越えて進むことができないと説明した。自分の怒りが自分の前進する能力を妨害していると気づいている。また，その関係でだまされてしまったという理由から，自分自身に怒っているのだと気づいている。この対話は4回目のセッションでのものである。

> **クライエント**　自分の怒りに圧倒されているように感じます……。そして愚かだと感じています。3年にもなるのに。どうして乗り越えられないのでしょう。恥ずかしいことです。
>
> **セラピスト**　とにかく，これを乗り越えることこそ，しなくてはならないことだと思っているようですね。そうすれば恥ずかしさも「愚かさ」も消えていくだろうと……，怒りだけじゃなくね。
>
> **クライエント**　バカバカしいですよね。

問➡　あなただったらどう対応するかを書きなさい（コンピテンシー4を使うこと）。

問➡　そのように言うときに，あなたはどんなことを考えていますか？何に対応し，何を達成したいと思っているのですか？

コンピテンシー5：コントロールとウィリングネスの方略のそれぞれが機能する可能性を，対比して際立たせる。

エクササイズ2.5　　⇨ 回答例はp.88

（コンピテンシー4と同じクライエントを相手にしていると想定しよう。ただし今回のセッションは次のように進行する）

> **クライエント**　自分の怒りに圧倒されているように感じます……。そして愚かだと感じています。3年にもなるのに。どうして乗り越えられないのでしょう。恥ずかしいことです。
>
> **セラピスト**　とにかく，これを乗り越えることこそ，しなくてはならないことだと思っているようですね。そうすれば恥ずかしさも「愚かさ」も消えていくだろうと……，怒りだけじゃなくね。
>
> **クライエント**　バカバカしいですよね。
>
> **セラピスト**　自分の怒りに関して，多くの判断をされているのがわかります。バカバカしくて愚かだと考えているのですね。
>
> **クライエント**　バカげていて愚かしいのです。いまだに自分がこのことで怒っているなんて信じられません。そんなことをしても何の意味もないのに。

問➡　あなただったらどう対応するかを書きなさい（コンピテンシー5を使うこと）。

問➡　そのように言うときに，あなたはどんなことを考えていますか？何に対応し，何を達成したいと思っているのですか？

コンピテンシー6：クライエントがウィリングネスと苦悩の関係を調べるのを助ける。

エクササイズ2.6 ⇨ 回答例はp.90

（コンピテンシー5のクライエントの面接の続きであるが，セッションのもっと後の方の様子）

> **セラピスト** 怒りを追い払うため，どのような種類の努力をしてきましたか？
>
> **クライエント** たくさんやりました。どれほどたいへんだったか，どこから話し始めたらいいのかわからないほどです。

問➡ あなただったらどう対応するかを書きなさい（コンピテンシー6を使うこと）。

問➡ そのように言うときに，あなたはどんなことを考えていますか？何に対応し，何を達成したいと思っているのですか？

コンピテンシー7：クライエントが，価値づけされた人生の目標と比べたときに，ウィリングネスの欠如がもたらす代償に接触するのを助ける。

エクササイズ2.7 ⇨ 回答例はp.91

（コンピテンシー6のクライエントの面接の続き）

> **セラピスト** この困難のせいで，どんなことが起きましたか？ このことでつらい結果となり，あなたの人生はどのように変わりましたか？
>
> **クライエント** その……，私は男性不信になりました。男は皆，私をだまそうとしていると考えてしまうのです。それ以後，誰とも交際しませんでした。2回ほど試してみたのですが，デート中にイライラしてしまいました。信じられないほどに孤独で，男性に怒りを感じます……。私はそのせいで男性を責めています。男性に関しては自分をコントロールできないのです……。どうしたら，もう一度男性を信用できるようになるでしょうか？

問⇨ あなただったらどう対応するかを書きなさい（コンピテンシー7を使うこと）。

問⇨ そのように言うときに，あなたはどんなことを考えていますか？ 何に対応し，何を達成したいと思っているのですか？

コンピテンシー8：クライエントがウィリングネスの性質を体験するのを助ける。

エクササイズ2.8　　⇨ 回答例はp.93

（コンピテンシー7のクライエントの面接の続きであるが，セッションのもっと後の方の様子）

> **セラピスト**　新たな恋愛関係をもつことは，あなたにとってどのくらい大切なことですか？
>
> **クライエント**　本当に手に入れたいですが，できるとはとうてい思えません。本当に重大な何かが変わらなければならないでしょうね。

問⇨　あなただったらどう対応するかを書きなさい（コンピテンシー8を使うこと）。

問⇨　そのように言うときに，あなたはどんなことを考えていますか？何に対応し，何を達成したいと思っているのですか？

第2章　ウィリングネス／アクセプタンスの育成　81

コンピテンシー9：エクササイズやメタファーを使って，困難な内的体験が存在する中での行為としてのウィリングネスをわかりやすく示す。

エクササイズ2.9　　⇨ 回答例はp.96

　50歳の男性がセラピーを受けている。彼の妻が，自分と関わるときの内気でいら立たせるような様子を理由に治療を受けるようにと主張したからである。ある誤解のために彼のお金がなくなるということがあった後，彼は妻と距離があるように感じ，妻に自分を放っておいてほしいと話した。彼は自分がひどく失望していると気づいている。

> **セラピスト**　夫婦の関係にどんなことが起きてほしいですか？　終わってほしいのですか？
>
> **クライエント**　いえ，私は離婚とか，そういうことは望みません。ただ，妻と話す気になれなくて，ほとんど妻を見ることもできないのです。お金がなくなったのは彼女のせいではないとわかっているのですが，それでも責めてしまうのです。お金を取り戻したいのです。

問➡　あなただったらどう対応するかを書きなさい（コンピテンシー9を使うこと）。

問➡　そのように言うときに，あなたはどんなことを考えていますか？　何に対応し，何を達成したいと思っているのですか？

コンピテンシー10：治療関係の中でウィリングネスのモデルを示し，クライエントが治療場面以外にもこのスキルを一般化できるように支援する。

エクササイズ2.10　　⇨ 回答例はp.98

（コンピテンシー9のクライエントの面接の続きであるが，セッションのもっと後の方の様子）

> **クライエント**　自分がひどくお金のことに執着していて恥ずかしいです。認めるのは難しいですが。先生は私のことをクズみたいなヤツだと思うのではないかと心配です。
>
> **セラピスト**　こういうことを認めるのは難しいですね。不安をかきたててしまうかもしれません。
>
> **クライエント**　ええ。先生にお話しするのに苦労しています……。先生が力になってくれるのか，わからないのです。

問⇨　あなただったらどう対応するかを書きなさい（コンピテンシー10を使うこと）。

問⇨　そのように言うときに，あなたはどんなことを考えていますか？何に対応し，何を達成したいと思っているのですか？

コア・コンピテンシーのモデルとなる対応

コンピテンシー1

回答例2.1a　　⇨ エクササイズはp.73

> **セラピスト**　あなたが今言ったことを別の言い方にすると、「もっと努力するというのを試してみないといけない」となりますね。前に、もっと努力するということを試したことはありますか？
>
> **クライエント**　もちろんです。もっと、もっと、と。
>
> **セラピスト**　では、ここでの問題は、あなたが十分に一生懸命努力してこなかったということではないと考えてみてほしいのです。たぶん問題なのは、あなたが社会や両親やあなたの学習経験から手に入れてきた道具に関連したことなのです。それは、不安に対処するために実行するようにと教えられてきたことです。そういう道具は、ここでは役に立たないのかもしれません。すばらしい絵を描くのに金づちを使おうとしてきたようなものです。ここで私は、別のもっと良い道具をもっていると言っているのでもありません——それもあなたは試してきたのですから——。これまでにも、もっと良い道具がないかと探してきたわけです。ここでの罠は、もっとややこしいものです。

説明　内的体験のコントロールというのは社会的に訓練された現象であると、セラピストがオープンに認めることが重要である。クライエントがこういう操作を試みるのは、クライエントの過ちではなく、そのような操作が役に立つはずだと教えられてきたからなのである。

回答例2.1b　　⇨ エクササイズはp.73

> **セラピスト**　では、もっと努力すべきだと思われるのですね。けれども、過去にも懸命に努力してきたのではないですか？　治療プログラムを受

けて，セラピストに会って，精神科医にもかかられた。試してきたことをたくさんリストにあげていますね。一生懸命にやってきたのですよね，そうでしょう？　ご自分の体験を見てみてください。そこで〔クライエントの頭を指さす〕ではなくて，ここで〔クライエントの胸を指さす〕わかっているのはどんなことですか？　あなたの体験は「もっと努力する」の結果について，何を語っていますか？

クライエント　これまでのところ，役に立たなかった，と。

セラピスト　そのとおり。それで，役に立たなかった理由が「それは不可能だから」だとしたらどうでしょう？　本当に立派な試みをしたのに，もっと努力するという行為がこういう場合には実際こんなふうにしか効果を示さないのだとしたら，どうでしょうか？

説明　ここでセラピストは，この努力の不毛性を指摘する一方で，クライエントの努力の妥当性を確認する。セラピストがそう言うから不毛だと信じるようにクライエントを促すのではなく，自分の体験を検討して，その努力が報われたかどうかの確認を求めるのである。

◇　　　◇　　　◇

コンピテンシー2

回答例2.2a　　　⇨ エクササイズはp.74

セラピスト　では，あなたのまわりには人がいて，仕事もできるであろう，と。ものごとが全般的にただもっと良くなるであろう，というわけですね。しかし，ここで何かがおかしくないですか？　あなたはかなりの期間，状況を変えようとしてがんばってきましたが，私の知る限りでは，あなたが希望していたようにはなっていません。実際，あなたはここに，私の前に座っていて，さらに不安を——あなたを変える別の方法を探し求めているわけですから。

> [説明] セラピストは，クライエントが悪いのではなくて，この状況の仕組みが奇妙だと言うようにして，何かが「おかしい」と述べる。これは機能するかどうかということに対する，比較的脱フュージョンされた接触である。セラピストは，クライエントが再び過去に行ったのと同じことをしているように見えると指摘する。この言葉がパラドックスを指摘している。

[回答例2.2b]　　　⇨ エクササイズはp.74

> セラピスト　ここで起こっていることがわかりますか？　ここであなたは不安を追い払おうと努力していますが，不安は居座っています。実際，あなたが望まないと，逆に手に入れてしまうように思われます。不安を望まないと，不安をもたねばならない。実際〔いくぶんいたずらっぽく〕不安を取り除けなければ，それについて不安になってしまうということです。あなたの体験からは，このことで努力してきて，問題はより大きくなったようですか，それとも小さくなったようですか？

> [説明] セラピストは「望まないと手に入れてしまう」というコントロールのパラドックスを反映する考え方をクライエントに伝えて，クライエントにこれが体験と合っているかを尋ねる。セラピストはまた，努力することがクライエントの不安を長期的に減らす点で役に立ったかということについて，クライエントの体験が何を語るかという問題を直接的にもち出す。

◇　　　◇　　　◇

コンピテンシー3

[回答例2.3a]　　　⇨ エクササイズはp.75

> セラピスト　かなり長時間，不安を感じないで過ごせたことがありますか？
>
> クライエント　〔首を横に振る〕
>
> セラピスト　不安を追い払う試みは，どの程度，役に立ちましたか？　必

死に努力して,あなたの人生の可能性が広がりましたか? それとも閉ざしてしまいましたか?

説明 ACTのゴールのひとつは,クライエントが価値で導かれた機能するアジェンダへ向かうように助けることだ。クライエントがウィリングネスをもちながら,より良い気分ではなくて,より良い人生を築ける意図されたステップを踏み出すのは,この地点からである。くり返すが,機能するかどうかは,クライエントが定義したようにより良く生きることに関わることであって,必ずしも良い気分を感じることに関わるものではない。

回答例2.3b　　⇨ エクササイズはp.75

セラピスト　あなたは私を雇ったのです。私はあなたの役に立つためにここにいるのです。そうですね?

クライエント　ええ,そう思います。

セラピスト　では,私の仕事の一部は,私の理解していることをお伝えすることですね?

クライエント　はい。何がわかりましたか?

セラピスト　あなたのお話からすると,あなたは不安をコントロールするためにできる,合理的で分別ある論理的なことを,すべてではないにしても,たくさんやってきました。けれども,ここで,何かがおかしく思えます。何も役に立たなかったように思えるのです。結局のところ不安を減らすということについては,あなたがやってきたことは役に立っていないのです,不安はいまだにあるのですから。それは,あなたの人生が機能するという点でも効果がないのです。あなたは,まだ人と一緒にいられず,仕事もしていないわけですから。

説明　セラピストは,感情的体験のコントロールを握るという領域と,

より大きな人生のゴールという点の両方で，機能するかどうかという問題に直接的に取り組む。

◇　　◇　　◇

コンピテンシー4

回答例2.4a　　　　⇨ エクササイズはp.76

> **セラピスト**　バカげていると感じることもこれに結びついている……，乗り越えなくてはならない，もうひとつの問題ですね。本当にあなたは長い間，戦ってきたようですね。最初に怒りを感じて，それから怒りを抱くべきではないと感じて，今度は怒りに関して恥ずかしく愚かだと感じる。これまでも困難な戦いだったし，今もひどくなっているようにさえ見えます。あなたは自分の気分を相手にして綱引きをしているようです。気分が勝てば，あなたは負け。勝とうと努力し続けても，どれほど懸命に引いても，あなたの気分は負けそうにない。このゲームを行う別の方法はないでしょうか？　たぶん，この綱引きに勝つのがテーマではなくて，綱の捨て方を学ぶのがテーマなのです。

説明　ここでセラピストはクライエントとワークをし，問題は感情的内容との戦いであり，内容そのものが問題というわけではないと，クライエントが理解できるように助ける。怒りと恥の気分や愚かであるという思考は，それだけのことだ。つまり，気分と思考にすぎないのだ。クライエントがこういったことを，あるがままに自ら進んで感じるようにできれば，戦いから抜け出して人生の方向に焦点を当てなおすことができる。ところで，これは簡単なことではない。「綱を捨てる」のは難しい。やらなければならないのは気分を追い払うことだ，と感じてしまいがちだからだ。セラピストとして，この戦いの難しさとそれにいかに引き込まれやすいかという認識を注意深く伝達した方がよいだろう。

回答例2.4b　　　⇨ エクササイズはp.76

セラピスト　では，少しの間，怒りを見てみましょう。もし，私が手を伸ばしてあなたから怒りの皮を剥いて，残っているものを見たら，そこには何があると思いますか？

クライエント　〔ためらう〕さらなる怒りです。

セラピスト　では，それも剥き取ることができたとしたら？　傷つけられ，裏切られたというとても強い気分を発見するのではないかと思います……。怒りが苦しみを避ける方法である可能性はありますか？

クライエント　〔うなずく〕

セラピスト　あなたが体験してきたこの長い戦いは苦しみを回避するのがテーマですが，前進する唯一の道は，苦しみから逃げるのではなく苦しみに向かっていくことであるとしたら，どうしますか？

説明　セラピストは戦いの一部としての回避に言及している。この例で，セラピストはクライエントを，痛みを避けるための長く続いてきた戦いへの代替案として，痛みを体験することへのウィリングネスの方向へと導いている。ゴールは，クライエントが傷ついた気持ちを避けることに焦点を当て続けるのではなく，同じものを認識して歓迎するように助けることだ。進んで苦しみを体験するならば，機能的には綱を捨てたことになる。

◇　　　◇　　　◇

コンピテンシー5

回答例2.5a　　　⇨ エクササイズはp.77

セラピスト　怒りの内側に入って，そこにあるものを見ようとしたら，何が起きるでしょうか？　怒りに対してあなたが何か違うことをするため

には，たぶん怒りが「消え去る」必要はないのです。

[説明] ただ別のアプローチの可能性を取り上げるだけで，回避アジェンダは弱まる。

[回答例2.5b]　　　⇨ エクササイズはp.77

　セラピスト　それがあなたにとって意味をなさない理由はわかります……。けれども，それはあなたのゴール次第のように思えます。もし，あなたのゴールが気分良く感じ，もう怒らないようにすることならば，怒りを止めようともっと努力するのも理にかなったことでしょう。論理的です。そうですよね？　しかし，もし，あなたのゴールが新たな恋愛関係を見つけることならば，怒りを除去しようとしたら，ここで実行すべきことからあなたをそらしてしまうでしょう。恋愛関係を見つけるためにすることは他にあります。パーティーに行く，電話をかける，友人に誰かを紹介してもらう，などです。あなたは，怒りを取り除くことと交換に，恋愛関係を発見することを放棄してしまっているようです。

[説明] この対応の仕方は，内的出来事のコントロールが，しばしば活力を犠牲にして行われていることを示している。クライエントがもはや怒りを感じなくなったときに誰かを発見し始めるという取り決めになっている。その間，人生の年月は過ぎ去ってしまう。活力に関わる選択をしながら，進んで怒りと傷ついた気持ちを感じるようにするならば，これほど行き詰まりを感じることはないだろう。ここでは，セラピストがクライエントに怒るように促しているのではない点に注意してほしい。そうではなくて，違う気分になることを最初に求める代わりに，前に進んで恋愛関係に入るチャンスを作り出すように助けているのだ。

◇　　　　◇　　　　◇

コンピテンシー6

回答例2.6a   ⇨ エクササイズはp.78

> **セラピスト** それほどたくさんの努力を注ぎ込むのをやめたら，何が起こると思いますか？ この努力には多くの苦しみが伴うように思われます。苦しみが減る潜在的な可能性はありますか？

説明　この種の質問を使って，セラピストはウィリングネスと苦悩の違いを指摘している。努力だけでも重荷になってクライエントにのしかかっているのだ。単に「努力しない」と提案することは，ウィリングネスの動きでもあり，苦しみの減少につながる潜在的な可能性もある。

回答例2.6b   ⇨ エクササイズはp.78

> **セラピスト** 怒りを追い払おうとすることは大変なので，腹が立ちませんか？
>
> **クライエント** 〔うなずいて笑う〕
>
> **セラピスト** そうではないかと思いました。ある感情をコントロールしようと努力すると，奇妙なことが起こります。例えば，本当に不安を感じたくないときには，不安になることに関して不安を感じます。あるいは，本当に愚かでバカげていると感じたくなければ，愚かでバカげていると感じることについて，愚かでバカげていると感じるのです。私の言っていることがおわかりですか？
>
> **クライエント** 〔パラドックスを認める〕
>
> **セラピスト** そして，今，あなたは自分の怒りに対して怒りを感じています。「きれいな怒り」と「汚い怒り」と呼んでもいいでしょう。きれいな怒りは，あなたが裏切られたと感じたときに現れる怒りです。そこには傷ついた気持ちもあるでしょう。汚い怒りは怒りについての怒りです。

ですから，苦しみがあなたの怒りに加えられました。体験に注目しながら，答えてください。自分の怒りについて苦しんでいますか？

> 説明　ここでもまたセラピストは，クライエントがウィリングネスと苦悩の間の違いを追及できるように助けている。だまされたと考えていることにも気づきながら，最初の怒りと傷ついた気持ちを体験することへのウィリングネスは，こういったことを感じていながら，感じていないと言い張ることとはまったく異なるのだ。そのように主張すれば，ますます苦しみを作り出すことになる。

◇　　　◇　　　◇

コンピテンシー7

> 回答例2.7a　　　⇨エクササイズはp.79

> セラピスト　信用することについて話す前に，あなたの人生に起こったことを見てみたいと思います。あなたは疑い深く，孤独で，怒っていて，交際もやめてしまいました。他にも男性との関わり方を変えた面があるのでは，と推測しています――そして，女性相手でも，男性について話しているときには，関わり方が変わったに違いないと思いますが……。
>
> クライエント　はい。友人たちが男性がいかにすばらしいか話していると，激怒してしまいます。
>
> セラピスト　では，今やあなたは孤独で，怒っていて，疑い深く，男性との交際もやめてしまって，男性の話をしているときには友人との関わり方も変わってしまったということですね。これは，高い代償ですね。

> 説明　クライエントが感情をコントロールしようとして，あきらめたり失ったりしたものに焦点を当てることで，非ウィリングネスの代償を理解できるようになることがよくある。ある意味で，クライエントの人生は小

さくなってしまったのだ。ゴールは，クライエントが自分自身の価値と関係している代償を理解できるように，そして代替案としてウィリングネスを選ぶように助けることである。

回答例2.7b　　　⇨ エクササイズはp.79

> **セラピスト**　まるで恋愛関係をもって望みの人生を手に入れる前に，男性を信頼しなければいけないように聞こえますね。
>
> **クライエント**　〔同意する〕
>
> **セラピスト**　問題は，信頼というのはそのように機能するものではないということです。ただ姿を現すのではないのです。信頼はプロセスです。当面の間，あなたが信頼できるようになるのを待っているうちに，あなたは孤独になってしまいます。それに，あなたがそこに座って孤独を感じているとき，男性への信頼は育っていますか？　それとも小さくなっていますか？

説明　ここでセラピストは，別の体験から抜け出す方法として，ある特定の気分を出現させようと試みることの難しさを指摘している。これもまた，高い代償を伴いうる。もし，クライエントが信頼を感じるのを待っているとすれば，長い間待つことになるかもしれない。そして，この例でそうであるように，ひとり座って怒っていても男性への信頼は築けない。むしろ不信の方を育ててしまう。男性と交際する際に，そこに存在するものを進んで感じなければ，その代償として信頼構築のプロセスは起きないのだ。

回答例2.7c　　　⇨ エクササイズはp.79

> **セラピスト**　もし男性を信頼できたら，何が起こってほしいですか？
>
> **クライエント**　〔皮肉めいた調子で〕そうしたら，少なくともまともな関係

をもつように試してみることはできるでしょう。実際にまともな男を見つけられればですが。

セラピスト　では，あなたが望むのは，まともな関係がもてるように，男性のことを乗り越えることですか？　それでいいですか？

クライエント　ええ。

セラピスト　では，それについて質問していいですか？　答えるときには，自分の体験を確認してもらいます。頭で考えることだけをチェックしないでください。体験の語ることに注目してください。この過去の破局を乗り越えようと懸命に努力しているときに，あなたが望んでいるような結果が出ると思いますか？　つまり，それを乗り越えようと懸命に努力している間に，望んでいるような種類の男性との関係をもてるようになるでしょうか？　それとも，パラドックス的にそこからもっと遠く離れてしまいますか？

[説明]　セラピストは，クライエントが人生でもっているいくつかの価値に関して，コントロールのパラドックスを検討するように促す。

◇　　　◇　　　◇

コンピテンシー8

[回答例2.8a]　　⇨ エクササイズはp.80

セラピスト　さて，マインドがあなたを未来へと引き入れるのにただ注目してください。まるで，今ここに存在しているものになって，それを感じ，考えるには，何かを変えねばならないかのようです。代わりに，**この瞬間の中に入っていくようにしてみたらどうなるでしょう？**　感じることを感じて，考えていることを考えても大丈夫だとしたら，どうでしょう？　あなたがそれを好んでいるという意味での「大丈夫」ではなくて，あなたが存在しているという意味での「大丈夫」なのです——「確認

しました」とか「了解しました」のように。喪失や裏切りの恐怖の体験は，起きるときは起きるでしょう。未来を予言はできません。これがあなたにとって意味をなすのであれば，本当の質問はこういうことです。あなたにとって，今，何が存在していますか？ そしてあなたは，それをもっと全面的に進んで体験したいですか？ こう言っている間に，あなたには何が起きていますか？ 例えば，あなたの体は何をしていますか？

説明 ウィリングネスは未来がテーマではなく，現在をテーマとしている。常に，体験される気分や思考は存在する。クライエントをこのような考えに向かわせ，現在の中へと導けば，クライエントは，教えによってではなく，体験的にウィリングネスの性質のひとつを理解できるようになるだろう。

回答例2.8b　　　⇨ エクササイズはp.80

セラピスト　それでは……こういうわけですね。何か，重大なことが起こらねばならないように感じられる，決してもうだまされない，というようなことが。「だまされる」が消えなければならない。

クライエント　ええ。あんなふうに愚かには感じたくないのです。

セラピスト　ふむ，ここに私たちが見ておくべき，もうひとつ別の重大なことが存在しています。「交際をしない」ということです。これも重大に感じられます。

クライエント　〔静かに〕ええ。〔間〕

セラピスト　あなたは「だまされる」と接触できますか？ それはどういう性質のものですか？ そこには「愚かな」が入っているように聞こえます。そこには他に何が入っていますか？「だまされる」には，他に何が入っていますか？

クライエント 〔考えながら〕そうですね，少し恥ずかしく，困惑する感じがあると思います。私はもっと賢明であるべきだったというような感じですね。

セラピスト それでは，裏切りがあって——これは苦しみを伴うものです——それと一緒に，困惑と少しの恥ずかしさがあり，マインドはあなたに「愚かな」と「もっと賢明であるべきだった」というようなことを言ってくる。

クライエント ええ。そのことを話していても，ちょっと感じています。

セラピスト ああ，それを感じて，それを考えるとき，それを自ら進んでもち運んで，恋愛関係なり，恋愛関係を手に入れるためにすることへと向かっていけますか？

クライエント できると思いますが，したくないです。

セラピスト わかります。

クライエント それは二度と感じたくないという意味です。

セラピスト わかりますよ。けれども，それについて話しているときでさえも，あなたは少々，それを感じているんですよね。こういう体験がどういうふうに感じられるのか，よくわかっていますね。

クライエント いやというほど，わかっています。

セラピスト こういうことが，あなたを恋愛関係から遠ざけているのですか。それとも，あなたはよくわかっているので，それを感じて，考えて，なおも恋愛関係を発展させることができますか？

クライエント 先生がおっしゃるのは，困惑を感じながらも，誰かと出かけるというようなことですか？

セラピスト　ええ。その気になれるでしょうか？　そういうことを好きになれと言っているのではなくて，つながりや恋愛関係の方に向かえるのであれば，こういうことをあなたが知っている姿のまま抱えて，自ら進んで何らかの行為を起こすことができますか，ということです。

説明　クライエントの何かが変わらなければならないという言葉は，体験の回避を示唆している。セラピストは「『だまされる』が消えなければならない」と言うことにより，クライエントが避けているものに見当をつけている。セラピストは次に，回避している感情的体験をセラピールームに運び入れ，クライエントにそれを探り，そのためにスペースを作り，進んでそれを体験するように促す。最後に，セラピストは，ウィリングネスを望むことや好むことと注意深く区別し，ウィリングネスを価値づけと結びつける。

◇　　　◇　　　◇

コンピテンシー9

回答例2.9a　　　⇨ エクササイズはp.81

セラピスト　では，金銭に焦点を当てることもできますが，今はそれが役に立つようには思えません。もし，この夫婦関係を維持したいと思うのでしたら，そうできるように努力する必要があるでしょう。あなたは，奥さんと話す気にもなれないし，奥さんを見る気にもなれないと言っています。失望がその原因であるかのようです。

クライエント　〔同意する〕

セラピスト　失望を感じながらも，奥さんに話しかけて，奥さんを見ることを進んで選ぶことができますか？

クライエント　いえ，できるとは思えません。

セラピスト　もしできるとすれば，それを選びますか？

クライエント　ええ。

セラピスト　では，ここで取り引きがあります……。もし，それで結婚生活を維持できるというのなら，自ら進んで，失望を感じながらも奥さんに話しかけるでしょうか？〔間〕マインドでは何か言いながらも，実際はそれとは違う行動を起こしたことがありますか？　例えば，「今日はベッドを出て仕事に行く気分になれない」と言って，それから起きて仕事に行ったというような。これは，少々そんな感じなんです——失望を感じながら，それでも奥さんに話しかけるのです。

|説明|　ここでの対応では，さまざまなことが起こっている。ウィリングネスを選択肢として確立することと，行動を起こすことの両方が存在している。セラピストは，失望を迎え入れながら行動を起こすことについて，クライエントとワークし続けるであろう。クライエントが妻と関わり始めることができる前に，失望について解決する必要はないのである。他の例と同様に，彼女と関わらないことを選び続けていたら，彼の失望は大きくなっていくだろう。前に説明したように，「やっかいなご近所のエドナ」メタファーが，ここでは役に立つかもしれない。

|回答例2.9b|　　　⇨ エクササイズはp.81

セラピスト　〔立ち上がって歩きまわる〕私は今，立ち上がって歩きまわることはできない。私にはそうする方法がないのだ。この瞬間，歩くことはできない。〔もとのように座る〕それに，私は確かに座りたくない。〔間〕何がどうなったか，わかりますか？　私は何かをしたくないと考えて，それを実行しました。あなたは奥さんに話しかけられないと考えていて，そして話しかけることができるかもしれない……，そういう選択をすれば，ですが。さて，私が今やったことのように簡単には思えないのはわかっていますが，これは同時に，容易でもあり難しくもあるので

す。あなたのマインドが難しいと言っているのでそれは難しく，また選択されたひとつの行為としては単純なのでそれは容易なのです。奥さんに話しかける選択をすれば，いろいろな考えや気分が出たり消えたりするでしょう。考えや気分というのは，そういうものなのです。出たり消えたりするけれども，あなたの行動を決定するものではありません。あなたは何を選びますか？

説明 このささやかなデモンストレーションは，クライエントが思考は行動をコントロールしないということを理解するのに役立つ。思考と行動は関連しているが，因果関係はない。クライエントは自分の夫婦関係に関して，行動を起こす選択をできる。彼は失望とこのような状況で現れる可能性が高い他のすべての感情や思考を体験しながら，妻を見て話しかけるという選択ができるのである。さらに，瞬間瞬間に体験する存在としての自己を指摘することで，失望の結果かけられていた「何もしない」というクラッチをゆるめられるだろう。

◇　　　◇　　　◇

コンピテンシー10

回答例2.10a　　　⇨ エクササイズはp.82

セラピスト　私も力になれるのか確信はありません，とくに，ゴールが恥ずかしさを減らすか失望を感じないということであれば。このように言うのは少々不安です。なぜなら，あなたが本当にこういうことを感じたくないのを知っていますから……，それに，初めて会ったときのあなたのゴールは，あなたがこういうことを感じないように私が助けるというものでしたから。でも，私たちは直接的にそれに向かっていく必要があると思います。私は進んで，自分が感じている不安を抱えながら前進し，何が起こるのか確認するつもりです。あなたも一緒にやってくださいますか？

> 説明　これは，クライエントの力になれるかどうかというセラピスト自身の不安に関して，ちょっとした自己開示になっている。鍵となるのは，クライエントを本人が避けてきた方向へ押し出すことに不安を感じながらも，セラピストがワークし続けるということだ。これは恥に向かって進みながら，言葉と行動をつり合わせることをしないようにと言っているのではない。これは単に，セラピストがセッションにおいて，いかに自ら進んで行動できるかを示しているのだ。重要なことは，無理に仕組むべきではないということ。セッションでセラピストが見せるウィリングネスは，どのようなものであれ，偽りのないものであるべきだ。

回答例2.10a　　　⇨ エクササイズはp.82

> セラピスト　私は自分自身がこの話題から離れたがっているのを感じています。あなたにどれほど多くの苦しみを引き起こしているのかわかるからです。あなたの瞳には涙が見えます。話題を変えて，なくなったお金について話したいくらいですが，恥と失望の話題に留まるのがとても大事だと思うのです。少しの間だけ，この部屋で感じるものに対して存在するようにできるかどうかと，考えています。

> 説明　ここでセラピストは，自分自身とクライエントに，その室内で感じる異なった感情に対して存在し続けるように求め，ウィリングネスを具体的に示している。なくなったお金や妻についての会話に話題を移行するのは容易であろう。しかしながら，セラピストとクライエントの双方にとって，その感情に対して存在し続けることが大切なのだ。

―・―・―・― さらに情報を入手するために ―・―・―・―

○エクササイズやメタファーも含めて，アクセプタンスについてもっと知るには，文献32, pp.87-147を参照。

○あなた自身とクライエントのために用いるエクササイズやワークシートをもっと手に入れるには，文献29, pp.33-52, 日本語版 pp.51-63 ／ pp.121-152, 日本語版 pp.173-189を参照。

第3章

認知的フュージョンを弱める

私はかつて,脳こそが私の身体で一番すばらしい器官だと考えていた。
それから,気づいたのさ。誰が私にそう言っているのかってことに。
　　　　　　　　　　　　　　　　　　　　　　——Emo Philips

脱フュージョンの主なターゲットは,以下の2点である。

○ 思考をただの思考として見ること。そうすることで,字義どおりの意味に引きずられることなく,クライエントの価値に照らして機能するかどうかという観点から思考と付き合えるようになる。
○ 思考内容の字義どおりの意味から離れて,考えたり体験したりすることを「今,この瞬間」に起きている行動プロセスとして見つめること。

考えるという行為に関して,人間は水の中で泳いでいるのを知らない魚に少々似ている。私たちは思考の川の中で泳いでいるが,その事実に気づくことはほとんどない。そして,それに気づいていようといまいと,言語は私た

ちの行動を制御するのである。ACTは，思考の川から飛び出して，考えるという行為のありのままの姿を観察するのを助けることで，問題となっている文脈での言語の悪影響を弱めるのに役立つ。考えるという行為のありのままの姿とは，大半は自動的で，非意図的で，ある出来事と別の出来事を関係づけ続けるプロセスであり，別の言葉でいうと「マインドの働き（minding）」なのである。

脱フュージョンとは何か

　思考に関連した人間の苦悩の問題点とは，誤った思考を抱いているということにあるのではない。むしろ，思考をただ見つめたり観察したりするよりも，思考の「中」にいたり，思考「からものごとを見て」いる時間があまりにも長いことにある。脱フュージョンでは，「今，この瞬間」に起きている行動プロセスとしての思考に注意を向けたり，思考を思考として見る機会を増やしたりすることで，この問題からの抜け道を探る。そうすることで，字義的どおりの意味ではなく，機能するかどうかという観点から思考と付き合えるようになる。

　一般的に，思考や気分に反応するときは，まるで思考や気分が行動の直接的な原因であるかのように感じている。例えば，日常的な会話の中で，パーティーでずっと隅に立っていた人にその理由を尋ねたとき，「あまりに心配だったので。恥をかくのではと思っていたのです」と言われれば納得するだろう。ここでは，「恥をかくかもしれない」という思考が行動，すなわち，隅に引っ込んでいる状態を引き起こしたということになっている。しかしながら，この思考－行動の関係が成り立たなくなる文脈はすぐに考えつく。例えば，パーティーで誰かが「火事だ！」と叫んだ途端，「私は恥をかくかもしれない」はもはや隅にいる理由ではなくなり，おそらく隅の場所から離れる理由になるだろう。ACTでは，思考が隅に引っ込んでいる行動の原因なのだという考え方は，その状況について語る方法のひとつにすぎず，おそらく自らの生活に対して主体的に関わる力を失わせる語り方

であるととらえる。ACTでは，人間の感情に対しても同じ見方をする。思考や気分は常にそれが生じた文脈と一緒に観察され，いくつかの文脈においてのみ，特定の思考や気分は特定の行動と結びついているととらえる。思考や気分の内容から，個人の思考や気分との付き合い方や，思考と気分の機能へと，注意を転換する。文脈を変えれば，思考や気分の機能も変わるのだ。

そこで，脱フュージョンでは，思考や感情のカタチ，あるいは頻度を直接変えようとするのではなく，思考や感情が望ましくない行動と関連してしまう文脈をターゲットにすることで，対処の柔軟性を高める。具体的な脱フュージョン技法の一例を通して，この点を説明しよう（「ミルク，ミルク，ミルク」エクササイズ）（文献32, pp.154-155）。もし，クライエントがある1語を30秒から40秒の間，何度も何度もすばやく言い続けると，通常，次のようなことが起きる。ひとつは，その語が一時的に意味の一部あるいは大半を失うこと。そして，その語の他の機能（発声のために口を動かすとどう感じるかや発せられた音そのものなど）がより顕著に感じられる傾向が生じること，である。これは，自分自身でも簡単に試すことができる。初めに，少しの間，湯飲み1杯分のお茶をイメージして，それから「お茶」という語を少なくとも60秒間，くり返し声に出してみる^{訳注}。何が起きるか，よく聴いて，感じてみよう。その後に，この技法は，クライエントにとって受け入れがたい自己関連語（例：「無価値」）を用いて行うこともできる。他の脱フュージョン技法の場合と同じように，その語なり句なりは依然として存在しているものの，言葉の字義的な意味から離れた文脈を作り出すことで，その語がもつ通常の象徴的機能が弱まり，もっと直接的な機能（この例では，聴覚的，あるいは運動感覚的機能）が強くなる。別の言い方をすると，脱フュージョン技法は，クライエントが思考を思考として見て，思考の内容とフュージョンしないようになるための技法であると言える。また，脱フュージョンは論理的な議論や指導を通じて行われるのではなく，思考が体験される文脈の変容を通じて行われる。その結果，問題となる思考の字義どおりの機能は行動への圧倒的な影響力を失い，行動のコントロ

訳注　原文では「1ガロンのミルク」となっている。

ール源として，もっと有用で，直接的で，変化に富んだものが力を得ていくようになる。

なぜ，脱フュージョンか

　脱フュージョン技法が最も有用になるのは，問題を生じさせる可能性のあるやり方でクライエントが思考しているときである。例えば，個人的な代償を払ってでもある語の字義どおりの意味を真実と信じ込んでいたり，思考をコントロールしようとしたり，行動を正当化する理由ばかりを考えていたり，自分が正しいということを主張することにこだわっていたりするときである。ACTで使用される脱フュージョン技法には，パラドックス，瞑想エクササイズ，体験的エクササイズ，メタファー，言葉づかいの約束事などがある。ひとたび脱フュージョンが確立されると，現在の状況を考慮して，より効果的な行為に焦点を当てることになる。

　これがどのように役立つのか，以下の事例から見てみよう。ジョンはある朝，目覚まし時計のアラームが鳴らず，遅くなってから目を覚ます。彼はすぐに妻のことを考えた。「妻が目覚ましの設定を間違えたのだ」。ここでもし彼が，これは思考であると気づかなければ，彼はこの思考をもとに状況を把握し始めるだろう。たとえ彼がこのプロセスに気づいていなくとも，こういう事態は発生する。ここでもし，思考のプロセスや，自分はただ考えただけなのだということに気づいていれば，「また時計をセットし忘れたな。おかげで遅刻だ」などと言わなかったかもしれない。こう言われれば，妻は責められたと感じる。口論が起きる。もしジョンが思考を観察できていたら，思考は思考にすぎないと判断して，もっと柔軟に対応できたかもしれない。彼は思考に気づいたかもしれず，この状況でより効果的な行動に焦点を当てられたかもしれない。例えば，オープンで愛情豊かでありたいという自分の価値にしたがって，「ハニー，目覚まし時計のアラームが鳴らなかったんだけど，どうしたんだろう。僕がセットし忘れたかな？」と言えたかもしれない。思考プロセスをただキャッチして，観察者

として眺められるようになるだけでも，変化は起こり始める。いつもの習慣的なパターンから一歩踏み出て，もっと有能で価値にしたがった行為ができるようになる。

　ACTを学んでいる最中のセラピストは，脱フュージョンを用いることに難しさを感じるだろう。というのも，言語を弱めるために言語を用いるということには，本質的に何か困難なものがあるからだ。この状況は，油井（ゆせい）の火事が鎮火される様子に似ている。油井火事の源のところで爆発（それ自体が火事）が起こることで，酸素を瞬間的にすべて使いつくす。残った油は酸素なしで取り残されたので，火は消える。それと同様にACTは，言語と言語機能の抜け穴を利用して，人生の中のいくつかの領域における言語の影響を消し止める。言語それ自体が排除されるのではなく，一部の文脈で，役に立たない機能のいくつかが弱められるのだ。そうすることで，もっと柔軟な認識方法が行動により大きな影響を受けるようになる。

　ここまでにこの章でしてきたように単にジレンマについて説明するだけでフュージョンが弱められるなら，それに越したことはない。しかし残念なことに，この説明が聞き手に与えるインパクトは，字義どおりの意味に全面的に依存している。脱フュージョンをするためには，字義どおりの意味の外に踏み出さなければならない。そのため，ACTでは，コーチがプレーヤーに語りかけるように，字義どおりでない使い方で言語を使う。例えば，「自分の指に止まったチョウをつかまえるように，その思考をつかまえられるか，やってみなさい」のように言うのだ。

何がこのプロセスのきっかけとなるのか

　クライエントがある特定の思考や言葉を信じ込んでいたり，「あえて選んで」いたり，それを「手放さない」，あるいはしがみついているとセラピストが判断し，これらの行為がクライエントの人生における健全な動きを制限・妨害しているときには，このプロセスに焦点を当てることが最適となる。こうした状態は通常，クライエントが思考や気分によって重荷を背負

わされたり「罠にはめられて」いるようだったり,「自分は価値に沿った行動がとれない」と思考や気分を根拠に判断しているときに生じる。例えば,クライエントが「私は決してパートナーを見つけられない。私はまったく無価値だ。誰が私なんかと一緒にいたいと思うだろう」と言ったとしよう。ここでは,クライエントが「無価値だ」という言葉にとらわれているのがわかる。クライエントの言葉が字義どおりに真実だとすると,パートナーを見つけるのは不可能だろう。誰が無価値な人間をパートナーに望むだろうか。しかし,ここでクライエントが,「無価値だ」は特定の学習経験を経て一定の条件下で言われた言葉であり,自分が**何者であるのか**を字義どおりに示すものではないと理解するようになると,「私は無価値なので,パートナーを見つけられない」の行動へのコントロール力は弱まる。これは,クライエントが自分は無価値だと考えるのをやめねばならないとか,自分は価値があると考え始めなければならないという意味ではない。そうではなくて,もしクライエントが思考を思考として見られれば,たとえその思考が居すわり続けても,その思考が行動をコントロールする力は失われるのである。次の面接記録は,治療開始からおよそ5回目のセッションでの脱フュージョンの導入例である。

セラピスト　今日はかなり落ち込んでいるみたいですね。何があったのですか？

クライエント　いつも同じことになるんです……。状況を良くしようと何かをやってみては,失敗する……,いつも失敗するんです。いつも,そういう感じです。

セラピスト　つまり,この「やってみるけど,何もうまくいかない」という話になるとき,行き詰まってしまうポイントがあるということでしょうか？

クライエント　〔頭を垂れて小声で話す〕私は不幸で陰気な人間なんです。

そこから逃げずに，向き合わなきゃ。

セラピスト　今までにも何度か，それを言っていましたね。自分は不幸で陰気だと。

クライエント　ええ，私は不幸で陰気なんですよ。

セラピスト　そのように考えたりもがいたりしていることのつらさを私も何とか理解したいのですが，少しの間，お遊びのようなことにお付き合いいただけますか？

クライエント　ええ……，それはかまいませんが。

セラピスト　ちょっとおかしいかもしれませんけれど，「私は不幸で陰気だ」という言葉を，歌にして歌ってくださいますか。

クライエント　〔クスクス笑う〕え，何？　歌ですか？

セラピスト　ちょっとだけやってみましょう。さあ，どうぞ。

クライエント　〔「私は不幸で陰気だ」という言葉を歌う。セラピストは知らなかったが，彼はかなりの美声の主で，厳かに，心から感じている苦しみと共に歌う〕

セラピスト　すばらしい……，もう一回，歌っていただいていいですか。じゃあ次は，ブロードウェイの舞台に出ているかのように，もっとこう情熱をこめて歌ってみてください。

クライエント　〔またクスクスと笑う〕わかりました。〔その言葉を歌うが，ブロードウェイの舞台のようにという，新たな視点からである〕

クライエントはそれから，他のいくつかの視点からその言葉を歌うように言われる。女性として。小さな子どもとして。ミッキーマウスとして。新しい視点で歌うたび，セラピストにはクライエントが言葉から脱フュー

ジョンし始めているのがわかった。

> **クライエント**　言葉が，何だかもう，おかしく思えてきました。
>
> **セラピスト**　立場を変えて歌にすることがこういうふうに機能するっていうのは，おもしろいですよね。あなたがこの言葉にとらわれていたときには，言葉があなたを麻痺させているように見えました。でも，今は罠を少しゆるめられた。どんな感じがしますか？
>
> **クライエント**　さっきまでと同じ力をもっているようには思えません。今では，ちょっとおかしいです。
>
> **セラピスト**　言葉からだいぶ距離をおけているようですね。今から，これからの生活で目指していく方向についてご相談をしようと思うのですが，いかがですか？

　これは，脱フュージョンをセッションに導入するための数多くある方法の一例にすぎない。重要な点は，これらのエクササイズは，クライエントがその言葉を考える回数を変えようとか，その言葉をポジティブなもの（例：「私は偉大で善良だ」）に変えようとしているのではなく，言葉から意味を取り除く（**脱言語化する，deliteralize**）ように工夫されていることだ。また，脱フュージョンは，いたずらっぽくても真剣であっても，共感的に実施する必要がある。自分の方が上であるという立場や，その思考を抱いたことに対してクライエントに愚かさや屈辱を感じさせるような立場からは，決して行ってはいけない。

その方法はどのようなものか

　さまざまな臨床上の問題に対して，多くの脱フュージョン技法がすでに開発されてきている。例えば，クライエントに，つまらないテレビのコマーシャルを見ているかのようにネガティブな思考を見させれば，感情に左

右されずに観察できる。あるいは，クライエントがまるで外的に観察された出来事のように思考を取り出し，形やサイズ，色，スピード，形態などを付け加えてみる。それほどおもしろい思考をくれたことについて自分自身のマインドに感謝したり，思考プロセスにレッテルを貼ったり（例：「私は，自分はだめだと考えている」），あるいは，思考や気分，記憶をマインドフルに観察したりしてもよい。こういった手続きは，思考をただの思考（例：「自分はだめだ」という思考）としてではなく思考内容の実体験（例：「自分はだめだ」という体験）としてとらえてしまう傾向を弱めることで，思考の字義どおりの性質を弱くする。脱フュージョンの結果は，通常，私的出来事の頻度やカタチが即時に変わるというよりも，私的出来事の信憑性や私的出来事への執着が減るという形で現れる。

―――● 体験的エクササイズ：脱フュージョン　パート1 ●―――

問➡　あなたが担当しているクライエントをひとりだけ思い浮かべてください。できれば，難しいクライエントがよいでしょう。その人が，自分自身，自分の人生，自分の将来について抱いている中で，その人にとって対処が難しい思考を3つ，できるだけ具体的に思い出してください。思い出せたら，それを記録しなさい。

思考1

思考2

思考3

続きは，p.136で。

―――――――――――――――――――――●体験的エクササイズ●―――

以下のセクションでは，一般的な治療目標にしたがって体系化された脱フュージョン技法の主なタイプについて説明する。このような順番で説明しているのは，方法そのものの基盤となっているものを理解してほしいからである。脱フュージョンは単なる特定の技法ではなく，機能的プロセスである。ACTを単なる手続きの集合から臨床モデルへと昇華させるのは，この類の知識なのだ。文献29のようなACTの本では，クライエントに自分独自の新しい脱フュージョン技法の生み出し方を教えることさえある。以下のセクションの目的もこれに近い。そのため，以下に示す技法は，あくまでも例である。ACTの脱フュージョン技法の**決まった**「リスト」ではなく，網羅的なものでもない。脱フュージョン技法のリストは，あなた自身の創造性や世界中のACT/RFTコミュニティの創造性が及ぶ限り，どこまでも広がっていく。

　さて，さまざまな脱フュージョン技法の説明に移る前に，脱フュージョンは直面化する方法ではないが，強力な効果をもつことがあるということを覚えておいてもらうことが重要である。クライエントが自分自身のマインドを観察するのを助けるための画期的な技法なのである。脱フュージョンに重点をおいたセッションの間や終了後には，混乱している，支離滅裂な感じがする，「気分がおかしい」などとクライエントが言うことがあるが，それでまったく問題はない。巧妙な脱フュージョンを行うセラピストとは，敏捷なダンサーや柔道の達人のようなものだ。こういった専門家はどちらも，パートナーの動きに力で応じたりはせず，動きに合わせてもっと良い方向へとその向きを変えさせるのだ。脱フュージョンでは，クライエントが言葉にしたことをあちこちへバウンドさせたり，混ぜ合わせたり，それで遊んでみたりして，言語を多様な観点から見つめたり，その性質をよりよく知ろうとする。これは直接的な直面化や論駁なしに行われる。例えば，ACTセラピストは，クライエントがネガティブな結論にたどりついたときにも，クライエントをほめたり，クライエントのマインドは創造性が豊かだと高く評価する。この場合，もしクライエントが「そこで私は，完全にしくじったと考えました」と言ったなら，セラピストは「ああ，いいです

ね。よくできています。行け行けー，マインド！」と返すだろう。脱フュージョンは，楽しく，それでいて常に思いやりを維持しながら行ってほしい。

体験の再発見で言語の限界を教える

「言語的な知はあまりにも完全に非言語的な知の上に乗っているので，すべての知識は言語的なものであるといった幻想が生まれてしまった」（文献32, pp.153-154）。ACTセラピストはしばしば，意識的に考えることの限界を指摘することで，脱フュージョンを導入する。さまざまなメタファーやエクササイズを使って，マインドがすべての答を知っているわけではないということをつまびらかにする。実際には，マインドを越えて働いているものごとを知る方法がある，ということだ。これを行うひとつの方法は，クライエントの人生の中で，マインドが知っていることが十分でなかったり，むしろ有害でさえあったというクライエントの実体験に訴えることだ。例えば，「インターネットで特定のウェブサイトを探す方法をセラピストに伝える」のように，非常によく制御された言語的知識を含むエクササイズもある。他のエクササイズはそれほど言語的知識を必要としない。例えば，楽器の演奏方法や新しいスポーツのやり方を学ぶ，などである。また，クライエントは実際に，言語が有能な行動を妨害した体験もしているかもしれない。パフォーマンス不安，性的行動，ゴルフのグリーンでの「息苦しさ」などである。また「言語と合理的な思考が役に立つこともありますが，論理的になって自分のマインドが語ることにしたがうと実際には問題が起きてしまうとしたら，どうでしょうか？」と提案してもよい。

この基本的な発想は，以下の面接記録にあるように，言語だけでセラピストに「身体的動作を指導する」エクササイズをすることで，クライエントに伝えることができる。セラピストは，指示されたひとつひとつの動作をどのように実行するかをクライエントに質問することで，クライエントの指導にしたがっていく。このエクササイズをすることで，言語が思い上がっている様子がよくわかる。身体的動きは，一般に言葉での指導ではなく，体験を通じて学ぶものだからだ。このエクササイズの基本的な発想は，

やり方を知っていることの中には，意識的な知識を通じて知っているのではなく，むしろ体験を通じて学んだものがあるということをクライエントに示すことだ[32]。

> **セラピスト** それでは，私の椅子からドアのところまで歩く方法を教えてください。
>
> **クライエント** ええと，まずは立ち上がって，それから一方の足をもう片方の足の前においてください。ドアの前にたどり着くまでです。
>
> **セラピスト** わかりました。で，それってどうやるんですか？
>
> **クライエント** ええっ。じゃあ，立てるまで椅子の肘掛けを両手で押して体をもち上げて，前に歩けるように足の筋肉を動かして……，体重を移動させる感じです。
>
> **セラピスト** はい。それってどうやるんですか？
>
> **クライエント** 〔クスクス笑う〕脳に，手や足に動くように命令しなさいと言ってやってよ。
>
> **セラピスト** それってどうやるんですか？〔各指導の後，「どうやるんですか？」と尋ねて，クライエントが「わかりません」と言うまで，クライエントといたずらっぽく同じことをする〕あなたが私に何をしろと言っても，私は「それってどうやるんですか？」と言うでしょう。おわかりですね，ちょっとしたトリックです。私はあなたに歩き方を教えてくれと言った。あなたのマインドは，私にそれを伝える方法を知っていると思って，伝え始めた。すべてのマインドがそうします。しかし，あなたも私も，誰かが歩き方を教えてくれたわけではないでしょう。おそらく，しゃべることさえできないときに歩き方を学んだのではないでしょうか。体験を通して歩くことを学んだのです。立とうと試みて，転んで，頭をぶつけて，でも最終的には歩き方を学びました。体験が方法を教え

> てくれたのです。多くのことはそういうふうになっているのですが，そんなことは簡単に忘れてしまいます。マインドが幅をきかせて，何でも知っているかのように考えるからです。体験的に知っていることはたくさんあるのです。例えば，あなたは，気分は自分に害を与えないということを知っています。マインドは，気分は害を与えると言うかもしれませんけどね。

このようなエクササイズに続いて，以下のように提案するのもよい。「あなたの不安との戦いにも，同じようなことが言えるかもしれません。あなたのマインドは問題の解決方法を教え続けますが，マインドはこのような状況から脱する方法を知らないだけなのです。ここであなたのおかれている状況に対処するには他の方法が必要だとしたら，どうでしょう。ひょっとしたら，それって，方法を読んで学ぶというよりも，どちらかというと歩き方の学習に似たところがあるかもしれません」。

言語の限界を知るための別の方法は，何であれ，新しいスキルを必要とする活動を覚えるときのことをふり返ってみることだ。例えば，自転車の乗り方をどのように学んだか，クライエントに思い出してもらう。クライエントは普通，ただ自転車に乗って，バランスをとろうとして，転んで，またチャレンジするといったことを言うだろう。親がいくら「バランスをとって」と言っても，バランスのとり方を教えたことにはならないのだ。マインドでペダルが車輪を回すと知っていても，自転車に乗れるわけではない。論理的理解や知識とはその程度のものだということが，クライエントにはすぐに理解できるようだ。ある種のスキルを育成するには，その活動に取り組んで，結果にしたがって反応形成させることが必要だ。

クライエントと一緒にこのようなエクササイズに取り組んでいると，マインドから失われていたり，少なくとも見えなくなっていたものが現れてくる。体験的知識である。私たちは，この類の知識に基づいて，多くのことを知っているのだ。ACTで行おうとしていることの一部は，クライエントを体験的な知と再び接触させることである。クライエントが自分の感情

や思考，記憶，身体感覚を，上がったり下がったり，行ったり来たりをくり返す「今，この瞬間」の出来事であると見られるようになるのは，体験的知識の場からである。また，恐怖や不安が字義どおりに自分を死に至らしめることはないこと，クライエントが「おかしくなっている」のではないこと，これらはクライエントが「今，この瞬間」に抱えている体験（例：思考）にすぎないということをクライエントが学ぶのも，この場所からなのである。さらに，直観に反して，字義的な言語の影響から距離をおこうとするこれらのスキルの獲得には実践が必要不可欠であるということをクライエントに改めて強調することは，とても大切だ。セッション内で学んだことを，セッションの外で実施する必要があるのだ。ここでACTセラピストは，ACTのセッションに来ているのにセッションの外ではエクササイズをしないということは，金物屋に行ってテーブル・ソー（電動工具・大型のこぎり）を買い，それを会計のカウンターにおいてきてしまうようなものだと実例を示して伝えるとよい。

　言語の限界を知るための他の例としては，現実とは違う体験をしたように考えてみるよう自分に命じること，傲慢な古代の王様の話をすること（浜辺に座り，荒波に向かって「こちらには来るな」と命令したが，結局おぼれてしまったという話），同じ言語を話さない人にeメールで指示を出そうとしてみること，などがある。

思考や気分と人との間に距離をおく

　言語の字義どおりで評価的な機能があまりにも強くなると，私的出来事とそれを体験している自分自身との区別に気づかなくなる。これは通常の人間の状態である。「私が考えたり感じたりしていること，それこそが私だ」というわけだ。ACT方略の多くは，クライエントが体験する自己と体験されているものごとの間の区別を明確にできるように工夫されている。つまり，思考や気分はクライエントが**もつ**対象であって，クライエント自身がそう**である**ものではないのだ。この区別ができるようになると，美的側面や機能的側面など言語の優勢ではない性質が顕在化してきて，自分自身の

マインドとの相互作用の柔軟性が高まる。以下に，この原則の適用例をいくつかあげる。

言語を外在化する
　私たちは皆，自分自身とは異なる対象物として，周囲の物体に対処する体験をたくさんしている。それと同じように，観察できる外的な対象物として思考や気分に対処することをクライエントに教える。要は，物体としてとらえられる思考や他の私的出来事と自己との間に，健全な距離を作るということだ。これは，思考とは一切接触しないということではない。思考はなおも存在しているが，異なる視点から見るようにするのだ。このプロセスは，メタファーやエクササイズを活用することでより容易になる。思考を外在化することで，クライエントが自分の思考と柔軟な相互作用ができるように助ける。これは，外界の物体をさまざまなやり方で扱えるということと同じである。例えば，以下の面接記録に見られるように，思考が道具に似ているかどうか，クライエントにふり返ってもらうのもよいだろう。

　セラピスト　もし思考が道具のようなものであれば，どんなふうに使うでしょうか？　普通，「この金づちが自分にとって正しい金づちなのか，わからない。私は普段はこのような金づちは使わない。自分は2ポンドの金づちを使うタイプの人間だと思う」などと考えて，ぼんやり座ったままでいたりはしませんよね。ただ金づちを手にとって，釘を打ち始めるか，まったく使わないか，どちらかでしょう。それと反対に，「自分にこれができるのか，わからない。私は普段は自分の人生をこんなふうには生きない。私は負け犬タイプの人間だ」と考えている場合，あなたにはその思考は道具のようにはまったく見えないでしょう。もっと，「これは真実だ，これが私という人間だ」という感じです。この例に出てくる思考は，使う以外選択肢のない金づちみたいなものです。自分でも知らないうちに，「自分にできるのか，わからない」という金づちや「私は負け犬タイプの人間だ」という金づちが手の中にあって，ひたすら打ち続け

> ているようなものです．ここで，真実かそうでないかという観点から思考を評価するよりも，あなたにとって価値ある人生をあなた自身が作っていけるように，どの思考が道具として役に立つか，一歩引いて眺めてみることはできませんか？

　他のさまざまなACTエクササイズも，思考の外在化に活用される．例えば，私的体験は，ロールプレイの一部として，目を閉じてのエクササイズとして，あるいはメタファーとして，いじめっ子のバス乗客に例えられる（文献32, pp.157-158）．クライエントは，特定の思考や気分をカードに書きとめて，受け入れるのではなく懸命に遠ざけておくようにするなど，そのカードとさまざまな方法で相互作用する方法を学ぶ．
　言語を外在化する別の方法は，「マインド」の概念を導入して，マインドを外的な対象物に近いものと見るようにすることだ．この対象物は，クライエントにつきまとい，クライエントの行為について常にコメントしていて，クライエントの行為を判断し，評価し，予想し，それに影響を与えている．この方法を導入することで，クライエントが自分自身の言語的レパートリーから健全な距離をおいたり（通常はほとんど同一化してしまっている），クライエントが今ここにいるということと自分自身のマインドのおしゃべりにとらわれてしまうことの区別をする余裕を与えることができる．
　ACTではしばしば，クライエントのマインドがクライエントに話しかけているといった表現をする．その人とその人のマインドの区別を明確にするように，クライエントの思考をリフレームするのだ．例えば，「すると，あなたのマインドがあなたに○○と言ったのですね？」，あるいは「今誰が私に話しかけていますか？　あなたですか？　それともあなたのマインドですか？」と言ったりする．場合によっては，クライエントのマインドに遊び心たっぷりに名前をつけることもある．例えば，「ボブ（クライエントのマインド）は，このエクスポージャー・エクササイズを行う予定だと知っていますよね．さて，ボブは明日，あなたが起きたときに何と言いそうですか？」といった具合である．

第3章　認知的フュージョンを弱める　117

　体験的エクササイズは，クライエントがこの区別をするための強力な方法となりうる。「マインドを散歩に連れていく」と称されるコア・ACT・エクササイズ（文献32, p.163）では，ふたりの人物がペアを組む。このペアは，グループセラピーか個人セラピーかによって，ふたりのクライエントで作るか，クライエントとセラピストで作る。このエクササイズでは，ペアのそれぞれに役割がある。最初は，ひとりが**マインド**役を演じ，もうひとりが**人物**役を演じる。マインド役は，普段マインドが絶え間なく行っていることを実演するために，評価的に，後知恵で批判するように，疑問をもち判断して，コメントするようなやり方で，絶え間なく人物役に話しかける。人物役はじっと黙って，マインドフルに散歩をする。人物役が行くと選んだ場所であれば，どこに行ってもよい。マインドは行く場所を選べず，人物はマインドを捨てることはできない。ペアはおよそ5分間散歩をして，それから役を交替する。人物がマインドの役になり，マインドが人物の役になる。それから再び5分ほど歩く。最後にふたりは別れて，また5分ほどひとりでマインドフルに歩き，それからセッションに戻る。一般に，クライエントがこのエクササイズで学ぶことは2点ある。第一は，マインドは忙しく，言うことがたくさんあるということ。第二は，マインドが散歩を仕切っているわけではないということ。マインドは私たちが行く方向を命令できないのだ。それと同時に，どこへ行こうともマインドが一緒に来るということもまた，このエクササイズでクライエントが学ぶことである。これは，クライエントがひとりで歩いていて，自分自身のマインドがものごとについてしゃべりまくるのを聞くときに明らかになる。

思考"から"見るのではなく，思考"を"見る

　多くの介入方略は，常に思考**から**見るのではなく，思考**を**見る能力を高めることを志向している。これはまた，思考を抱くことと思考を信じることの違いとして説明されることでもある。思考内容をただ観察するというプロセスを始めるためのひとつの方法は，常に自分自身に話しかけているという単純な事実に，クライエントが気づけるようにすることだ。以下の

面接記録は，この考えを導入する際の例である。

> **セラピスト**　私たちは皆，常に自分自身に話しかけています。しかし，その事実にたいていは気づいてさえいません。私たちの背後には，休みなくものごとを語る声があるのです。「そう思う」「気に入ったぞ」「気に入らないな」「これが真実で，それは間違っている」「それが好きなのかどうか，自分でもわからない」「彼は何を言っているんだ」といった感じです。たった今も，今私がお話ししていることについて，あなたのマインドが何か言っていないか，チェックしてみてください。〔間〕「まだわからない」と言っているかもしれませんね。あるいは「そう，確かにそうしている」と言っているかも。もしも「そんなことはしていないぞ」と考えているのでしたら，その考えこそが私が言っているマインドの声なのです！　少しの間，目を閉じてみてください。そして，いかに常に自分自身に話しかけているか，気づいていただきたいのです。目を閉じるとどのような考えが浮かぶか，ただ注目してください。〔10秒間の間〕マインドが，あらゆるものごとに関して意見やコメント，質問をしていることに注目してください。まず，あなたの車について考えてください。マインドは何と言っていますか？〔間〕次に，ご両親について考えてみてください。あなたのマインドはふたりについてどう言っていますか？〔間〕あなたは何もする必要さえないのに，マインドは常に動き続け，しゃべり続けるのです。あなたが一番好きでない，自分自身の何かについて考えてください。それについて，あなたのマインドは何とコメントしていますか？〔間〕マインドは常に動いていますが，大半の時間，私たちはその存在にすら気づいていないのです。

また，以下の面接記録にあるように，思考は頭上の色つきの泡のようなものだという考えを導入するのもよい。

> **セラピスト**　思考は，頭に載っている，透明で色つきのプラスチックの泡

に似ているところがあります。この泡は本当にぴったりで快適なので，そこにあることさえなかなか気づけないほどです。それを直接見ることはできません。それを通して他のものを見ることしかできないのです。あなたは思考の泡を通して見ていることに気づかないので，ある特定の見え方で世界を見ることになります。たぶん泡を通しての見方はあまり役に立たないでしょう。「私はだめだ」とか「私は無価値だ」という思考を通じての見方は，あなたが世界に姿を現す方法をコントロールしてしまいます。ここでのポイントは，プラスチックの泡を取り除くことではありません。あるがままの姿ではっきりとその泡を見ることができるように，その泡を頭からはずす練習をすることです。そうすれば，状況に応じて効果的に動きやすくなります。

その他，「流れに漂う葉っぱ」エクササイズ（文献29, pp.76-77, 日本語版 pp.113-114）や「兵隊のパレード」エクササイズ（文献32, pp.158-162）などを練習してもよい。

言語の隠された性質を明らかにする

言語によって見えにくくなってしまう重要な区分のひとつとして，評価－記述という区分がある。私たちが関わるすべての刺激には多くの性質がある。その中には，感覚を通じて直接的に体験されるものがあり，これは一次的性質といえる。例えば，バラを見て赤いと理解し，コンクリートは固いと感じる。これは記述の範囲に当たる。一方，刺激の二次的な性質は言語に由来し，評価の範囲に当たる（例：「良い」「役に立つ」「醜い」「正しい」）。一次的性質は刺激に本来的に備わっているが，二次的な「性質」は実際には刺激そのものの性質ではなく，その人とその刺激の相互作用によって見出されるものであり，言語の結果である。

通常，この2タイプの性質の違いはあいまいになっている。クライエントは通常，自分自身，自分の世界，自分の人生に関わっている人について，評価をふんだんに抱え込んでセラピーに来る。クライエントはこれらの評

価を，まるで自分自身や他者の一次的で本質的な性質であるかのように感じている。例えば，あるクライエントは「私は悪い人間だ」「私は無価値だ」といった評価をしているかもしれない。字義どおりにとられると，これらの評価を実際に受け入れるのは難しい。もし，こういった評価が実際にクライエントの本質を記述したものであれば，アクセプタンス・アジェンダの採用は難しいだろう。その場合には，事実上，変化が必要であろう。ある刺激の一次的性質を変える唯一の方法は，それをいったん解体して，別の何かに再構成することだ。例えば，もし赤いバラが気に入らなければ，燃やして灰にしてしまえる。しかしながら，もし記述と評価の間に区別がつけられれば，評価を喚起するもの自体を必ずしも変化させなくても受容できるようになる。なぜなら，その性質はそのもの自体に存在するのではなく，思考の中にのみ存在するからである。評価と記述の違いを具体的に説明するのに役に立つエクササイズについては，第5章でさらに詳しく紹介する。

　また，言語をより直接的に，そして字義どおりの象徴的機能が弱められた形で体験できる文脈を作り出すというACT方略もある。こういったエクササイズでは，言葉の派生的機能（例：意味）を永久的になくしてしまおうとしているのではない。言葉の直接的な刺激としての性質（例：その語の見かけや音，それを生むのに必要な努力）に基づく機能のような，他のもっと柔軟な可能性がある機能を前面にもってこようとしているのだ。それによって，言語プロセスの産物[訳注]とそれほどフュージョンせずに言語プロセスを観察できるようになる。例えば，「ミルク，ミルク，ミルク」エクササイズでは，「ミルク」という言葉を，それが指し示す物質としてよりも，あくまでもひとつの語として聞く。またこの効果を得るために，他の技法を使ってみることもできる。ダッフィーダック（黒いアヒルのキャラクター）の声で思考を言ってみる，思考を歌ってみる，格闘技のアナウンサーのように思考を実況する，どちらが最悪の評価を思いつけるかクライエントと勝負する，など[29]。これらのエクササイズのポイントは，思考を笑い飛ばすというところではなく，思考の機能を普段体験しているものからさ

訳注　評価のこと。

らに拡大することで，思考に対する柔軟性を育てることだ。そうすることで，必死のもがきや柔軟でない行動につながるような，古くて，習慣化されていて，字義どおりに思考を体験するようなやり方を常にする必要がなくなる。

　クライエントが字義どおりの意味への執着を減らして思考にアプローチする方法をどのように学べるのか，以下のエクササイズ例を見てみよう。

　セラピスト　あるエクササイズをやりたいと思います。まずは，エクササイズがどのようなものかをお伝えしますので，自分からやってみる気にならなければいつでも言ってください。いくつか文を作ってきました。エクササイズではそれを声に出す練習をします。私たちふたりで交代しながら，すべての文をただ声に出します。私が最初にやりますね。文を読むときには，その内容にこだわらずに声に出して読んでください。これは，感情に左右されずに思考を観察するという練習です。言葉を，それが意味するとマインドが言っているものとしてではなく，言葉として体験する練習をするということです。よろしいですか？

　クライエント　はい。

　セラピスト　聞いている人の仕事は，読んだ人が練習どおりに最後まで読みきれたかどうか，判断することです。つまり，その人が文の内容にこだわっていたか，いないか，です。私がこだわっていたかどうか，ただ直感で決めてください。マインドでいろいろと考える必要はないですし，決めるのに長く時間をとる必要もありません。どうでしょう，積極的にやってみる気はありますか？　もしよければ，私が先にやりますので，その後であなたがやってみてください。

　クライエント　はい，それでいいです。

　セラピスト　〔クライエントと交代で以下の文を読む。「私は自分自身を見つけられないみたいだ」「この状況から抜け出せなければ，気が狂ってし

まう」「馬をくれ！　馬さえくれれば，かわりに私の国をくれてやる」[訳注1]「私にプレッシャーをかけるのはやめろと，何度言ったらわかるんだ」「もう我慢できない」「鞍をあげろ，カウボーイ」[訳注2]。そして，読み手がこだわっているように思われたかどうかを基準に，相手が合格か不合格の判断をする〕このエクササイズのポイントは，こういう思考をあなたにとってもっと楽にするというのではなくて，こういう思考があっても，思考から距離をおいて観察できるようになる練習をすることです。思考にとらわれないようにするのがいかに難しいか，意味をとらえないでいるのがいかに難しいか，気づくためのものでもあります。このエクササイズでは，思考を別の姿で，つまりただの言葉の連鎖として，ただ見るようにしているのです。エクササイズをして，どんなことに気づきましたか？

他には，「私は部屋を歩き回ることができない」とくり返し言いながら部屋を歩き回ってもらったり，何かバカバカしいことをしたりするエクササイズもある。例えば，片足で跳ねて，何だか変だと感じながらもその行動をし続けることは可能だと気づく，といったことだ。

より大きな言語的関係を弱める

ここまでに紹介した方略の大半は，マインドのおしゃべりの小さなまとまりに対する，字義的な意味への執着を弱めることが目的であった。マインドのもっと複雑なおしゃべりに働きかけるには，異なる方略が必要だ。マインドは，広く相互に関連した言語行動を有している。自分は何者か，どのようにして今の状態になったのか，自分がしていることの理由などについての，クライエントの物語がその例である。これらの物語や理由は，多くの役に立たない行動パターンを驚くほど安定させる接着剤となる。

人間として，自分の行動を説明できなくてはならないと教えられ，さら

訳注1　リチャード三世がリッチモンド（後のヘンリー七世）との対戦の最中，馬から落ちたときに言った命乞いのせりふ。
訳注2　アメリカ人には「さあ，出発だ，準備はいいか！」といった意味になる。

に，その説明は一貫性がなければならないと教えられる。とくに役に立たない行動については，**その分なおいっそう**，立派な説明があると期待されている。社会的コミュニティは，うつ病の人がベッドから出ないことには立派な理由があるはずで，3カ月間仕事をしていないことにも納得のいく説明があるべきだ，などと求める。例えば，「脳内化学物質のアンバランス」が抑うつ的行動の十分な理由とされることもある。自分にはうつ病になる立派な理由があると考えている人は，うつ状態がより強くなる傾向があり，セラピーへの反応性が低いというデータがある[2]。

　不運にも，こういった物語に執着してしまうことで，言語的ネットワークは行動をコントロールするようになる。私たちの過去が私たちの未来になり，非常にネガティブな結果を予期させるようになる。もしクライエントが，自分は子ども時代に虐待されたので人と良い関係をもてないという物語を有していたら，まさに身動きがとれなくなってしまう。子ども時代をやり直すことはできないからである。もしクライエントが，この物語を考えうる多くの物語のうちのひとつと見られず，むしろそれとフュージョンしてしまって，字義どおりに「真実」と見るのであれば，そのクライエントがパートナーを探そうとはしなくなるであろうことは容易に理解できる。自分はその物語に関して正しいのだとクライエントが信じ込んでいると，問題はさらに難しくなる。非常に困難で役に立たない行動パターンにとらわれて，身動きがとれなくなってしまうかもしれない。しかし，幸いことに，脱フュージョンは理由づけに対する認知的論駁よりも大幅に，理由の妥当性への執着を変容できるようだ[62]。

　ここで，ジェシカの事例について考えてみよう。数年前，彼女は躁のエピソードがあったことを受けて，双極性障害と診断された。それ以来彼女は，双極性障害と診断される人の特徴や，双極性障害が脳内化学物質のアンバランスという結果につながる遺伝的問題と考えられる理由について，多くの本を読んできた。双極性障害が生物学的な要因によるものなので，拷問を受けるように苦しく沈んだ時期と抑えきれないほどハイになる時期のサイクルを残りの人生の間際限なくくり返す運命であり，それについて

自分にできることはあまりないと感じている。双極性障害の診断を認めているということ自体は，治療的には有益であるかもしれないが，彼女の物語は「どうせ回復できないのだから，試してみる理由もない」と言っていた。

こういった状況におかれているほとんどのクライエントと同様に，ジェシカには彼女の物語を支える立派な根拠がある。本で読んだ研究知見や，薬が効くという個人的な体験だ。彼女は数年間，この物語にしたがってきた。その結果，薬は服用するものの，自分の生活を改善するために他に積極的な手を打ってはこなかった。ACTの視点からとらえる問題は，この物語が字義どおりに真実であるかどうか，ではなく，役に立つものかどうか，ということだ。この物語は，ジェシカが望む人生の道標になるだろうか？

役に立たない物語への執着を弱めるためにACTが使う基本的方略は，物語の「字義どおりの真実性」からその「機能する可能性」に焦点が移るように，クライエントが物語の構成的な性質と体験的に接触するように助けることだ。これらの方略の目的は，クライエントの健全な懐疑的態度を向上させていくことである。マインドには役に立つ形で個人の学習経験を評価したり説明したりする能力が本当にあるのかどうか，疑うのである。以下の面接記録は，セラピストがこの考えを導入する際のやりとりの一例である。

> **セラピスト** 私たちは自分の人生についての物語を，絶え間なく自分自身に語っています。私たちの背後には，常にものごとについてナレーションをしている声があります。私たちが何者であるか，何が好きか，どのように事態が進んでいるかなどについて，私たちに伝えているのです。常に絶え間なく，あなたに対して物語を語っているのです。ここで改めて考えていただきたいのは，その物語は絶対に真実なのか，ということです。その物語はどこから出てきたのでしょうか？ 例えば，11歳の誕生日から3日後に何が起こったのかとあなたに尋ねたとしましょう。そして，私がその日について詳しく知りたいとしましょう。それらをすべて私に話せますか？

クライエント　うーん……，それはできません。

セラピスト　〔いたずらっぽく〕じゃあ，その4日後や5日後はどうですか？〔間〕100日後でも試すことができますが，あなたはひとつふたつ，細かなことを覚えているだけでしょう。私たちは自分の人生で起きたことについて，ごくわずかしか知らないのです。わずかな断片だけ覚えていて，その小さなかけらをつなぎ合わせて物語にするのです。わかりますか？　記憶しているものにはこのような断片的なものしかなくて，起こったことの大部分は忘れてしまっているのです。そこですべてをつなぎ合わせて，まだ覚えていることの断片を解釈するために物語を作るのです。このような物語をいつも自分自身に話しています。そうやって，自分自身に関することに結論を出します。何をする能力があるのか。何者であるのか。そして，それにしたがって人生を送っているのです。

クライエント　なるほど。

セラピスト　興味深いことに，こういう物語はだんだん大きくなっていきます。マインドは新しいものを取り込み続けるのです。そしてこれは，過去の遠いところだけで起こったことではありません。たった今も起こっているのです。ここでひとつ，エクササイズをしてみましょう。新しいものが四六時中取り込み続けられていること……，そして，普通はそれに気づいてさえいないことを知るためのエクササイズです。あなたに想像上の生き物であるガブガブについてお話しします[29]。ガブガブの鳴き声を覚えられたときの賞金として100万ドル用意してありますので，がんばってくださいね。準備はいいですか？　いきますよ。ガブガブは「ウー」と鳴きます。言えますか？

クライエント　ウー。

セラピスト　それを忘れないでください。100万ドル手に入れられるのならば，覚えておく価値がありますからね。ガブガブは何と鳴きますか？

クライエント ウー。

セラピスト けっこうです。さて，ここでお知らせしなければいけないことがあります。実は，100万ドルはありません。ですから，ガブガブの鳴き声はもう忘れてもらってけっこうです。さて，ガブガブは何と鳴きますか？

クライエント 〔笑う〕ウー。

セラピスト 1カ月後にこの質問をもう一度したとしましょう。ガブガブが何と鳴くか，わかるでしょうか？

クライエント もちろんです。

セラピスト 2カ月後ではどうでしょう？ 1年後では？ ガブガブは何と鳴きますか？

クライエント 〔クスクス笑う〕

セラピスト もし私たちがもう少しの時間，ガブガブについて話せば，私はあなたのご臨終の場に訪問して「ガブガブは何と鳴きますか？」と聞くことができそうです。あなたはガブガブの鳴き声を覚えているでしょうか？ さて，これがどんなことを意味しているのか，ちょっと考えてみてください。私たちはあるものに関して数分間を費やしました。そして，あなたは残りの人生ずっと，それを頭の中に入れて生活するのです。あなたはこれと似たようなものをずっと昔からの経験の中に抱えています。それがどこから来たのか，はっきりしないかもしれませんが，これがあなたの物語というものです。あなたが自分自身についてもっている思考なのです。例えば，「私について，最悪のことと言えば……」〔間をとり，クライエントに答るように指示する〕

クライエント 私は弱い。

> **セラピスト**　私の一番良いことといえば……。
>
> **クライエント**　私は親切です。
>
> **セラピスト**　私がこんなに弱い理由は……。
>
> **クライエント**　私は自己主張するということをまったく学んできませんでした。
>
> **セラピスト**　お見事です。魔法みたいでしょう？　これがどんなにおもしろいことか，わかりますか？〔皮肉っぽく〕あなたのマインドは，どんなことに対しても，説明，物語，理由を生み出すことができます。続けることもできますよね。どんなことにも物語がくっついてきます。

　他のACT技法でも，同じ問題を指摘したり，問題となるセッション内の語りを中断するのに役に立つ。ほとんどの臨床家が，自分に何が起こったかということを何時間も話したり，セッションの時間を不平，説明，記述で使い果たしてしまうクライエントと出会ったことがある。このプロセスを中断する方法のひとつは，クライエントの話の機能的有用性に焦点を当てることだ。セラピストが「それで，この物語はどんなふうに役立っていますか？」や「神様が降りてきて，あなたは100パーセント正しいと言われたとしましょう。これは，あなたにとってどんな助けになりますか？」（文献32, p.164）などと問いかけることで，真実を見つけ出す，正しくあろうとする，状況を分析するといった試みから焦点を引き離し，焦点をクライエントの話の直接的な意味に引き戻すことができる。

　もうひとつの例は，**自伝の書き直し**と呼ばれるもので，自分のライフストーリーで起こった出来事の間にある，恣意的に作られた関係性について，クライエントに再検討させるというものである（文献29, pp.91-91, 日本語版pp.131-133）。このエクササイズでは，ノート2ページに自分のライフストーリーを書くというホームワークが課される。これに続いて，クライエントはその物語を書き直すように求められる。すべての出来事は正確にそのまま残しておいて，物語の意味や結果を変えるのである。特定の物語を直接

的に否定することはできないが，ありうるあらゆるライフストーリーのうちのひとつ見ることはできるかもしれない。

ACTセラピストは時々，理由の字義どおりの真実を根拠としてさまざまな異論を受けることがある。これに反論しても，たいてい役に立たない。代わりに，その理由はもしかすると有用な言語的理解なのかもしれないと考えることで，質問は「あなたの体験は何と言っていますか？……これは，どのくらい役に立ちますか？」に変わる。また，「ええ，それは正しいようです。さて，あなたは正しくあるのと活力にあふれた人生を生きるのと，どちらがいいですか？」とクライエントに問うこともできる。

セッション内での脱フュージョンを活用する

ここまでのセクションでは，広範囲に及ぶ具体的な脱フュージョン・メタファーやエクササイズを紹介してきた。これらの技法を強力に機能させるためには，セッションの流れに逆らわずに統合させていく必要がある。ACTセラピストのよくある間違いは，メタファーやエクササイズを断片的な様態で使ってしまうことだ。これをすると，エクササイズのある一部分では脱フュージョンされるものの，セッションの他の部分ではクライエントの話が字義どおりに対応されてしまう。そうではなくて，セラピーの最初から最後まで，思考の機能的有用性に焦点を当てて，持続的な行動プロセスとしての言語化に注目していく必要がある。何であれ，セラピストが話す言葉に関しても同様である。どのような状況にあっても，第一の焦点は，ある思考を信じることがクライエント（あるいはセラピスト）をもっと活力ある，価値に基盤をおいた人生に向けて動かすかどうか，に当てられているのだ。

このセクションでは，進行中のセッションの流れの中で脱フュージョンを実践し，その場で観察されるクライエントの強くフュージョンされた行動を扱い，セラピールームの中で脱フュージョンされた空間を保ち続けることを支援する技法を導入する。

言葉づかいの約束事

　ACTセラピストは時々，クライエントに単純な言葉づかいの約束事を守るように求める。クライエントが字義どおりの言語の罠から抜け出すのを助け，クライエントとクライエントのマインドの内容の間にいくらかの距離をおくのに役立つ約束事だ。例えば，クライエントに，自分たちが実際にそうであるものとしてではなくて，自分が現在体験していることとして，ものごとを述べさせてみる。

○「私は自分が無価値であるという思考をもっている」対「私は無価値だ」[訳注]
○「私は不安という気分をもっている」対「私は不安だ」

　このエクササイズは，最初はぎこちなく感じることが多いが，ある程度の長さ，たぶん1セッションの30分くらい練習すれば，とても役に立つことがある。クライエントとクライエントの思考の内容の間に健全な分離感が生まれてくるのだ。

　また，クライエントに「でも（but）」という語を「そして（and）」という語におきかえるように求めるのもよい（文献32, pp.166-168）。「でも」という語は字義どおりには，その前に来たものの「外にある」という意味だ。そのため，クライエントが「私は夫を愛しています。でも，夫は私を怒らせます」と言うと，怒りが愛を否定するように機能してしまう。「そして」に言いかえることで，クライエントは両方が真実であると思い出すことができる。クライエントは夫を愛していて，**そして**，夫は彼女を怒らせるのだ。複数の意味が存在しているのであり，「外にある（でも）」と言って前に述べたことを否定しなくてもよいのだ。

メタファーを思い出させる

　メタファーと物語の力は，あれこれ説明せずとも，ある状況に影響を与

訳注　「私は無価値だ，と考えた」と最後に「と考えた」をつけるだけでもよい。

えるように新しい機能をすばやくもち込めることだ。おなじみのメタファーを再び話に出すことで，脱フュージョンに触媒作用を及ぼせる。以下の2つの台詞を比較してみよう。短いアナロジーは，正確な説明を必要とせず，脱フュージョンの性質の多くを伝えられるということに注目してほしい。

① 「自分の指に止まったチョウをつかまえるように，その思考をふわりとつかんでみましょう」
② 「ご自身の思考に，脱フュージョンしたやり方で対応しましょう——距離をとって，アクセプタンスをもって。自ら進んで，心を開いて，強い興味と好奇心をもって。そして，暴力，戦い，戦闘，所有をもってではなく，それについて正しくあろうとせず，口論せず，真実であるか考え出そうとしたり，真実でなければ批判したり，ということはなしに」

ひとたび脱フュージョン・エクササイズが実施されたり，メタファーと結びつけられたりしたら，セラピストは前に行った脱フュージョン・エクササイズやメタファーを再度利用して，迅速に脱フュージョンを治療の場にもちこむことができる。以下の面接記録を例に見てみよう。この例では，「思考を信じる」対「思考をもっている」という概念が，前のセッションですでに導入ずみである。この区別の目的は，思考の字義どおりの真実ではなく，思考の機能的有用性を基盤にして思考に対応するように，クライエントを助けることだ。

> **クライエント**　どうにも何をしたらいいか，わかりません。どうしても人とつながりをもてないのです。社交の場には行くのですが，だめなんです。ただ何も言えないでいるのです。
>
> **セラピスト**　そこを見てみましょう。あなたがその人と握手をしたところで，セールスマンであるあなたのマインドが現れて，「私は人とつながり

をもてない」という思考を売りつけます。これまでのところ，買ってしまっているようですね。ここで大事なことは，それはあなたが買い続けたい思考なのかということでしょう。こんなふうに聞いてみましょうか。対人関係でのあなたにとっての価値という点で，その思考はあなたをどこに導いてくれますか？

クライエント　何もせず，ただ家にいると思います。パーティーに行ったとしても，人とあまり話しません。

セラピスト　あなたが人とつながりをもてないという思考には，ある物語がくっついていると思うのですが，いかがですか？

クライエント　いや，それは真実です。私は人とつながりをもたないのです。

セラピスト　あなたのマインドが「それは真実である」をあなたに売りつけているのですね。それを買うと，あなたの人生はどこに向かっていきますか？

クライエント　またしても，私の行きたいところには向かいません。

セラピスト　前に，あなたには人とつながりをもちたいという価値があると話していましたね。そうですね？

クライエント　ええ。

セラピスト　そして，今，あなたのマインドが，あなたにはそれはできないという思考を売りつけている。さらにそれは証拠を並べることさえもできる。さて，このあたりで別の質問をさせてください。あなたは明日外出するとして，実際に人とつながりをもてたとしましょう。外の世界にあなたを本当に「わかって」くれる人たちがいて，あなたは本当にその人たちとうまく関われて，本当にオープンになれて，その人たちに自分を知ってもらえたとしましょう。そういうことを明日するとしましょう。それで，誰かにとって悪いことがありますか？

クライエント　え？　わかりません。〔10秒間の間〕私、だと思います。

　　セラピスト　ええ、あなたは、この「自分は人とつながりをもてない」という物語を断念しなければならないでしょう。その物語に関して間違っていたことになるでしょう。ここでのあなたの選択肢は、自分の物語を守るか、人生を取り戻すかのどちらかです。もしこれをするとしたら、どのようなつらさが出てくると思いますか？

　　クライエント　明日それをするってことは、本当はずっと前からできたかもしれないということになりますよね……。

　　セラピスト　ええ、その気持ちと一緒にいてください。あなたがそのように言うとき、悲しみが湧いているということに気づきました。今それを体験する時間をとりませんか？

　　クライエント　〔静かに〕わかりました。

　　セラピスト　もし、この悲しみを、この喪失の感覚をもつことが、人と本当につながることを可能にしてくれるのならば、以前には決してできなかったような方法で妹さんのためにそこにいてあげることができるのならば、やってみる価値はありそうですか？　〔ここで、悲しみと共存したり、自ら進んで悲しみを抱く練習をするエクササイズの導入が可能である〕

「それで誰かにとって悪いことがありますか？」とクライエントに聞くことは、注意深くタイミングを選べば強力な介入となり、本来望んでいる価値づけされた方向と対立する物語（自分は何者であるか、自分の人生がどうなるか、についての物語）を抱えているようなクライエントを助けることができる。この質問をすると、クライエントが応答する前に間が開き、クライエントがとまどってしまうことがよくある。この質問は降って湧いたかのように見えるからである。また、この質問のタイミングが悪いと、あるいはクライエントとセラピストが共感的で受容的な関係をまだもてていない場合には、叱責されたように聞こえてしまう可能性がある。この質

第3章　認知的フュージョンを弱める　133

図3.1

問の本来のねらいは，クライエントの困難を理由にクライエントを責めることではなく，正確であること，論理的であること，あるいは一貫性がある（正しくある）ことが，実際には活力ある人生を生きることを邪魔する可能性があるということをクライエントに理解してもらうことである。巧みに行われれば，対決はクライエントのマインドとクライエントの体験や価値の間に存在し，クライエントとセラピストの間には発生しないものだ。

マインドのフュージョン性をクライエントに認識させる

　もうひとつの有用な技法は，自分のマインドの中の言語的関係というフュージョンされた世界にはまり込んでいるときとそうでないときを，クライエントが特定（専門用語で言うと「弁別」）できるように助けるものだ。以前には明白でなかった環境内のパターンを認識するということが学習される。そして，ひとたびそれを学習すれば，以後はそれを「見ない」傾向が減る。このプロセスは，図3.1の視覚的錯覚と似ている。あなたには，この絵が何に見えるだろうか。前に見たことがなければ，たぶんランダムな

点のかたまりしか見えないだろう。それでは，もう一度見て，歩道の上のダルメシアン犬が見えるか，試してみてほしい。もし見えたならば，今度は，ダルメシアン犬を**見ない**ように試してみてほしい。字義どおりに絵をゆがめなければ，これはかなり難しい。この視覚的錯覚を以前に見ていて，以前のデモンストレーションでダルメシアン犬を見ていたのならば，たとえ何年も経っていたとしても，今でもダルメシアン犬が見えるだろう。つまり，弁別はひとたび十分に学習されると，行動の手がかりとして永久に使い続けることができるのだ。

　もし，非常に言語的で，使い古され，固定化した思考方法にとらわれるのはどんなときか認識することをクライエントに教えられれば，これは長期間消えない手がかりとして役立つ。一歩引いて，クライエントが学んだ脱フュージョン方略のどれかを適用せよ，という手がかりだ。例えば，以下のような思考の性質を特定することで，自分のマインドにとらわれているときを認識することができる[58]。

○ 比較や評価の存在
○ 込み入った／せわしない
○ 混乱している（**そして**明確化しようと懸命に努力している）
○ 相互敵対的（二面性や葛藤がある）
○ 結末についての警告（はい，**でも**）
○ 強い未来的または過去的志向性（must〔～しなければならない〕，should〔～するべきだ〕，can't〔～できない〕，shouldn't〔～するべきでない〕）
○ あるものがあなたについて，または他者について，何を**意味する**かという点での強い志向性
○ 問題解決への強い志向性
○ なじみの（「昔からの」「年代ものの匂いがある」）

脱フュージョンを適用する際の柔軟性

　セラピストとして大切なのは，プロセスとしての脱フュージョンとは特定のカタチの何かをすることではないということを覚えておくことである。他のものと切り離して考えると，それだけで脱フュージョン技法，メタファー，あるいはエクササイズとなるものはない。テーブルの上のお菓子が強化子ではなく，「良い」という単語が賛辞ではないのと同じだ。脱フュージョンは，コツ，タイミング，ペース，文脈への注意を要する機能的概念である。これらの中で鍵になるのは，脱フュージョンが必要となるタイミングを示すクライエントの行動に，セラピストが気づくことである。

　クライエントと作業を進めていくことは，生い茂る藪の中を通って進むのに似ている。方角がわからなくなったり，イバラに引っかかったり，行き止まりに当たったりしがちだ。セッションの中で理由，正当化，物語などが生い茂って見通しが悪くなってきたときには，セラピスト自身，クライエント，あるいは両方に，話の機能的有用性に焦点を当てた質問をすることで，息をつくための「空気」を見つけられる。以下のような質問がその例である（文献32, p.164）。

○「それで，その物語は何に役立っていますか？」
○「これは助けになっていますか？　それとも，あなたのマインドがあなたにしていることですか？」
○「似たようなことを，以前に自分自身や他人に言ったことがありますか？　こういうことは昔からありますか？」
○「わかりました。じゃ，皆で投票して，あなたが正しいと投票しましょう。さて，それでどうしますか？」

　言葉の字義的な意味から距離をおくための別の方法は，機能**するだろう**とクライエントのマインドが言っていることと，機能**している**とクライエントの体験的理解が言っていることを，クライエントが比較対照できるよ

うにすることだ。これは多くの場合，字義にこだわった思考を断ち切るための方法として役立つ。ACTセラピストは「私はあなたに，これを信念の問題だと見てほしくないのです。あなたの実体験に照らして検討してもらいたいのです」，あるいは「あなたの体験は何と言っていますか？」と言うかもしれない。このタイプの質問の目的は，字義どおりで評価的な思考から一歩外に出て，あるスタンスに入るようにクライエントを動かすことである。そのスタンスとは，クライエントの価値の体験的理解によって方向づけられ，クライエントの生活環境にちりばめられているチャンスをもっと活用しようと志向するスタンスである。

　もうひとつのやり方は，今の状況をそのまま認めるというやり方だ。「ふむ。今どうやらマインドでいろいろ考えすぎになってきているぞ，ということにお気づきですか？」，あるいは「私は今，自分がここで戦っていることに気づきました。答を出して，あなたを説得しようとしているのです。ちょっとお時間をいただいてもいいですか？　深呼吸をして，ふたりとも，今ここに存在していて，それぞれがおしゃべりな自分のマインドと共にあることに注目してみましょう」，または「私は次に何をしたらいいか，あるいは何を言えばいいかがまったくわかりません。私のマインドはかなり厳しく，こんなことを言ってきます，『セラピストは何をしたらいいか知っているはずだ』。でも，それが真実なんです。ここから先に進む方法について，何かお考えがありますか？」

―――● 体験的エクササイズ：脱フュージョン　パート2 ●―――

　　問➡　この章の初めでリストした3つの思考をもう一度見てください（p.109）。それぞれの思考に対して，使えると思われる脱フュージョン技法を書きなさい。

　　思考1

思考2

思考3

これらの技法を実際にセッションで試してみてもよいでしょう。

━━━━━━━━━━━━━━━━━━━━━━━━●体験的エクササイズ●━

コア・コンピテンシーの実践

　ここは，ACTセッションの面接記録のサンプルを使って，脱フュージョン技法の実践練習ができるように構成されている。ここにリストされたのは，脱フュージョンのための10のACTコア・コンピテンシーである。それぞれのコア・コンピテンシーについて，臨床状況の記述と面接記録の1セクションが示される。面接記録はクライエントの発言で終わるので，あなたはそのコンピテンシーを反映する対応について回答する。章末のモデルとなる対応（pp.155-171）の回答例だけが正しい対応というわけではない。ACTに合致する対応の例にすぎない。もし，その対応に納得できないか，自分の対応をダブルチェックしたいか，もっと議論したいというのならば，www.learningact.com/forum/ の掲示板に質問を載せるのもよいだろう。もちろんここでも，回答例を見る前に，自分自身で対応を考え出すように努力すること。

コア・コンピテンシー・エクササイズ

コンピテンシー1：ウィリングネスに対するクライエントの感情的，認知的，行動的，あるいは物理的バリアを特定する。

エクササイズ3.1　　⇨ 回答例はp.155

　クライエントは34歳の女性。とくに社交的な状況でパニック発作を体験している。彼女は学生に戻りたがっているが，「不安すぎる」と感じている。この面接記録は3回目のセッションでのある議論に続くものである。その議論で彼女は，授業に参加すること，とくに授業中に挙手することが難しいと語っていた。

> **セラピスト**　授業中に手を上げることのどんなところが難しいのですか？
>
> **クライエント**　どうしてもできないんです。授業中に手を上げることを考えただけでも，怖くなってしまいます。
>
> **セラピスト**　なるほど，「私にはできない」という思考と，怖いという気分がある。他に何がありますか？
>
> **クライエント**　パニックになってしまうんじゃないかと心配です。
>
> **セラピスト**　他には？
>
> **クライエント**　いえ。これだけあれば十分じゃないでしょうか。

問⇨　あなただったらどう対応するかを書きなさい（コンピテンシー1を使うこと）。

問⇨　そのように言うとき，あなたはどんなことを考えていますか？　何に対応し，何を達成したいと思っているのですか？

コンピテンシー2：私的体験の字義どおりの意味への執着がウィリングネスを維持しにくくするということを示唆する（私的体験を，自分の姿を映し出すものとしてではなく，あるがままの姿で見るのを支援する）。

エクササイズ3.2 ⇨ 回答例はp.157

（コンピテンシー1のクライエントの面接の続き）

> **セラピスト**〔モデル対応の回答例3.1b（p.156）を実施する〕
>
> **クライエント**　それはそう思うんですけど，私にはどうにもできません。怖すぎて。ただ恥をかくだけだと思います。

問➡　あなただったらどう対応するかを書きなさい（コンピテンシー2を使うこと）。

問➡　そのように言うとき，あなたはどんなことを考えていますか？　何に対応し，何を達成したいと思っているのですか？

コンピテンシー3：機能するだろうとクライエントのマインドが言っているものと，機能しているとクライエントの体験が言っているものを，アクティブに比較対照する。

エクササイズ3.3 ⇨ 回答例はp.159

（コンピテンシー2のクライエントの面接の続き）

> **セラピスト**〔モデル対応の回答例3.2b（p.158）を実施する〕

クライエント　でも，私にはできません。わかっているんです。手を上げたら，そして呼吸をコントロールできていなかったら，先生に指名されても何も言えないでしょう。呼吸だけでもコントロールできれば，パニックにならないでやれるかもしれませんが。

セラピスト　では，そこのところを確認していきましょう。あなたのマインドは「私は私の呼吸をコントロールする必要がある」と言っている。そうですね？　それもひとつの思考です。これは，いつもの思考ですか？

クライエント　ええ。

セラピスト　では，あなたのこれまでの体験がこの点について何と言うか，見てみましょう。その思考の言い分に，どのくらい長くしたがっていますか？

クライエント　ずいぶん長いことそうしています……。

問➡　あなただったらどう対応するかを書きなさい（コンピテンシー3を使うこと）。

問➡　そのように言うとき，あなたはどんなことを考えていますか？　何に対応し，何を達成したいと思っているのですか？

コンピテンシー4：クライエントとクライエントの私的体験の間に健全な距離をおくため，言語的道具（例：「でも」をやめる），メタファー（例：「頭の上の泡」「バスの乗客」），体験的エクササイズ（例：カードに書いた思考）を使う。

エクササイズ3.4 ⇨ 回答例はp.160

　クライエントは44歳の男性。アルコール依存から抜け出そうとしている。彼のアルコール飲用行動の最大の手がかりのひとつは，家にひとりでいる時間である。長い間，障害者手当てで生活し，人生のかなりの時間をただ家で座って，飲んだり，テレビを見たりして過ごしていた。ここ2カ月は断酒しており，数年ぶりに新しい仕事についたばかりだ。彼は自分のコミットメントを疑いだし，その仕事はそのストレスに見合うだけのものか，悩んでいる。セラピストとクライエントは前回のセッションで，バスのメタファーを体験した。この面接記録は6回目のセッションからのものである。

> **クライエント**　給料が安いというだけでストレスを感じます。失敗しそうに感じて，十分なスピードで仕事ができないのです。本当にやる価値があるのか，わかりません。一日が終わって疲れて家に帰っても，家には誰もいません。私だって，もっとうまくやりたいんです。でも，ただただ飲みたい……，飲みたいんですよ。

問▶　あなただったらどう対応するかを書きなさい（コンピテンシー4を使うこと）。

問▶　そのように言うとき，あなたはどんなことを考えていますか？　何に対応し，何を達成したいと思っているのですか？

コンピテンシー5：ウィリングネスをスタンスとして使いながら，困難な私的体験を「してみる」実験をするようにクライエントに働きかける。

エクササイズ3.5　　　⇨ 回答例はp.161

（コンピテンシー4のクライエントの面接の続き）

> **セラピスト**　〔モデル対応の回答例3.4b（p.160）を実施する〕
>
> **クライエント**　孤独を感じます。不安もあります。何かをする必要があるというような焦りです。
>
> **セラピスト**　そこで孤独が現れる。不安も現れる。孤独や不安が言葉を話せるとしたら，あなたに何をしろと言ってきますか？
>
> **クライエント**　酒を飲めばいいじゃないかと言うでしょうね。ストレスが和らぐぞ，と。
>
> **セラピスト**　では，彼らは昔からの乗客ですね。大いにおなじみの。あなたは彼らをよく知っている。彼らが求めることをあなたがしたら，彼らは何をすると言っていますか？
>
> **クライエント**　いなくなると言うのです。しばらくはおとなしくしてやる，と。そして，実際にそうするのです。

問➡　あなただったらどう対応するかを書きなさい（コンピテンシー5を使うこと）。

問➡　そのように言うとき，あなたはどんなことを考えていますか？　何に対応し，何を達成したいと思っているのですか？

エクササイズ3.6　　　⇨ 回答例はp.163

（コンピテンシー5の続き）

第3章　認知的フュージョンを弱める　143

セラピスト　〔モデル対応の回答例3.5b (p.162) を実施する〕

クライエント　自分にそれができるか，わかりません。

問➡　あなただったらどう対応するかを書きなさい（コンピテンシー5を使うこと）。

問➡　そのように言うとき，あなたはどんなことを考えていますか？　何に対応し，何を達成したいと思っているのですか？

コンピテンシー6：言語の隠れた性質を明らかにするため，多様なエクササイズ，メタファー，行動課題を用いる。

エクササイズ3.7　➩ 回答例はp.163

　クライエントはうつ病の40歳男性。常に社交的状況で自分自身と他者を比較し，しばしば，自分は他人より価値が劣ると思っている。彼にとってのよくあるパターンは，誰かと会話をしていて，同時に「この人はかなりしっかりしているようだ。もし私の負け犬ぶりを知ったら，私とは友だちになりたくないだろう。でも，彼だって本当に見た目どおりに立派だなんてきっとありえない。彼にもどこか問題があるに違いない。それが何かはわからないけれど，いつかきっと見つけてやるぞ」と考えることだ。クライエントは4回目のセッションで，この状況について話している。

クライエント　自分自身と他人を比較して，気分が悪くなって，それからその他人をけなすのにはもううんざりしています。

セラピスト　一番やっかいな思考はどれですか？　自分はだめだ，です

か？

クライエント　うーん……。「彼の方が私より上だ」と考えることだと思います。

セラピスト　彼の方が私より上だ。そうすると，あなたは……。

クライエント　だめになります。もっと悪く。

セラピスト　どちらの方がピッタリくる感じですか？

クライエント　それは……，だめだ，です。

セラピスト　では，「私はだめだ」というこの思考について，ちょっとしたエクササイズをしてみませんか？

クライエント　はい。

セラピスト　今から，この思考を使ってちょっとお遊びをします。何かやってみましょう。歌を歌うというのはいかがですか？　まずは私からやりますね。「私はだめだ，私はだめだ，おわかりでしょう」。はい，ではあなたの番です。

クライエント　〔高い，おかしな声で〕はい，「私はだめだ，私はだめだ，私は史上最悪だ」

セラピスト　では，デュエットでいきましょう。〔あと数回，クライエントと歌う〕さて，この体験はどんな感じがしましたか？

クライエント　最初はかなり変な感じでした。これほど個人的に感じていることを，ふざける対象にしたくはなかったのです。でも，それから少しずつ軽くなってきて，それほど大したことじゃないなあって。

問➡ あなただったらどう対応するかを書きなさい（コンピテンシー6を使うこと）。

問➡ そのように言うとき，あなたはどんなことを考えていますか？　何に対応し，何を達成したいと思っているのですか？

コンピテンシー7：クライエントが自分の物語を解明し，評価や理由づけをしようとする物語の性質に目を向けるのを助ける。

エクササイズ3.8　　　⇨ 回答例はp.165

（コンピテンシー6のクライエントの面接の続き）

> **セラピスト**　〔モデル対応の回答例3.7a（p.163）を実施する〕
>
> **クライエント**　そうですね。でも，一度そういう状態になってしまうとだめなんです。それこそ自分についての真実だと考えてしまうといった感じです。自分は本当にだめだというふうに感じます。他の何かを信じるのは，自分に嘘をついていると思えてしまうほどなんです。

問➡ あなただったらどう対応するかを書きなさい（コンピテンシー7を使うこと）。

問➡ そのように言うとき，あなたはどんなことを考えていますか？　何に対応し，何を達成したいと思っているのですか？

エクササイズ3.9　⇨ 回答例はp.166

（コンピテンシー7の続き）

セラピスト　〔モデル対応の回答例3.8b（p.165）を実施する〕

クライエント　ええ，たぶん。でも，やり方がよくわかりません。

セラピスト　この問題のすべてをまとめあげているものの一部だと考えているものがあるので，それをちょっと見てみましょう。私たちには皆，自分が今の自分になっている理由について，物語があると思います。私には私の物語があり，あなたにはあなたの物語があります。私たちが思い出せる，人生でのあらゆる出来事の記憶をつむぎ合わせた物語をもっているのです。このうつについてのあなたの物語に，少しの間，触れていきたいと思います。あなたの過去において，子ども時代でも大人になってからでも，今のうつにつながる出来事として，何がありましたか？

クライエント　そうですね，私の両親から始まったのだと思います。私をまったく大事に思っていないと感じていました。それにたぶん遺伝もあるのでしょう。脳内化学物質のアンバランスがあるとか。

セラピスト　親にネグレクトを受けたという記憶や思考があって，さらに原因についての思考がある。たぶん遺伝的なもの，脳内化学物質のアンバランスがあるのだ，と。

クライエント　そうです。

セラピスト　では，脳内化学物質のアンバランスは少しの間おいておいて，親があなたを大事にしてくれなかったことがうつを引き起こしたかもしれないという部分に焦点を当てていいですか？

クライエント　もちろんです。

セラピスト　あなたは最初に評価をしました。あなたは親に悪い扱いを受けた。それから，これがうつの原因になったという思考も抱きました。このような言い方でよろしいですか？

クライエント　ええ，そう思います。でも，それは本当に起きたことだと思います。私がそういう思考を抱いたのではなくて。

セラピスト　では，あなたが親にネグレクトを受けたことには同意するとしましょう。字義どおりの意味では，それは真実かもしれないし，真実ではないかもしれない。ポイントはそこではありません。私はあなたと議論をしているのではないのです。あなたの親からの扱いは多くの苦しみと関連している。あなたの苦しみです。さて，子どもは子どもとしての最善をつくしますから，決してあなたを責めているのではありません。それでも，これをお尋ねしたいのです。今，大人としてふり返って，親がしたことやしなかったことに，何か違う反応ができたかもしれないと思いますか？　そして，「今，この瞬間」にも，この苦しい記憶への対処方法に何か他の選択肢はありそうですか？

クライエント　まあ，あったでしょうね。怒ることもできました。実際，時々怒っています。「あいつらなんて，どうにでもなれ」と言って，私を大事にしてくれる誰か他の人を見つけることもできたでしょう。実際，そうしようとしてみましたが，うまくいくようには思えませんでした。

セラピスト　実際，何とかしようと，いろいろ対処をされたのですね。それに関連して，2つのことをお話しさせてください。親がしたことへのあなたの反応と，あなたのうつ気分についてです。さて，もし親が実際にあなたをネグレクトしたとすると，過去に起こったことについて，あなたにできることはありますか？

クライエント　もちろん，ありません。

セラピスト　そうですね。もし，あなたがうつである理由が親のネグレク

トだとすると，あなたは行き詰まってしまいます。あなたにとって唯一の道がうつになることだからです。お気づきですか？　あなたのマインドはあなたに，これをうつの理由として与えてくる。これが理由だというのが字義どおりに正しいとして，あなたは過去を変えられますか？

クライエント　いいえ。

セラピスト　では，もしこれが字義どおり，あなたのうつ状態を引き起こしたのであれば，タオルを投げ入れて負けを宣言した方がいいでしょう。残りの人生もうつのままです。

クライエント　なるほど，おっしゃることがわかったような気がします。私が今のような状態であるのは，実際には自分の落ち度であると言われたような気がします。

問➡　あなただったらどう対応するかを書きなさい（コンピテンシー7を使うこと）。

問➡　そのように言うとき，あなたはどんなことを考えていますか？　何に対応し，何を達成したいと思っているのですか？

コンピテンシー8：物語内で語られる因果関係の恣意性（しいせい）にクライエントが向き合うのを支援する。

エクササイズ3.10　➡ 回答例はp.168

（コンピテンシー7のクライエントの面接の続き）

セラピスト　〔モデル対応の回答例3.9b（p.167）を実施する〕

クライアント　その……，うつになっているということについて，私自身がそれほど気にしなくてもいいように思えます。私が悪いんじゃないんです。

セラピスト　いいですね。では，それはあなたが少し気分良く感じるのに役立つ。一日中ベッドに入っていたり，学校を中退したことに関して，それほど罪悪感をもたなくていい……，〔皮肉っぽく〕確かに役に立ちますね。あなたはすばらしい気分になる！〔クライエントと共に笑う〕そして，その代償は？

クライアント　それは，私がうつのままでいることです。

セラピスト　そして，あなたにできないのは……。

クライアント　幸せにはなれませんし，人とつながりをもてません。仕事を続けることもできません。

セラピスト　別の聞き方で質問させてください。もし，あなたが突然良くなって，もううつではなくなったなら，誰にとって都合が悪いですか？

クライアント　は？〔クライエントはこの質問にしばしば混乱する〕

セラピスト　あなたが急に外出して，うつの人生をもう送らなくなったとしたら，それで誰にとって都合が悪いでしょうか？

クライアント　……私でしょうか？

セラピスト　〔共感的に〕ええ，あなたですね。あなたはここで，親があなたのうつの原因になったという物語をもっています。それは，捨てなければなりません。そうするためには，その件について正しくあるのをやめなければなりません。ひとつ質問をさせてください。親のネグレクトがあなたをうつにしたことについて，正しくありたいですか？　それとも，自由な人生を取り戻したいですか？　人生を取り戻すためには，こ

の物語は捨てなければなりません。

クライエント　私は人生を取り戻したいですが，親は私のためにそこにいてはくれませんでしたし，そのことは変えられません。私はそれ以来ずっとうつなのです。

セラピスト　ごもっともです。あなたは親のしたことを変えられません。うつであることは，あなたが自分の人生をどう生きてきたかを記述しているのです。もう少しお話を深めていくために，2，3の質問をします。親はネグレクトをすべきでなかったという点について自分は正しいのだ，と考えるためには，うつのままでいなければなりませんか？　その物語が正しいとか間違っているとかではなく，ただの物語として抱えて，人生を先に進めること，人生を取り戻すことは可能ですか？　人生を先に進めるためには，その物語を変えなければなりませんか？　それとも，それを物語として，思考として，ただ存在させておいて，先に進めますか？　それが今，あなたがうつとして行動する理由として役立っていることを意識してください。

クライエント　わかりました。先生のおっしゃりたいことはわかりますが，乗り越えられるとは思えません。

問➡　あなただったらどう対応するかを書きなさい（コンピテンシー8を使うこと）。

問➡　そのように言うとき，あなたはどんなことを考えていますか？　何に対応し，何を達成したいと思っているのですか？

コンピテンシー9：セラピストはセッションでマインドらしさ（mindiness：フュージョン）を感知しクライエントにもそれを感知するように教える。

エクササイズ3.11　　⇨ 回答例はp.169

　クライエントは40代のかなり知的な女性。パートナーである女性レベッカとの遠距離交際をやめようかと考えている。彼女はレベッカについて，何も言わずに引き下がることと言語的に高圧的で批判的になることを行ったり来たりしていると言っている。クライエントは何十冊も自助本を読み，他のセラピストとのカウンセリングに何年も費やし，自分自身とパートナーの問題をいろいろと洞察もしている。それにもかかわらず，彼女はふたりの関係において非常に受け身的なままであり，対立を回避している。この面接記録は7回目のセッションの最初の方のものである。クライエントはこの前に，パートナーが彼女を脅迫していじめるためにどんなことをしたかを数分間語っていた。セラピストはこの会話が非常に活力に欠け，マンネリになっていることに気づいていた。

> **クライエント**　私にはどうにも，何をしたらいいのかわかりません。別れることを考えていますが，別れれば子どもたちも失うとわかっています。どちらにしても身動きがとれない感じです。先生，どうしたらよいのでしょうか？

問⇨　あなただったらどう対応するかを書きなさい（コンピテンシー9を使うこと）。

問⇨　そのように言うとき，あなたはどんなことを考えていますか？　何に対応し，何を達成したいと思っているのですか？

コンピテンシー10：私的体験の流れとそのような体験が有害ではないということの両方を明らかにするために，多彩な介入法を用いる。

エクササイズ3.12　⇨ 回答例はp.170

（コンピテンシー9のクライエントの面接の続き）

セラピスト　〔モデル対応の回答例3.11b（p.170）を実施する〕

クライエント　昔からあって，おなじみの，です。これについては何万回も考えています。

セラピスト　そして，あなたのマインドはここでまたしても，「正しい」答を考え出すという方法を提案していますね。今すぐ，ご自分のマインドに注目できますか？　今何と言っていますか？

クライエント　「わかりました。で，何をしろって言うんですか」と言っています。

セラピスト　それから何と言ってますか

クライエント　う〜ん……，わかりません。

セラピスト　次にあなたのマインドは「わかりません」という言葉と共に思考を与えてきました。それが思考だと気づきましたか？

クライエント　あ，いえ，気づきませんでした。

セラピスト　では，次は何ですか？　次にどのような思考が浮かびますか？

クライエント　これは嫌です。

セラピスト　そして……，それが思考だと気づきましたか？

クライエント　ええ。

セラピスト　そして，次に何が現れますか？　思考のひとつひとつが浮かび上がる際に，それに単純に気づけるかどうか，確認してください。言っている内容にとらわれず，ただひとつの思考として注目するのです。ひとつひとつをただ思考としてそこにおいておけるか，思考が入ってきたり，また出ていく様子をそのままにしておけるか，試してみてください。〔10秒間の間〕はい，いいでしょう。さて，次はどのような思考が出ていますか？

クライエント　これがどこに向かっているのか，わからないという思考を抱いています。

セラピスト　けっこうです。「これがどこに向かっているのか，わからない」というような別の思考ですね。良い考えです。こうして見てみると，マインドはすばらしい機械だと思いませんか？　〔間〕この言語マシンがいかに自動でいろいろなことをしているか，お気づきでしょうか？　あなたは何もする必要さえなくて，機械がこういった言葉や文を生み出し続け，そして，言葉や文があなたの世界を構造化していきます。今ここで実践しているのは，思考を思考として見る行為とは対照的に，世界を思考で構造化された姿で見る状態に入ったり出たりする，まさにその瞬間に注目するということです。重要なのは，思考によって構造化された世界を見ているときと，思考を観察しているときを，判別できるということです。今ここで実践したいスキルのひとつは，判断や計画や評価（例：「私がこれさえすれば，あれが起こるであろう」）がつきものの思考の世界にとらわれているときに，それに自分で気づいて，「今，この瞬間」へとただ戻ってきて，そこにあるものを観察できるようになることです。

クライエント　ええ，でも，レベッカのことをどうすべきかは，いまだにわかりません。

セラピスト そうですね。その思考はまだ残っています。あなたはこの点で何をすべきか，何度も何度も悩みましたが，なおも行き詰まっていると思っています。今は，この話から一歩外へと踏み出して，もう少し大きな全体像を見ていきたいと思います。前に，あなたの価値というのは，自分自身に敬意を払うことだと言いましたね。もうひとつ，あなたのもっている価値は，パートナーとつながりをもつことです。こういった価値は変わりましたか？（セラピストは暴力のリスクを評価するためのワークをすでに行っており，暴力のリスクはきわめて低いという結果が得られている）

クライエント いいえ。

セラピスト わかりました。変わっていませんね。とはいえ，彼女と一緒にいるときのあなたの対応をふり返ってみて，自分自身に敬意をもてますか？

クライエント いいえ，実際にはもてていません。彼女のなすがままになっています。

セラピスト そうですね。彼女があなたに話しているときには，あなたが自分自身に敬意を払うことを何かが邪魔しているようですね。何が邪魔しているのですか？

クライエント その……，無力な感じです。何か言おうとは思うのですが，怖くて……。彼女の好きにさせないと，爆発して，ただ立ち去ってしまうか，すねるか，きっと何かするに決まっています。

セラピスト そして，そういうことになると，あなたは……。

クライエント 自分が事態をいっそう悪化させたと怖くなってしまいます。そして2日くらいは，腫れ物に触るようにしています。彼女が私にまた爆発するか，私を捨てるか，まるでどちらかを待っているかのような感

じです。

セラピスト　それはあなたにとって，どうなのでしょう？

クライエント　おぞましいだけです。私は……私の感じるのは……，もう我慢できません。

問➡　あなただったらどう対応するかを書きなさい（コンピテンシー10を使うこと）。

問➡　そのように言うとき，あなたはどんなことを考えていますか？　何に対応し，何を達成したいと思っているのですか？

コア・コンピテンシーのモデルとなる対応

コンピテンシー1

回答例3.1a　　　➡ エクササイズはp.138

セラピスト　私たちは何でもそこにあるものに対してオープンでありたいですし，時々，近くに浮かんでいるのに気づかないものもあります。ですから，「どうしても私にはできない」という思考，怖いという気分，「パニックになってしまう」という思考に加えて，他の観点からも質問させてください。手を上げない理由の一部になっているものがあるかもしれません。身体では何を感じますか？

クライエント　〔答える〕

セラピスト　けっこうです。これは，過去の何かを思い出させますか？

クライエント　〔答える〕

セラピスト　すばらしい。そして，どのような判断や評価が現れてきますか？

クライエント　〔答える〕

セラピスト　そして，こういうすべてを手に入れたら，あなたは何をしたいですか？

クライエント　〔答える〕

説明　この対応は，クライエントの体験の観察を促し，個々の観察を脱フュージョンされた方法で扱っている。これらの観察結果を行動傾向と結びつけることで，価値づけされた方向に向かうことへのバリアになりうるものとして，普段の行動傾向をカテゴリー分けすることができる。ここでの目的は，これらのバリアはすべて受容可能なものだと伝えることだ。どれも回避したり，字義どおりに受け取るべきものではない。

回答例3.1b　　　⇨ エクササイズはp.138

セラピスト　もちろん，大切なのはあなたの実際の体験です。あなたが前に進もうとすると，「私にはどうしてもできない」という思考が現れるのです。そして気分も現れます。恐怖です。この気分もまた，自分の親友を一緒に乗せろと言ってきます。恐怖気分の親友とは，「私はパニックするだろう」という思考です。注意していただきたいのは，パニックはまだここに存在していないということです。その瞬間にあなたが抱えているのは，「私はパニックになるだろう」という思考なのです。では，質問させてください。「私にはどうしてもできない」という思考と，もうひとつの「パニックになるだろう」という思考を思考としてもって，それでも手を上げてみることはできませんか？

> **説明**　この対応は，こういった感情や思考が価値づけされた方向に進むことへのバリアとして出てくる様子を伝えようとしている。ここでの目的は，クライエントがこれらのバリアの機能の仕方に注意を向けて，バリアから距離をおき，バリアが自分にとってどう機能するかということに気づき始められるように助けることだ。セラピストの答では，字義支配のない文脈が想定されている。なぜなら思考は，字義どおりに信じるべきものとしてではなく，もつことのできる対象物として扱われているからだ。

◇　　　◇　　　◇

コンピテンシー2

> **回答例3.2a**　　⇨ エクササイズはp.139

> **セラピスト**　そうですか。もう少し聞かせてください。その思考は，どのくらい前からありますか？　長い間，その思考を信じてきたのですよね。そして，その間も時計は時を刻んでいて，人生は続いていて，あなたは同じ状況にとらわれたままです。そればかりではありません。あなたは，「私は怖がりすぎている」という考えがどこから来るのか，あるいは恥の回避が人生を犠牲にするほどの価値があるのか，その理由を知っていますか？　もし，これらがちょっとしたプログラミング（あなたの学習経験が現在に現れているということ）にすぎなかったら？　そして，字義どおりに受け取ることで，思考をわざわざ増幅させてあなたの人生を支配させているとしたら？　ガブガブの鳴き声は……。

> **クライエント**　ウー。

> **セラピスト**　そうですね。ところで今，「私は手が上げられません。なぜなら，私はあまりにも……」と，この状況を仕切っているのは誰でしょうか？　あなたですか，それともあなたのマインドですか？

> **説明**　クライエントがある思考を信じ込むことがネガティブな行為の有

無を左右している，というこれまでの学習経験に基づく事実にクライエントを集中させることで，フュージョンの代償がより明らかになる。学習経験に訴えることで，これらの思考がすでにある期間続いてきたのと同様に，これからも継続すると予測できるようになる。しかしながら，問題は，思考が外顕的行動に対して果たしている役割である。これらの思考の根拠をクライエントが実は知らないということを浮き彫りにしたり，思考の現時点でのささいな根拠に関するアナロジーを引き出すことで，クライエントが思考を字義どおりの出来事としてではなく，学習経験によって生み出された現在進行中のプロセスとして見られるように助けることができる。字義どおりの出来事ならば，それに対して，同意したり議論したり抵抗したり，あるいは回避したりしなければならないだろうが。

回答例3.2b　　⇨ エクササイズはp.139

> **セラピスト**　「私にはできない」という思考は，字義どおりにとらえられると，進んで何かをすることが本当に難しくなってしまいます。例えば，あなたが不安を感じて，「私にはできない」が現れると，もしそれが字義どおりに真実であれば，行き詰まってしまいます。その一方で，それがひとつの思考にすぎないのであれば，違う対処ができるかもしれません。もし思考が道具のようなものだったら，例えば金づちのようなものだったら，どうでしょうか？　私たちは金づちが本物かどうかで，時間を使ったりはしません。単に使うか，使わないか，です。さて，この状況で，「私にはできない」という思考を使うことは，あなたをあなたの価値に近づけるでしょうか，それとも遠ざけるでしょうか？

説明　ここでのセラピストの仕事は，その思考を信じ込んだり，字義どおりにとらえたりすれば，クライエントの価値に向かって何かをすることが難しくなるということを示唆することである。セラピストは，クライエントがどうにか，もっと実用面を考えて思考と関われるように，思考を物体にたとえる。思考が字義どおりに自分の姿であると言うのではなく，思

考の有用性に基づいて関わっていくということだ。そして，この思考がクライエントの価値に照らし合わせて機能的かどうか，評価するように求める。

◇　　　◇　　　◇

コンピテンシー3

回答例3.3a　　　⇨ エクササイズはp.139

　セラピスト　あなたのマインドの言い分は聞きました。ところで，体験の言い分はいかがでしょうか？　マインドが言ったようなこと（もし努力を続けさえすれば，最終的に呼吸をコントロールできて，クラスで発言ができて，望むような参加ができる）を実際に体験しましたか？　これまでの実体験で，そのようになったことはどれくらいありますか？

説明　セラピストは，「もし呼吸をコントロールしようと試みれば，最終的にはコントロールできるようになり，そうすれば挙手できるだろう」という思考に含まれている言語的ルールが現実体験を反映している（すなわち，呼吸がゆっくりになり，手を上げられる）かどうかを検討している。

回答例3.3b　　　⇨ エクササイズはp.139

　セラピスト　〔穏やかに〕では，ちょっとそれに注目しましょう。あなたのマインドはあなたを守ろうとしているようですね。そして，あなたがマインドの言うようにすると，何が起きるのか。もし，そのような成績しかあげられない投資アドバイザーを雇っていたのなら，とうの昔にクビにしていたでしょうね。そこで，あなたのマインドとあなたの体験と，どちらを信じますか？

説明　回答例3.3aと同じであるが，違うのは，セラピストが少々異なるスタイルでクライエントと接していることだ。

◇　　　◇　　　◇

コンピテンシー4

回答例3.4a　　　⇨ エクササイズはp.141

> セラピスト　その言葉,「でも」に注目してみましょう。ご存知でしょうか,「でも」や「しかし」を表す英単語である"but"という言葉は昔, 2つの語"be"[訳注1]と"out"[訳注2]の縮約からできたのです。"but"は戦う言葉なのです。"but"(「でも」)という言葉を使うことで, あなたがアルコールを求める事実が, 良くなりたいという望みの正当性をいくぶん否定してしまい, もっとうまくやりたいと望むことは飲みたいという衝動をいくらかでも取り除くことになるべきだと, 言っていることになるのです。そこで, これがあなたの体験に照らし合わせて間違っていないかどうか, 確認してみてください。私が思うに, あなたは2つのことを体験したのではないかと思います。もっとうまくやりたいという思考とアルコールを飲みたいという気分です。私があると言ったもので, あなたがもつことができないものがありますか？「私はもっとうまくやりたい。**そして**, アルコールが欲しい」, 両方がそのとおりです。さて, あなたは自分自身の足で立って, これから何をしましょうか？

説明　セラピストは, クライエントの言語に隠れた戦いを引き出して, 戦わなくてはいけないようなことは本当は何もないのだとクライエントが理解するのを助けている。

回答例3.4b　　　⇨ エクササイズはp.141

> セラピスト　私とエクササイズをしてみませんか？
>
> クライエント　いいですよ。

訳注1　be動詞のbeで存在を示す。
訳注2　「外に, アウトの」という意味。

セラピスト　目をつぶってください。そして，私の声に耳を傾けながらイメージしてください。

クライエント　〔目を閉じ，指示にしたがう〕

セラピスト　家にいて，仕事の後，疲れきって，孤独を感じながら座っていたときのことを思い出してください。私たちが話したバスのメタファーを覚えていますか？

クライエント　ええ。

セラピスト　そこでどのような乗客が現れて，あなたを小突き回し始めますか？　どのような気分が現れるか，確認してください。

説明　セラピストは，このワークをできるだけ体験的なものにしようとしている。これを行うためには，実際に回避した内容をセッションにもち込みたい。セラピストは，クライエントが回避した内容に改めて触れるのを助けるような，短い体験的エクササイズを行う。その次に，前に使ったメタファーを再び使う。思考や気分を，その人をまわりから小突き回すいじめっ子にたとえるメタファーである。ここでの目的は乗客を今ここに連れてくることだが，回避された私的体験にウィリングネスと健全な距離をもって接することができるような文脈の中で行うことが大切である。

◇　　　◇　　　◇

コンピテンシー5

回答例3.5a　　　⇨ エクササイズはp.142

セラピスト　そうですね，きっとおとなしくしているでしょう。あなたが言うように，少しの間は。そして，孤独や不安が戻ってくるとき，もっと大きくなっているでしょうか，小さくなっているでしょうか？　もっと弱くなっているでしょうか，強くなっているでしょうか？　より大き

くて，より強いですよね。つまり，一時的におとなしくしてもらうために，より大きな代償を払うということになります。ここで，私からの質問です。孤独や不安を，そこにいながらも居すわらないようにさせるには，進んで何かを体験することが必要ですか？

説明 セラピストはクライエントに，その時に何であれ生じたことをもっと進んで受け止めることでこれらの体験をすることができないかどうかを考えるように求めている。

回答例3.5b　　⇨ エクササイズはp.142

セラピスト　そのとおり。きっとそうするでしょう。不安や孤独といった常連の乗客に対処する方法のひとつは，座ってもらうよう，言われたようにすることです。そして，これもしっかり確認しておきましょう。そのようにすれば，あなたの価値はどうなるでしょうか？　自分の価値の方に向かって進みますか？　それとも離れていきますか？

クライエント　離れます。その場合でも，奴らは変わらず強力です。

セラピスト　ええ，強力ですね。そして昔からいる。おなじみです。そして，あなたは長い間，これらの乗客と戦ってきました……。戦って，どうなりましたか？　あるいは，彼らが要求するままに自分の人生のハンドルを切ってきましたか？　効果を感じていますか？

クライエント　いいえ。

セラピスト　そうですか。この乗客を相手にするときには，何か別のことをしたいですね。これはいかがですか？　ただ，思考や気分として存在させておくのです。気づく以外，彼らに何もしないのです。

説明 セラピストはクライエントに，クライエントの解決策が機能する可能性を再検討して，ウィリングネスを代替案として考慮させている。

第3章　認知的フュージョンを弱める　163

| 回答例3.6 |　　　⇨ エクササイズはp.142

> **セラピスト**　なるほど，あなたのマインドは「自分にできるのかどうか，わからない」という思考をあなたに押しつけてくるのですね。まるで，効果を上げるかどうかを今すぐ決めなければならないかのように。それでは，効果があるかどうか，実体験を通して調べてみるのはいかがでしょう。孤独や不安と戦うことが効果を上げたかどうか，あなたの体験は何と言っていますか？
>
> **クライエント**　効果を上げていない，と言っています。
>
> **セラピスト**　〔ほほえんで，冗談っぽく話す〕あなたはもう十分に痛みを体験しましたし，何か他のことを試してみませんか？　それとも，もう少し今のままで待ちたいですか？

| 説明 |　セラピストはクライエントの表現するバリアをもうひとつの思考として特定し，それから先に進んで，新しい行動，ウィリングネスの行動を試す気があるかどうか，クライエントに尋ねている。また，クライエントの実体験を聞くことで，気分と必死に戦うことが役に立ったかどうかを質問している。クライエントが他の何かを試すことに同意すれば，おそらくウィリングネスとエクスポージャーの取り組みにつながるであろう。

　　　　　◇　　　◇　　　◇

コンピテンシー6

| 回答例3.7a |　　　⇨ エクササイズはp.143

> **セラピスト**　もし，特別軽くなったように感じられなかったとしても，ここにはひとつのポイントがあります。ある意味，これもまた言語にすぎないということです。メリーさんの……。

クライエント　羊。

　　セラピスト　ガブガブの鳴き声は……。

　　クライエント　ウー。

　　セラピスト　そして彼の方が……。

　　クライエント　私より上だ。

　　セラピスト　このような言葉には，あなたの人生を制限するだけの価値があるのでしょうか？

説明　セラピストは，思考の自動性や，字義どおりの意味と実用的な意味の違いを理解しやすいように焦点を当てている。

回答例3.7b　　⇨ エクササイズはp.143

　　セラピスト　その言葉の意味はどうなりましたか？

　　クライエント　少したつとあまり意味がなくなりました。ちょっとおかしく思えるだけで。

　　セラピスト　では，「私はだめだ」と自分自身に言うとき，あなたのマインドがこれらの言葉に与える意味に加えて，これらの言葉はただの言葉にすぎないということも真実ではないでしょうか？　何というか，煙みたいなものです。固体のように安定したものはありません。

説明　セラピストは，言葉が単純に意味するもの以上の何かになっているという側面を浮き彫りにしている。

◇　　　◇　　　◇

コンピテンシー7

回答例3.8a　　⇨ エクササイズはp.145

> **セラピスト**　そうですね。私たちが物語をそのまま手放すというのでは，マインドは納得しないでしょう。真実であるか，間違いかを証明しなければならないのです。あなたが物語をそのまま手放すとしたら，それは嘘のように感じられ，あなたが誠実でないという感じになります。「誠実な」（genuine）という語の語源は興味深いものです。それは「近い親戚」を意味する語に由来しています。ところで，あなたが自分にもっと近くあってほしいのは何ですか？　あなたの価値ですか，それともあなたの物語ですか？　正しいと主張する理由を望みますか，それとも役に立つ行為を望みますか？　どちらか1つだけ選べるとしたら，どちらを選びますか？

説明　クライエントは物語の字義どおりの真実に問題をもってこようとしている。セラピストはそれを明示して，機能的真実へと問題を引き戻している。

回答例3.8b　　⇨ エクササイズはp.145

> **セラピスト**　私はあなたに，他の何かを信じなさいと言っているのではありません。実際，代わりに他の何かを信じようとしないことをお勧めします。そんなことをしたら，同じことのくり返しになります。それに，それはすでにやってみたのではないでしょうか？　自分は基本的に良い人間であると自分自身に言い聞かせてみた。そして，その結果として，今では自分が悪い人間だと心配しなくなる程度にまで効果は上がりましたか？　その思考を思考としてもった上で，それでもなお自分にとって大事なことをするということができるでしょうか？

説明　クライエントには，彼はこういったことを信じるべきでないとセ

ラピストが言っているように聞こえたようだ。これはACTと合致するメッセージではない。なぜなら、それは字義支配の文脈内にあるからだ。セラピストは、字義どおりの理解からスルリと抜け出るような言葉を発し、「他の何かを代わりに信じようとしないことをお勧めします」と言うことで、「信じる」か「信じない」かという対立図式からも抜け出そうとしている。それからセラピストは機能の問題とクライエントの体験に再び話を戻し、最後に、思考と関わっていく方法を提案している。

|回答例3.9a|　　　⇨ エクササイズはp.146

> **セラピスト**　私がそこに向かっていると思いますか？　違います。あなたが悪いのではありません。そして、今まさにここで、実際にあなたが**できる**ことがおそらくあるのです。そうであれば、過去の体験を変える必要はありません。ここで奇跡を起こしたら——そして、あなたが自分の過去を抱えたままで、ここから人生をただ前に進んだら——あなたのご両親はどう考えるでしょうか？
>
> **クライエント**　親としてよくやった、と。
>
> **セラピスト**　そのとおりです。まるで親に責任を負わせるために、すでにあなたを突き抜けている釣り針の先に親を突き刺しているかのようです。物語の内側では、もし親を釣り針にかけたままにできさえすれば、あなたは釣り針から逃げられるのです[訳注]。けれども奇跡が起きると、そしてあなたが釣り針から外に逃げると、親も外に滑り落ちることになります。ええ、しゃくなことです！　自分の体を引き裂く以外に逃げる道はありません。そこで、どちらを選びますか？　親を釣り針にかけたままにしておきますか？　それとも、自由になって自分の人生を生きますか？

|説明|　物語とのフュージョンは、「正しくある」という形態で現れる。正

訳注　「物語の内側」とは、釣り糸のもと、釣り人の側、つまり逃げた先は釣り糸にぶらさがるだけである。

しくあるというのは大いに楽しいことだ。クライエントの人生を破壊しているという点を除けば。

回答例3.9b　　⇨ エクササイズはp.146

> **セラピスト**　その，正確にはそうではありません。私が前に言ったように，あなたは自然にこの状態に至ったという前提からスタートしています。あなたがおかれた状況や，その当時に知っていたことを考えれば，自分のできる最善を尽くしたという前提です。あなたを非難することが目的ではないのです。しかし，今現在，あなたが実際にできることがあれば，あなたのマインドはまるで非難されたかのように反応するでしょう。もし，あなたは対応可能であるというのが現実であれば，つまり対応する能力があるとしたら，どうでしょう？　これはすてきなアイディアですね。私たちにできることがあるのです。そして，恐ろしくもあります。あなたのマインドは，「つまりこれはあなたが悪いという意味だ」と主張してくるでしょう。過去について最も危険に感じていたことが，あなたの未来に起ころうとしているとしたら，どうするのだ，と。さて，ここでひとつ質問があります。あなたの過去に起こった何かのせいでうつになっているという物語は，あなたの役に立っていますか？　このうつになる理由を信じることは，あなたにどう役立っていますか？

説明　この物語を信じることで与えられた影響にクライエントを向き合わせることは，クライエントを責めるためではなく，自分自身の行動に関して対応可能（response-able）^{訳注}になるよう助けるのが目的である。それからセラピストは機能するかどうかの問題に話を戻している。この物語はクライエントの役に立つだろうか。

◇　　　◇　　　◇

訳注　原文では，「対応」という意味の"response"と「〜できる」という意味の"able"を合わせて，"response-able"と表現されている。"responsible"とすると，「責任がある」という意味になる。なお，"responsibility"も語源的には"respond"に由来している。

コンピテンシー8

回答例3.10　　　　⇨ エクササイズはp.148

セラピスト　それはかまいません。乗り越える必要はないのです。私たちがすることは，それと共に生きる練習です。ただし，今までとは少し違ったやりやすいところから始めます。それほど執着することもなくなり，もう少し柔軟になるようにね。そうすれば，あなたの物語は冷酷で残酷な事実というよりも，もう少し物体のようにもてるものになります。物語に対してもう少し柔軟に関わるようになるのに役に立つかもしれないエクササイズがあるのですが，やってみる気はありますか？

クライエント　もちろんです。

セラピスト　では，始めましょう。私たちは，うつである理由についてのあなたの物語に対して，少しばかりワークをしてきました。これに関するホームワークを出したいと思います。くり返しますが，私はこの物語の真実に反論したり，起こったことを変えたりしようとしているのではありません。物語と柔軟に付き合えるようになりたいだけです。あなたには，自分の物語について，正しいままでいる自由があります。それをふまえた上で，このエクササイズがどう機能するかというお話をさせていただきます。あなたに自伝を書いてもらいたいのです。長さは1〜2ページで，あなたが今のあなたである理由の一部となっている，人生での主な出来事を書いてください。人生で最も影響力があった出来事です。その後，それらの出来事を取り上げて，新しい物語へと書き直します。新しい物語では，出来事自体は同じなのですが，出来事はあなたに違う影響を及ぼしたり，異なるアウトカムにつながったりします。アウトカムがより良いかより悪いかは問題ではありません。ただ違うというだけです。いかにマインドがこの果てしない能力をもっているか，見てみたいのです。物語を生み出して，物語を意味の通るものにしようとして，ものごとをつなげる能力です。ただ，この「意味を通す（sense-making）」

ということは，あまり役に立たないのですが。これをやってみる気はありますか？

> [説明] セラピストはホームワーク（自伝の書き直し）を提案し，クライエントが乗り気かどうか確認している。注目してほしいのは，これは学習経験を変えることや，起こったことが起こらなかったと言うことが目的ではないと，セラピストが示唆していることである。そのようなアプローチはクライエントを否定しているように見えるであろうし，言葉を字義的に用いてもいる。そのようなやり方ではなく，セラピストは，クライエントを体験的プロセスに従事させているのである。これは，特定の出来事がある人の人生を決定する必要はないことと，どのような出来事でも多くの解釈が可能であることがクライエントに伝わることを期待した対応である。実際，出来事の解釈は，ある意味，出来事の中で起こったことであり，この解釈は文脈に依存しているのだ。

◇　　　◇　　　◇

コンピテンシー9

回答例3.11a　　　⇨ エクササイズはp.151

> **セラピスト**　以前に，自分自身に対して助けが必要だと言ったことはありますか？　昔からそうだと感じますか？
>
> **クライエント**　ええ。
>
> **セラピスト**　私があなたに断定的な答をお返ししたとしましょう。仮に「粘って，この問題の答を考え出す必要があります」と言ったとしましょう。それは助けになりますか？

> [説明] セラピストは，フュージョンされた思考の特徴のひとつに焦点を当てて質問をしている。フュージョンされた思考は，「まただ」「うんざり

する」「くり返している」と感じられるのだ。セラピストはそれから，思考の機能的有用性に焦点を当てた脱フュージョン対応を活用して，さらに質問を続けている。

回答例3.11b　　　⇨ エクササイズはp.151

セラピスト　あなたが今行っているご自身との会話について，質問させてください。それは，活気があって，新しくて，いつもと違うというように感じられますか？　それとも，昔からあって，生き生きとした感じがなくて，おなじみという感じですか？

説明　セラピストは，マインドらしい会話の性質を際だたせようとしている。この場合，とくに長く続いて活力がないと感じられる傾向である。セラピストはこれを活力あふれる会話と対比している。

◇　　◇　　◇

コンピテンシー10

回答例3.12　　　⇨ エクササイズはp.152

セラピスト　そして，あなたはその気分を追い払うためならば，何でもするのですね。身を小さくして，降参して，気を紛らわせて，腫れ物に触るように対応する。しかし，何か不思議な感じがします。あなたのマインドは，あなたにはもう我慢できないと言っていますが，あなたは長年，我慢してきています。そして，これからも何年もの間，我慢し，戦い続けるでしょう。私はあなたが次のことを進んで受け入れられるだろうか，と考えています。「私にはもう我慢できない」という思考をただのひとつの思考として抱えて，このような恐ろしい気分がこの次現れたら，その気分が入るスペースをあなたの中に用意してあげるということです。違うふうに感じようとがんばるのではなくて，全面的にひどい気分を感じ，それでもうまくやってのけるということです。そうすれば，恐ろしい気

分はあなたを傷つけるのか，怪我させて叩きのめすのか，あるいは，叩きのめされるのは気分と必死に戦おうとするからなのか，明らかになるでしょう。ワークの長さは，あなたが決められます。5分だけでも，どのような思考が現れるか，どのような気分が現れるか，注目してみて，そして，気分をただ感じて，思考に対して何もせずに思考を見つめる。これをやってみる気はありますか？　前にやっていたことには，後でいつでも戻れます。やってみますか？

クライエント　5分間ですか？　それはちょっと長すぎます。1分ならやってみます。

セラピスト　けっこうです。1分ですね。終わったら，耐えることができたのか，それとも本当に傷ついてしまったのか，おうかがいしますね。（ここでは，パートナーと一緒のときに自分自身に敬意を払うことへの恐怖に曝露するため，代わりに「ブリキ缶のモンスター」エクササイズ（文献32, pp.171-174）を導入してもよい。あるいは，セラピストとクライエントでロールプレイをする中で，恐怖の気分と向き合う実践を行ってもよい）

説明　セラピストは，クライエントがパートナーに関しての価値を認め，自分が思考内容を回避してきたことを認めるように導いた。これは，クライエントが回避対象に対して，オープンで，受容的で，共感的な姿勢で接するように教えていくもので，体験的エクササイズやセッション間の実践のポイントとして活用できる。

──•体験的エクササイズ：脱フュージョン•──

問➡　この章でのワークの間，あなたが自分の実践や学習に関して抱いた一番困難な思考は何でしたか？

問➡　この思考に一番関連があると思われる脱フュージョンの原理を1つ選んでください。

　この原理^{訳注}をあなた自身の困難な思考に適用するためには，どのようなエクササイズや活動ができるでしょうか？　計画を立て，それからを実際に試してみてください。それが，あなたが思考に巻き込まれている状態にどう影響するのか，とくに注目してください。

──────────────────────────•体験的エクササイズ•──

━━━━━━━━━　さらに情報を入手するために　━━━━━━━━━

○エクササイズやメタファーも含め，脱フュージョンについてさらに知るには，文献32のpp.148-179を参照。

○あなた自身とクライエントのために用いる，脱フュージョンについてのエクササイズやワークシートをもっと手に入れるには，文献29の第5章から第7章（pp.53-104，日本語版　pp.81-150）を参照。

───────────────────────────────────
訳注　体験の再発見，思考や気分と距離をおく，言葉の隠された性質を明らかにする，より大きな言語的関係を弱める，など。

第4章

「今,この瞬間」との接触

> 私たちの真の安住の地は,今この瞬間にある。
> —— Thich Nhat Hanh（文献20, p.1）

「今,この瞬間」との接触における主なターゲットは,以下の3点である。

○ 人生はまさに今起こっていることを発見し,概念としての過去や未来から今に戻るように,クライエントを支援する。
○ 悲しみで満たされていようとも,幸福で満たされていようとも,今,起きている人生に接触するように,クライエントを支援する。
○ 「今,この瞬間」に人間関係の中で起きていることに気づくよう[訳注],クライエントを支援する。

人生というものは常に,まさにここで,まさに今,生きられるものである。「今,この瞬間」を除いて,直接的に体験できるものは他にないからである。他のすべては,概念的な演出表現であり,スケッチであり,描かれ

訳注　この章では,「気づき」が重要になるが,原文ではnotice, awareness, mindfulnessが用いられており,適宜「自覚」などの訳語も用いる。

た絵画であり，思考であり，計画であり，記憶なのだ。これらはすべて，想像された未来あるいは過去に言及している。しかしいずれも現在においてのみ，体験されうるのである。過去を考察し，将来の計画を立てる能力は人間にとって必須であり，たいていの場合，この上なく有用である。しかし，人は過度にそして厳格に未来や過去に没頭し，現在との接触を失いがちである。そのため，問題が発生する。認知的フュージョンによって，概念としての未来や過去がまるで実際に起こっているかのように，概念としての未来や過去と相互作用する傾向がある。それゆえに，現在を見失う羽目に陥ってしまうのである。ACTが示唆するのは，問題とは「未来や過去についての思考を排除する必要がある」ということではなく，「人がもっと柔軟になるように支援する必要がある」ということである。もっと柔軟になるとは，現在に焦点を当てることが最も役立つときには現在に存在し，計画することが最も有効な場合には未来に存在し，そして過去を思い出すことが最も有効なときには過去に存在する，ということである。現在に焦点を当てることは，とくに重要である。なぜなら，そこが新しい学習の起こる場であり，環境によって与えられたチャンスが発見される場だからである。

　ACTの重要なターゲットのひとつは，クライエントが個人的な学習経験，気分，思考，身体感覚と戦うことをやめて，この瞬間に自分が生きている人生に向き合うよう支援することである。「『今，この瞬間』と接触する」とは，クライエントが思考によって再構造化されたような世界からくり返し踏み出し，「今，ここ」ともっと直接的に，全面的に，そしてマインドフルに接触するよう支援するプロセスを指している。この接触には，外界との感覚的な接触と，思考して，感じて，そして思い出すという進行中のプロセスとの接触との両方が含まれる。

「今，この瞬間」との接触とは何か

　「今，この瞬間」に向き合うためには，その瞬間に起こっていることとし

て内的・外的な体験に気づくことが当然，必要となる。「今，ここ」への焦点は，基本的に一瞬一瞬の自覚（awareness）の中で起こってくることを観察したり，そこに気づきを向ける（notice）ことによって作り出される。例えば，自分の外的・内的体験に注目しているとき，まず最初に鳥の声が聞こえてくる，続いて花びらの黄色い色が目に入り，その後，自分の足が地面に触っているのを感じる。それから鼻がかゆいという感覚があり，その次に何らかの思考（「これはいい」）が続く，などというようにある。こういった体験のそれぞれに対して，それが起こるときに気づきが向けられるのである。努力は必要ない。その体験にしがみつくこともしない。体験は発生し，そして落ち去っていく。次の体験が生じ，そしてそれもまた落ち去っていく。その中で，私たちの観察を今まさに生じている体験へと向けていくのである。

　「今，この瞬間」に接触するのは，容易でもあり，また同時に困難でもある。自分の注意をひとつの体験に向けるのは簡単だ。しかし，自分の注意をその瞬間の体験に向け続けていくことは難しい。私たちのマインドはすぐにその瞬間から離れて，私たちを思考の中へと導いてしまうからである。現在に留まるためには，実践的な練習が必要である。ACTでは，クライエントの「現在に留まる」能力の育成を支援するため，クライエントに多数の脱フュージョン，アクセプタンス，マインドフルネスのエクササイズを実践させる。ただし，たとえ最もうまく実践できる人でも必ずしも常に現在に留まれるわけではないということは，心に留めておくべきである。ゴールは，観察と気づき（awareness）のスキルを確立し，それらのスキルを磨くために実践を続けると共に，その一方で，常に現在に留まることがほぼ不可能であることを認識することである。集中し，現在に存在する能力を確立できるよう，私たちは取り組む。しかしそれは，クライエントに，常に「今，この瞬間」に存在してほしいからではない。そうすることが役立つとき（例：忌み嫌う体験が存在して行動が束縛されるような場合）に，これを行えるようにするためである。究極のところ，「今，この瞬間」に気づくというのは，心理的柔軟性を促すことで結果的にクライエントの価値

に役立つのである。

なぜ，「今，この瞬間」と接触するのか

　多くの苦悩は，思考とのフュージョンに起因している。フュージョンを通じて，ネガティブに評価された状態に「とらわれ」，引きずり回される。過去を理解し，それを精算できるよう，過去の探究に精力を注ぐ。大方，そのゴールとは，自分を不快な思いにさせるネガティブに評価された体験を排除することである。一方，次に何が訪れるのかを考えたり，何が起きるのかと心配したりして，自分の将来にも大量の時間を費やす。自分のマインドによる概念としての世界にとらえられていると，現在の状況にあるチャンスをつかみそこなってしまいがちである。「今，この瞬間」に戻り，マインドフルに，判断的にではなく，自分の現在の体験を観察し説明することで，再び環境と接触できるようになる。それはまた，現在に存在し，自分の価値に基づいて行動できるようになる上でも，役立つのである。

　「今，ここ」と接触することで，回避や無益なもがきも弱まっていく。その瞬間とつながっているとき，通常，戦うべきものは何もない。あるのは，現在に存在するものだけである。現在に存在するものの多く（気分，思考，身体的な感覚など）は，それだけでは脅威とはならない。ところが現在を失うと気づきが失われてしまい，結果的に，気分や思考，身体感覚についての評価や判断に振り回されて，不要な苦悩を生み出すことになりかねない。そのため，「今」と接触することで，概念としての自己へのとらわれも含めて，フュージョンを弱めることができるのである。

　現在はまた活力にあふれ，創造的で，つながりのある性質ももっている。過去や未来にではなくてその瞬間に存在していれば，人生で生じることをただ受け入れるか，あるいは引き受け，それが訪れることを，あるいは去ることを願う気持ちを手放すことができる。その瞬間にどのような困難な感情が存在していようとも，それは感じることができるものであり破壊的ではないことを，私たちは体験を通して知っている。害が発生する恐れが

あるのは，気分を敵に戦い，そのような気分を感じないことを願っている場合である。極端な場合，このような破壊的性質は，荒涼として絶望的に見える将来から追い打ちをかけられて自殺をする，という形をとって現れることがある。あるいは，傷つくのを避けるために関係から身を引くといった，もっと微妙な形で現れる場合もある。「**私は，今，この体験をしている**」という観点から感情を体験するとき，私たちは，自分自身の痛みや過去の体験によってコントロールされることもなく，自由である。価値に基づいて選択できるのであり，「まず先に人生の何かが変わらなければ，私たちは選択できるようにならない」という概念の言うことを聞かなくてもよいのである。

　「つらい瞬間でも，喜びの瞬間と同じくらい生きることはできる」(文献53, p.43)。クライエントは，気分が改善するときにようやく自分の人生が始まる，という考え方をすることが多い。このような姿勢に欠けているのは，人生はまさに今起こっている，という認識である。あらゆる瞬間は，生きられるべくしてここにある。過去にどのような出来事が起こったにせよ，それは起こったのであり，過去にさかのぼってそんなことはなかった，とすることはできない。歴史というのは一方向的である。ある瞬間から次の瞬間へと起こり続けるのであり，過去にさかのぼって，何か他の歴史を手に入れることはできない。時間は，「今，この瞬間」に起こっていることに費やすのが最善であり，クライエントが人生に自分の価値を見出せるよう支援できるのも，この観点からなのである。

　同様に重要なのは，これからどのような出来事が起こるとしても，それはまだ発生していない，ということである。実際，未来を予言することはできない。そのため，未来が運んでくるものにしばしば驚かされる。それが，私たちが希望したものであることはまれであり，予期したものであることもまれだ。しかし，より充実した，より深い，より豊かな人生の創造に向けて，アクションを起こすことができる。価値と一貫した行為を続けることは，その瞬間において，自分が望んでいる人生を創造するのに役立ちうるのである。これは，ものごとが思いどおりになるということではな

い。しかし，たとえつらくても自分の価値を生きる1年をとるか，それともつらさと戦うだけの1年をとるか，どちらかを選択できるとしたらどうだろう。あなたならどちらを選ぶだろうか？　これに答えるのは簡単なことで，クライエントにとっても然りである。何かを感じたり考えたりしないようにしながら時間を過ごしたならば，私たちが手にするのは，今の自分ではない他の何ものかになろうとして費やされる時間である。しかし，価値に沿って生きようという意図と気づきをもって時間を過ごせば，価値に沿った人生を手に入れることができるのである。

　最後に，柔軟で流動的な自己知識が発達するのは，現在においてである[32]。私的体験の多くはつらさを伴う可能性があるため，私たちはしばしば，自分自身の思考，気分，対処を自覚するのを避けようとする。しかしこれは，存分に生きて柔軟に対応することができるかどうかという点からは，かなりの代償を伴う。現在に注目することで，自分自身について，自分の反応について，そして自分自身の行動にうまく対応したり制御する方法について，より多くのことを学べるのである。

何がこのプロセスのきっかけとなるのか

　ACTでは，マインドフルネス瞑想などの構造化されたエクササイズを通してクライエントの現在に戻る能力を高めることに，かなりの時間を費やす。また，このプロセスは，「今，この瞬間」に気づくことが必要だと思われるクライエントに対応するときにも役立つ。「今，この瞬間」への気づきに焦点を当てることがとくに有用となる可能性が高いのは，クライエントが以下のような場合である。

○ 気分あるいは思考との接触ができていないように見える。
○ 接触したものを説明できず，慢性的な回避あるいはフュージョンを示している。
○ セラピーで過度に性急になる（例：価値などに関して）。

○ 治療関係で問題になるさまざまな事柄が，強まったり弱まったりするのをとらえることができない。
○ フュージョンし，何度もくり返されてきた行動パターンに浸っている（例：概念としての自己に束縛されている）。
○ 選択や価値に沿った生き方をするための，現在の状況にあるチャンスに気づけていない。

　また，「今，この瞬間」にもっと焦点を当てる必要があるということに気づくための指標として，セッション内でのセラピスト自身の反応を利用することができる。利用可能な指標の一例は，セラピストの関心の焦点がブレているということである。それは，クライエントが遠くに感じられるとき，セラピーが予測可能あるいは言葉での議論ばかりと感じられるとき，まるで現在から気持ちをそらすかのようにセラピーが他の時間や場所についての議論になるとき，のいずれかの場合である。このようなセラピストの反応は，セラピスト自身の学習経験が原因の可能性があり，クライエントとは何ら関係のないものである。とはいえ，セラピストの反応は，クライエントについて何らかのことを示していることが多い。したがって，治療を導く有用なバロメーターとして，セラピストが自分自身を利用するのは賢明であろう。

その方法はどのようなものか

　「今，この瞬間」と接触するという考えを導入する際には，次のようにするとよい。

> **セラピスト**　場合によっては，私たちはまるで数学の問題を解いているかのように，自分自身の問題や人生の多くの部分と相互作用するときもあります。しかし，人生のすべてのことを数学の問題のように扱うことが，必ずしも常に役立つわけではありません。ものごとというのは，むしろ

日没のようなものが多いのです。日没を数学の問題のように扱っても，あまり意味がありませんよね。私たちの頭の中では，「ふーん。あの赤は，この間あの絵で見た赤と比べると大したことないな。もうちょっと明るかったならよかったのに。それに，あの雲がもうちょっと上にあれば，もっとよかったのに」といったおしゃべりが繰り広げられています。そう言ってみたところで，何が得られるのでしょうか。日没という出来事とそんなふうに向き合ってみても，あまり意味がありません。日没があったら，それに向き合い，そこにいて，ただそれを見るだけでいいのです。

人生で戦うことの多くが，何も数学の問題のように解いてもらいたいのではなく，あなたが日没に対してするように，ただそれに向き合うだけでいいのだとしたら，どうでしょう。もしそうだとしたら，セラピーでするべきことは，マインドの言い分にしたがって行動するのではなく，スピードを……落として……見て……感じて……，そして実際にあなたの体験に何が現れているのかを確認して，そこから何かを学ぶことです。これをより自然に行えるようになるには，何千回もスピードを落として，向き合って，観察することが必要かもしれません。

このような導入に続いて，次のセクションにある体験的エクササイズのひとつに参加するように提案するとよいだろう。

構造化されたエクササイズを用いて，「今，この瞬間」への気づきを高めていく

思考の内容に関するものではない自己の体験（例：「私は悲しい」「私はラルフです」「私は長身です」）と接触するというのは，クライエントにとってはひと苦労である。第5章で論じるように，私たちの私的な言語的コメントは途切れることなくどこにでも顔を出すので[訳注]，知る者としての自己と知られる者としての自己の間の区別をあいまいにする。「今，この瞬間」

[訳注] 常に自分の頭の中で何かを考えているということ。

と接触することは,「もっと絶えず変化していて,流動的で,それゆえに柔軟な」自己の体験を,クライエントが発達させるのに役立つ。この意味での**プロセスとしての自己**の体験とは,思考,気分,その他の私的出来事について,評価的でなく,現在における,その瞬間の現在進行形での記述をするということである[26]。

　クライエントがこのようなプロセスとしての自己の体験を見つけられるよう支援する最も容易な方法として,**構造化されたマインドフルネス・エクササイズ**を通じた方法がある。マインドフルネス・エクササイズにおいてクライエントは,体内で起こる特定の出来事あるいは現在進行中の一連の出来事を,判断を下さずに穏やかに観察するように求められる。ひとつ例をあげてみよう。目を閉じて行う有用なエクササイズとして「流れに漂う葉っぱ」エクササイズがある。このエクササイズでは,水の流れのそばに座っている自分自身を思い描く。次に,葉っぱがその水の流れを漂い下流に流れていくところを想像し,葉っぱが一枚,一枚,通り過ぎていくときに思考をひとつずつ,それぞれの葉っぱの上に載せていく。そして,自分がある思考に引っかかってしまっており,もはや思考を観察していない場所へと引き込まれてしまっていることに気づいたならば,たった今起こったことに注目し,そして思考を葉っぱに載せて水の上に流していくことへと穏やかに戻るようにしていく。セラピストは,うまくペースを計って何度か,次のような趣旨のコメントをするとよい。「あなたのマインドが他のものごとに漂っていっていないか,意識してください。思考につかまっていないか,意識してください。もしそうならば,優しく連れ戻しましょう。あなたをつかまえていた思考を葉っぱに載せて,それを川の流れに放ってください」

　このエクササイズは,楽隊が運ぶ看板や道路上を通過する自動車に思考を載せるなど,さまざまなイメージを用いて行うことが可能である。なかには,電気で動く道路がある近未来的な都市を想像したクライエントもいた。その道路は空中に浮かび,あらゆるところを走っていた。このような場合,クライエントのイメージにしたがうとうまくいくこともあるだろう。

その他，空に浮かぶ雲のイメージも利用できるだろう。以下の面接記録は，セラピストによって導かれるこの種のエクササイズの短い例である。

セラピスト　深呼吸をしてください。そして息を吐くときに，目を閉じてください。さらに2回ほど深呼吸をして，それから穏やかにいつもの呼吸に戻って，少しの間，そこでただ休息してください。〔間〕それでは，野原に横になっていると想像してください。どのような野原かは，あなたが選んでください。草原でもいいですし，花畑でもいいでしょう。そこに寝ている自分自身の姿を思い描き，あなたの上には青空が見えると想像してください。この空を，ありとあらゆる形，大きさの雲が穏やかに流れていきます。〔クライエントがこのイメージを創造して，それとつながれるように少し時間をとる〕

では次に，あなたが体験する思考はすべて，魔法のように雲にくっついていると想像してください。思考は，言葉やイメージとして雲の中に定着しているのかもしれません。あるいは雲そのものがあなたの思考のイメージをまとっているということも考えられます。ここで大切なことは，思考が発生したときにそれをとらえて，雲に取り付け，静かに流れていかせることです。イメージを見失ってしまったと感じたとしても，それはかまいません。そのようなことが起こったことに気づいたときには，あれこれと判断することなく，仰向けになって，雲がひとつひとつ流れていくのを見つめているところへ優しく自分自身を連れ戻してください。そして，あなたを連れ去った思考を雲にくっつけさえすればいいのです。私は数分ほど黙っていますので，あなたにはこれを実践していただくことにしましょう。思考が出てくるのを意識して，出てきた思考を，漂っていく雲の中か上にそっとおいていただければいいのです。〔クライエントに数分間，このプロセスを静かに観察させる〕

忘れないでください。思考の中で迷子になってしまい，もはや自分の思考が見えなくなってしまったら，ただ穏やかに帰ってきてください。〔さらに数分間与える〕

> それでは，あなたが横になっていたこの野原を静かに去りましょう。そして，その移り変わりをマインドフルに観察しながら，この部屋に戻ってください。

　思考のその瞬間の性質をクライエントと共に詳細に検討するために時間をとって，思考がいかに変化し，いかに動いているようであるかを指摘するとよい。例えば，思考は行ったり来たりして，時には混沌と方々に取り散らかっていることもあれば，むしろ直線的になっていることもあり，あるいはイメージとしてあることも，またとらえるのが難しいこともあるだろう。また，どのようにしてクライエントは，（雲の上の）思考自体を見ることから，思考を通してものごとを見ること（思考の中で迷ってしまった）へと移行してしまったのかを，クライエントと論じてもよいだろう。
　もうひとつ別のマインドフルネス・エクササイズは，その瞬間の体験に対する気づきを，思考の不断の流れにとどまらず，さらに広げてすべての体験の絶え間ない流れまで含めるようにするというものである。「自由体験」エクササイズ[56]では，クライエントは，瞬間瞬間の体験に注意を払うよう求められる。

> **セラピスト**　さて，エクササイズの準備をしましょう。「その瞬間瞬間の出来事を体験する者としての自己」を体験するエクササイズです。最初に，椅子に座った状態で快適にしてください。そして準備ができたら，目を閉じてください。目を閉じながら，あなたの耳が開いていく様子を意識してください。少し時間をとり，何が聞こえるか耳を澄ましてください。〔約10秒の間〕今度は，自分の呼吸にそっと関心を向けてください。息を吸ったり吐いたりしながら，ただ呼吸を追うだけでけっこうです。ほんの少しの間，あなた自身があなたの呼吸に「なる」ようにしてみてください。〔10秒の間〕では次に，生じてくるあらゆる身体的感覚，思考，あるいは感情を追ってみましょう。呼吸を追ったのとちょうど同じようにです。新しい身体的な感覚，思考，感情のそれぞれを自覚し，それが

移り変わっていくのをただ観察してください。例えば，ある瞬間には，かゆみに気づくかもしれません。そして次の瞬間には不安の気分を，次にはある思考を，次には筋肉の痛みや不快感を，そしてその次には音に気づくかもしれません。

　このエクササイズであなたがすべきことは，ひとつひとつの新しい体験を，それが生じるときに，あなたがそれに気づくときに，ただ観察することです。次の数分間は，その瞬間に体験する存在である**あなた自身**に気づきをひたすら向けてください。その瞬間に体験して，感じて，考えている「あなた」です。ひとつひとつの新しい体験をそこに存在させて，観察して，それから次に来るものにただ気づけばいいのです。〔およそ5〜10分間，このプロセスに取り組ませる〕

　では，静かにあなたの呼吸に戻りましょう。次に少しの間，息が上がったり下がったりするのに意識を集中させてください。それでは目を開けて，あなたの注意をこの部屋に戻してください。

　ここでの鍵となる練習は，まさにそのとき，その瞬間瞬間の変化していく体験に対して，持続的に注意を払い，それに気づき，共に存在するというパターンをクライエントが維持するよう支援することである。また，その際に，その体験から逃げたり，概念的思考の中に引き入れられたりしなくてもよいよう支援することである。クライエントは，食べる，皿を洗う，運転する，列に並んで待つといった，単純な日常活動をマインドフルに観察することで，このスキルを実践することもできる。セッション内での活動として，マインドフルにレーズンを食べるという練習をするのもいいだろう[38]。これは，クライエントが身体的感覚に対するその瞬間の気づきを発達させるのに役立つだけではない。このエクササイズが続くにつれて，クライエントは，たとえ体験の中身は時間が経つにつれて変化したとしても，体験がいかに生じ続けるかに気づくことができるのである。例えば，最初，クライエントはレーズンをもっていないが，その後，手に入れる。次に，そのレーズンを味わい，噛み，飲み込み，そうして最終的にクライエント

の手にはもはやレーズンはなくなっているのである。時間は前へ進んでいく。そして過ぎ去っていく瞬間ごとに，新しい気づきが生じるのである。

　構造化されたマインドフルネスの実践を，セッション以外の場でも行うことで，毎日の生活の中で「今，この瞬間」に対する気づきを促すことができる。例えば，呼吸に焦点を当てる，歩きながら瞑想する，ただ日常生活をしながら気づきを得る，座って瞑想する，毎日の出来事に対する反応を日記に書く，気分や身体的感覚や思考に特別な注意を払う，といったエクササイズがある。多くの場合，クライエントにとっては，最初は基本的な気づきのエクササイズや瞑想による実践がためになるだろう。その後，最終的には，エクスポージャーに近いマインドフルネス・エクササイズへと進み，その中でクライエントは，苦しい内容（例：不安を喚起する思考）を招き入れるよう求められるのである。瞑想のためのリソース・ガイドについては，章末（p.211）を参照のこと。

瞬間を発見する

　マインドフルネス・エクササイズのポイントは，エクササイズ中のマインドフルネスを高めるというよりも，むしろ必要な場合や役に立つ場合に使えるよう，「今，この瞬間」の気づきをもっと一般的に高めることである。ACTセラピストは，そういうものとして，マインドフルネスをセッションという布地の中に現在進行中の形で織り込むよう取り組む。セッションの中でより多く，「今，この瞬間」に対して焦点を当てていくためにしばしば用いられる方法として，セッションを短時間のマインドフルネス・エクササイズで開始するという方法がある（優れた例としては，文献15, pp.125-126を参照）。これはとくに，マインドの中にいることの多いクライエントにとって，そしてクライエントと一緒にエクササイズを行うセラピストにとっても，適切な方法となる。なぜなら，それによって，現在に存在し，心からセッションに向き合い，ワークの準備ができるようになるからである。もし可能ならば，クライエントと一緒にマインドフルネス・エクササイズをすることをお勧めする。そうすることで結果的に，より流動的で，よりタイミ

ングの良いエクササイズとなることが多く，セラピストがマインドフルになって現在に存在する上でも，また治療関係を同じ地平に立ったものにするのにも役立つだろう。

「今，この瞬間」との接触は，セッション内でアクセプタンス，脱フュージョン，価値を発達させるのに欠かせないスキルである。こういったプロセスのすべてに体験的に取り組んでいくためには，体験そのものをセッションにおいて引き出す必要がある。そのための方法としては，クライエントが何かを回避していること，あるいはクライエントが（意識的にせよ，自動的にせよ）フュージョンしている事柄が現れていることをうかがわせるような瞬間に，クライエントにスピードを落とさせ，立ち止まって，自分自身の「今，この瞬間」の体験を確かめさせる，というものがある。

クライエントを立ち止まらせて現れている事柄に注意を向けさせるという方略が有用であることを示す手がかりとしては，クライエントの声の調子の変化，会話の方向の突然の変化，身体的緊張の出現やクライエントの声のかすれ，思考や話すことの中に反復が見られること（例：心配，強迫性，反芻），およびあらゆる制限，緊張，柔軟性の欠如を示唆するものなどがある。こういった行動が見られたら，クライエントにスピードを落とさせ，今ここで，自分が感じて，感覚でとらえて，考えていることに気づくよう，優しく求めるとよい。こうした瞬間には，クライエントの注意をさまざまな体験領域（例：感情，思考，身体的感覚，行動への衝動，関連した記憶）へと意図的に向け，それぞれの領域で感じられていることに気づくよう，クライエントに直ちに求めると役立つだろう。時として，存在しているものをさらに強めてより特定しやすくするために，とりわけ痛切な語句をクライエントにゆっくりと，注意深くくり返させることが役立つこともある。ここで，あるセッションからの例を紹介しよう。

> **セラピスト** 職場で困っていることについて，ずいぶんと語っていらっしゃいましたが，それでもまだ，あなたがそれほど悩んでいらっしゃるようには思われません。腹が立つ，という感じでしょうか？

クライエント　不満ですよ。本当に腹が立ちます。

セラピスト　つらそうにも感じられます。これはあなたにとって今年3つめの仕事ですが，前の2つとちょうど同じような展開をしていますね。

クライエント　〔赤くなって〕その……あの人たちは本当にどうしようもなくバカなんです。私はやれと言われたことをやっているだけです。ただ私を放っておいて，自分の仕事をやらせてくれさえすれば，ものごとはもっとうまくいくと思うんですけどね。

セラピスト　あなたはそれをかなり望んでいるように思えますが，決してそうはなりそうにはないですね。

クライエント　〔間〕ああ，そう，今，思い出しました。精神科の医者にかかったのですが，そのことを先生にお知らせしないと。その精神科の先生は，もっと検査をしないといけないと考えているみたいです。

セラピスト　たった今，いったい何が起こったか，お気づきですか。私たちはつらさについて話し始めました。するとあなたは，その話題を変えましたね。

クライエント　ああ，そうですね……。でも，私は泣きたくないのです。泣くとバカに見えます。自分がバカみたいに感じるんです。

セラピスト　〔プロセスのスピードを落とすために間をとる〕そういった思考……バカだ，愚かだという思考に意識を向けてみてください……，そして，まさに今起こっていること，あなたの気分に自分を向き合わせてみてください。

クライエント　〔涙ぐむ〕

セラピスト　私はただ，まさに今，この体験が展開しているときに，それに気づいていただきたいのです。〔間〕身体の中で何を感じますか。ゆっ

くりとした時間をとって，見つめてみてください。それをどこで感じるのか，よく確認してください。

クライエント 〔答える〕

セラピスト それから，どんな判断や評価が頭に浮かんできますか？ いったんちょっと止まりましょう。そして，答える前に，注意深く，落ち着いて確認してください。

クライエント 〔答える〕

セラピスト けっこうです。では，この体験によっては，何か過去の状況を思い出しますか？

クライエント 〔答える〕

セラピスト それでは，そういうことがすべて感じられているときに，自分自身がどんなことをしたくなるか，気づきますか？

クライエント 〔答える〕

クライエントがセラピーの中で「今，この瞬間」を発見できるよう支援するために，他にもさまざまな方法を用いてクライエントとワークを行うことができる（文献53, p.44）。例えば，思考，気分，記憶に対して，それが生じたときにただ気づく，現在に存在することが必要となる状況を特定する，現在に存在しているときと未来あるいは過去に引き込まれつつあるときの間の移行に注意を払う，さらに体験的・探究的エクササイズを行ってその中で室内に存在する目に見えるもの，音，身体的感覚に気づく，といったことをクライエントにするよう求めてもよいだろう。クライエントがそこにあるものにうまく気づくことができない場合には，まずは単純で構造化された身体的感覚からスタートするのがよい。例えば，椅子に座っているのがどのような感じであるか，あるいは息を止める，腕を伸ばす，布で顔をこするといったことはどのように感じられるか，声に出して言って

もらうのである。

「今，この瞬間」の中で関わる

　クライエントの問題のほとんどは，部分的には，クライエントの他者との対人関係に関するものである。したがって，他者と関係しているときに，現在に存在し，心を開き，判断を下しがちにならないようにする能力を育てることがとくに重要である。誰もがみな，絶えず評価し，分類し，比較をしている。そのプロセスは（物体であろうと，他人であろうと，自分自身であろうと）すべてのものに適用される。その結果，自分の周囲の人を豊かで，経験豊富で，複雑な個人と見るよりも，むしろその人に関する自分の考えにしたがって，お互いにやりとりをする傾向がある。しかし，体験したことを表す言葉は，体験そのものと決して同じではない。その人について抱いている自分の考えというフィルターを通してしか関わらなかったとしたら，自分自身と他者の間に非常に基本的なバリアをおくことになってしまう。

　セラピールームにおいて，クライエントにとって最も近い関係は，セラピストとの関係である。したがって，治療関係は現在に存在する能力に取り組み，クライエントが自分の人生に関係する人ともっと直接的に向き合えるよう支援する強力なチャンスになりうる。比喩的に言えば，ゴールは現実の人間と共に生きることであり，漫画などの物語の中で生きることではないということである。これを実行する方法のひとつが，「今，この瞬間」への気づきを治療関係の文脈に取り入れるというものである（第9章を参照）。例えば，クライエントがセラピールームにいるもうひとりの他者とやりとりする中で，一瞬一瞬，内面的に起こっていることに注意を向けて気づくよう促す。「今まさに，あなたの内面や私たちの間で起こっていることに意識を向けてみようというお気持ちはありますか？」などと聞いてみてもよいだろう。このプロセスに焦点を当てることで，人とのつながりや現在に存在することを体験する機会を与えることができる。これは，対人関係に向き合うための価値ある方法であると共に，クライエントの価値を支持す

るために直接的に行動を起こすことができる方法でもある。次に紹介する面接記録では，セラピストがクライエントを，セラピストに対する「今，この瞬間」の反応に気づくよう支援している。その反応は，クライエントが妻に対してとる困難な反応と類似していたのである。

クライエント 四六時中，彼女の後ろをこそこそしているんです。何だか，忍び足で歩いているような感じです。

セラピスト 何とか自分を守らなければ，という感じですか？

クライエント そうですね。妻は，どうにも私のすることなすことすべてが気に入らないようで。私は決して正しくやれないのです。

セラピスト 〔間〕あなたは，ここでもそのように感じることがありますか？

クライエント 先生のまわりでも私が忍び足をしているように感じるか，ということですか？

セラピスト ええ。

クライエント 〔間をとり，不快であるかのように椅子の中で動く〕わかりません。

セラピスト では，今まさにここで，どんなことを感じていますか？

クライエント 何かを感じるべきなのでしょうか？

セラピスト 探してみるだけでいいのです。急がなくていいんですよ。

クライエント 正直に言うと，「自分を守らなきゃ」という感じはあります。理由はわかりません。先生が何もしていないのはわかっていますが……，でも，自分が批判されているみたいに感じます。

セラピスト　どこでそれを感じますか。あなたの身体から見ていきましょう。

　クライエント　〔沈黙〕お腹に緊張を感じます……，まるでお腹を打たれるかのように緊張していると言っていいほどで。

　セラピスト　けっこうです，いいですね。他にどんな感じがありますか？

「今，この瞬間」への気づきを通して文脈としての自己を形成する

　「今，この瞬間」との接触は，**文脈としての自己**（第5章を参照）の発達と緊密につながっている。なぜなら，体験の内容に，瞬間瞬間に流動的な方法で気づくことで，静的な，概念としての自己へのとらわれが弱まるからであり，またそのような気づきを得るためには，より流動的な意識の体験が必要となるからである。この理由から，現在に存在するよう促すことは，自己観察の意識的体験に注意を向けることによって可能となるのである。マインドフルネス・エクササイズの最中に，セラピストは次のように言うとよいだろう。「では，それに気づきながら，同時に，これらのすべてのことに気づいている，あなたという存在にも気づいてみてください」。あるいは「ほんのちょっとの間，ご自身の身体の中で何を感じ，またどのような感情を抱いているかに気づきながら，自分は今ここにいるという感覚と接触してみてください」と言うのもよい。

　クライエントによっては，観察者としての自己の体験を見つけることができず，マインドフルネス・エクササイズを行うのに苦労する人もいる。このような状況では，セラピストは，「今，この瞬間」に取り組む一環として，より小さな，より直接的な方法で視点を得るという体験に取り組みたいと思うことがあるかもしれない。例えば，「今まさにそう言っているのは，いったい誰ですか？」，あるいは「私がもう一度あなたに質問したときに，そこには誰かがいるということがわかりますか。話に耳を傾けて，話を聞くという体験をして，そしてその後少ししてあなたが私の質問に答えるときに話をするという体験をしようとしている人です。そのような人がいる

というのはわかりますか？」などと，適切なタイミングで質問できるとよいだろう[56)]。このように問いかけることで，新たな一瞬一瞬に生じる体験に目を向ける**観察者としての自己**をクライエントが形成するきっかけとなる。

　セラピストは，これらのプロセス（すなわち，「今，この瞬間」との接触と，超越的な自己の体験）の両方のモデルを示すことができる。例えば，「あなたがそうおっしゃるときでさえ，私は自分の心拍が少し速まり，より評価的な考え方をし始めるのがわかります。そう考えると，もし私があなたの立場にあって，このような一連の困難を目にしたならば，もっと不安に感じて，判断的になってしまいそうな感じがします」のように言うとよいだろう。この発言の後半部は対象指示的[訳注]である。そのため，観察しているという感覚を育むことにつながるのである（第5章を参照）。

コア・コンピテンシーの実践

　このセクションでは，現在との接触を拡大するためのテクニックを用いる実践練習を行う。これまでの章と同様に，臨床状況の説明と，1セクションの面接記録から構成されている。面接記録がクライエントの発言で終わる個所があるので，そこで取り上げられているコア・コンピテンシーを反映する対応例などについて回答する。モデル対応だけが唯一の正しい対応ではない，ということを忘れないでほしい。自分の意見が回答例と異なっている，自分の対応をダブルチェックしたい，あるいはもっと議論をしたいという人は，www.learningact.com/forum/ の掲示板に質問を載せるのもよいだろう。回答例（pp.198-209）を見る前に，まずは自分自身で対応を考え出すように努力すること。

訳注　ACTの基礎理論である関係フレーム理論に基づく用語で，「話者の視点に関連している」の意。

コア・コンピテンシー・エクササイズ

コンピテンシー1：クライエントの報告内容から脱フュージョンして，その瞬間に注意を向ける。

エクササイズ4.1　　⇨ 回答例はp.198

　クライエントは，57歳の旧ベトナム戦争兵。PTSDの問題に取り組むためにセラピーを訪れている。彼は約20年間，セラピーを受けたり受けなかったりしてきた。政府と戦争後の政府の対応に対して不満を抱いている。自分の人生は自分の体験によって永久に変えられてしまったと感じている。

> **クライエント**　私は，政府に対して非常に憤りを感じています。政府はもっと何かすべきだったという意味です。もう何年になるでしょう。私はいまだにこれほどの怒りを抱えているんです。
>
> **セラピスト**　過去があなたの人生を乗っ取ってしまったように感じられるのでしょうか？
>
> **クライエント**　そうです，毎日ね。毎日毎日，この思いにつきまとわれるのです。

問➡　あなただったらどう対応するかを書きなさい（コンピテンシー1を使うこと）。

問➡　そのように言うとき，あなたはどんなことを考えていますか？　何に対応し，何を達成したいと思っているのですか？

コンピテンシー2：その瞬間の自分自身の思考や気分を治療関係に取り入れる。

エクササイズ4.2　⇨ 回答例はp.200

（コンピテンシー1のクライエントの面接の続き）

> **セラピスト**　〔モデル対応の回答例4.1b（p199）を実施する〕
>
> **クライエント**　あまりに長くこの問題を抱えてきたので，果たして正常であるというのはどういうことなのか，問題がないとはどういうことなのか，もう忘れてしまいました。自分がそう言ったということはわかっています。でも，頭の中には，政府のことや，政府がいかに私をだめにしてしまったかということしかないのです。本当に，散々な目に遭わされてきたんです。
>
> **セラピスト**　あなたが長年にわたってどれほどの怒りを抱えていらっしゃったのか……，私には想像できないでしょうね。
>
> **クライエント**　そうでしょうね。私はどこかで，奴らに復讐したいと望んでいる部分も強くあります。この恨みは本当に強烈なんです。
>
> **セラピスト**　実際，その怒りがかなり長引いていることは確かですし，ここでも長引いてしまいました。私たちはこれまで，かなりの時間をかけて，その件についてお話ししてきました……。この問題は，今この場をも支配していると言っていいかもしれませんね。
>
> **クライエント**　ええ……。〔ため息をつく〕

問⇨　あなただったらどう対応するかを書きなさい（コンピテンシー2を使うこと）。

第4章 「今,この瞬間」との接触　195

問➡　そのように言うとき,あなたはどんなことを考えていますか？　何に対応し,何を達成したいと思っているのですか？

コンピテンシー3：エクササイズを用いて,クライエントの,現在進行中のプロセスを体験するという感覚を拡大する。

エクササイズ4.3 ➡ 回答例はp.202

（コンピテンシー2のクライエントの面接の続き。ただし,セッションの中のもう少し後の様子である）

> **セラピスト**　あなたがそのようにもがいていらっしゃることには,この問題がこれまであなたの人生をどれほど消耗してきたか,ということが関係しているようにも思われますが,いかがでしょうか？
>
> **クライエント**　そうです,私だってこんなこと嫌なんです。でも,頭にはそのことしかないのです。

問➡　あなただったらどう対応するかを書きなさい（コンピテンシー3を使うこと）。

問➡　そのように言うとき,あなたはどんなことを考えていますか？　何に対応し,何を達成したいと思っているのですか？

コンピテンシー4：クライエントが過去あるいは未来へと知らず知らずの間に向かっていってしまうのを察知し,「今」に戻ってくる方法を教える。

エクササイズ4.4　　⇨ 回答例はp.204

（コンピテンシー3のクライエントの面接の続き。ただし，セッションの中のもう少し後の様子である）

> **セラピスト**　奥様との関係に関するあなたの価値に沿って，ひとつ具体的な行為を行ってみようと思うのですが，そのために今日あなたにできることは何でしょうか？　奥様を愛しているということを伝えるために，何かできることはありますか？
>
> **クライエント**　妻はもう何カ月も，クローゼットの扉の取っ手を直すよう言っています。たぶん，それをできると思います。
>
> **セラピスト**　それはいいですね。そうなさることで，あなた方おふたりの関係に感謝の気持ちが生まれるかもしれませんね。
>
> **クライエント**　さあ，どうでしょうか。妻は私にいろいろやってくれと頼みますが，私はやるまでにずいぶん時間がかかるので，果たして私がやったということを彼女が気づいているのかさえ，わかりません。いずれにしても，妻はその件について触れないでしょうね。実際，妻は私を放っておくという感じなのです……。私があまりに長い間「放っておいてくれ」タイプの男だったので，妻も私に何かしてくれと頼む以外は，ただ距離をおいているのだと思います。軍をやめて以来，状況は変わってしまいました。ベトナムにいることが，いかにおぞましい境遇であったか，政府が認識してくれてさえいたら……。

問⇨　あなただったらどう対応するかを書きなさい（コンピテンシー4を使うこと）。

問⇨　そのように言うとき，あなたはどんなことを考えていますか？　何

に対応し，何を達成したいと思っているのですか？

コンピテンシー5：報告内容を複数のレベルから理解して，必要に応じて，「今，この瞬間」を強調する。

エクササイズ4.5　　⇨ 回答例はp.206

　クライエントは33歳の女性で，自傷願望を訴えている。彼女はうつ状態と不安を感じており，ボーイフレンドに腹を立てながらこのセッションを訪れた。彼女は，感情への回避傾向がきわめて強く，5週間前にセラピーを開始して以来，何らの苦痛も表現してはいない。

> **クライエント**　〔淡々と〕他にも問題を抱えているのに，今ではその上さらにボーイフレンドの問題まで抱えています。私だってこんなこと言いたくないんですけど，どうにも彼は私をイライラさせるのです。誤解しないでいただきたいんですけど，彼を愛しています。でも，ああ，もうこんなこと耐えられないんです。

問⇨　あなただったらどう対応するかを書きなさい（コンピテンシー5を使うこと）。

問⇨　そのように言うとき，あなたはどんなことを考えていますか？　何に対応し，何を達成したいと思っているのですか？

コンピテンシー6：自分自身のマインドから脱して今この瞬間に戻ってくることをセッション内で実践し，モデルを示す。

エクササイズ4.6　　⇨ 回答例はp.208

（コンピテンシー5のクライエントの面接の続き）

> **セラピスト**　〔モデル対応の回答例4.5b（p.207）を実施する〕
>
> **クライエント**　ええ，それはわかりますが，彼がどれほど私をイラつかせるのか，先生にはわからないんです。彼がやめてくれないと，私はもう限界を超えてしまうと本当に思うんです。今週だけでも，彼は100ドル以上せがんできました。私にはそんなお金はありません。彼は私からどんどん奪って，すっからかんにしてしまうんです。私だって請求書の支払いもしないといけないし，車のローンもあります。彼は，そのへんをまったく理解していないんです。もう，キレてしまいそうです。

問➡　あなただったらどう対応するかを書きなさい（コンピテンシー6を使うこと）。

問➡　そのように言うとき，あなたはどんなことを考えていますか？　何に対応し，何を達成したいと思っているのですか？

コア・コンピテンシーのモデルとなる対応

コンピテンシー1

回答例4.1a　　⇨ エクササイズはp.193

> **セラピスト**　何とかこれを清算してしまいたい，というお気持ちなのです

ね。その一方で，もう何年もそうしてきたし，そんなことをしても何にもならないとも感じている。少しの間，過去から離れてみましょう。そして教えてください。まさに今，あなたが気づいていることは何でしょうか？　この瞬間にあなたは何に気づいていますか？

説明　セラピストとして，簡単にクライエントの話の内容にとらわれてしまう可能性がある。クライエントの中には，説得力のある物語をもっている人が多く，セラピストはその話につられてクライエントの回避を手助けしかねない道へと進んでしまう恐れがある。もちろん，クライエントの言い分を聞くべきでないということではない。しかし，ACTは非常にアクティブなセラピーであり，セラピストが支援的な傾聴を提供するためにほとんどの時間を費やすようなセラピーではない。支援的傾聴は価値あるものだが，ACTにおいて果たす役割は他の多くのタイプのセラピーよりも比較的小さい。

このタイプの対応は，クライエントとうまくかみ合えば，即座にクライエントを過去から引き出し，現在に戻すことができる。クライエントが，自分が今感じていることを自覚した状態でいられるなら，セラピストはクライエントがいかにして過去にではなくここに存在し，この気分を感じ，今ここに存在しているものに気づいているかを伝えるとよいだろう。たとえその気分が怒りであったとしても，怒りがいかにクライエントの生活に影響を及ぼしているかを明らかにすることができる。また，その怒りの下には何か，悲しみといったものが存在するのかどうかを確かめることもできるだろう。これらの方略は，過去に政府のせいで生じたことをめぐる物語にこだわっているのと比べると，はるかに「今」に焦点を当てている。

回答例4.1b　　　⇨エクササイズはp.193

セラピスト　もちろん，今この時間を使って，ずいぶんと昔にいかに政府がひどい仕打ちをしたかということに焦点を当てることもできます。それは役に立ちそうですか？

クライエント　あまり役に立たないでしょう。

セラピスト　逆に，そのようなことに焦点を当てるのは問題をこじれさせるという可能性はあるでしょうか？　今する必要があるのは，今，あなたにできることは何かということに焦点を当てること……。今日，この瞬間にすぐにでもあなたが手に入れられることは何かを見つけることに取り組んでいくことだという可能性はありますか？

説明　ここで，セラピストは，過去に焦点を当てるという方略が役に立たないだろう，と示唆している。実際そのとおりであるということは，多くのクライエントが気づいている。クライエントが「今日」と，この瞬間からこの先何を行っていったらいいのかに向き合えるよう支援するのは，長期にわたって過去にとらわれて身動きできないでいたクライエントにとって，有用なステップとなる。

◇　　　◇　　　◇

コンピテンシー2

回答例4.2a　　　⇨ エクササイズはp.194

セラピスト　ところで，今，私も憤りを感じています。〔間〕私は，あなたに前に向かって歩けるようになってほしいと心から願っています。しかし，いつもここに戻ってきてしまいます。何も，ここであなたに私を救ってほしいと求めているわけではありません。ただ，私に生じてきている気分を分かち合いたいだけなのです。絶望的な感じです。今，私がこのように申し上げたとき，どんな感じが浮かんできますか？

説明　これは，ややリスクのある対応である。セラピストは，私的体験に向き合うことのモデルを直接提示して，この体験を自ら進んで述べている。これは，行き詰まっているクライエントに対する，正直な，「今，この瞬間」における（in-the-moment）対応である。ここでのゴールは，その瞬

間に進んで体験しようとするウィリングネスのモデルを示すことであろう。その一方で，過去の体験を白紙に戻そうとするときに生じる絶望的な気分も示している。また，これは，セラピストがクライエントに対して求めているのとまったく同様に，セラピストにもウィリングネスの姿勢がいかに必要であるかをも示している。

回答例4.2b ⇨ エクササイズはp.194

> セラピスト　今まさに私は，「どんどん先に進んで忘れなさい」とあなたに対して言おうと求めている自分自身を発見する，という体験をしています。私のマインドが，確かに私に働きかけているのです。ひょっとしたら，あなたのまわりの人にもこのようなことが起こっているのではないか，と思うのです……。彼らもあなたに，「どんどん先に進みなさい」とか「忘れなさい」とか，おっしゃるのではないですか？

説明　セラピストは，自分のマインドの内容を正直に報告している。この「『今，この瞬間』における」反応と報告は，その内容に対して向き合うことのモデルを示すだけでなく，もっと大きな問題の解明に役立っている。つまり，クライエントの生活における他の人にとってそれはどのようなことなのか，という問題である。クライエントがいつも「政府がいかに自分の人生をめちゃくちゃにしてしまったか」ということに焦点を当てて恨みを抱いていたとしたら，おそらくそれは，彼の人間関係の大半に影響を及ぼしているだろう。セラピストは，これを価値と結びつけ直して，果たしてこれはクライエントが自分の人間関係に起こるように意図したことだったのかを確かめるとよいだろう。

◇　　　◇　　　◇

コンピテンシー3

回答例4.3a　　⇨ エクササイズはp.195

セラピスト　あなたの頭にはこのことしかない，という考えですが，この考えには何かスポンと抜け落ちているものがあるのではないかと思うのです。それを明らかにしてみるのはいかがでしょうか？　しばらく前に，あなたは奥様とお子さんのことを話してくださいましたね。それで，あなたの思考，それにおそらく私の想像では気分も，時間と共に変化しました。何も変わらないように感じられるのは，あなたが政府についてのこの一件にとらわれているときだけ，というようにも思えます。どうでしょう，私と一緒に進んでエクササイズに取り組んでみようというお気持ちはありますか？

クライエント　はい。

セラピスト　〔クライエントにエクササイズを指導していく。このエクササイズでは，クライエントがペンと紙をもち，ページの真ん中に線を引き，左上には「思考」，右上には「気分」と書く。セラピストは，クライエントに，瞬間ごとの自分の思考を観察して左側の欄に書き，さらに自分の気分も観察してそれを右側の欄に書くように提案する。ここでは，「連続するあなた」のエクササイズなど，「今，この瞬間」への気づきをもたらすエクササイズであれば，他のものでも使用可能である〕

説明　ここでセラピストが取り組んでいるのは，クライエントは単に政府との間で起こった体験だけででき上がった存在ではないということをクライエントが理解できるように支援するワークである。実際，クライエントは無数の体験をしてきている。彼は，このひとつの体験にとらわれており，それを修正しようと努力している。しかし，その努力はこの体験を縮小させるどころか，かえって増大させてしまったのである。体験的エクササイズでは，クライエントが，ひとつだけでなく無数の体験をもつ，その

瞬間の体験をしている自己の体験と接触するのを直接的に支援している。

回答例4.3b　　　⇨ エクササイズはp.195

　セラピスト　ここにひとつの可能性があります。「あなたは，この体験に留まらないもっと大きな存在である……それがすべてではない」という可能性です。それを，私と一緒に明らかにしてみようというお気持ちはありますか？

　クライエント　もちろんです。

　セラピスト　それでは，目を閉じてください。

　クライエント　〔目を閉じる〕

　セラピスト　目を閉じているときに何に気づくか，ゆっくりと話してください。この瞬間に起きていることに意識を向けてください。

　クライエント　私は先生の声の音を聞いています。

　セラピスト　いいですね。それでは，注意を集中してください。私はちょっとの間，黙って座っています。あなたはその瞬間に留まって，過ぎていく瞬間瞬間に何に気づくか，私に教えてください。

　クライエント　外の車の音が聞こえます。……目を閉じていると不快に感じます。……足が硬直した感じがすることに気づいて，伸ばしたいと思っています。〔報告を続ける〕

　セラピスト　〔1分程度，これを続けさせる。またもっと指示的に「今，何に気づきますか？」とくり返し尋ねる必要がある場合もある〕

説明　自分はその瞬間瞬間に体験している存在であるということに気づいてもらうために，セラピストは，その瞬間瞬間についてクライエントとワークをしている。こうすることで，「私は怒り狂った人間だ。政府をひど

く嫌っている」というとらえ方が弱まり，自分にはそれだけでなくもっとずっと多くの体験があるということをクライエントが理解できるようになる。瞬間瞬間を体験するということや，現在進行中のプロセスの感覚とはどのようなものであるのかを示していくことで，クライエントがより大きな存在の感覚を見出すのを支援することができる。

◇　　　◇　　　◇

コンピテンシー4

回答例4.4a　　　⇨ エクササイズはp.196

> セラピスト〔クライエントをいったん止める〕たった今起きたことに気づいてみてください。私たちは今日，あなたの奥様に対する価値にどうしたら息を吹き込むことができるかについて話をしてきました。しかしあなたはすぐにふらふらと過去に戻っていってしまいました。そのようなことが起こっていたことにお気づきになりましたか？　価値についての取り組みに戻ったら，どのような気分があなたに生じてくるのでしょうか？

説明　ここでセラピストは，クライエントが過去に方向転換している様子をとらえて，クライエントにそれを気づかせている。このような転換への気づきについて，クライエントと一緒に取り組むことはとても有用である。時おり，このような転換があまりにもすばやく，しかもごく自然に生じるため，クライエントはいったい何が起きているのかほとんど気づかないこともある。マインドは，人を引きずり回すことに長けているのである。セラピストは，まずクライエントが転換に気づくことができるよう支援したあと，また新たな転換をしつつある現在の体験に気づき，それから価値に取り組むことへと再度焦点を当てることで，クライエントが現在へ戻るのを支援することができる。価値に焦点を当てることについてどのような感情が現れるかを明らかにすることも，セラピストにとって重要であろう。

というのも,クライエントが過去に戻ろうと方向転換したのは,価値を生きてこなかった長年の歳月にまつわる感情的なつらさを回避するという機能があったかもしれないからである。これも,クローゼットの扉を修理するという選択をする中で,感じて,観察して,体験できることである。

回答例4.4b　　　⇨ エクササイズはp.196

> セラピスト　あなたは自分がどこに向かっているか,わかっていますか？
>
> クライエント　ええ。
>
> セラピスト　そこはあなたが行きたい場所ですか？
>
> クライエント　いいえ。
>
> セラピスト　今,どこにいたいと思いますか？
>
> クライエント　その場所以外なら,どこでもいいです。
>
> セラピスト　このお話をする直前に,どのようにしてあなたが奥様に愛情を表現したらいいかということについて話し合っていました。そちらについてもう一度お話ししますか？

説明　ここでもまたセラピストはクライエントを「今,ここ」に引き戻している。セラピストはクライエントが「今,ここ」が何をしているかに気づくように支援している。なぜなら,過去に焦点を当てた考えへの移行は,それが起こる瞬間につかまえればクライエントの利益になるからである。セラピストはそれから,クライエントの注意をセラピールームへと向け直している。

◇　　　◇　　　◇

コンピテンシー5

回答例4.5a　　　　⇨ エクササイズはp.197

> **セラピスト**　それでは，あなたはまさに瀬戸際に立たされているように感じるのですね。他にどこも行くところがないかのように……。ひとつ質問していいですか？
>
> **クライエント**　どうぞ。
>
> **セラピスト**　今現在，身体の中で何か気づくことがありますか？
>
> **クライエント**　何もありません。
>
> **セラピスト**　急がなくていいですよ，ゆっくりとペースを落として，自分の内側に目を向けましょう。身体の中に何が現れてきますか？　必要ならば，目を閉じてくださってけっこうですよ。そうしながら，この何かが現れるということに対して感じる抵抗を一切手放してしまうことができるかどうか，確かめてください。何であれ，今現在あなたが感じていることを何とかしなければという感覚がないか，確かめてください。もしあなたが，これらの反応を追い払ってしまうようなことは何もせずに，ただ座って，それらを抱えていたら，いったいどのようなことが起きると，あなたのマインドは言うでしょうか？
>
> **クライエント**　私には無理です。
>
> **セラピスト**　わかりました。では，その思考をただの思考であるとして注意を向けながら，今ここに留まることはできますか？

説明　ここでは，人間関係における問題についてクライエントに語りかけることで，内容のレベルで同じことに取り組むこともできただろう。しかし，このセラピストは，セッションの中では表現されていないものの，何かクライエントがもっている気分があるのではないか，と疑っている。

セラピストはこの機会を利用して、感情から距離をおこうとするクライエントが、純粋に認知的なものとは少し違ったレベルのリアクションに、とても具体的な面がある身体的反応に注目することで、向き合えるよう支援している。その後、セラピストは、その感情が現れたときにはアクセプタンスのスタンスをとるよう勧める一方で、マインドがクライエントを戦いへ引き戻しかねないため、マインドに対してマインドフルにもなるよう提唱している。

回答例4.5b　⇨ エクササイズはp.197

> **セラピスト**　今ここで、たくさんのことが起きているようです。あなたはご自分の問題や問題についての思考と戦っています。そして、ボーイフレンドに対して怒りを感じてもいます。さらに、私にこの物語を語る中で、おそらく何か違うようになればいいと望んでいらっしゃるのでしょう。そして、まさに最後のところで、あなたは「もうこんなことには耐えられないと思う」とおっしゃいました。そのあと、あなたを見ていると……まだそれに耐えていますね。私は、あなたが何に耐えているのかということを、もう少し注意深く区別していきたいと思っています。私は何も、あなたは悪い行動に耐えて生きるべきだと言っているのではありません。ただ、まさにここで、この瞬間に、あなたは実際にそれに耐えている。あなたには考えや気分があり、それらを体験することも可能です。そして……実際に体験し続けている。たとえあなたのマインドが「あなたはバラバラになってしまう」と言ったとしても、そんなことには決してならないのです。

説明　セラピストは、感情的内容、思考内容、および対人関係の内容をたどっている。この瞬間にクライエントは、自分のマインドが提示した「もうこんなことには耐えられないと思う」という考えを買ってしまっている。これは、その内容をすべて優しく指摘した上で、さらにクライエントがこの瞬間に向き合うよう支援するための良いタイミングである。そうす

ることで，たとえ彼女のマインドが，字義どおりの真実のように思われること（「もうこんなことには耐えられない」）を彼女に伝えたとしても，この瞬間の体験は，彼女がそれに耐えられるということ，そして実際に耐えていることを示しているということに気づけるようにするのである。

◇　　◇　　◇

コンピテンシー6

回答例4.6a　　　　⇨ エクササイズはp.198

> **セラピスト**　そのイライラは私も感じていますし，自分が問題解決をしたがっているということにも気づいています。しかし，「今，この瞬間」に，私がそれを解決することはどうにも無理な気がします。あなたのマインドが「あなたはキレてしまう」と言っているのも，ひょっとしてこの同じ無力感を生んでいるのではないのでしょうか？
>
> **クライエント**　ええ，私もそれを感じています。
>
> **セラピスト**　「今，この瞬間」を利用して，この無力感に意識を向けてみましょう。答がないように思えるときにどのような感じがするかということに，向き合ってみるのです。〔沈黙を受け入れるために間をとる〕
>
> **クライエント**　〔非常に静かになり，涙が出そうになる〕
>
> **セラピスト**　それから，あなたがキレていないということにも気づくようにしてくださいね。

説明　おそらく，この状況ですべきことの中で最も明白なことは，クライエントが問題解決をするのを支援することだろう。彼女に自己主張するように教えることを含めることも可能だ。しかし，そうすると，無力であるという気分を体験すると共に，自分はキレたりしないということを体験的に学ぶ機会を逸してしまう。プロセスを「今，この瞬間」へと戻すこ

とで，クライエントを彼女のマインドの内容から脱フュージョンさせることができる。この時点から，進んで無力さを感じようとしないせいで支払う代償（例：金銭的喪失，ボーフレンドから距離をおきたいという願望）についてワークを行い，ボーイフレンドに関する彼女の価値を考慮した上で，どうすることが彼女にとって機能的かということに焦点を当てていくとよいだろう。これに問題解決を含めることも可能だが，それは最初にとるべき選択肢ではないだろう。

| 回答例4.6b | ⇨ エクササイズはp.198 |

セラピスト　私は，自分が眉をひそめているのがわかります。……首は緊張していますし……，きっとあなたも感じていらっしゃるに違いありませんが，ありとあらゆる欲求不満を考えると無力さを感じます。あなたのボーイフレンドに対してもそうですし，そして今では，理解していないということで自分自身に対してもです。ちょっと時間をとって，あなたがまさに「今，この瞬間」に感じていることに意識を向けてみませんか。〔続けてクライエントに，治療関係の中で瞬間瞬間に気づいた気分，感覚，そして思考に注目させる〕

説明　手始めにセラピストは，クライエントにとってモデルとなるよう，セラピスト自身の内的感覚と気分を観察するプロセスを声に出して述べている。セラピストはまた，クライエントが「彼がどれほど私をイラつかせるのか，先生にはわからないんです」と言ったときに，これは治療関係におけるクライエントの緊張を表しているのだと理解している。そこでセラピストは，言葉に出してはっきりと，クライエントの焦点を「今，この瞬間」の体験に当てている。そうしてクライエントがとらわれている思考の流れから踏み出し，より現在に方向づけた，直接的な体験の方法へと進んでいく。

──●体験的エクササイズ：自由選択の瞑想●──

　このエクササイズには，10分ほどかかります。静かな場所に座ってください。気が散ったり中断されたりすることが決してないようにしてください。気を楽にして，背筋を伸ばして座ってください。ただし，あまり硬くならないようにしましょう。

　楽な姿勢を見つけられたら，静かに目を閉じてください。そして，あなたの耳が開き，より鋭敏になっていくことに気づきを向けるようにしてください。では少しの間，音に気づいてみましょう。そして，あなたの注意を呼吸へとゆっくり移してください。そのまま数分間，ただ呼吸に注意を向けていてください。鼻の先端や鼻孔，あるいは胸の上がり下がりを感じるようにすると，呼吸に気づきやすくなります。

　マインドというのはとにかく，人のまわりをウロウロするものです。マインドがあなたのまわりをさまよい始めるのに気づいたら，自分自身に向かって静かに，「マインドがいる」と言ってください。そして，あれこれ判断せずに，再びあなたの注意を呼吸に集中し直してください。1～2分の間，呼吸を追ったあと，注意をそっと呼吸から離してください。そして何であれ，次にあなたの意識に入ってくるものに注意を向けてください。それは音かもしれませんし，身体的な感覚かもしれません。思考か，あるいは気分ということもあるでしょう。あなたがするべきことは，ただそれに注意を向けて，そしてそれを手放すことです。そうして次の瞬間の体験へと進んでいくのです。例えば，エアコンの音に気づくかもしれません。それから鼻のむずがゆさ，自分の息，そして筋肉の引きつりを……，さらに思考にも気づくかもしれません。ただし，思考にとらえられてしまうことのないようにしてください。ただそれに注意を向けて，そしてそれを手放します。続いて身体的な感覚，音，さらに味へ，といった具合に気づいていくかもしれません。その瞬間瞬間に気づくことを追うだけです。どの体験にもしがみついてはいけません。ひとつひとつを穏やかに観察してくださ

い。それらはどのように浮かんできて消えていくのかに気づいてください。

　6分ほどしたら，呼吸に注意を戻してください。そして，先ほどと同様に，自分の呼吸を2分間ほど追ってください。そのあと静かに目を開けて，瞑想を終了します。忘れないでください。あなたのマインドは何度も何度もくり返しあなたをとらえ，あなたを瞑想から引き離そうとするでしょう。そのようなことが起こったときには，ただ気づくことへと，自分を引き戻してください。100回起きたら，100回，自分自身を連れ戻します。これもプロセスの一部なのです。

　あなたの自由選択の瞑想がうまくいきますように。

──●体験的エクササイズ●──

──── さらに情報を入手するために ────

○ACTセッションで活用するためのさまざまなマインドフルネス・エクササイズについては，文献15, 29, 32で詳しく紹介されている。また，www.contextualpsychology.org と www.learningact.com では，ACTエクササイズのオーディオ教材もいくつか紹介されている。

○マインドフルネス瞑想実践への導入書としては，文献10，および21が理解しやすく良著である。

○Jon Kabat-Zinnは，イメージへのガイド，呼吸，ボディ・スキャンのマインドフルネス・エクササイズを取り上げた，非常に優れたオーディオCDを多数製作している（www.mindfulnesstapes.com）。

第5章

概念としての自己と文脈としての自己を区別する

> 観察するだけで，たくさんのことがわかってくる。
> ——Yogi Berra

「概念としての自己」と「文脈としての自己」を区別するための主なターゲットは，以下の2点である。

○ クライエントが，連続的で，安全で，首尾一貫した自己の体験[訳注1]と接触するよう支援する。クライエントは自己の体験を基盤として，すべての変わりゆく体験[訳注2]を観察し，受け入れることができるようになる。
○ すべての体験が生じる文脈としての自己，舞台（arena）としての自己，あるいは場（location）としての自己（それ自体は首尾一貫したものである）を，その体験の内容（例：感情，思考，身体的感覚，記憶）と区別するよう支援する。

あなたは誰なのか？　これは単純な質問のように感じられる。しかし，

訳注1　本書では，sense of selfを「自己の体験」と訳している。
訳注2　自己と関わらない「体験」の原語はexperience。

「自己とは何か？」「私たちは，その最も基本的なレベルにおいて何者であるのか？」といった問題は，これまで何百年もの間，科学者，哲学者，神学者，その他の思想家たちを悩ませてきた。本章では，自己を理解するようになるための2つの方法について説明することで，この質問の答を模索する（重要な3つ目の自己の体験については第4章を参照）。ACTは，自己を理解するためのこれらの方法のひとつひとつに，人間の潜在的可能性と機能性に関する幅広い意味が暗に含まれていると考える。この章で取り上げる自己の2つの体験は，**概念としての自己**と**文脈としての自己**である。前者は多くの点で人間が生きる上で有用であるが，大きな苦悩と制限をもたらしかねない。一方，後者は人を解放し，苦悩を減らすための道となる。本章におけるゴールは，これらの自己の体験をそれぞれ定義し，ACTの視点から見て，それらがどのように機能するかに焦点を当てることである。

概念としての自己

　子どもは，親の言葉を模倣し始めたときや，自ら話をしたり言語によって世界を理解するということを学び始めたときに，自分自身についてのたくさんの質問を浴びせられる。「あなたは何が好きなの？」「何がほしいの？」「どこに行きたいの？」「何を食べたいの？」「何歳？」「どうして，そんなことをしたの？」といった具合にである。大人は一般に，こうした質問に対して答が返ってくることを期待している。最初，子どもはこの種の質問にどう答えてよいのかわからず，しばしば，「わからない」「だってそうしたかったから」といった返答をする。しかし，成長し学習するにつれて，大方は何げない訓練のプロセスを通して，子どもは，自分はどうしてそれをするのか，自分は誰であるか，および自分の感情と人生の学習経験がいかに自分の行為の原因となってそれを正当化するのかということについて，より容認しうる，首尾一貫した物語を語るようになる。最終的に，子ども（すでに大人になっているが，私たち）は，言語行動のレパートリーを発達させ，記述，評価，判断，説明，アセスメントおよび質問のため

にそれらを用いるようになる。私たちは、自分自身や他人に話しかける。そうして私たちのマインドは、活気づき、働き始める。そのマインドのレンズを通して自分自身と世の中について多くのことを理解し、知るようになる。そうして、自分自身と自分が何者であるかについての私たち自身の物語（私たち自身が作り上げた物語）を信じて、それによって生きていくようになる。

　この社会的訓練プロセスの結果が、概念としての自己、あるいは**内容としての自己**の発達である。「私は〜である」と語るものの多くは内容としての自己である。これは「自分は何者であるか」について発達させてきた信念であり、私たちの存在を説明するものとなるように私たち自身が作り上げてきた概念である。例えば、「私は専門家である」「私は苦しんでいる者である」「私は犠牲者である」「私は知的（あるいは間抜け）である」などと言うことがある。この自己の内容と関連しているのは、これが真実であることを示唆する根拠となっているように思われる、あらゆる種類のイメージ、思考、行動である。要するに、こういった心の内容（mental content）が、私たちが自分の**アイデンティティ**と呼ぶものなのである。このアイデンティティ（私たちはいくつかのアイデンティティをもっていることが多いことから、むしろ複数のアイデンティティと言った方がいいかもしれない）を構築し、カテゴリー化し、そして発見することには、何ら本質的に悪いことはない。そうすることは、健全で、まわりから期待された、有用な方法で世間とコミュニケーションを図り、やりとりをするのに役立つのである。例えば、たとえそうしたくないと思うときでも、私たちは自分の専門家としてのアイデンティティやそれに付随するすべての言語情報に背中を押されて仕事に赴くことがある。「私は良き労働者である」「私は上司を失望させたくない」「私にはお金が必要だ」と言うこともあるかもしれない。社会コミュニティの視点からすると、概念としての自己とのフュージョンはだいたいにおいてポジティブなものである。なぜなら、それによって他者は私たちの行動をよりよく理解し、それゆえに私たちの行動を予想したり、もしかすると私たちの行動に影響を与えたりすることも可能にな

るからでる.残念ながら,社会コミュニティに対しては役に立ちうるポジティブな結果が,個人にとってはやっかいなものとなりかねないのである.アイデンティティを構築し,状況を評価・コントロールし,問題解決を行うのに役立つ同じ言語プロセスが,役に立たない破壊的な行動をもたらし,とかく問題のある生き方のパターンに陥る恐れがある.一貫性を保ちたがり,正当化,説明,評価,アセスメントをしたがるマインドの傾向によって,自分の生活を制限する,言葉によるある種の拘束服を着せられる羽目になりかねない.

　例えば,本書の執筆者のひとり(Robyn D. Walser)のクライエントに,「誇り高き男」として定義された,概念としての自己を全面的に信奉している男性がいた.彼の誇り高き男としての自己概念には,何が何でも自分は敬意に値する人物であるという考えが含まれていた.家族はいつでも彼の言うことを聞くべきであり,反対することなくそうすべきである,と感じており,誇り高き男として,自分が間違っていると認める必要など決してあるはずがない,と考えていたのである.このような概念としての自己にしがみつく過程で,彼は家族との関係を失い始めた.自ら作り上げたアイデンティティゆえに,人間関係における親密さや親しみを犠牲にすることになったのである.自己知覚(self perception)にあまりにもとらわれるあまり,腹を立て,よりいっそう高慢となり,人間関係がうまくいくためには他の人たちが変わって彼のやり方に賛同する必要がある,と主張したのである.彼は,自分が最も望んでいた方向性(親密な家族関係)に向かうことなく,このようなことをしていたのである.「私は変われない.それどころか,もし自分のこだわりを捨てたなら,私はもはや『男ではなくなってしまう』だろう」.誇り高き男という概念はそう明示していたのである.最終的に,彼と口をきくのは6人の子どもたちのうちわずか2人だけということになってしまった.そして彼の孫のほとんどが,彼のそばにまったく寄りつこうとしなくなったのである.彼は,物語やラベルへの執着と引きかえに,家族を失ってしまったのである.

　全人生が,概念としての自己に振り回されてしまう可能性もある.虐待

第5章　概念としての自己と文脈としての自己を区別する　217

を受け，一生涯にわたる犠牲者あるいは「破損品」となってしまった子ども，「ベトナム退役軍人」となったベトナム戦争期の兵士，勤勉に働き「専門家」となった労働者，わが身を投げうって「犠牲者」となった母親について考えてみよう。これらの自作の「概念」は，それぞれ苦痛と葛藤をもたらしかねない。当人が大切にし，価値をおいている他のものが結果的に失われることになる場合には，とくにそうである。

　概念としての自己の言語的知識は限られている。私たちは実のところ，これまでも，そして現在においても，自分の行動に影響を及ぼしている学習経験と文脈をすべて知っているわけではない。それどころか，自分の人生についての理解が不完全である中，私たちに残るのは，物語と正当化そして説明である。これらは，多くの事実に言及し，行動パターンを説明してはくれるものの，場合によっては，生きていく中でほとんど役に立たないと言ってもよいものである。

文脈としての自己

　RFT[26]では，内容としての自己につながるものと同じ社会的訓練プロセスが，一般に，他の自己の体験（連続的で安定しているものの，定義しがたい自己）をももたらすと論じている。子どもの頃，私たちは「何を見たの？」「心配なの？」「何を食べたい？」といった質問をされたときには，「私（＝I）はワンちゃんを見たの」「僕（＝I）は怖い」「私（＝I）はクッキーがほしい」といった反応をすることを学ぶ。答の内容は連続的に変化する（例：「私は～を見る」「私は～を感じる」「私は～がほしい」）が，「私」という語は定数となり，出来事が理解されるための意識的な出発点となる。RFTによれば，「私(I)／あなた(you)」というのは，基本的な関係フレームであり，「ここ／そこ」「今／そのとき」のようなフレームととともに，対象指示的フレームである。つまり，それは話者と関連づけて実際に示すことで学ぶ必要があるという意味である。これは概念としての「私(I)」とは異なる。文脈としての自己は，いわば視点である。人はそこから知覚し

て，話して，行動して，そして生きるのである。言いかえれば，「私／ここ／今」は，体験の内容に対する文脈となるのである。

そこで現れる自己の体験は，超越的であり，本質的に社会的である。それが「超越的」と呼ばれるのは，この意識的文脈の限界は意識的には気づき得ないものだからである。あなたがどこへ行こうとも，あなたはそこにいる。無意識を意識することは不可能なのだ。別の言い方をすると，この体験は物のようなものではなく，どこから見ても時空間的制限があるようには思われない。そのため，それは超越的な体験やスピリチュアルな体験の自然な基盤となるのである[22]。このような自己の体験は，社会的であるともいえる。なぜなら，双方向的でない関係フレームをもつことは不可能だからである。「ここ」を理解するためには「そこ」を理解する必要がある。「今」を理解するためには「そのとき」を理解しなければならないのである。同様に，「私」の体験 (sense) に接触するためには「あなた」の体験 (sense) に接触できなければならないのである。自分は自分の目を通して見ているということを理解するためには，他人もその人自身の目を通して見ていることを理解する必要がある。そのため，共感性と超越的な自己の体験は，非常に密接に結びついている。自己の体験を生み出すのと同じ，関係をフレーム化していくプロセスが，他者にとって感じるというのはどのようなことなのかという体験 (sense) を生み出すのである。

この文脈としての自己の体験は，就学前の時期にひとたび出現し始めると[46]，たちまち意識的に体験するすべてのことの一部となる。例えば，人は，昨晩の夕食に何を食べたか，昨年の休暇にどこへ行ったか，どの高校に通ったか，と尋ねられれば，夕食を食べた者の，休暇に行った者の，ある高校に通った者の目を通して見ることで，これらのすべての質問に答えられるだろう。時間をさかのぼって続いていく安定した自己の体験から，これらの各出来事を眺めることができるのだろう。この視点から，人は，思考，気分，記憶，身体感覚も含めて，自分の人生の内容を観察する。ここで言及している自己とは，より大きな，時間を超えて相互に関連し合う自己であり，自分が体験することをすべて収容しながら，その体験のどれひとつ

とも異なる文脈なのである。この場所あるいは舞台は，体験の内容のすべてが展開する場であるが，概念でもなく，信念でもなく，何とも定義しがたい。そのことだけからしても，それは，深い意味で物ではない。あるいは，それは「無（nothing）」もしくは「すべてのもの（everything）」であると言ってもよいだろう。

なぜ文脈としての自己を内容としての自己と区別するのか

ここでのワークの目的は，新たな執着の体験（sense）を作り出すこと[訳注]ではない。人が「本当は」自己のひとつの体験，または別の体験とイコールである，と論じているわけ**ではない**のだ。そうではなくて，「ここにいる」という体験（sense）と接触するよう支援することで，次の3つの重要なACTプロセスを促すことができるのである。

① 概念としての自己へのとらわれを弱める。
② アクセプタンスと脱フュージョンのワークが脅威を与えないような文脈を作り出す。
③ より柔軟性を高める。

知るものと知られるものの間に体験的区別をすることで，クライエントは，より自由に体験を観察し，生きるという営為に取りかかれるようになる。価値に沿った方向へと向かうためには，その前にまず，ネガティブに評価された体験を排除しようと戦わなくてはならない（例：「不安が消えたなら，そのとき私は私の人生を生きるようになるだろう」という思考にしたがって生きる）などということがなくなるのである。

文脈としての自己がいかに私たちの日頃の認識方法に影響するか，具体的に示す例を考えてみよう。クライエントは「私は自分自身が嫌いです。このように感じることを，もう一瞬たりとも我慢できません」と言うこと

訳注　文脈としての自己のすばらしさを論じ，それに対する執着を生み出すこと。

がある。そして，その気分について「マインドが今言ったこと」に注意を向けてそれを信じる中で，クライエントはその体験を回避する手段としてアルコールを飲むことを選ぶかもしれない。この例では，マインドの内容が字義どおりに信じられており，概念化された対象としての自己に適用されている。内容には自己についての評価と予言的な結果（「私はこれに我慢できない」）が含まれている。知るということの字義どおりの言語的な意味が猛威をふるっている場合，即座に行動しないと何かしらひどい出来事が続くように思われる。マインドの内容を修正あるいはコントロールすることを主眼に，すぐに行動が組織される。しかし，まさにその取り組みこそが問題となりかねないのである。例えば，クライエントが悪い記憶を忘れるために感覚を完全に麻痺させてしまう，気分を改善しようとしてコカインを使用する，あるいは愛されなくなるという恐怖を回避するために親密になるのを避ける，というのがその例である。

　クライエントがただその瞬間に注意を向けて，自分の思考を観察すれば，別の道が開ける。例えば，クライエントは「このように感じることを私はもう一瞬たりとも我慢できない」という思考が発生するのを観察したあと，何が起こるかに気づきを向けることもできる。そしてその直後に，別の思考が生じ……，そうして体験の流れは，流れ続けていくだろう。体験のこのような現在進行中の流れ（体験的知識）を知るようになることで，クライエントは，自分は滅びたりはしない，ということを知るだろう。実際，次の瞬間が過ぎ去れば，また別の体験が訪れるのである。クライエントが現在に存在し，その瞬間を直接体験することができれば，思考や感情がいかに破壊的でないかを学ぶチャンスも生まれるだろうし，自己の体験を広げ，自分は体験（experience）そのものでなはなく，むしろ体験者あるいは観察者であると認識するチャンスも生まれるだろう。

何がこのプロセスのきっかけとなるのか

　ACTでは，概念としての自己への過度のとらわれという問題を探求し，

文脈としての自己を探求するために，セラピストはクライエントと持続的にワークに取り組んでいく。しかし，ある2つの重要なタイミングでは，これらの問題への焦点をさらに強める必要がある。第一のタイミングは，概念としての自己へのとらわれが原因でクライエントが自分の人生で必要な変化を起こせなくなっているときである。例えば，クライエントは，犠牲者であるということを過度に自己と同一視していることがある。このような概念としての自己の内容を信じると，クライエントは他者に不信感を抱き，親密な人間関係に携わるのを拒否してしまう。それは，たとえ親密性がそのクライエントの人間関係における価値の一部と考えられていたとしても，である。このような概念としての自己に全面的に取り組むと，犠牲者としてのクライエントの人生はかなり制限的なものとなりかねない。したがって，セラピストの仕事は，クライエントに文脈としての自己と接触し，マインドの内容とは分離された，もっと大きく，もっと包含的な自己の体験に関与するよう支援することである。言いかえれば，クライエントは犠牲者としての自己とは分離した自己の体験に接触することが可能なのである。ゴールは，クライエントの柔軟性を高めて，クライエントが新しい行動に取り組むように支援することである。

　第二のタイミングには，クライエントが安全で安心できる場を見つけられるよう支援するということが関わってくる。それは，恐れている感情，記憶，思考，身体的な感覚に接触し，対決する出発点となる場である。恐れている体験は，他でもない自己の体験を脅かすことが少なくない。超越的な「私（I）」と接触することで，クライエントが場（place）の存在に気づくようになる。それは，変わることなく，安定し，自分のマインドあるいは感情といった体験によって脅かされる必要のない場である。実際には，**クライエントこそが場なのである**。これによって，脱フュージョンやウィリングネスのワークを促進することができるが，それには，つらく苦しい体験との接触が必然的に伴う。文脈としての自己のワークは，価値を装って他人を喜ばせたり罪悪感や恥を回避しようとする試みを弱めるという理由からも，価値のワークの助けにもなると言える。

セラピストとしては，このACTプロセスが有効に機能する可能性を示す，自分自身の中のある種のサインにも気を配るのがよいだろう。そのサインとは，つながりがもてないという感覚，共感できない感じ，退屈である，クライエントとの口論，クライエントの自己イメージを保護しようという誘惑，などである。

その方法はどのようなものか

このプロセスにおける主なゴールは，クライエントが，自己の連続的な体験を確立する，あるいはそれと再びつながりをもつのを支援することである。それには，瞬間瞬間の思考と感情の流れを（信じるか，信じないかはともかく），クライエントが反応しなければならない思考や気分の例としてではなく，その瞬間の体験として気づいたり観察したりすることが必要となる。クライエントが，釣り合いのとれた見方と，それによって得られる平静さをもって体験を観察できるとき，新しく，より柔軟な対応の仕方が拡大しうるのである。このプロセスで用いられる方略には，以下のようなものがある。

○思考や感情に気づいている「あなた」という体験を認識させる。
○マインドフルネスとアウェアネス[訳注]を実践させる（第4章を参照）。
○セッションの内外で，超越的かつ共感的で，社会的に拡大する自己の体験への気づきを積極的に実践する。
○論理ではなく，体験に焦点を当てる。
○思考の内容から脱フュージョンする（第3章を参照）。

より具体的には，観察者としての自己[32]との接触が，一連のメタファー，介入，体験的エクササイズを通じて確立される。これらは，内容としての

訳注　mindfulnessもawarenessも日本語では「気づき」と訳されるが，前者の方が「気づこう」とする意識的努力を伴うとされる。

図5.1

自己というよりも、むしろ文脈としての自己と接触するよう、クライエントを支援するものである。一般的に、観察者としての自己との接触は、クライエントが「今，この瞬間」のさまざまな側面に注意を向け、それから体験のこれらの側面に気づいている「私(I)」の存在に気づくよう支援することを目的とする、さまざまなエクササイズを通じて達成される。

メタファー

多くのACT介入と同様に、体系的なメタファーを用意しておくと役に立つ。文脈としての自己を説明するメタファーはいくつかある。その一例は、文脈としての自己を家に、内容としての自己を屋内の家具にたとえる（図5.1）ものである。バスのメタファー（文献32, pp.157-158）のように、ACTのワークの他の部分で用いられるメタファーも、文脈としての自己のための

体系的なメタファーとして簡単に適用できる。例えば，セラピストが脱フュージョン，アクセプタンス，価値に関するワークの中で，規則を守らない乗客で満員のバスのメタファーを用いる場合，これらの体験のすべてを認識している人物の役としてドライバーについて話すのは，そう難しいことではない。

チェスボードのメタファーは，ACTの中心的なメタファーである（文献32, pp.190-197）。このメタファーでは，自己（すなわち，体験の起こる舞台あるいは文脈）がチェスボードにたとえられている。チェスの駒はクライエントの思考，気分，身体的感覚などに相当するとされる。このメタファーは，確立された後，さまざまな形でより凝ったものにしていくことができる。例えば，チェスは戦争ゲームであり，戦争の展開にボード（「私」）は本当の意味で何ら寄与していないことについて話し合ってもよいだろう。また，セラピストは，さまざまな駒はお互いにとって脅威であるが，ボードにとっては脅威にはならないという点を指摘してもよい。ボードは駒に触れて支えているだけなのである。実物のチェスボードを使うことで，メタファーをより具体的なものにすることもできるだろう。チェスボードといった物理的な小道具を用いることは，抽象化能力が限られているクライエントにとってはとくに有効である。次の面接記録を通して，このメタファーがひとたび準備されると，セッションの流れに融合させることで，いかにより体験的なものになりうるかということを見てみよう。

クライエント　〔チェスボードのメタファーが説明され，実際のチェスボードと駒が用いられた直後に〕では，私がボードで，私の思考と気分が駒なのですね？　でも，私が誰であるかということについての私の思考はどうなるのですか？

セラピスト　〔もっと多くの駒を手にとり，それらをボードの上におく〕ボードに加えられる，より多くの駒です。

クライエント　でも，私が何かを感じるとき，それは真に迫っていて，圧

倒的に感じられます。

セラピスト　〔もうひとつのチェス駒を手にして〕そうです，間違いなく，それはあなたがしている体験です。〔チェス駒をボードにおいて，その気分を象徴させる〕そして，あなたがたった今抱いたその思考，つまり「でも，私が何かを感じるとき，それは真に迫っていて，圧倒的に感じられます」という思考ももうひとつの駒であり，もうひとつの体験なのです。〔チェス駒をもうひとつ，ボードにおく〕

クライエント　では，私の言うことはすべて，別の駒になっていくのですか？

セラピスト　はい。あなたが体験することは，それが気分であろうと思考であろうと，それぞれがチェスボードの上のもうひとつの駒なのです。そして，あなたはボードとして，自分が駒と触れていること，それらと接触しているということ〔接触を実際に示すために，ボード上であちこちに駒を滑らせる〕，しかしそれらの駒はボードではないということに気づいてみてください。

クライエント　あの，どうにもボードをひっくり返してしまいたいように思うのですけど。

セラピスト　では，その思考もまた，ボードの上のもうひとつの駒ということになりますね。〔ボード上にもうひとつ駒をおく〕これがどのような仕組みになっているのか，おわかりですか？

クライエント　わかりますけど，でも，私はこんな悪い駒はいらないです。

セラピスト　〔共感的に〕それはよくわかります。しかし，もう一度，あなたの体験を確認してみてください。これまでに自分が望まない駒をボードから蹴り落とせたことがありましたか？　そのような悪い記憶や気分は消えてくれましたか？

クライエント　いいえ。

セラピスト　つまり，「私はこれらの悪い駒はいらない」という思考さえもボードに載るのです。〔別の駒をボードにおく〕けれども，思い出してくださいね。ボードは駒ではありません。ボード（あなた，体験者）は，どの駒よりも大きいのです。あなたは自分の思考や気分と接触しています。自分がそれらの思考や感情をもっていることに気づいています。しかし，あなたが思考や感情なのではありません。あなたはいろいろな思考や感情を体験して，それらをひたすらボードに加えていく……，だから，それらの駒はボードではないのです。たとえ，ある駒が「これは圧倒的だぞ」と言ったとしても，ボードはただ駒を支えて，何ら損なわれることなく，そのままでいられるのです。

　ここでセラピストは，体験（駒）の保持者であり体験の観察者としてボードを指し示す一方で，体験というのは持続的であり付加的であるということも説明することで，文脈としての自己を実際の物を使って説明している。体験は，ある瞬間から次の瞬間へと流れていく。そして，新しい体験は，ちょうどボードに別の駒が加えられるように，それぞれ観察されることになる。ここで大切なことは，セラピストとクライエントが必ずしもこの文脈としての自己の体験と常に接触しているわけではないということである。観察者としての視点に留まり続けるのは非常に困難である。この自己の体験に気づくには，実践的な練習が必要である。それでも，観察者としての自己とは，とても自由な立場なのである。クライエントが体験とイコールでないなら，そのときクライエントには，駒を支えながらも何かを選択する自由がある。駒を変える努力など一切しなくても，効果的な行為をすることが可能なのである。

短期的介入

　クライエントが概念としての自己と文脈としての自己に接触するためには，メタファーを含む数多くの介入が活用できる。これらは一般に，観察

者としての視点に立つ能力をよりうまく促進すると共に，クライエントが内容としての自己にとらわれてしまっているときに，その事態を認識するのを支援するために行われる。例えば，クライエントは通常，セラピーを訪れたときには，自分自身についての物語と自分が実際に体験したことが少々違うということに気づいてはいない。その代わりに，クライエントは，自分の人生を自分の物語**として**とらえ，自分の自己評価を存在の問題として考えている。したがって，最初のワークでは，自分には自分自身についての概念があるという事実にクライエントが気づき，その内容の一部がどのようなものかを確認し，さらにそれが自分の人生でいかに機能するかを理解できるよう支援することに焦点を当てるとよいだろう。

概念としての自己の機能をどのように特定したらよいかをクライエントに具体的に説明する方法のひとつとして，概念としての自己をスーツに見立てた，短くてユーモラスな物語がある。ひとりの男性が新しいスーツ[訳注]を受け取るために，仕立て屋に入って行く。試着したとき，そのスーツがまったく合っていないことに気づく。肘のあたりが突き出していて，片方の肩は高すぎる，ウエストは左右対称になっていない。その男性は驚いて，仕立て屋の方を向くと，「おい，私はこんなものに金を払うわけにはいかない。このスーツは合わないぞ」と言う。

「ご心配なく，旦那」と仕立て屋は言う。「このように肩を突き出して，こういうふうに身体をねじって，少し左に傾いてください。お見事です」。

この男性がこの指導にしたがうと，そのスーツは完璧におさまった。店を出て，道を歩いているときに，彼はふたりの女性とすれ違った。最初の女性がもうひとりに，「ほら見て，あの身体の不自由な人。気の毒ね」とささやく。

すると2番目の女性がこう言った。「そうね。でも，あの人のスーツはけっこうイケてない？」。

このメタファーは通常，自分の人生のために選ぶであろう価値に沿った方向性に「合っていない」自己アイデンティティと戦っているクライエン

訳注　英語で衣服のスーツを表すsuitには，「合う，適している」という意味がある。

トに対して話して聞かせられるものである。議論を通してクライエントは，ただ自分の人生を生きるのではなく，現実についての自分の解釈に合うように自分自身と自分の生活をゆがめている，ということを理解できるようになる。スーツにぴったり合うように自分自身の身体をねじっているのだ。また，この男性のスーツを気に入った女性について考えるとき，クライエントは，狭く定義された自己概念の中で生きるよう，社会コミュニティがいかに私たちを後押ししているかということや，もし私たちが変わって，自分は何者であるかについて自分が抱いている考えからはずれて生きたら，なかには失望したり動揺したりする人がいるということも理解できるだろう。このメタファーに続けて，セラピストはクライエントと話し合い，次のような質問をしてもよいだろう。「あなたはこれまで自分に合わないどのようなスーツを着ていらっしゃったのですか？」「あなたが着ていらっしゃるスーツは，どなたが作ったのですか？」「それを着ようと選択したのは，あなたですか？　それとも単なる習慣からですか？」「そのスーツを脱ぐのは，どのような感じですか？」「あなたがあなたの人生で違う人になってしまったら，誰を失望させたり，あるいは動揺させてしまいますか？　または，誰が悪いということにしないといけませんか？」。このプロセスの間中，セラピストは，クライエントが「あなたはスーツではない」ということを理解できるよう支援する。

　もうひとつの介入は，「アイデンティティ選び」（文献32, p.196）と呼ばれている。この介入の目的は，クライエントがさまざまな自己概念を試しにまとってみることで，自己概念の恣意的な性質とそれらの概念がクライエントの記憶，知覚，思考，気分，性向の全体にどのように影響するかを，クライエントに理解してもらうことである。このエクササイズでは，セラピストが細長い紙片を用意し，その上に特定のアイデンティティを説明するさまざまな言葉を書いておく。それらのアイデンティティの中には，クライエントが自分自身について言ったことを反映するものもあれば，新奇なものもある。例えば，「私はバレリーナです」「私は悪い人間です」「私はおもしろい」「私はパワフルです」と書かれた紙片が用意されていることも

ある。次に，セッションの中で，これらのアイデンティティを説明する言葉に「なる」ようクライエントに試みてもらう。セラピストはクライエントと一緒に，そのアイデンティティになるというはどのような感じであるのかを明らかにして，さらにこれらのアイデンティティと自己を同一視することが自分の思考，気分，性向などに与える影響に気づけるようにする。このエクササイズは，クライエントが観察する自己と結びつく上でも役立つだろう。例えば，セラピストは，クライエントがあるアイデンティティを試しにまとったとかなり確信できたときには，「あなたが抱いているさまざまな思考や気分に気づいている人がここにいることに気づくことができますか？」といった質問をするとよいだろう。

　ここで話している，超越的な自己の体験というのは，見ることが不可能である。なぜならば，**それこそ**が意識的に見ることに当然伴ってくる視点の感覚（sense）**である**からである。この自己の体験を探すのは，言ってみれば，「瞳が何かを見つめている」という様子を見るために自分の目の後ろから飛び出そうとするようなものだ。比喩的に言うと，見る結果として生じるであろうものを見るためには，目はそれを後ろから追いかけなければならない。とはいえ，短い瞬間であれば，自分自身をとらえることは可能である。例えば，「自由思考を見つける」エクササイズでは，目を閉じて，全面的に自由で，クライエントの学習経験の中の他の何とも，いかなる形でもつながっていない思考を発見するようにと，クライエントに求める。通常，このエクササイズの構造を見ると，いかにもそれが可能であるかのように思える。しかし，実際のクライエントの体験はそうではない。以下の面接記録が具体的に示すように，セラピストはその後，驚くような質問をする。

> **セラピスト**　では，浮かんでくる思考を見つめ続けて，あらかじめプログラム化されていない思考を見つけられるかどうか，試してみてください。自由で，条件づけされていなくて，あなたの人生の他の何ものともまったく関係がない思考です。〔間〕何が浮かんできますか？

クライエント 〔間〕たくさんの思考が浮かんできますが，どれもなじみがある感じがします。

セラピスト そうですか，続けてください。〔間〕はい，何が浮かんできますか？

クライエント ええと，浜辺の情景について考えました。一度も行ったことがない浜辺です。だから「これは新しいものだ」と考えました。でも，気づいたのは，この浜辺の情景は前に見たコマーシャルに似ているな，と。

セラピスト そうですか。

クライエント それから，果たしてそれは新しいのかどうか考え始めたとき，自分が小学3年生で先生が難しい質問をしたときとちょうど似たように感じていることに気づいたのです。ですから，それもきっと新しくはないんですね。

セラピスト いいですね。続けてください。探し続けてみてください。そのときに，ひとつ，お尋ねしたいことがあります。あなたが，「探索モード」に入ったな，と思ったら，指を上げてください。

クライエント 〔指を上げる〕

セラピスト 自分の「こころの条件づけ」に気づきながら，次のことにも気づいてみてください。見ているのは誰ですか？〔沈黙〕

クライエント 私です。

セラピスト この体験（sense）はするりと逃げてしまいますから，つかもうとはせずに見つめてください。でも，もうひとつ質問させてください。自分は見ているということがわかったときに，あなたの中の**その部分**は，プログラム化され，条件づけられているように感じられました

か？

クライエント　いいえ。それは，ただ存在しています。

　重要なのは，話を引き出している間，この体験を具体化して考えないことである。超越的な体験の喉元をつかみ，さらにまた別の概念としての自己を作り出すことが目的ではないのである。要は，物ではないという性質（no-thingness）訳注に体験的に触れて[22]，そこから自分固有の全人性を信頼して行動することが重要なのである。

　ACTの言い回しに，概念としての自己と関わる際にするべきことを示すものがある。それは，「毎日，自分自身を殺しなさい」（文献32, p.200）である。文脈としての自己に接触するというのは，概念としての自己と，それに伴う戦いから手を引くということが関わってくる。要は，柔軟性を創造するということである。プライド，犠牲者，殉教者，その他あらゆる概念としての自己にしがみつかなくてすむとき，私たちは，価値を軸に自由に選択できる。「もつに値する」「もつ必要がある」，あるいは「断固としてもつべきだ」と概念としての自己が主張しているものを軸にしなくてもよいのである。そうすることで，行動は柔軟になり，価値と協調するものとなりうる。

体験的エクササイズ

　クライエントが概念としての自己を手放せるよう支援するために，さまざまな体験的エクササイズを用いることができる。中心となるACTエクササイズのひとつは，「観察者としての自己」エクササイズ（文献32, pp.192-196）である。これは，単独のどの体験よりも大きな，「私（I）」という体験（sense）にクライエントがすばやく接触できるよう促すものである。このエクササイズは，一般に目を閉じて行うエクササイズとして行われ，30分かそれ以上の時間がかかることが多い。プロセス全体に関しては，文献32を参照した方がよいだろうが，その核心的な部分は，以下の面接記録で具

訳注　英語のnothingとかけて，物ではなく，何もないという意味を表している。

体的に示されているように,最初に意識そのものの連続性に気づくことである。

> **セラピスト** あなたにそのお気持ちがあれば,例の場を発見するための短いエクササイズを行ってみたいと思います。場とは,あなたが,あなたが体験するすべてのことの文脈となる場,あなたが,あなたの体験の観察者となる場です。〔先に進む許可を得る〕
>
> 目を閉じて,私の言葉についてきてください。呼吸に焦点を当てて,椅子に座った状態で楽になるようにして集中できるように,ちょっと時間をとりましょう。〔クライエントが落ち着くまで,少し時間を与える〕それでは,ゆっくりと記憶をさかのぼって,あなたが今朝行ったことについて考えてください。朝食をとるとか,仕事に行く支度をするとか,そういったことです。その記憶をよく見回してください。あなたは何をしているのか,もし誰かいるとしたら,そこにいるのは誰なのか,そうしたことに気づいてみてください。この記憶の光景や音をうまく思い出せるかどうか,やってみてください。〔クライエントが記憶についてよく考える時間を与える〕
>
> では次に,この記憶に気づきを向けながら,観察しながら,気づいているのが誰かということにも気づいてください。それでは,この記憶は手放して,また別の記憶を見つけるために時間をさかのぼりましょう。1カ月前とか,1年前の記憶などでもいいでしょう。その記憶を見つけたら,またよく見回してください。その記憶の光景と音は,どんな感じですか?〔間〕ここでも,この記憶に気づきしながら,気づいているのは誰なのかということに気づいてください。あなたがこの記憶をもっていることを観察している「あなた」がそこに存在するということに,気づきを向けてください。

方略としては,このあと,その連続性の体験(sense)を,役割や身体的感覚,感情,思考,および行動へ駆り立てる衝動といった,体験のレベル

と対比させる。そのとき，体験のレベルにはいかに波があり絶えず変化しているかということと，意識の体験（sense）そのものは変化しないということにクライエントの注意を向けさせる。一番重要なのは，私たちが戦っている体験というのは，いずれにしても本当は「私たち」ではないということである。

ACTの文献の中には，クライエントが文脈としての自己を構築するのを支援するために用いることができるエクササイズが他にもたくさんある。その中には，「カードのラベリング」エクササイズ[55]や「概念としての自己を手放す」エクササイズ[56]がある。

自己評価とのフュージョン

前述したように，評価が非常に有用となるものごともある。評価が私たちを危険から守り，判断を導き，文化的に定義された善悪を知る助けになるのである。しかし，評価能力は，一部の文脈では有用となりうるものの，文脈によってはかなり有害となりかねない。とくに，それが自分自身に向けられた場合にはそうである。私たちが出会うクライエントの大半は，自分自身のネガティブな評価を（私的に，公的に，あるいはその両方で）述べて，心底信じるのに忙しくしている。しかも多くの場合，このような評価は，クライエントが意識的な存在として存在するようになって以来ずっと周囲にあって，連続的にクライエントをわずらわせたり，問題が発生した際に現れたりしてきたというのが現実である。「私は無価値だ」「私は邪悪だ」「私は惨めだ」「私は醜い」「私は何にも値しない」「私は失敗者だ」「私は途方に暮れている」「私は動物で，人でさえない」「私は破損品だ」といった，クライエントがセッションにもたらす評価を検討し直すだけで，セラピストは，これらの評価とのフュージョンがいったいどのような害をもたらしたのかを感じることができる。自己評価に取り組むための効果的な方法を見つけるというのは，非常に困難を極めるだろう。なぜなら，これは人間言語の，自然で何度もくり返された特徴であるからだ。

しばしばクライエントは，自分の自己評価を変えなくてはいけない，よ

り良い人生を生きるためにはもっと良いもっとポジティブな自己評価（例：高い自尊心）をしなくては，という考えをもってセラピーを訪れる。これは，クライエントにとって負け戦になるだろう。なぜなら，皮肉にも，ネガティブな自己評価を排除するための戦いが問題の種を握っているからである。クライエントの評価というのは，クライエント自身とクライエントの学習経験の一部である。そのため，自己評価を変えたり排除したりするためには，クライエントが自分自身との戦いに出る必要があるのである。そこから生み出されるのは，自己攻撃的で自己批判的な姿勢である。それこそ，そもそも問題の中心にあった姿勢である。対照的に，ACTセラピストは，クライエントが自己評価の内容を変えるのを支援するのではなく，クライエントが評価を冷静に観察するよう導きながら，評価をありのままの姿（ただの評価）として見るよう支援する。要するに，こういった評価はクライエントのマインドが作り上げたプログラミングの一部であって，あるボタンが押されるとこのプログラミングがスクリーンに現れるにすぎない，ということをクライエントが理解できるよう支援するのが大切なのである。チェスボードのメタファーを使って言うなら，評価はボード上の駒であり，ボードの一部ではないということになる。クライエントは，評価という思考**をもつ**完全な人間であり，評価がクライエントの選択や生活の質を決定する必要はないのである（これは，理由づけという思考の場合も同様である）。

　評価を真実と考えるのではなく，むしろ評価という体験にただ気づくよう支援するためのエクササイズはたくさんある。まず最初に，記述と評価の区別をするとよい。例えば，以下の面接記録にも示されているように，セッション中にペンを手にとり，それを記述してみせるのもよいだろう。

　　セラピスト　このペンは白くて，黒い文字が書いてあり，黒いキャップがついています。ペン先は金属で，黒インクが入っています。よろしいですか？

クライエント　はい。

セラピスト　では，これは世界で最高のペンだ，これ以上にすばらしいペンはない，と私が言ったらどうでしょう。それでもよろしいですか？

クライエント　ええっと，わかりません。私もかなり良いペンをもっていますから。

セラピスト　そうですね。記述が評価とどう違うのか，おわかりいただけましたか？「世界最高のペン」というのは，そのペンの**中**に存在していることではありません。それは，そのペンについて私が言っていることなのです。そのペンに関して私が抱いている評価であり……，そのペンの中に存在しているわけではないのです。〔間〕同じように，「価値がない」というのは，あなたの中に存在していることではありません。あなたが自分自身についておっしゃっている評価にすぎないのです。あなたが完全な人間かどうかということとは，まったく関係ありません。

　クライエントとのこうしたやりとりは，第3章で紹介した「ミルク，ミルク，ミルク」エクササイズ（p.103）によっても行うことができる。クライエントは牛乳を想像できるし，マインドの目でそれを見ることもできる。そしておそらく，その冷たいコップを「感じ」たり牛乳を「味わう」ことさえできるだろう。しかし，たとえそうだとしても，牛乳はそこにはないのである。「牛乳」と声に出して，牛乳の記述をしてみたところで，突如として牛乳が字義どおりに存在するようになるわけではない。「私は悪い人間だ」と言って，「私は悪い人間だ」と感じたところで，その人物の中に「悪い」が存在するようになるわけではないのである。それは単に，その人物が自分自身について言っていることにすぎない。ここでもクライエントは，「私は悪い人間だ」という体験内容（駒）のための文脈（ボード）にすぎず，それ以上の何ものでもない。

文脈としての自己と，良く生きること

　文脈としての自己と接触させることで，クライエントに選択の体験（sense）をもつよう促すことができる。なぜ選択が重要になるかというと，選択という行動によって，クライエントが自分の価値に沿った行為を選択できるようになるからである。行き詰まっているクライエントは，自分がそのような状態にあるのは自分に選択肢がないからだ，と報告することが多い。何らかの思考や気分によってクライエントは前進できなくなっているのである。どうして行き詰まったままなのかを説明するために，理由や物語が引っ張り出されることが多い。これらの理由は，本質的に多岐にわたるものとなる。トラウマ的な子ども時代から，怒り，寛大さの欠如，さらに無価値感にまで及ぶことが考えられる。セラピストの仕事は，クライエントがこれらの物語から脱フュージョンして，選択はなおも可能であるということを認識できるよう支援することである。

　クライエントが文脈としての自己に基づいて行動できるようになれば，回避やフュージョンなしにもっと容易に思考や気分に気づけるようになる。例えば，クライエントは「私にはこれはできない」という思考を抱きながら，それでもそれを行うことができるのである。重要なのは，その思考を観察した上で，その状況でするべきことにはどんなことがあるかを考慮して行動を起こすことである。クライエントがこのレパートリーを形成できるよう支援するにはさまざまな方法がある。次の面接記録に示されているように，クライエントが体験的に知るという感覚（experiential sense of knowing）とつながれるよう支援するのも，ひとつの方法である。

> **セラピスト**　今までに，「もう一瞬たりともそれを我慢できない」とご自身におっしゃったことはありますか？
>
> **クライエント**　はい。
>
> **セラピスト**　それで，何が起こりましたか？

クライエント　その……。〔クスクス笑う〕

セラピスト　次の瞬間も過ぎていきましたよね？

クライエント　はい。

セラピスト　それからさらに次の瞬間も，また次もです。そのような瞬間がどんどん訪れては消えていく。そして，あなたは今ここにいる。あなたのマインドはあなたには我慢できないと言いましたが，それでもあなたは我慢できました。

クライエント　そうですが，でも，とてもひどい気分でした。

セラピスト　そうでしょうね。確かにひどい気分だったと思います。しかし，ほんのちょっとの間イメージしてみてください。あなたの思考が実際に行動をすべてコントロールしていて，あなたの抱えていた思考はいずれもあなたが何かをする原因になったとしたら，どうでしょう？　思考が実際にすべての人の行動を引き起こす原因だったとしたら，どうでしょう？　世界はどうなるでしょうか？

クライエント　大混乱でしょう。消えてしまうでしょうね。

セラピスト　ええ，本当にひどいことになるでしょう。思考が行動を引き起こす原因でないことを，神に感謝しないといけませんね。何か理由があったり，物語があったりしても，そのせいで何かをしなければならないと強制されるわけではないのです。しかし，それらの理由や物語は時として，いかにも巨大で恐ろしく見えるようにしたがることがあります。まるで，私たちに何かをするよう強制できるかのように，です。けれども，せいぜいそれらができることは，巨大で恐ろしい**見かけ**にするくらいです。あなたのマインドはあなたに，「もう一瞬たりとも，これを我慢できない」と言ってきます。その後，あなたの体験は「あなたにはできる」と言います。私がお聞きしたいのは，そもそもこれらの思考に気づ

いているのはいったい誰なのか，ということです。

クライエント 私です。

セラピスト そして，その気づきの体験（sense）は，ある特定の思考だけで生じるものですか？ あるいは，自分が好きな思考と好きではない思考の両方に気づきを向けることはできますか？

クライエント もちろんです。

セラピスト 選択が可能になるのは，ここからです。これは誰の人生なのでしょう？ あなたの思考のものですか？ あなたは，自分の思考を観察しながら選択できますか？ 思考に耳を傾けながら，思考に気づきながら，あなたが生きたいと思う人生にぴったり合う行動をとることができますか？

セラピストは，そのクライエントのために用意したホームワーク課題をいくつか与えるとよい。クライエントが意識をもった人間として完全に自覚しながら，自分の思考や感情の**ために**ではなく，自分の思考や感情と**共に**選択をするという実践練習をするのに役立つホームワークである。そうすることで，文脈としての自己を，その他のACTプロセス（例：「今，この瞬間」との接触，脱フュージョン，価値に沿った生き方）に効果的に結びつけることができる。

コア・コンピテンシーの実践

この章の残りの部分では，クライエントが文脈としての自己を概念としての自己の内容から区別できるようになるための，コア・コンピテンシーに焦点を当てる。文脈としての自己を区別するには，4つのコア・コンピテンシーが関わってくる。各コア・コンピテンシーについての説明に続いて，面接記録と実践の機会を設けてある。

コア・コンピテンシー・エクササイズ

コンピテンシー1：メタファーを活用して，クライエントが意識の内容や産物と意識そのものを区別するのを支援する。

エクササイズ5.1　　⇨ 回答例はp.242

　クライエントは，61歳の女性。夫との離婚の後でセラピーに現れる。彼女はこれまでに一度もセラピーを受けたことがなく，困難な感情に対処するためには回避方略を用いることが多かった。40年以上ひとりでいたことがなかったため，新しい生活を生きる方法を見つけたいと願っている。新しいことを試すことを恐れており，その恐怖が消え去ることを望んでいる。彼女は，その恐怖から逃れるためにこれまでさまざまなタイプの回避を試みてきた。家にひとりでいる，ひとりでいる間にアルコールを飲む，新しい状況や活動を回避する，などである。

> **クライエント**　〔チェスボードのメタファーの直後に〕でも，この戦争に勝つ方法はないのでしょうか？　私は本当にこの恐怖に消えてほしいのです。ただ，駒をボード上から押しやってしまうことはできないのでしょうか？

問⇨　あなただったらどう対応するかを書きなさい（コンピテンシー1を使うこと）。

問⇨　そのように言うとき，あなたはどんなことを考えていますか？　何に対応し，何を達成したいと思っているのですか？

コンピテンシー2：エクササイズを活用して，クライエントが文脈としての自己に接触し，それを概念としての自己から区別するのを支援する。

エクササイズ5.2 ⇨ 回答例はp.244

（コンピテンシー1のクライエントの面接の続き。ただし，セッションの中のもう少し後の様子である）

> **セラピスト** あなたは非常に長くこの夫婦関係を続けてこられたので，ご自身を「専業主婦」としてとらえるようになったようですね。
>
> **クライエント** それが，私のいつもでした。皿を洗って，家を掃除して，家にいて，他の人たちの世話をするのが私だったのです。他のことは何もできません。

問➡ あなただったらどう対応するかを書きなさい（コンピテンシー2を使うこと）。

問➡ そのように言うとき，あなたはどんなことを考えていますか？ 何に対応し，何を達成したいと思っているのですか？

コンピテンシー3：行動課題を活用して，クライエントがマインドの機能と感情の体験に気づけるようにすると共に，体験のため（for）ではなく，体験と共（with）に選択したり行動したりする自己に接触できるよう支援する。

エクササイズ5.3 ⇨ 回答例はp.246

クライエントは，職場の同僚との間で困難を抱えている28歳の女性。彼

女は脅かされていると感じて，仕事をやめたいと思っているのだが，経済的なプレッシャーのせいでやめられないと感じている。職場でのやりとりのせいで自分の気分が害されることがなくなればいいのに，と思っている。彼女は，「感情を出さないように」し続けていると言っているが，職場では静かに戦っており，自宅では職場でのやりとりをめぐって泣いている。このように感じることで，自分自身に腹を立てている。

> **セラピスト** 〔セッションの終わりに近づいて〕感情を出さないというのは，どれくらいうまくいっていますか？
>
> **クライエント** あまりうまくいっていません。私，本当にがんばっているんです。でも，状況はどんどんつらくなってきています。四六時中，我慢ができなくなって泣き出してしまいそうな気がするんですけど……，今のところは泣かずにすんでいるという感じです。
>
> **セラピスト** 我慢ができなくなって泣いてしまうことについて，あなたはご自身に向かってどのようなことをおっしゃるのでしょうか？
>
> **クライエント** 私は弱いとか，こんな些細なことで悩んではいけない，とか。

問➡ あなただったらどう対応するかを書きなさい（コンピテンシー3を使うこと）。

問➡ そのように言うとき，あなたはどんなことを考えていますか？ 何に対応し，何を達成したいと思っているのですか？

コンピテンシー4：評価する自己と評価そのものの区別をクライエントが認識できるよう支援する。

エクササイズ5.4 ⇨ 回答例はp.247

（コンピテンシー3のクライエントの面接の続き。ただし、次のセッションである）

> **セラピスト** こんなやりとりをしていると、気分がめちゃくちゃになってしまうんです。あの人たちにとって私なんて何の価値もないんじゃないか、みたいに感じます。それに、私は**実際に**価値がないんだ、私にはどこかおかしいところがあるんだ、さもなければこんなふうにはならないだろうって思えてくるんです。

問➡ あなただったらどう対応するかを書きなさい（コンピテンシー4を使うこと）。

問➡ そのように言うとき、あなたはどんなことを考えていますか？　何に対応し、何を達成したいと思っているのですか？

コア・コンピテンシーのモデルとなる対応

コンピテンシー1

回答例5.1a ⇨ エクササイズはp.239

> **セラピスト** これまでずっとこの戦争を戦ってきて、勝とうと努力してきたことに気づきを向けてください。あなたの戦いには、恐怖の駒を無視するために家に留まったり、恐怖の駒を鎮圧するためにアルコールを飲

むということもありました。そして結果的に，その恐怖の駒を押し落とそうとして，この戦いに自分の生活を捧げてしまったのです。ところで，ひとつ質問をさせてください。あなたは今でも「あなた」ですか？　あなたは今もなお，このことのすべてに気づいていますか？　あなたがこの戦いの間じゅうずっとあなただったのなら，あなたはどうやって，この戦争にここまで大きく関わってきたのでしょうか？

説明　セラピストは，クライエントが体験と向き合うように支援して，戦いの内容とこの戦いの意識的文脈との間の区別を示そうとしている。

回答例5.1b　⇨ エクササイズはp.239

セラピスト　あなたが戦争に勝とうと思って戦うことで，駒をボード上のあちこちに動かすことができるとしましょう。ただ，忘れないでくださいね。このボードはあらゆる方向に伸びるので，駒を押し落とすことはできないのです。〔チェスボードを取り出して，駒を押し動かす〕ここで，私から問題を出します。あなたは，あなたという人物からあなたではない人物になろうと動き出しました。そして今，「あなた」の大きな側面があなた自身の敵になっています。これらのすべての駒は，ボードにとってはどのような脅威となりますか？

クライエント　何の脅威でもありません。

セラピスト　そのとおりです。しかし，ある駒にとって，他の駒はどのような脅威になるのでしょう？　それは，巨大な脅威ですよね？　では，いったいどうしたらあなたは戦うのをやめられるのでしょう？　やめられません。あなたはやめようとしないでしょう。そこで，私からの質問は次のことです。あなたがそのような動きをしていたら，いったいいつになったらその戦いは終わるのでしょう？

説明　ここでセラピストは，内容としての自己へのとらわれに伴う代償

（例：自分自身の大部分と自分の学習経験が自分の敵になってしまう）のいくつかを強調した上で，さらに戦争から抜け出す可能性のある方法として，自己の超越的な体験（すなわち，文脈としての自己）との接触を提案しようとしている。

◇　　　◇　　　◇

コンピテンシー2

回答例5.2a　　　⇨ エクササイズはp.240

> **セラピスト**　では，他には一切，「あなた」という体験は存在しないかのように，本当にそう感じられるのですね。専業主婦であるあなたが存在するだけだということですね。一方で，お姉さんがいらっしゃるともおっしゃっていましたね。それに，あなたは娘さんでもあります。ボランティアをしていた時期もあったとおっしゃっていました。ですから，あなたのこれらの体験のそれぞれについて記述することができますし，たぶん，それらは専業主婦であるあなたとは違って見えるのではないかと思います。
>
> **クライエント**　〔考える〕はい。
>
> **セラピスト**　それから，あなたが専業主婦であり，妹であり，そしてボランティアでもあったということに気づいている「あなた」が存在していることにも，気づきを向けるようにしてください。そして，あなたは今ここにいます。このすべてに気づいているのは誰でしょうか？

説明　セラピストはここでもまた，クライエントが語ってきた概念としての自己のすべてを指摘することで，クライエントがボードのレベルでの自己の体験（文脈としての自己）とつながるのを支援している。さらに，自分は概念としての自己だけの存在ではないということにクライエントが気づけるようにもしている。専業主婦という概念としての自己にしがみつ

き続けることに関与しないような行動をとるよう，クライエントを促していけるのは，ここからなのである。

回答例5.2b　　　⇨ エクササイズはp.240

セラピスト　私といっしょにちょっとしたエクササイズをするお気持ちはありますか？

クライエント　もちろんあります。

セラピスト　〔文献56を適用して〕それでは，目を閉じてください。そして，専業主婦として，自宅にいるあなた自身をイメージしてください。頭の中でそのイメージができたら，右手の指を上げてください。

クライエント　〔指を上げる〕

セラピスト　はい，それでは，声を出さずに，彼女の外見の姿を説明してください。彼女はどのように見えますか？〔間〕今度は，彼女がどう感じているかに気づいてみてください。この自己（専業主婦としての自己）は，どのような感情を体験していますか？〔間〕この専業主婦は，世の中とそのあり方について，どんなことを言っていますか？〔間〕彼女は自分自身をどのように定義しますか？〔間〕では，あなたが，彼女の思考や気分，それに存在の仕方を含めて，この「あなた」の全体像を心に思い描きながら，それでも彼女を手放さなければならないとしたら，それはどんなことを意味しますか？〔間〕彼女を手放すことについて考えるとき，どのような感情が湧いてきますか？〔間〕そして，もし，そこであなたが何らかの抵抗を感じたら，彼女はあなたではないということに気づけるどうか，やってみてください。彼女はあなたが演じているひとつの役にすぎません。今度は，手の平でチョウを包み込むように，あなたは彼女をそっと抱きかかえ，あなたが人生に望んでいるような価値を生きることを選択できると想像してください。

> **説明** セラピストは体験的エクササイズを行って、クライエントが概念としての自己から解放されるよう支援している。これによって、クライエントが専業主婦の役から自分自身を解放し、自分の未来の生き方について代わりの選択ができるような、ちょっとした突破口が開かれる。

◇　　◇　　◇

コンピテンシー3

> **回答例5.3a**　　⇨ エクササイズはp.240

> **セラピスト**　自分は弱いとか、こんな些細なことで悩んではいけないという思考を抱きつつ、自分自身に泣くのを許してみようというお気持ちはありますか？　あなた自身にこの体験をあえてさせてみよう、というお気持ちはありますか？
>
> **クライエント**　その……、自分が壊れてしまうんじゃないかと思います。
>
> **セラピスト**　わかりました、では、その思考もですね。「自分は弱い」「自分は壊れてしまう」という思考を抱きつつ、自分自身にその感情と触れ合わせてみようというお気持ちはありますか？　座って、この感情に対して自分自身をさらすことはできますか？　泣くことさえもできるでしょうか？
>
> **クライエント**　試してみてもいいですけど。
>
> **セラピスト**　ではこれから、ひょっとしたら役に立つのでないかと私が考えていることを申し上げますね。家に帰って、今晩、このテープを使って私たちが行った観察者エクササイズを行ってください。そして、それが終わって、「あなた」の超越的な自己の体験ともっと深く接触できたら、こういったつらい体験をいくつか意図的に思い出して、少なくとも15分間は過ごしてください。泣きたくなったら泣いてください。けれども、その間ずっと、あなたの感情によって何かを決めつけられた人間としてではなく、全体としての意識をもった人間として、そういった体験を軽

く抱きとめることができるかどうか，やってみてください。

> 説明 セラピストはクライエントに，自分は弱くて壊れてしまうかもしれないという思考を体験しつつ，回避してきた感情に観察者の自己という立場から積極的に向き合うよう促している。もし，クライエントにこれができたら，自らの体験を通して，自分は泣くかもしれないが字義どおりに壊れたりはしないということ，自分は自分の感情よりもずっと大きな存在だということに気づくだろう。

> 回答例5.3b   ⇨エクササイズはp.240

> セラピスト さて，こういった思考や感情を抱いて観察しながら，その一方で，何かあなたの価値に沿ったことを職場でできるでしょうか？ 職場での生活にどのような価値をもたらしたいですか？〔クライエントと一緒に，仕事に関連した価値を探求し，その価値と一致する具体的な課題を与える（例：挨拶をしたくないときに挨拶をする）。次のセッションまでにホームワークを完了するようクライエントに求める〕

> 説明 ここでのゴールは，クライエントが，個人的な価値を人生にもたらすことを定期的に行うことを選択しつつ，思考や感情を観察できる自己に接触するよう支援することである。クライエントは，自分が期待すること（すなわち，他の人たちが挨拶を返してくれること）を手に入れられないかもしれないが，それでもなお自分の価値を生きることを選択しているのである。

◇　　　◇　　　◇

コンピテンシー4

> 回答例5.4a   ⇨エクササイズはp.242

> セラピスト まわりで起こっていることに関して，あなたが悲しく感じる

だろうということは私にもわかります。一方で，自分自身の体験に対するあなたの反応を，私は知りたいのです。こうした気分に関して，もっと共感的な姿勢をとれないものかと思っています。ひどい気分の人を見たら，その人には価値がないと思いますか？

クライエント　いいえ。その人を慰めようとすると思います。

セラピスト　そうですね。それと同じように，あなた自身に対してもそのような姿勢をとる方法はないのだろうかと思うのです。自分には価値がないという思考を体験しているこの瞬間に，慰めるような，共感的な姿勢をとる方法はあるでしょうか？

クライエント　ええっと，思考を「見る」ということならできるかもしれません。

セラピスト　そうですね。ここでは何も，何か違うことをするようにあなたを納得させるとか，そんなふうに考えるのはやめようと言っているのではありません。ただ，あなたの声に耳を傾けて，この思考を観察しながらただそこにいるということについてお話ししているのです……。そうすれば，自己に対する共感や慰めと調和した行動を自らの生活においてとれるようになるでしょう。例えば，ひとりでこもったり，隠れたりしないで，他の人たちと話をする，といったようにです。他にどんなことが思いつきますか？

> **説明**　セラピストは，クライエントが抱いている思考を除去したり，それについて論じたりするのではなく，その代わり，評価的でないやり方でただ観察するよう，クライエントと取り組んでいる。超越的な自己の体験に接触するために，「私(I)」から「あなた(you)」へ転換するという形で対象指示的フレームが用いられ，その上で，これと同じ観点から困難な内容に再度接触するよう試みている。このような感情を体験するなんて自分はどこかおかしいのではないかと信じ込んだり，あるいは考えたりすること

と比べたら，この方がずっと共感的で，愛情がこもった姿勢である。思考を別のものに変えようという努力をセラピストの側では一切していないということに気づいてほしい。ここでは，思考を，字義どおりに彼女のあり方を示すものとしてでなく，体験される内容としてとらえることに焦点が当てられている。

回答例5.4b　　　⇨ エクササイズはp.242

> **セラピスト**　私の目をまっすぐに見てください。〔間〕私があなたであるとしましょう。私の目をまっすぐに見つめて，今度は外側からふり返る形で「あなた」に気づきを向けてください。何かの評価をして，そしてその評価に気づいている人物がここにいるということを確認してください。評価にすっかりとらわれてしまっている部分だけではなく，もっと意識している部分にも話しかけるとするなら，あなたは「あなた」に何と声をかけますか？

説明　セラピストのこの言葉は，文脈としての自己に根ざした共感体験（sense）に訴えるような，対象指示的フレームを使っている。

回答例5.4c　　　⇨ エクササイズはp.242

> **セラピスト**　ご自分の体験を評価しているということに気づくようにしてください。あなたは，ひどい気分がすると言って，それからそのことを何か悪いこと，あるいは誤ったことだと評価しています。ここで，「私はどこかおかしい」という思考もボード上のもうひとつの駒であるということに気づいてみてください。それは，あなたがこの瞬間に体験していることなのです。私は，あなたがその体験よりも大きくなるような場に，あなたをお連れできればと思っています。そのための手っ取り早くて簡単な方法のひとつは「私はどこかおかしい」と言う代わりに，「私はどこかおかしい，と私は考えている」と言うことです。そうしながら，次のことに気づけるか，やってみてください。その思考に気づいているのは

いったい誰でしょうか？

説明 この対応は，評価という体験をしている自己を直接的に指し示している。このような区別を指摘するのが有用なのは，クライエントが自分の評価を信じ込んでいるときや，自分自身をチェスの駒を握っている人ではなくチェスの駒であるととらえているときである。

――― ●体験的エクササイズ：内容としての自己を文脈としての自己から区別する● ―――

問 概念としての自己（例：職業人としての自己，親としての自己，犠牲者としての自己）を，以下の欄に2つほど書きなさい。次に，これらの自己について記述しなさい。それらは何を感じているでしょうか？ どのように考えるでしょうか？ そして，どのように見えますか？ 概念としての自己の記述が終わったら，この概念としての自己が行うだろうとあなたが予想することとはまったく正反対の行動を書きなさい。反対の行動について回答するにあたっては，創造的に，何ものにもとらわれず，極端になるようにしてください。

　書き終えたら，楽な姿勢をとって，目を閉じて，すでに記述した概念としての自己をそれぞれイメージしなさい。あなた自身としてイメージしなくてもけっこうですが，もしそうしたいのならば，そうしてもかまいません。どのような形でもよいので，あなたにとってありのままの姿を表現するような形を与えなさい。それから，あなたのイメージの中で，あなたが反対の行動として記述した行動に，その自己が携わっているところを思い描きなさい。それぞれの場合に何が起きるかに気づきを向けて，終わったら，簡単にメモをしなさい。

概念としての自己　その1

　　説明

　　反対の行動

　　メモ

概念としての自己　その2

　　説明

　　反対の行動

　　メモ

●体験的エクササイズ●

――――― さらに情報を入手するために ―――――

○この章は臨床的視点から記されているが，自己と対象指示的フレームの行動分析学は今も発展しつつある。基本的文献へのオリエンテーションとしては，文献4を参照。

○この領域の最近の基本的研究としては，文献46, 50を参照。

○エクササイズやメタファーについてもっと知るには，文献32の第7章（pp.180-203）を参照。

第6章
価値に沿った方向性を見出す

> 思い切って強くなろうとするとき，これからのために自分の強さを活かそうとするとき，恐れているかどうかなど，もはや重要ではないのだ。
> —— Audre Lorde（文献43, p.13）

　価値に沿った方向性を見出すための主なターゲットは，以下の2点である。

○クライエントが自らの人生に意味を与えるような価値と向き合って，明確化するのを支援する。
○クライエントが自分の自動的なリアクションや体験をおいておくスペースを作りながら，行動変化と価値をリンクさせるのを支援する。

　セラピストとしてのあなたの価値は何だろうか？　あなたの仕事で，どのくらい高い目標をもっているのか？　この章はエクササイズからスタートする。あなたがセラピストとしての自分の価値を明確化し，そこに焦点を当てるのを助け，また，あなたが価値に沿った方向性を見出すプロセスを体験的に理解するのを助けるためである。

●━━体験的エクササイズ：価値に沿った方向性を見出す━━●

　このエクササイズは，各質問に専念する時間をとって，ゆっくり進めてください。先に進む前に，各質問に必ず答えましょう。作業完了の目安は，テキストに書いてあります。

問➡　少し時間をとって，メンタルヘルスの専門家として，一番重要であると思うことと向き合ってみてください。仕事で，どうありたいですか。または何をテーマとしたいですか。以下に書きなさい。

問➡　次に，少しの間，以下のようなセラピストについて考えなさい。

　・まあまあのセラピスト　　　・良いセラピスト
　・非常に良いセラピスト　　　・まれに見るすばらしいセラピスト

　これらのセラピストについて考えてみて，どんなことに気がつきますか？　セラピストとしての自分のスキルを評価して，このリストのどこに自分が当てはまるのか，確認していますか？　自分をひとつのカテゴリーに当てはめることに躊躇したり，嫌な感じがしたりしますか？
　気づいて感じたことを，以下に書きなさい。

問➡　ここで，こんなふうに考えてみてください。これらの4つの選択肢から1つを選ぶことは，レストランのメニューから一品を選ぶのと同じくらいシンプルなことなのです。メニューを手

にして，あなたが「まれに見るすばらしいセラピスト」になると選択したら，どうなりますか？　その選択は，あなたがクライエントと関わる方法について，どんな方向性を示しますか？　1つか2つ，その方向性を書きなさい。

問➡　現在担当しているクライエントを思い出してください。どのクライエントでもかまいません。あなたが「まれに見るすばらしいセラピスト」になることを選択したら，それは，その人との関わり方についてどんな方向性を示しますか？　もし，まれに見るすばらしいセラピストになることを目指しているのならするであろうことで，あなたが今はしていないこと，あるいは今はしているが，本来はしないであろうこと，などがありますか？　このクライエントにとって「まれに見るすばらしいセラピスト」となるとしたら，変わるであろうことは何ですか？　1つか2つ，以下に書きなさい。

問➡　あなたの通常の反応パターンを考慮すると，このような変化を起こすという選択を邪魔する内的バリアになる可能性が高いものは何ですか？

問➡　これまでに，このようなバリアを是としてしまったことで，あなたやクライエントに不利益が生じたことはありますか？　正直に答えてください。

問➡　ここで，あなたが気づいた方向性と，あなたが「まれに見る

すばらしいセラピスト」になろうとする場合に必要とする変化についてふり返ってください。こういった変化につながる行為にコミットし，人生に方向性を見出すチャンスがあなたにはあるのだと想定してみましょう。あなたはそのチャンスを受け入れて，バリアにあなたの行動への拒否権を与えずに自ら進んでバリアの存在に気づくことができますか？　先ほどの欄に書いた変化をもう一度見てください。その変化につながるコミットメントとして，あなたにできる具体的な行動を，以下に少なくとも1つ書きなさい。

・私は「　　　　　　　　　」（行動）にコミットする。

・それは，「　　　　　　　　　」（価値）という私の価値の表現形だ。

───────────────────────────●体験的エクササイズ●─

　あなたは今ちょうど，ACTのクライエントが取り組むであろうものと類似した価値エクササイズを完了したわけである。ある特定領域（セラピストであること）についての選択肢を示されて，いくつかの選択肢から選ぶように求められ，その価値のあなたの行動に対する含意，取り組まねばならないバリア，そのようにしない場合の代償についてふり返るように導かれた。また，価値と価値が示す方向性にコミットする機会を与えられた。この短いエクササイズは，この章と後の章で論じるACTの主要な側面のすべてをカバーしているのである。
　価値は人間にとっての意味と目的の核心である。私たちの人生をガイドし，定義するものだ。非言語的な動物にとっては，行動の目的を定義づけるには，その場その場での結果事象があれば十分である。ハトはエサを「手に入れるために」キーをくちばしでつつく。ネズミは飲み水を手に入れ

るためにバーを押す。言語能力のある人間にとっては，状況はこれほど簡単ではない。この文脈での強化子には限界がある。お金は強化子になりうるが，子どもとの豊かで愛情ある関係と1万ドルの間で選択を迫られれば，多くの人はお金をとらないだろう。

ACTの価値へのアプローチは，クライエントに何か特定の教訓，正しい価値，美徳などを伝授するのが主眼ではない。むしろ，セラピストがいなくなった後も長く，人生の選択をするに当たってクライエントのガイド役をするような，価値づけのプロセスを教えることがテーマなのである。このプロセスは，クライエントが次のような人生の方向性を選択するのを支援するように意図されている。それは，自分の深奥の願望と共鳴する方向性であり，意図的な価値づけ作業による基盤作りをしていないゴールよりも，長期的効果のあるゴールを確立する人生の方向性である。

このプロセスに取り組むACTセラピストは，「自分の人生の主題を選べる世界にいるとしたら，あなたは何を選びますか？」（文献61, p.135）という中心的な質問に焦点を当てる。この質問は，対話，ライティング，目を閉じてのエクササイズ，体験的エクササイズなど，さまざまな方法を用いてクライエントと共に深めていく。この基本的質問をさまざまな形でくり返すことで，クライエントの人生の目的，クライエントにとって本当に大切なこと，クライエントにとってすばらしい人生とはどのようなものかという問題へと，クライエントの注目を引き寄せる。

価値とは何か

ACTセラピストの仕事は，クライエントが，より感受性高く，よりマインドフルに，より意識的に自分のゴールと価値の追求に向かえるように支援することである。ACTにおける**価値**の定義とは，「言語的に構築され，包括的で，望まれており，本人によって選ばれた人生の方向性」であるとされている[13]。方向性のメタファーは，すべての機能的行為に潜在的に含まれている意図性について語る，ひとつの方法である。

価値づけは人間の行為と分離して存在するものではない。それは私たちが日々行うことの継続的性質なのである。価値は，よく考えて選んだ動詞と副詞のコンビネーションのようなものだ。時間を越えて継続する行為があり，そのような行為の性質として奉じられるのが価値なのである。愛情をこめて他人と関わるのはひとつの価値である。優しく，注意深く自分の子どもを育てるのもひとつの価値である。
　私たちは目的をもった行為や道具的行為をするたびに，ある程度，価値づけに取り組んでいる。行為がもたらすさまざまな結果を価値づけ，生き方を価値づけ，理想を価値づけ，自分がどのようなタイプの友人，恋人，パートナー，親，子ども，労働者であるかを価値づける。このようなあらゆる道具的行為が有する暗黙の目的は，まさにその目的を意図的に選択するという作業によって，価値にまで高められる。
　価値は，理由づけされた判断というよりも，自由に選択されるものでなければならない。価値は人生のさまざまな側面の測定基準，あるいは意味を与えてくれるからだ。もし，ある価値自体を正当化しようとすれば，何か他の測定基準にその根拠を求めねばならない。とはいえ，この測定基準も正当化されねばならず，同じことが永遠に続いてしまう。もし，何らかの行為を起こすのであれば，ある時点で，ある立場をとって「私はこれが重要だと信じている」と言う必要がある。言語的な理由はなお，「なぜ私がこれを選ぶか」ということについての思考や意見という形で残るかもしれないが，これらの理由によって行為が妨げられることはない（さもなければ，正当化のループに逆戻りしてしまうだろう）。結局のところ，活力ある，コミットされた人生とは，選択し，そして生きるということを意味するのだ。理由はおまけの使乗者にすぎないのである。
　これは，価値の選択は考えなしに行われるという意味ではない。実際，価値選択ではできるだけ深く考えを巡らすことをお勧めする。科学的な観点から述べると，価値選択が私たちの学習経験や文脈と無関係だという意味でもないのである。選択は，人間が行う他のあらゆる行為と同じように，学習経験や現在の文脈の中にある。しかし，理由や正当化という形態で言

語ルールととくに結びついているわけではなく，言語ルールによって妨げられるわけでもない。

なぜ，価値か

ACTモデルが価値を重要視するのには，以下に示すような，いくつかの理由がある。

■建設的方向性
　価値のワークは，逃避，回避，フュージョンがもはやクライエントの行動をコントロールしなくなったときに，自分の人生はどうありたいのかをクライエント自身が見出すのをサポートするのがテーマである。回避と逃避は根本的に，ある体験を排除して遠ざけておくことを主題にしている。とくに何かに向かって進むことや何かを生み出すことを主題にはしていないのだ。対照的に，価値に沿った行為は建設的である。価値に沿った行為のテーマは，クライエントの人生において特定の方向に向かって動き出すこと，あるいは人生にある種の質を与えることである。あるクライエントはこれを次のように表現した。「広い海で，ある島に行きたくないがためにその島から逃げるように泳ぎ続けて，人生を過ごしてきたかのようです。そんなことをしたって結局のところ，どこにも行けなかった……，私がしたいのは，何かから離れるのではなく，何かに向かって泳ぎ始めることなんです」。

■反応の柔軟性と動機づけ
　価値は本質的に選択と結びついている。価値づけの範囲での自由選択は，「真（正しい）」である。それは，機能的文脈主義の観点からは，字義どおりに"真"であるからではなく，そのような言葉で表現するのが有用であるからこそ，「真（正しい）」と表現するのである。科学的な観点からは，価値は文化によって大きく条件づけられていると推定される。しかしなが

ら，個人に焦点を当てて見てみると，私たちの行動を選択として見る方が勇気づけられるし，人生を前向きにもしてくれる。なぜなら，そのような視点をもつことで，行為と言語的な物語の間の機械的なつながりをゆるめられるからである。このつながりがゆるめられれば，行動の柔軟性の増加につながり，個人が望む人生の方向性，選択された人生の方向性に接触する可能性にもつながる。この方向性は，私たちに大きな活力を与え，動機づける性質をもっているのだ。これまでの研究知見から，体験の回避，社会的コンプライアンス，あるいは認知的フュージョンに基盤をおいて決定された価値（例：「私はXに価値づけするべきだ」「善人であればYに価値づけするであろう」「母は私がZに価値づけすることを望んでいる」）は，ポジティブな結果につながらない傾向があるということが報告されている。行為の本質的な性質に基づいて選択されたものこそが，機能する人生の方向性なのである[52]。

■ACTプロセスのサポート

アクセプタンスと脱フュージョンの実践は，不安，喪失，悲しみ，混乱の沼に苦労して歩み入ることを意味することが多い。価値は，こういった困難な体験にわざわざ接触する理由を説明する文脈を与えてくれる。ACTの観点から見ると，ウィリングネスとアクセプタンスを「単なるのたうち回る行為」や「エクスポージャーを通じて不愉快な体験を減らそうとする試み」以上のものにしてくれるのは，価値なのである。同じように，選択された価値を明確にしておくことは，私たちが思考に対して字義どおりに反応しない（脱フュージョンしている）ときに機能する行為を行うための指針を提供するのである。

■首尾一貫した方向性

価値に沿った方向性を見出すことは，人生の嵐の中でも行くべき先（行為）を一貫して教えてくれるコンパスの針を手に入れるようなものである。人生の嵐とは，感情の波が押し寄せ，マインドの暴風が吹き荒れていると

きのことである。どの程度の時間であれ，マインドフルネス瞑想に取り組んだことのある人は，感情や思考がいかに気まぐれで変化しやすいかをよく知っているだろう。しかしながら，価値は時間が経ってもそれほど急速には変わらない。もし，自分の最も基本的な人生の価値を記述するようクライエントを支援できれば，変わり乱れる思考や気分の原風景の中にいても安定性のある場所にたどり着ける。ひとたび価値が明確化され，言語で表現され，そしてコミットされれば，精神の闇夜にあっても嵐のような状況にあっても，価値は灯台となって進行方向を照らしてくれるのだ。

■効果的でプラグマティックなゴール設定

価値のワークは，柔軟かつ実用的で，時間を超えて効果的な行為につながる可能性の高いゴールの確立法も提供してくれる。多くのセラピストは，クライエントが自分自身にとってのゴールを設定するのを支援しようとする。ACTはさらに深く価値を探求する。価値はそもそも，具体的なゴールの選択の基盤にあるものだからだ。価値は方向のようなものであり，価値づけはその方向に歩くことと似ている。価値はある方向をとり始めたその瞬間から存在し，終わりはない。しかしゴールは完了したり，達成したり，終わりにしたりできる。ACTでは，ゴールは価値に沿った方向性に一致するように選択されるのであり，逆の順はない。よって，ある特定のゴールに向かってワークすることが機能的に価値を展開させないのであれば，それはゴールの変えどきである。ACTでの価値のワークは，クライエントが生きるというプロセスに焦点を当てることを支援する。一方，ゴールのみに焦点を当てることは，現在とゴールの間にあるズレの評価を活性化してしまう傾向がある。

■文脈主義的な目的

ACTにおいて価値のワークが重要であることには，深い哲学的理由がある。文脈的アプローチにおいて，「真であるもの」は「私たちの選択した目的を達成するのに機能するもの」である。しかしながら，「機能する」とい

うことが何を意味するのか[24]を定義できなければ、これは空虚なお題目にすぎない。価値は、まさにこれをやってのける。そして、価値なしではACTの実践は不可能である。例えば、脱フュージョンの基本的発想を有意義たらしめているのは、機能するかどうかという基準である。なぜなら、脱フュージョンにおいては、字義どおりの"真"から機能的な"真"へと焦点が移るからである。字義どおりの真実が言語コミュニティ内の慣習的意味に結びついているのと同様に、機能的な"真"は価値に結びついているのだ。

この章の内容

この章の焦点は、あなたというセラピストが、価値に沿った方向性をクライエントと共に見出すためのコア・コンピテンシーを高めることにある。

表6.1

エクササイズ	内容	引用文献
選択 vs 判断	クライエントが選択と理由づけされた判断を区別するのを支援する	文献32, pp. 212-214
プロセス vs アウトカム 方向性 vs ゴール	達成すべきアウトカムではなく、生き方のプロセスとしての価値を基盤とする	文献32, pp. 219-222
価値のコンパスをアセスメント法として使う	価値のアセスメントのための時間がかかりすぎず、それでいて詳細な手続き(〜1セッション)	文献15, pp.186-187 / 文献13, pp.91-111
価値に沿った生活尺度(Valued Living Questionnaire; VLQ)を使う	価値のアセスメントを構造化するための簡便な質問紙	文献61, pp. 120-151
価値、行為、ゴール、バリア・プロセス	価値のアセスメントのための、複数回のセッションにまたがる手続きを概説する	文献32, pp. 221-229
弔辞のエクササイズ	自分自身の葬儀に出席し、自分が最も読まれたい弔辞を参列者が読んでいるのを、クライエントにイメージさせる	文献32, pp. 215-218
墓石のメタファー	自分の墓石に書かれたい墓碑銘をクライエントに書かせる	文献32, pp. 217-218 / 文献15, pp154-155

またここでは，このワークを行うためのあらゆる技法や方法を展望するのではなく，最も中心的な治療スキルや，クライエントが価値に沿った方向性を見出すのを支援する際によく体験されるつまずきに焦点を当てる。表6.1は，他のリソースから入手できて比較的重要性の高いエクササイズ，メタファー，物語，ワークシート，具体的手続きの一部をリストしたものである。

何がこのプロセスのきっかけとなるのか

一般的には，価値づけはセラピーの間じゅう，ワークの対象になる。しかしながら，価値に沿った方向性を見出すことにいつもよりも多く力を注ぐことが必要となるときが，いくつかある。価値とコミットされた行為の両方には，他の4つのコア・ACTプロセス（つまり，脱フュージョン，アクセプタンス，文脈としての自己，「今，この瞬間」との接触）では一見するとないようにも見える建設的な面が，全面に出ている。他の4つは，クライエントの問題となる行動の改善や対応をより志向しているのだ。

このプロセスに取り組むことの必要性を示す主要な指標は，クライエントが自分の人生における回避の代償と向き合っていないとき，あるいは麻痺していたり，距離があったり，知性に走っていたり，または人生に参加していないときである。あまり強い痛みを体験していないクライエントには，多くの場合，痛みから逃げるという動因に由来する変化に向けて「押し出す力」がない。こういった場合，変化への動機は，価値をセッションにもち込むことによる「引っ張る力」から出てくるであろう。クライエントの人生への希望，夢，願望について話し合うことで，自分の現在の道と選択するであろう道との間のズレと向き合うように，クライエントを心理的に導くことができる。このズレと向き合うことはしばしば，内的反応やバリアを喚起するが，これらは他のコア・ACTプロセスを通じて対応ができる。

価値についての効果的な対話とはどのようなものか

　価値に沿った方向性を見出すことは，ほぼ常に，価値というものについての対話からスタートする。全般的なゴールは，クライエントが高潔さ，深み，活力をもって生きられる自分の人生のビジョンを構築することだ。価値についての効果的な対話には，セラピストをガイドしてくれるような性質がいくつかある。すなわち，活力，選択，現在への志向性，傷つきやすさを受け入れる姿勢である。クライエントが価値に沿った方向性を明確化するのを支援する際には，こういった性質を育成することに対して，何らかのバリアにぶつかることもしばしばである。以下のセクションでは，これらの性質について詳しく述べることで，いくつかの問題と，その問題についてのワークの方法の概略を示す。

活力

　人生で最も価値づけしているものと向き合うことでしばしば，「活力がある」「生き生きしている」，あるいは「有意義だ」と表現するような，ある種の質的反応を喚起することがある。クライエントは，実際にはその方向に向けて何ら行為を起こしていなくても，セッション中にその価値を感じ取ることができる。そして，多くの場合，セラピストも共感的にはそれを感じ取ることができる。ちょうど飼い主が餌用の皿から手を離すや否や犬がエサにとびつくのと同じように，人は価値づけのアウトカムが目の前に見えれば，それを心理的に味わい始めるのだ。クライエントは輝きを取り戻し，目覚めるのである。

　セラピストが怠ってはならない役割は，価値についての対話の活力をモニターすることである。セラピストの仕事は，クライエントの希望や夢を引き出し，クライエントが罪悪感，不安，恥，あるいは他人のネガティブな意見を回避するために選択するのではなく，存在に気づきさえすれば自由に選択するであろう人生の方向性を，クライエントが探知するように支援することである。セラピストは時として，価値のワークをしているとき

に，会話がこぢんまりしている，生命のない，ギクシャクしている，知的，機械的，古い，締めつけられた，あるいはウンザリして疲れた，といった状態になるのを体験するだろう。通常クライエントとセラピストは，体験の回避とフュージョンのパターンの中で行き詰まっているのだ。そのとき，セッションは，その瞬間の価値に接触して選択するというアクティブなプロセスではなく，価値**についての**ものとなっている。価値**についての**議論，分析，解釈は，無味乾燥として退屈だ。しかし，その瞬間の実際の価値づけに体験的に接触することは違う。セラピストの仕事は「今，この瞬間」に価値を運び込むことであり，これには臨床的な創造性を要する。命令的な方法はどれも成功の可能性が低い。

　クライエントの価値と関係する過去の体験を思い出すと，セラピーに対しての感情のトーンを整えて，現在の価値づけの機能のいくつかを前面に出すことができる。例えば，クライエントが強烈な活力，接触，存在，あるいは目的を感じた過去の体験を探し出すように支援できる。目を閉じて，クライエントが出来事をイメージの中で再創造し，それからその意味を考察するというエクササイズを行うことで，今，人生を生きる方法についてのガイドが得られる。思い出されるものごとは，重要かつ具体的である方がよい。例えば，「奥さんに出会った日のことを話してください」「家を出た日のことを話してください」，または「人生で最も感動的だった出来事を私に話してください。あなたの中ではどのように感じられましたか？　あなたが見たように私も見て，あなたが感じたように私も感じられるように，私もきちんと理解したいのです」などと言ってもよいだろう。このようにすることで，より有意味な価値の議論のための場が整う。

　セラピー・セッションの初めに味わい深い音楽を一緒に聴くことは，詩，沈黙の瞬間，あるいはマインドフルネス・エクササイズと同様に，価値との接触を増大させられる。尊敬する人物，あるいは崇高であると思う人物をクライエントに尋ねることもできる。例えば，「あなたにとって，自分を鼓舞してくれるのは誰ですか？」と質問してみよう。この人物が特定され，クライエントが尊敬できると見なすものが特定されたら，セラピストから

「もし，この人物があなたを本当によく知っていたら，その人はあなたに対して，人生がどうあってほしいと願うでしょうか？」と質問するのもよい。もし，クライエントが尊敬する人を特定できなかったら，同じような対応につなげるために，お気に入りの映画やフィクションのキャラクターを使うのもよいだろう。

このプロセスをもう少し具体的にしていくために，以下の面接記録を見てみよう。クライエントは，学校での後延ばし癖に関する問題に対処している女子高校生である。彼女は，この問題を何とかしようと学校で必死に努力してきており，また中退の危機に瀕している。このセッションは，彼女が期末レポートの作業を始めることに苦労しているときのものである。

セラピスト あなたが知り合った，尊敬するすべての人の中で，誰かとくに抜きん出ている人はいますか？

クライエント 3年生のときの先生，シュヴァイベルト先生です。

セラピスト シュヴァイベルト先生はどんな人だったのでしょう？ 先生をどの点で尊敬していましたか？

クライエント とても快活な人で，いつも楽しそうでした。先生が私たち子どもを大事に思ってくれているのがいつも伝わってきました。

セラピスト では，シュヴァイベルト先生は今，あなたに何を望むでしょう？

クライエント 私に何かを学んでほしいと思われるでしょう。クラスの首席で卒業するように，と。

セラピスト クラスの首席ですね。先生はあなたにそう望むかもしれませんね。今，私は，あなたは彼女に対して深く尊敬する何か（人や学業に対する姿勢）があったのだろうと感じています。〔間〕クラスの首席になることの他に何か，先生があなたに望むかもしれないということを思い

つきますか？

クライエント　先生は私に幸せになってほしいでしょう。「やらないといけないから」とか，「先生が私にやるように言ったから」ではなく，**私が**楽しめる，**私が**やりたいと思えることをやってほしいと願うのではないかと思います。

セラピスト　レポートを書くことを，その期待に沿うようにする方法はありますか？　あなた自身のために，という意味ですが。

クライエント　ええ，レポートを書くよりも，ちょっと大きなことです。私がやらねばならないことというよりも，なぜ私がそれをやりたいのか，ということです。

セラピスト　そうですね。あなたは何のためにここにいるのでしょう？　例えば，あなたが亡くなったときに，墓石にどんなことを刻んでほしいですか？　あなたが今やっていることがそれとどう関わるのか，考えてみてほしいのです。あなたが努力目標としてきたのは，他人のあなたへの敬意だったように感じます。しかし，他人があなたに望んでいるのは，あなたがあなた自身であることのようです。私はあなたに，何か「これはあなた自身のものだ」というものを探してみてほしいのです。それはたぶん，あなたより大きなものですが，あなたから出てくるのです。そして，「わからない」というのは，その答にはならないと思ってください。一種のホームワークとして，今週はこれについて書いて，次回もってこようという気持ちはありますか？

クライエント　ええ，もちろんです。

セラピスト　これから書くのは，「私はこんなことができる人がいたら鼓舞されるだろう」ということです。〔クライエントが何を書くかを思い出せるように，このテーマを紙に書いて渡す〕よろしいですか？　あなたを鼓舞するような，どんなことができそうですか？

この対話でセラピストは，人生（彼女の価値と人生の方向性）という，より大きな文脈にクライエントが学業を結びつけられるよう支援している。クライエントがこの教師を尊敬するには理由がある。この教師に対して尊敬の念を抱いている点と向き合わせることで，クライエントは自分自身の人生で望んでいる性質とも，より密に向き合うことができる。このやりとりで期待されるのは，ほんの小さな問題が，はるかにもっと重要で人生を変容するような問題といかに関係しているのかということを，クライエントが理解することだ。

選択

私たちは「選択」によって，回避や厳密なルール，社会的操作なしに自由に選択されている価値の体験について語っている。ACTは，「せねばならない」「必須事項」「唯一の方法」などの感覚をいったん取り払って，可能性はオープンに広がっているという感覚を創造するために，さまざまなワークをする。クライエントは他人によって，または自分自身の学習経験，自分自身の気分と思考，さらには自分自身の価値によってさえ，「強要されている」と感じるものだ。ACTでは，セラピストが治療的なアンテナを張って，セッション内にある「強要」やそれに代わるものとしての「選択」の感覚をとらえることが大切である。例えば，クライエントがあるものを価値づけ「せねばならない」と言うのはよくあることだ。ほとんどの場合，これは言語トラップである。価値というのは，誰かの頭や耳を叩くための棍棒ではないのだ。価値とは，行為の性質とのさまざまなつながりの中で，個人によって選択されたものなのである。

時としてクライエントは，あいまいな，あるいはコミットしていない答を述べることがある。なぜなら，人生での自分のニーズや欲しいものや願望をうまく特定したり記述したりするような学習経験がないからである。このようなクライエントについては，大きな価値ではなく，極小レベルの，瞬間瞬間の，状況ごとの，欲しいものや願望に焦点を当てることを通して，クライエントの選択能力を高めるところから始める必要があるだろう。こ

れを開始する場のひとつが，その瞬間，セッション内においてである。例えば，「このセッションで，今すぐ，どのようなことでもここで起こりうるとしたら，あなたは何を望みますか？　できるだけ高望みしてください」とセラピストから質問してみる。クライエントはしばしば，「気分が良くなりたい」「この問題をもっとよく理解したい」などのような，プロセス・ゴールについて話し出す。価値に到達するためには，セラピストは，クライエントのある生き方を探していく必要がある。それは，ある特定のゴールをまず達成せねばならないというクライエントの言語システムのおしゃべりによってブロックされているために，見えにくくなってしまっている生き方だ。このようなクライエントの反応への対応としては，「それがここで起こるとしたら，その次は何をしますか？」「それが起きるとしたら，あなたの人生はどのようになるでしょうか？」などがある^{訳注}。こういった質問は，クライエントが感じたいこと，それに関して正しくありたいこと，あるいは知りたいことのような，ありがちな対応ではなく，自分が生きたいと思う人生をクライエントが明確にすることにつながる。

　人間の価値の大半には社会的要素があり，治療関係は，価値の探求のための最近接領域となる。例えば，セッション内でとくに焦点を当てることで，価値に沿った選択を支援する方略を強めていくこともできる。そこでは，直接的で，活力にあふれ，そして傷つきやすさも伴う方法で，セラピストがポジティブなACTプロセスをモデル提示し，促進し，強化することができる。先ほどの例では，「今現在，私たちの治療関係に，あなたが最も望む性質や特徴が備わっているとしたら，それは具体的にはどのようなものだと思いますか？」と聞くのもひとつの手である。

　選択に対するその他のバリアは，クライエントが自分自身の選んだ価値によって強要されていると感じうるということだ。例えば，価値に基盤をおいた選択は時として痛みにつながる。被虐待者のクライエントが，虐待をした親類が自分のきょうだいの結婚式に出席することを知っているという場合がそうである。クライエントは「私は進んで取り組まなければなら

訳注　傍点は訳者による付加。

ない」というスタンスをとるかもしれず，よって，価値をもつということは苦悩の中を戦いながら進まねばならないという意味であると考えるかもしれない。これでは，価値のワークからハートが抜け落ちてしまう。単に価値を含むからといって，これをACTに合致するアプローチと見なさないことが大切だ。この場合，セラピーのゴールは，クライエントがこの状況で「選択」という感覚をもつのを支援することである。以下に，セラピストの対応例を示す。

> **セラピスト** あなたは，結婚式に**行かねばならない**わけではないですよね？　行かないという選択もあります。ここでの問題は，あなたが何を重要と考えるか，です。仮に私から，2つの選択肢を出してみましょう。ひとつの案としては，あなたはあなた自身の完璧な複製ロボットを結婚式に送って，誰もあなたがそこにいなかったことに気づかないようにできるでしょう。あなたのお姉さんは喜ぶでしょうし，親戚も喜ぶでしょう。おじさんと顔を合わせずにすみますし，あなたはこのようにしたことを悪いとはまったく感じないでしょう。もちろん，あなたは，このお姉さんの人生の重大イベントを完全に逃してしまいます。もうひとつの案は，あなた自身が結婚式に行くことです。結婚式に行けば，お姉さんが「誓います」と言うときにすぐ隣にいられるでしょう。けれどもこの選択をすれば，おじさんと対面するという不快や不安もすべて体験するでしょう。これについて，少しの間，考えてみてください。これらが今ある選択肢だとしたら，あなたはどちらを選びますか？

現在への志向性

　価値についての会話は未来へと展開していくが，目の前の現在もテーマとなる。価値づけされているものは，**今**，価値づけされているのだ。価値のワークでは，価値に沿った人生の方向性と結びついた行為のパターンをいっそう大きく拡張していけるように，未来に展開された瞬間を「今，この瞬間」にスルリと入れ込む。この現在への焦点は，回避に対する強力な

予防となる。通常，行動のコントロールにおいて，即時的な結果は後々の結果よりもずっと重要である。体験の回避をこれほど強力にするのは，一部には，そのインパクトが即時的であるということだ。例えば，社交的な状況で不安から退却することは，不安の軽減という結果につながるので，即時に強化される。親密性の欠如や孤独といった結果は，多くの場合，社会的回避パターンが継続した結果として，後々，初めて感じられる。価値のワークは，後に得られるであろう渇望される結果を，時間的に前に引っ張り込んでくる。例えば，姉と一緒にいるために結婚式に行くことを選択するのは，結婚式が行われるときだけの価値ではなく，**今の価値でもある**。

傷つきやすさを進んで受け入れる姿勢

価値を扱う会話が機能的であることを示す最良のガイドのひとつは，そのほろ苦い性質にある。クライエントが価値にオープンになったときに最もよくある感情的反応は，泣くことだ。これは，歓迎されない痛みに抵抗する涙ではなく，大切に思う気持ちと傷つきやすさを抱える涙である。これは過去の痛みの文脈で発生するが，現在の価値を敬う涙でもある。私たちは自分が大切に思う領域でのみ，傷つく。もし価値に沿って生きることが傷つくことを回避するために後回しにされてきたとしたら，生きられていない人生を通して，はるかに強く傷つくことになるのだ。クライエントが今一度，価値に沿った方向性に向かうとき，その方向転換によって，感情的な傷つきやすさが現れるだろう。とはいえ，これは目的があってもたらされた痛みである。私たちは，痛みの中に価値を発見し，価値の中に痛みを発見するのだ。一度傷つきながらも，また愛することを選ぶ人のように，傷つきやすさは私たちが大切にしているものに導くガイドなのだ。セッションにおいて，「傷つきやすさも進んで受け入れよう」という感覚は，進むべき道を示す目印となる。

価値？　どのような価値？

触れておくに値する最後のバリアは，クライエントが価値をもっている

ことを全面否定するのもまれなことではないという事実である。多くの場合，これはそのことについて話をすることにまつわる痛みが原因である。このようなクライエントは，自分の価値を表現することについて絶望しているかもしれないし，自分が最も大切に思うものに向き合うことをあまりにつらいと感じているのかもしれない。こういった状況では，クライエントは自分の状況がどうなるかということに集中していて，「わかりません」や「どうでもいいです」といった安全地帯から踏み出すのを恐れている。このタイプの回避を弱めることは，何かを大切に思うことに伴う痛みの中にクライエントを連れていくことになる。ここでクライエントにとって助けとなるセラピストの対応には，「この暗雲のような気分があなたの上にたれこめてくる前に，あなたは何に価値づけしていましたか？」や，「これは，あなたが子どもの頃に自分の人生がそうなってほしいと夢見ていたものですか？　自分の人生がどのようなものになると夢見ていましたか？」などがある。また，「あなた（Aさん）が望むことを知っている誰か（Bさん）になったつもりで，答えてみてください。あなた（Aさん）は何を望んでいるのでしょうか？」[訳注]のように言って，クライエントに一時的にバリアを棚上げさせることもできる。

　以下に，このようなアプローチを用いたケースを紹介する。クライエントは35歳の女性で，名前はジュリー。子ども時代にも成人期にも，多くの性的トラウマを体験してきた。彼女はエキゾチックダンサーおよびプリントデザイナーとして働いていて，生計を立てるために絶えずお金を求めている。自分自身が経済的破綻の瀬戸際で生きているととらえている。親しい友人はなく，仕事以外での時間の大半は，マリファナの吸引，エクササイズ，マスターベーションが占めている。わずかにもっている対人関係でも対立するばかりで，自分自身が慢性的に怒っていると感じている。自分の人生がもっと良くなるという希望は何年も前に断念したと言い，今はひどい扱いを受けずに生き延びる方法を知りたがっているだけである。この面接記録は4回目のセッションからのものである。

訳注　（　）内の記述は訳者による挿入。

セラピスト　今，あなたに考えていただきたい質問があります。あなたにとって本当に難しい質問になるかもしれません。もし，それについて考える気になれば，このセラピーの中心的質問になります。私が知りたいのは……今はやっていないけれども，あなたが人生においてやりたいことは何ですか？

クライエント　何ですって？　そんなことを考えてもしかたがありません。私はもう何もかも，どうでもいいのです。何かを望むたびに失望するだけですから。

セラピスト　何かを望むのは痛みを伴うこと。確かにそうですね。あなたは，ものごとがうまくいかなかった体験をたくさんしてきています。私はただ，その状況をあなたが何か違うようにできるとしたら，状況はいったいどのようになるのか，それを聞きたいのです。今はしていないことで，自分の人生でやっていたらいいと思うことは何ですか？

クライエント　わかりません。もう，どうでもいいのです。何もありません。

セラピスト　この道をずっとたどり続けていくこともできます。5年，10年，15年と。今までやってきたように続けることもできるのです。ちょっと時間をとって，それがどのようなものか，思い描いてください。〔長い間〕あなたは，それでいいのですか？

クライエント　〔間〕ひどいものですね。

セラピスト　何かが自分の望むようになるということについて，ひどく絶望しているのはわかります。あなたのマインドは，どうでもいいと思う方が楽だと言って，あなたを守りたいのです。それが，今やってみた5年，10年，15年のイメージの中に見たもの。そうですね？　そして，明らかにそれは良いものには思えない……。このことについて，私と少しゲームをしてみませんか？　今から，誰か他の人になってみるというゲ

> ームです。何かを大切にしている人です。さて，あなたは何を大切にしますか？　何を望みますか？
>
> **クライエント**　考えるのが難しいです。〔ため息〕その……人生の中で信頼できる誰かがいればいいと思います。私には……そういう人はひとりもいなかったのです。〔泣き出す〕
>
> **セラピスト**　あなたがどれほどそれを望んでいるのか，あなたの人生にはそれがどれほど欠けていると感じられるのか，わかります。私は，あなたがそれを手に入れるためのお手伝いをしたいのです。

　クライエントは，自分が望むであろうものについて話すのを躊躇する。未来についての考えがないからではなく，それについて考えるのがつらいからである。慢性的回避のせいで，クライエントは，自分が何を感じ，何を望むかについて，考えが出てこないのだ。このような状況でクライエントが価値と向き合っていくのを支援するためには，ACTモデルの他の部分が大いに必要となる。

その方法はどのようなものか

　価値の考えは通常，ケースの概念化（第8章を参照）次第で，第2章で論じたような限定的な形，あるいは，より拡張された形としてセラピーの早い段階で導入される。クライエントは多くの場合，自分の問題に強く焦点を当てているので，人生の夢，希望，そして抱負という，より大きな文脈に注目を向けることは予想外のことかもしれない。そのため，クライエントをセラピーのこの側面へと方向づけるためには，少々の導入が必要となるだろう。例えば，以下のような導入例がある。

> **セラピスト**　ここまでであなたの問題を少し教えてもらいましたので，問題がどのようなものか，手始めの感覚としては良いものを得ていると私

> は感じています。あなたの問題は重要なことですし，間違いなく，ここで問題に対応していきます。それと同時に，あなたの人生はあなたの問題より大きなものです。人生への夢や希望，抱負も含めて，あなたの人生という，より大きな文脈に焦点を当てることに時間を費やしたいと思います。夢や希望，抱負は，人生をすばらしいものにしてくれますし，あなたが自分の問題を体験する文脈でもあります。私が提案したいのは，「あなたは自分の人生で，本当は何を求めていますか？ あなたの人生のテーマは何であってほしいですか？ あなたは何をしたいですか？ あなたは誰になりたいですか？」などについてお話をすることです。こういうことに焦点を当てるために，この貴重な時間を使ってよろしいですか？

　最初の価値のワークの広さ，深さ，焦点には，クライエントのニーズや臨床状況によって大きなバリエーションがある。時として焦点は，短期間のセラピーでは，人生のある状況において価値づけするものをクライエントが特定するのを支援するといった狭い幅のものになるかもしれない。また長期間のセラピーでは，すべての主要な人生の領域をカバーするような価値に沿った方向性をクライエントが特定するのを支援するといった広い幅のものになるかもしれない。

　もっと包括的な価値のアセスメントプロセス[32]では，複数回のセッションが必要となり，セッションとセッションの間のワークも含まれる。クライエントが，人生の複数領域（例：家族，カップル，育児，友人／社交，仕事，教育，レクリエーション，スピリチュアリティ，コミュニティ，セルフ・ケア）における価値に沿った方向性とゴールについて書き出すというワークである。これと併行して，人生の各領域における価値を明確化し，特定し，簡潔に書いて記録することに焦点を当てた議論を行う。次に，一貫性と重要性の評定を行う。最終的には，各領域内で展開されたゴールに基づいて（詳細は第7章を参照），行動を起こす。もっと短時間の，比較的構造化されていない価値の明確化プロセスでは，「価値に沿った生活尺度（Valued Living Questionnaire; VLQ）」[61]を用いて始めることもできる。

EifertとForsyth（文献15, pp.171-177）は，不安を抱えたクライエントとのワークに基づいて，短期間での価値のアセスメントプロセスの活用について報告している。彼らはまた，人生の方位磁石（Life Compass）（文献15, pp.186-189）と呼ばれるプロセスについても論を展開している。これはもともと，Dahlら（文献13, pp.91-111）が開発したものである。他にも，尺度や補助ツールがいくつか開発されており，www.contextualpsychology.orgのウェブサイトから入手できる[訳注]。程度の差こそあれ，こういったプロセスのひとつひとつには，クライエントが価値に沿った人生の方向性を見出すのを支援するときに重要となる多くの共通ステップがある。以下に，その共通要素について示す。

クライエントが自分の価値と向き合い，はっきりと言語化できるようにガイドする

他のACTプロセスは，クライエントが自分の人生で最も大切なものと全身で向き合い，それに関してはっきりした立場をとることを邪魔するようなバリアを克服するのに，必要不可欠である。価値づけは本質的に傷つきやすさをはらんでいるため，アクセプタンスが非常に重要となる。価値は選択であるということを踏まえると，脱フュージョンも非常に重要である。意識的で現在に焦点を当てた動的な価値づけは，他のすべてのACTプロセスと結びついており，それらなしには，全身で価値と向き合うことはできない。

価値の対話では，抽象的なものから価値を取り出して，はっきりと明快なものにする。例えば，さまざまな領域の価値を各領域で一番必須のものにまで蒸留抽出するように，クライエントを促すことができる。このような蒸留抽出は通常，クライエントの発言という形をとり，もち歩けるような用紙に記録されることが多い。しかしながら，発言そのものは価値ではない。発言は，クライエントが自分の人生を構成している瞬間瞬間に付与しようとしている性質への明確なガイドなのだ。

訳注　一部のリソースのダウンロードにはメンバー登録が必要。

自分の価値に関してはっきりした立場をとるようにコーチする

　公に価値を述べることは，時に価値に沿った新しい道への第一歩となる。ACTでは，クライエントが自分の人生を価値でいっぱいにすることに明確にコミットする機会が構造化されている。クライエントは，価値に関して自分がしようとしていることについて，セラピストや知人に対して立場を表明するように促される。具体的な行為とゴールには，実行・達成することで価値に沿った方向性にさらに前進できるようなものがあるが，それらを展開するための技法については，次章で概説する。

　クライエントが自分自身の価値を自由に選択するための必須条件は，セラピストから強要されたという感覚がまったくないことだ。しかしながら，時としてセラピストは，ある特定の価値においてクライエントを支援することに気乗りがしないことがあるかもしれない。ACTを行っているセラピストが，自分の価値はクライエントの価値と根本的に対立すると感じたときには，価値の探求においてクライエントを全面的に支援できるかどうかをふり返らなくてはならない。もしクライエントを全面的に支援できないのであれば，そのクライエントのために他のリソースを考慮すべきであろう。

　例えば，セラピストが保守的なキリスト教徒であり，親密な同性間の関係という価値を生きる点において同性愛者のクライエントを支援できないと感じるのであれば，支援できる他の誰かに紹介する責任がある。同様に，もし異性愛者の生活様式で生きることに価値づけしている同性愛者のモルモン教徒を支援できないのであれば，別のリソースを見つける責任がある。こういった状況の多くは，通常の倫理規定にしたがうことで処理できるが，ACTは他の多くのセラピーよりもセラピスト自身の価値に関して自覚的なので，こういった価値の対立がよりオープンに認識され，話し合える余裕ができる。

　もちろん，紹介が適切ではない状況もすぐにイメージできるのだが，ACTの初心者や批判者はこうした仮定の状況についてよく質問をする。例

えば，次のような質問は実際にあった。少数民族を殺そうとするときの不快さを受け入れられるような支援を求めたナチ党員や，子どもにいたずらができるように罪悪感を受け入れられるよう支援を求めた小児性愛者に，セラピストは何をするのか，というものだ。セラピストには，もしその行為が非合法的で非道徳的であれば，紹介する義務はない。このような状況はありうるが，ACTモデルの"明かり"のもとでは，多くの場合は消えてしまう。例えば，小児性愛者は自分の行動に対する支援を望むかもしれないが，これは通常，極度の体験の回避パターンの中で発生する。この回避は，子どもがいたずらされるとはどのようなことなのかを感じることから逃げるために必要とされるのだ。この問題に取り組むと，基盤にある価値は本当は子どもにいたずらをすることではない，ということが明らかになる可能性がある。したがって，いくつかの価値対立は確かに解決不可能かもしれないが，それでもなお共通基盤を見つけて健全な治療契約を結べるかどうかを模索していく方が好ましい。

価値に照らし合わせて現在の人生の方向性を再検討することを支援する

最も大切にしたい価値の外で送る人生というのは，多くの苦しみで満ちている。多くのクライエントの現在の行動は，そのクライエントが価値づけするものと合致していない。したがって，価値のワークに必須なのは，自分の現在の行動は意図された自分の人生の方向性とどのくらい緊密に調和しているかを見分けるように，クライエントを支援することだ。これは，クライエントが自分の価値と調和して生きていない面を見るということも意味している。

これは恥という感情を誘発しうるし，恥という感情は通常，生産的な方向性を生み出さない。そのため，望むような生き方ではない人生に由来する痛みを見るというプロセスでは，クライエントが「私はだめだ」といった思考とフュージョンしないことが大切である。クライエントがこのズレを体験するように支援する際には，クライエントの学習経験を考慮すれば

クライエントが何をやってきたとしてもそれは自然なことだと納得できるというスタンスを，セラピストが常にとることが重要である。それと同時に，自分の現在の行動は自分の進んでいきたい場所と調和しているかを，クライエントが勇気をもって検討するのを助けるのだ。ここでの焦点は，クライエントが望むように生きられていない人生という痛みと向き合うのを支援することだ。

　ここで，以下のケースを通して，このような基本的発想について具体的に説明しよう。クライエントは孤独だが非常に防衛的であり，非常に知的な女性である。彼女は，セッションとセッションの間で，「2つの墓碑銘を書く」というホームワークに取り組んできた。ひとつは，彼女が今日死んでしまったら彼女の人生の意味が何であったかを要約するもので，もう一方は，20年後に死んだ場合に彼女が望むことを何でも刻めるとしたら何を刻みたいか，ということである。

> **セラピスト**　さて，どのように書きましたか？　どんなことを思いつきましたか？
>
> **クライエント**　ああ，私が今日死んだら何が書かれるかというのは，あまりやりたくありませんでした。でも，思いついたことはあります。私が書いたのは「彼女は何が自分を幸せにするのか考え出そうと多くの時間を費やした」です。そして，もし何を書いてもいいのであれば，書いてほしいのは「彼女は幸せだった」です。
>
> **セラピスト**　そうですか。それでは，少しの間，最初の方に焦点を当ててもかまいませんか？
>
> **クライエント**　はい。
>
> **セラピスト**　これまでのところ，あなたの人生のテーマを一番よく要約するのは，「何が自分を幸せにするのか考え出そうと多くの時間を費やした」ということですね。それで，その結果はどうなりましたか？

クライエント　結果は出ていません。まだ答が出ていません。

セラピスト　では墓石には「エリーシャ，ここに眠る。彼女は全人生を幸せになろうとして過ごしたが，最後まで幸せにはなれなかった」といったことが書かれるということですね。その墓石はどうでしょう，気に入りそうですか？

クライエント　ああ，いいえ。ひどいです。私は負け犬にはなりたくないです。

セラピスト　あなたに，1分くらいの間，その碑文に書かれていることと一緒にただ座っていてもらいたいのですが，どうでしょうか。やってみる気はありますか？

クライエント　いいですよ。

セラピスト　ただ目を閉じて，それが墓石に刻まれるというのはどんな感じなのか，少しの間注目してください。〔ゆっくりと慎重に〕「エリーシャ，ここに眠る。彼女は全人生を幸せになろうとして過ごしたが，最後まで幸せにはなれなかった」。どのような気分が起こるか，注意してください……，あなたの体はどのように感じるか……，お腹に何を感じるか……，腕……肩……，どのような思考が浮かびますか？　これと関連した記憶があるか，注意してみてください。〔間〕はい，目を開けていいですよ。

クライエント　ひどいです。ひどい気分です。もう考えたくありません。

セラピスト　もう少し深く注目してみましょう。

クライエント　それは無理だと思います。それにいずれにしても，何のためにこんなことをしているのか，私にはわかりません。世界はすべて，いつの日か終わりになります。結局のところ，どのみち，それは重要ではないのです。

> **セラピスト** あなたは言葉の壁を作っているようです。あなたは何を望んでいるのでしょうか？ あなたの痛みは，ここでは一番の味方なのです。そこに入ってください。あなたは自分自身を何から守っているのですか？ そこを見てください……，あなたが……本当に，本当に，望むものは何ですか？
>
> **クライエント** 〔泣きながら〕……人です……，私ひとりではなく，自分の人生にたくさんの人にいてほしいのです。

価値についての特徴を教える

　クライエントに価値と関連した3つの特徴を教えると役に立つだろう。第一は，すでに述べたように，方向性としての価値とゴールとしての価値の区別である。第二は，プロセスとアウトカムの区別である（文献32, pp.219-221）。最後に，気分としての価値ではなく，行為の性質としての価値が重要である，という区別である（文献32, pp.209-212）。

価値とゴールを区別する

　セラピストがクライエントに人生で何を望んでいるか質問すると，ゴールと価値が混在した返答を受けることがよくある。通常，ゴールの多くはプロセス・ゴールである。言いかえれば，クライエントが望んでいる価値を手に入れるために獲得するか達成することが必要だと考えているものである。このような価値は多くの場合，気分が良くなる（例：不安が減る，痛みが減る，孤独が減る，自尊心が高まる）という形態をとる。

　ACTでは，クライエントがさまざまな価値を区別できるように支援する。継続的な行動パターンの方向性として特徴づけられるものと，達成して終わりにできる具体的な達成事項や出来事との区別だ。価値に沿った方向性を見出すプロセスの中で，クライエントがゴールを価値として表現したときには，その表現されたゴールの基盤にある，あるいはそれと関連している継続的な価値を掘り当てて抽出することが，セラピストの仕事となる。

ここで少し時間をとって,「ゴール的,あるいは価値的」という区別にしたがってクライエントの発言を分類する練習をしてみよう。価値は,行為がもつ性質の中でも,個人によって選択されたものであるということを忘れないように。そのため,価値は動詞と副詞で表される。価値は方向性のようなものであり,ゴールは完了できるものである。ゴールは,価値に沿った方向性に向かう行動の結果として発生するアウトカムである。もし,何かを達成してそれを終わりにできるのであれば,それはゴールである。このエクササイズは,クライエントのゴールではなく,クライエントの価値の発言を探知する能力の向上に役立つものである。

——●体験的エクササイズ:価値とゴール●——

問➡ 以下の面接記録を読んで,価値であると思う部分は丸で囲み,ゴールだと思う部分には下線を加えなさい。後にモデルとしての対応を示しますが(p.285),それを見る前に,まずはエクササイズに取り組みなさい。

セラピスト では,この不安が魔法のように消えていき,あなたの人生が望みどおりになったとしたら,そのときあなたの人生はどのようなものになりますか? お話しいただけますか?

クライエント そうですね……。もっと幸せになるでしょう。ものごとを本当に分かち合える友人が少なくとも2,3人はいるでしょう。映画に行くとか,自転車に乗るとか,外出して私の好きなことをしているでしょうね。コミュニティ劇団に入るかもしれませんし,少なくとも芝居には行くと思います。それから,もっと芸術も楽しんでいると思います。そうすることで,美を大切にするという思いもまた強くなりますし。ボーイフレンドとも良い関係をもてるでしょうね。けんかすることも泣くことも減って。母と

> の関係ももっと良くなって，もっと母のためになってあげられると思います。それに，お金ももっと稼いでいると思います。

　ここで，このクライエントが言っていることがゴールなのか価値なのかという点に目を向けながら，クライエントの言葉を一文ごとにたどっていきましょう。

> **クライエント**　そうですね……。もっと幸せになるでしょう。

　もっと幸せになるというのは価値かもしれないし，それを"eudemonia"（ユーデモニア，幸福につながるのが正しい行動であるとする考え方），つまり価値と調和した方法で生きることに起因する幸福と定義すれば，それはまさに価値の真髄だと言えます。しかし，もし，幸せをACTで考えるように感情的なリアクションと定義すれば，幸せはゴールであって価値ではありません。このように見ると，幸せとは行為の結果として生じたり消えたりする出来事であって，行為の選択された性質ではありません。単純にいつも幸福であり続けるというのは不可能なのです。

> **クライエント**　ものごとを本当に分かち合える友人が少なくとも2，3人はいるでしょう。

　完了できることなので，「2，3人の友人をもつこと」はゴールです。ただし，この文は，何かを分かち合える対人関係という明白な価値も含んでいます。

> **クライエント**　映画に行くとか，自転車に乗るとか，外出して私の好きなことをしているでしょうね。

　これは本来は，価値の表現です。「私の好きなこと」という表現は，もう少し明確化してもいいかもしれません。もし，これが単なる感情的結果と見なされるのであれば，それは価値ではありません。しかし

通常，このクライエントのような言い方をするときには，生きる喜びに取り組ませるものごとを指しているでしょう。その場合，それは価値だと言えます。

> **クライエント** コミュニティ劇団に入るかもしれませんし，少なくとも芝居には行くと思います。それから，もっと芸術も楽しんでいると思います。そうすることで，美を大切にするという思いもまた強くなりますし。

芸術に参加することで美を大切にするのは価値です。

> **クライエント** ボーイフレンドとも良い関係をもてるでしょうね。

「良い関係」という表現では，価値であるとはまだ判断できません。なぜなら，関係のどのような性質が重要（良い）と感じられているのか，この表現からはわからないからです。

> **クライエント** けんかすることも泣くことも減って。

これはゴールです。

> **クライエント** 母との関係ももっと良くなって，もっと母のためになってあげられると思います。

先ほどと同じように，「もっと良い関係」という表現では，価値であるとはまだ判断できません。関係のどのような性質が重要（もっと良い）と感じられているのか，この表現からはわからないからです。母親のためになってあげるというのは価値であると思われますが，ややあいまいなので，もう少し明確化した方がいいかもしれません。

> **クライエント** それに，お金ももっと稼いでいると思います。

これはゴールであって，価値ではありません。

クライエントがゴールを報告する場合，しばしば，1つあるいは複数の価値がそのゴールの基盤にあります。セラピストとしては，ゴールの基盤にある価値に沿った方向性を引き出して，明確化することが大切です。以下のエクササイズで，これを練習してみましょう。

問➡ もし，あなたがこのクライエントに対応しているのであれば，クライエントが表現したゴールの基盤にある価値に到達するために，どのような質問をするでしょうか？ あなたがするであろう質問を2つ，以下に書きなさい。書き終わったら，後のモデル対応と比較してみなさい。

対応1

対応2

モデルとしての対応

1：ボーイフレンドとの良い関係とは，どのようなものですか？ もう少し詳しく教えてください。

2：「喧嘩したり泣いたりしない」ことは，あなたにとってどんな意味がありますか？ なぜ，それが重要なのでしょう？

3：もっとお金をもっているとイメージしてください。あなたは，それで何をしますか？

●体験的エクササイズ●

プロセスとアウトカムを区別する

　価値とゴールの区別をクライエントに教えることの主な目的は，クライエントが生きるプロセスにもっと焦点を当てるようになり，行為のアウトカムにあまりとらわれないようになるのを支援することにある。多くの人が，幸せな人生への道としてゴールを達成するという考えにとらわれている[32]。ACTでは，ゴールは効果的な行為を促進する身近な指標になるという点で実用的に活用されうるが，それは，ゴールの達成自体が目的となるのではなく，価値に沿った行為へのガイドとして柔軟に使われた場合に限定される。

　ゴールに対するとらわれが強すぎると，それが今この瞬間から注意を引き離しがちになってしまう。ひとつのゴールが達成されるや否や，別のゴールが確立されねばならず，また私たちはゴールに着いていない状況になるので，決してゴール地点にはいられない。その一方で，価値は，人生が私たちに与えてくれた状況の中で，生きるプロセスと価値づけするプロセスに焦点を引き寄せてくれる。価値づけのチャンスはいつでも，「今，ここ」に，私たちの行動の中にあるのだ。価値づけをする前に行かねばならない場所というのはなく，価値づけを始めるために待つ必要のあることもない。それゆえ，ACTの視点からは，生きるプロセスが意味に満ちていることこそが重要であると言える。大切なこととのつながりは，未来や特定のゴールや目的の状態を達成したときにではなく，生きているすべての瞬間に，すべての状況で可能なのである。

　自分の選択や自分の手足の使い方，それと似たようなことはコントロールできる。しかし，人生がどう展開するかは，必ずしもコントロールできない。例えば，ある娘が母親との関係に価値づけをしても，母親は娘とのあらゆる接触を拒むかもしれない。このことは，価値が存在しないとか，ささやかな形でさえも（思考を通じてであろうと，カードを通じてであろうと，きょうだいとの会話を通じてであろうと）価値が表出されないという意味ではない。例えば，ダムでせき止められた水について考えてみよう。ダムにかかる水の力は価値のようなものだ。ダムにせき止められて動けな

いので，水は隠れているもの（水の力）を表現できない。しかし，ダムがいったん開口すると，水の力（つまり，価値）がすべて明らかになる。それと同じように，ある状況におかれているがために行動がコントロールされているからといって，価値に向かうのは不可能だということにはならない。

気分ではなく，行為としての価値づけ

ACTでは，行為の性質としての価値と気分としての価値の間の区別を教える（文献32, pp.209-212）。クライエントはよく，価値とはある状況についての自分の感じ方だと考えることがある。言いかえれば，自分の望みや願望である。しかしながら，ACTでいう価値とは，選ばれた人生の方向性である。私たちがしたがっている方位磁石の針のようなものと考えてもよい。針が方向性を指してくれるから，前に進み続けることができる。その瞬間の気分や思考は，行動に影響して，行く道を曲がりくねったものにするが，価値は全般的な方向性を通じて明らかにされるのである。

セラピーにおけるセラピスト側の価値を直接述べる

ACTを実践しているセラピストは，暗黙裡に，クライエントの価値づけを価値づけている。セラピストは，クライエントが不毛で結局は大きな損失を生むようなゴールから離れて，最も望む方向性に向かって人生を生きるように，クライエントの努力を方向転換させる行為を価値づける。このセラピーでの価値を明確にし，クライエントと共にそれにコミットすることで，セラピストは価値づけとコミットメントの両方のモデルをクライエントに示し，リードすることができる。このとき，クライエント自身がしなければならない何かをセラピストが創造するのではなく，クライエントが自分自身でそれを成し遂げるチャンスを提供することが大切だ。

初期のセッション，とくにクライエントの価値が具体的になる以前には，このコミットメントは以下のような言葉で伝えるのもよい。「私はこのセラピーを，あなたが『こうあってほしい』と最も望む人生につながるような

セラピーにしたいのです。セッションの間，あなたが自分の人生で最も望んでいるものを見つけるのをお手伝いするために，一緒にワークすることに専念します。そして，そのためにワークに全力を注ぐつもりです」。

　セラピストはまた，クライエントの価値や生活状況について知っていること次第で，もっと特定的なコミットメントをすることもできる。セラピストは，クライエントが価値について明確な立場をとった後でコミットメントを行うことがよくある。あるセッションにおける以下の面接記録を見てみよう。このセッションでは，イメージの中で自分自身の葬儀に出席するというエクササイズをクライエントが行ったばかりである。

> **セラピスト**　では，あなたは，お嬢さんがあなたについて，今このようなことを言うとは思わないのですね？
>
> **クライエント**　言わないでしょうね。
>
> **セラピスト**　過去に彼女のためになってあげなかったからですね………いつも彼女のために何かしてあげたわけではなかった。あなたは刑務所にいて，お嬢さんとその母親をかまうこともできず，麻薬にも手を出した。このエクササイズの中で，お嬢さんがあのようなすばらしいことを言うのを聞いて，どのように感じましたか？

クライエント　娘に言ってもらいたいこと，まさにそのままです。いい気分でしたが，実際の姿とは違うので，嘘のような感じもしました。

セラピスト　それが，あなたが望む姿なのですね。

クライエント　そのとおりですが，娘は私にそうさせてくれません。

セラピスト　お嬢さんの行動は，時として，あなたがお嬢さんを愛することを難しくする場合もあります。あなたが電話をかけると，お嬢さんが最初にするのはお金の無心です。お嬢さんはあなたを信頼していません。彼女がそのようなときでも愛情深くあるというのはきついですね。ところで，あなたの葬儀で皆さんがあなたについてそのような弔辞を言うか言わないかは，あなたの今の人生の生き方次第です。結末を保証することはできませんが，あなたが愛情深い父親であれば……，彼女が電話をしてきたらそれに応え，あなたが言っていたように支えてあげるような対応をすれば，お嬢さんがいつの日かあなたを子どもを励ます父親だと感じるようになって，そのようなことを言葉にして言うようになる可能性が増えるという保証はできます。彼女から尻込みし続けていれば，そうはなりません。ひとつ質問をさせてください。ここで立ち上がって，私の目を見て，お嬢さんに対してこんな父親でありたいということを私に伝えてみませんか？　彼女の行動がそうすることを難しくし，彼女が電話してきて彼女が望むのはお金だけに思えるときには，きっとうんざりするでしょう。それでも……あなたが望むのは何ですか？

クライエント　それでも，彼女が電話をしてくるときには，愛情深く子どもを励ます父親でありたいです。それは必ずしも，娘に金だけを与えるという意味ではありません。けれども，私は父として，彼女のためになろうと思っています。

セラピスト　今まさに立ち上がって，お嬢さんとの関係の中でそのようになっていこうという気持ちがある？　お嬢さんがそうすることを難しく

したり，あなたが使われていると感じたり，失望を感じたり，怒りを感じるときがあるだろうと知っていて，それでも彼女のためになろうという気持ちがありますか？

クライエント　ええ，私はそういう父親になりたいんです。

セラピスト　けっこうです。では立って，どのような父親になりたいのか，私に向かって言ってください。

クライエント　〔立ち上がって，セラピストの目を見て〕私は愛情深く，子どもを励ます父親になりたいです。娘が，そうあることを難しくするときでも。

セラピスト　たいへんすばらしい！　私はその言葉で勇気づけられました。私たちのワークのテーマはそれにしたいと思います。あなたにとってそれが可能になるように，私も力を尽くしたいと思います。

　ACTのセラピストは，クライエントとの関係での自分自身の価値を特定するようにワークするとよい。セラピスト自身がこれを検討しないことがよくある。自分自身について自覚的であること。例えば，あなたがどのようなセラピストに最もなりたいかということや，クライエントとのワークにおいて何を最重要と信じていたかということについて，専門家としての訓練中に何回スーパーヴァイザーやメンターと会話をしただろうか？　こうした内容は，大学院ではあまり話題にあがらない。普通は，1〜2回でも話すことはないだろう。クライエントとのワークにおけるセラピスト自身の価値がはっきりしないと，おそらくACTのフレームワークに合致するようなクライエントへのコミットメントをすることが難しくなってしまうだろう。以下のエクササイズで，セラピストとしての自分の価値を特定してみよう。

第6章　価値に沿った方向性を見出す

───● 体験的エクササイズ：セラピストとしての価値を特定する ●───

問➡　セッションの間，あなたが最高の状態であるとき，あなたはどのように感じますか。

問➡　クライエントとのワークの結果として，あなたがクライエントに何でも与えられるとしたら，何（例：特定のスキル，変化，知識，関係，体験）を与えますか？

問➡　この質問に対してもっと体験的モードのアプローチをするため，目を閉じて短いエクササイズをすることをお勧めします。あなたが，自分の引退パーティーに出ているのをイメージするエクササイズです。まずは，目を閉じて，少し時間をとって集中してください。次にあなたがパーティーに出ているところをイメージして，どのように見えるか，誰が出席するか，時間をかけて思い描いてください。最後に，あなたのお気に入りのクライエントが3名，この引退パーティーに出ているとイメージしてください。そのひとりひとりが，あなたがその人にとってどんな意味をもっていたか，これから短いスピーチをします（こういうことは実際にはおそらく起きないでしょうが，これは想像なので，あなたは自由に選択ができます）。あなたがその人にとってどういう意味をもっていたか，一緒のセッションで最も記憶に残っていることは何か，そして，その人と一緒にいるときのあなたの様子で一番大切であったのは何か，話すチャンスをあげてください。それを聞き終えたら，以下に，3人の言

ったことを短く要約して書きなさい。

問➡ ここまでで，あなたのセラピストとしての価値についてさまざまな観点から考えてきました。それではここで，あなたがセラピストとして一番価値づけしているもののエッセンスを要約できるかどうか，試してみましょう。どのようなセラピストになりたいですか？ 何をしたいですか？ 以下に書きなさい。

・セラピストとして，私が一番なりたいのは「　　　　　」だ。

・これは，あなたにとってどの程度重要ですか？ （　　　　）
　（0＝まったく重要ではない，10＝非常に重要である）

・過去2週間，あなたの行動はこの価値とどのくらい一貫していましたか？ （　　　　）
　（0＝まったく一貫していなかった，10＝非常に一貫していた）

・今週，あなたが最もなりたいと思うセラピストになるためにできることを1つあげるなら，それは何ですか？

・それを実行することにコミットしますか？　はい　いいえ

問➡ 次に，現在のあなたのクライエント2人に対して，あなたのコミットメントを伝える方法を練習したいと思います。あなたの現在のクライエントから2人を思い出してください。2人につ

いて考えるときには，一緒にワークしていること，それらのクライエントが最も価値づけしていること，そしてあなたが価値づけしていることについて考えてみましょう。それから，次のことを自分自身に問いかけてください。もしそのクライエントとのワークであなたの価値を表現するようなコミットメントを伝えるとしたら，どのように言いますか？（例：「あなたにお伝えしたいのは，私はここで『　　　』に力を注ごうとしているということです」）

・クライエント1に対して

・クライエント2に対して

問➡　最後に，あなたが実際にクライエントにこれらのコミットメントを伝えるかどうか，もう一度考えてください。

・クライエント1に伝えますか？　　はい　　いいえ

・クライエント2に伝えますか？　　はい　　いいえ

―――――――――――――――――――――●体験的エクササイズ●―

コア・コンピテンシーの実践

　この章の残りの部分では主に，セラピストとクライエントの対話から取り出した価値についての瞬間瞬間のやりとりに焦点を当てる。これは，価値についての対話の性質を肌で感じるのに適した練習の機会となる。ここでは，他の文献でも論じられているような価値のアセスメントの構造（p.262 表6.1を参照）をくり返し説明したりはしない。むしろ，このような介

入を実行するのに必要とされるスキルに焦点を当てる。各セクションでは，最初にコア・コンピテンシーの説明があり，次に面接記録および実践練習へと進んでいく。pp.301-307のモデル対応の回答例を見る前に，自分自身で対応を考え出すように努力すること。

コア・コンピテンシー・エクササイズ

コンピテンシー1：クライエントが価値に沿った人生の方向性を明確化するのを支援する。

このセクションの短い面接記録では，クライエントとセラピストの間で起こった，価値についての活力のない会話が展開されている。各会話は，異なるクライエントとのセッションのものである。

エクササイズ6.1 ⇨ 回答例はp.301

以下のクライエントは，深刻な社交不安を抱える58歳の女性である。

> **セラピスト** 今は手に入れていないと感じるもので，自分の人生の中で望んでいるものは何ですか？
>
> **クライエント** この不安が減ることです。自宅を出て普通の人のようにできるといいです。
>
> **セラピスト** どうして外出したいのですか？
>
> **クライエント** だって，私の生きている人生は，人生と言えるものじゃありませんから。

問➡ あなただったらどう対応するかを書きなさい（コンピテンシー1を使うこと）。

問❯　そのように言うとき，あなたはどんなことを考えていますか？　何に対応し，何を達成したいと思っているのですか？

エクササイズ6.2　　⇨ 回答例はp.302

（コンピテンシー1の続き）
クライエントは，社会的機能が慢性的に落ちている62歳の男性である。

> **セラピスト**　自分の人生にどのような夢をもっていますか？
>
> **クライエント**　わかりません。

問❯　あなただったらどう対応するかを書きなさい（コンピテンシー1を使うこと）。

問❯　そのように言うとき，あなたはどんなことを考えていますか？　何に対応し，何を達成したいと思っているのですか？

エクササイズ6.3　　⇨ 回答例はp.302

（コンピテンシー1の続き）
クライエントは17歳の女性で，感情的反応に対して非常に回避的であり，人生の目標がほとんどない。

> **セラピスト**　あなたはどんなことを人生に望んでいますか？　本当に，本当に，何を望んでいますか？
>
> **クライエント**　幸せです。それが，何よりも私の望むものです。

問➡ あなただったらどう対応するかを書きなさい（コンピテンシー1を使うこと）。

問➡ そのように言うとき，あなたはどんなことを考えていますか？　何に対応し，何を達成したいと思っているのですか？

エクササイズ6.4　⇨ 回答例はp.303

（コンピテンシー1の続き）

> **セラピスト**　自分の人生の夢をもっていた最後のときというのはいつでしょう？　どのくらい昔ですか？
>
> **クライエント**　もうずいぶん昔のことです。そのことはあまり考えたくないです。

問➡ あなただったらどう対応するかを書きなさい（コンピテンシー1を使うこと）。

問➡ そのように言うとき，あなたはどんなことを考えていますか？　何に対応し，何を達成したいと思っているのですか？

　このコンピテンシーに対する残りの2つの面接記録では，価値の特定や価値との接触に対する，やややっかいなバリアが現れる。面接記録を読んで，クライエントがバリアをいったん脇において，自分にとって大切なこととともっと向き合えるように支援するような，セラピストの対応を考えてほしい。

エクササイズ6.5　⇨ 回答例はp.304

（コンピテンシー1の続き）
クライエントは45歳のホームレスの男性である。

> **セラピスト**　あなたが「自分の人生はこうあってほしい」と一番強く思うことは何ですか？
>
> **クライエント**　アメリカ合衆国大統領になることです。

問➡　あなただったらどう対応するかを書きなさい（コンピテンシー1を使うこと）。

問➡　そのように言うとき，あなたはどんなことを考えていますか？　何に対応し，何を達成したいと思っているのですか？

エクササイズ6.6　⇨ 回答例はp.304

（コンピテンシー1の続き）
クライエントは28歳のうつ病の女性である。

> **セラピスト**　あなたの人生の夢は何ですか？
>
> **クライエント**　両親を喜ばすことが夢なのだと思います。

問➡　あなただったらどう対応するかを書きなさい（コンピテンシー1を使うこと）。

問➡　そのように言うとき，あなたはどんなことを考えていますか？　何

に対応し，何を達成したいと思っているのですか？

コンピテンシー2：クライエントが自分の人生の意味として望むものにコミットするのを支援し，セラピーの焦点をそこに当てる。

エクササイズ6.7 ⇨ 回答例はp.305

　クライエントをコミットメントに向けて動かすのは，ワークで価値の側面を扱う際のACT独自のスキルである。次のエクササイズでは，クライエントをその方向に動かす方法について考えていく。

　クライエントは43歳の男性。生涯にわたって気分変調性障害を抱えており，親密な関係を始めて，それを維持することが困難である。セラピストとクライエントは，すでにクライエントにとって優先度が高い価値を特定しており，最近，恋愛関係領域での重要な価値（現在は無視されているが）を特定した。この面接記録では，セラピストは，クライエントが自分の人生の意味として望むものにコミットする方向に向かうように支援するワークしている。

> **セラピスト**　あなたが人生で大切にしているのは，お互いに支え合い，親密で，楽しい関係をもつことであるということがわかりました。とは言え，自分自身がいまだにパートナーをもてずにいる上，その方向に向かってさえいないと思っています。これは，あなたが人生に望むものですか？
>
> **クライエント**　もちろん違います。けれども，私と一緒にいたいと望んでくれるような人には会わないのです。自分から動き出すのも難しいです。拒絶されるだろうと思います。
>
> **セラピスト**　そうですか。ここで私からひとつ，大切な質問をしたいと思

います。最初に，少し時間をとって，あなたが努力して向かいたいと思っている行き先にもう一度目を向けてください。つまり，支え合い，親密で，楽しい関係です。では，お聞きします。あなたは，自分の人生で，どうありたいですか？　拒絶されるのを避けて，対人関係で失敗しないようにするのが大事ですか？　それとも，支え合って，親密で，楽しい関係をもちますか？　自分の人生をこの価値でいっぱいにするのだという明確な立場をとるお気持ちはありますか？　拒絶を避けるのに忙しくなければ，あなたは何をするでしょうか？

クライエント　しかし，できるかどうか自信がありません。

問➡　あなただったらどう対応するかを書きなさい（コンピテンシー2を使うこと）。

問➡　そのように言うとき，あなたはどんなことを考えていますか？　何に対応し，何を達成したいと思っているのですか？

コンピテンシー3：クライエントに価値とゴールを区別させる。

エクササイズ6.8

問➡　この章ではすでに，価値とゴールの区別を練習してきました。これを，しばらくの間共にワークしてきたクライエントの何人かに適用するために，今から少し時間をとりましょう。2人のクライエントを選んで，各クライエントがもっていると思う価値をリストしてください。クライエントのことをもう一度考えて，その価値につながるゴールをリストしましょう。

クライエント1
　価値

　ゴール

クライエント2
　価値

　ゴール

コンピテンシー4：達成されたアウトカムと，生きるプロセスに身を投じることを区別する。

エクササイズ6.9　　⇨ 回答例はp.306

　26歳の男性クライエントが，数年ぶりに交際を始めようとしている。先週，彼は「対人関係において，自分から働きかけ，愛情深く，関与的で，嘘のない人」になりたいという価値を記述した。この方向性に進む方法として，毎日少なくとも1通のメールをオンラインの恋人募集広告への返信として送ることにコミットしていた。セッションまでの間に毎日メールを送っているのだが，まだ誰からも返信がないので失望していた。

> **クライエント**　ええ，やりました。でも，誰も返信してくれませんでした。うまくいかなかったのです。
>
> **セラピスト**　わかりました。ちょっと待ってください。このエクササイズ

のポイントに戻りましょう。なぜ，これらのメールを送っていたのですか？　あなたはどうありたかったのでしょう？

クライアント　新しいガールフレンドが欲しかったんです。そして，良い結果が出ませんでした。返信がまったくないのです。この分だと，時間の無駄です。

問➡　あなただったらどう対応するかを書きなさい（コンピテンシー4を使うこと）。

問➡　そのように言うとき，あなたはどんなことを考えていますか？　何に対応し，何を達成したいと思っているのですか？

コンピテンシー5：セラピーに関するセラピスト自身の価値を述べて，価値を述べることの重要性のモデルを示す。

エクササイズ6.10

問➡　セラピーに関するあなたの価値を記述する文を3つ書きなさい。クライエントに話すときの表現で書くこと。

コア・コンピテンシーのモデルとなる対応

コンピテンシー1

回答例6.1　　　⇨ エクササイズはp.294

セラピスト　そうですか。ところで，あなたの人生に欠けているように感

じられるものというのは，いったい何ですか？ 今は手に入れていないもので，人生に何を望んでいましたか？ 外出を恐れて家にいるとき，何を手に入れられたらいいと思っていましたか？ あるいは，どんな人生を過ごしたいと思っていましたか？ 少し時間をかけて考えてみてください。あなたの苦悩自体がガイドとなることもありますよ。

> 説明 　家から外出することは，ゴールであって価値ではない。セラピストは問題をクライエントの望むものに焦点化する必要があるが，クライエントは防衛的な返答をしている。そこでセラピストは，「今，この瞬間」ともっと接触して，痛みに近づく必要がある。

回答例6.2　　⇨ エクササイズはp.295

> **セラピスト**　子どもの頃，自分の人生がこのようになると想像していましたか？ これは，自分自身のために想像して送ろうと思っていた人生ですか？

> 説明 　クライエントの返答はやはり防衛的である。しかし，クライエントを子どもらしい夢や希望とつなげると，防衛することは自己を非正当化しているように見え始める。多くのクライエントは，この時点で回避と防衛をやめるであろう。

回答例6.3　　⇨ エクササイズはp.295

> **セラピスト**　そうですか。もし，あなたが幸せであれば，今，何をしているでしょうか？ もう少し詳しく教えてください。幸せとは，あなたが行動としてできる何かですか？ 今ここで，あることを試してみましょう。今現在，自分自身が本当に幸せに感じるようにしてもらいたいのです。〔間〕どうでしょう，できましたか？

> **クライエント**　いいえ，そんなふうにはいきません。

セラピスト　そうですね。私が知りたいのは，あなたが何を人生のテーマにしたいのか，どのように生きたいのか，ということです。それは正確に言うと，どのように感じたいか，ではないのです。例えば，手，足，口を使って，何でもできるとしたら，何をテーマにして，どんなことをしますか？

説明　幸福はゴールであり，クライエントが向かって行ける方向性あるいは価値というよりも，クライエントに起こりうる何かである。そこでセラピストは，このコメントをいったん脇におく。そして，何らかの感情をもたらす問題について，クライエントとの短いエクササイズを通して説明する。感情はクライエントの直接的なコントロール下にあるものではないのだ。価値というのは，行為の性質として，直接的にアプローチしたりねらったりできるものをより重点的に扱っていく。

回答例6.4　　⇨ エクササイズはp.296

セラピスト　ええ，あなたの人生は自分自身に望んでいたものと，とてもかけ離れている。そして，そのことについて考えると痛みが伴う。わかります。

クライエント　〔すすり泣き始める〕

セラピスト　あなたは自分の人生の夢や希望を非常にたくさん断念してきました。私はあなたが断念してしまった夢について，ぜひとも聞きたいのです。あきらめた夢を語ってみようという気持ちはありますか？

説明　セラピストは，大切に思うことに関する喪失と痛みのせいで，クライエントが価値と向き合いたがらないと考えている。そこでセラピストは，共感的なコメントをして，クライエントがその瞬間に生きていない人生の痛みと向き合うように支援している。

回答例6.5　　➡ エクササイズはp.297

> **セラピスト**　大統領になると，どんなことができますか？
>
> **クライエント**　人々の面倒をみることができます……，私のような人たちです。
>
> **セラピスト**　例えば，大統領であってもなくても，そのようにして人を助けているとしたら，あなたが価値づけした行為を実行していることになりますか？

説明　ゴールが壮大なものであったとしても，そこにはしばしば価値が含まれている。価値を論じることの大きな利点のひとつは，セラピストはクライエントに壮大なゴールをあきらめるように説得する必要がないことだ。価値のレベルまで掘り下げることで，行為につながるその時点での意義を明らかにできる可能性が高くなる。また，機能するかどうかに焦点を当てて取り組むことで，クライエントに恥をかかせたり，クライエントが悪いかのように思わせたりせずに，どんなに度を越したゴール（精神病的なものさえ）も穏やかにコントロールできるであろう。

回答例6.6　　➡ エクササイズはp.297

> **セラピスト**　あなたの両親が亡くなって，あなたの人生に関係している人が誰も，ご両親があなたにしてほしいと望んでいたことを覚えていないとしましょう。そのとき，自分の人生で何を一番変えたいですか？
>
> **クライエント**　別に何も。私は自分の家庭をもちたいですし，愛情を込めて子どもを育てたいです。それが両親を喜ばすことだと思いますが，私のしたいことでもあるのです。

説明　ACTではしばしば，プライアンス（他人の承認を得るためにルールにしたがうこと）の打破がターゲットとなる。このやりとりでセラピス

トは，社会的承認があまり直接的問題にならないような状況をクライエントにイメージさせて，プライアンスのアセスメントを行った。ただし，このセラピストは，「社会的ゴールは必ずプライアンスである」という前提をもたずにアセスメントを行っている。私たちは社会的な生き物である。重要なのは選択の自由と個人的つながりであるが，私たちは自分のコミュニティや家族が大事に思うのと同じものを大切に考える傾向がある。

◇　　　◇　　　◇

コンピテンシー2

回答例6.7　　　⇨ エクササイズはp.298

> **セラピスト**　私がおうかがいしているのは，できるかどうかということではありません。結果的にはできるかできないかのいずれかになるでしょうが，そのことについて完全にコントロールすることはできません。それに，あなたは恐ろしいという気分や心配になる思考をもっています。私が質問しているのは，あなたが自分の人生において，どういう意味をもちたいかということです。私がここで提案しようとしているのは，あなたの人生で新しい方向性にコミットするチャンスです。もちろん，新しい方向性にコミットすることで結果的にどうなるかはわかりません。ただ，これがあなたにとって，進んでやってみようと思えるコミットメントなのかどうか，考えてほしいのです。もしそうであれば，あなたは人生でどうありたいのか，教えてください。
>
> **クライエント**　はい，私はこのコミットメントをしたいです。そうするつもりです。〔深呼吸をして〕私はお互いに支え合い，親密な対人関係をもつことに取り組みたいです。情熱を感じられる対人関係をもつチャンスがほしいのです！
>
> **セラピスト**　そのとおり！　私もあなたにそれを望んでいます。私たちのワークも，それをテーマにしたいのです。

[説明] セラピストはクライエントの集中状態を保つため，脱フュージョンとアクセプタンスのスキルを用いなければならない。セラピストはアウトカムへのコミットメントを求めているのではなく，方向性，すなわち生きるプロセスへのコミットメントを求めている。一方でクライエントは，拒絶や失敗，能力の欠如に対する恐怖など，よくあるバリアを呈してくる。セラピストはこのバリアをスルリとかわし，クライエントが新しい方向性にコミットするチャンスを与え続けるのである。

◇　　　◇　　　◇

コンピテンシー4

[回答例6.9]　　　⇨ エクササイズはp.300

セラピスト　ここで思い出していただきたいのは，この領域で「こうありたい」と願う自分の姿です。あなたは対人関係において，自分から働きかけ，愛情深く，関与的で，嘘のない人になりたいと書きました。私たちが取り組んでいるのは，その方向に向かっていくプロセスです。うまくいって，その展開を楽しめるときもあります。そして，あなたの気に入らないような展開になるときもあるでしょう。けれども，私たちがワークしてきたことは，あなたが今まで「こっちに向かっていきたい」と表明してきた方向性なのです。あなたはしばらくの間，少し軌道をはずれて，ガールフレンドをもつというゴールにとらわれてしまったようです。それはそれでよいのですが，ここではそれに対するワークをしているのではありません。よろしいですか？

クライエント　なるほど，わかったような気がします。ちょっと忘れていたみたいです。

セラピスト　それで，メールを送信することで，対人関係において，自分から働きかけ，愛情深く，関与的で，嘘のない人になるという方向にもっと進みましたか？

クライエント　ええ，実際，進みました。メールを送るだけで，私は嘘のない人になれました。普段は，対人関係なんて全然欲しくないというふりをしているからです。でも，それ以上に進みました。メールで，ウィットに富んで，印象的になれるようにと本当に努力しているんです。わかるでしょう？　本当の私を好きになってもらうには，それくらいのゲームはしないとね。すばらしかったのは，自分がもっと嘘のない人になれたことです。考えていることを言って，人が書いたことにはより誠実に応答して，どんなところに関心をもったかを言えたのです。

セラピスト　すばらしい。バリアがたくさん現れたのにもかかわらず，あなたはこの1週間，それにコミットし続けた。それは本当に立派だと思います。これからも，あなたがどのように生きているか，人生というボールがどのように転がるのかを見守って，結末はどうなろうとも，なるがままにしておきましょう。

説明　クライエントは，自分の価値を生きるプロセスよりも，アウトカムに過度に焦点を当てているようであった。彼は特定のゴールにとらわれてしまっていた。その結果，彼は彼の行動すべてを，「ゴールの方向に動き続けたかどうか」ではなく，ゴールとどれだけ離れているかという感覚にしたがって評価してしまっている。ここで，セラピストはクライエントに，彼の価値はアウトカムがテーマではなく，彼の人生の生き方なのだと思い出させている。その後，セラピストは，クライエントが理解しているかどうかを確認している。

———— **さらに情報を入手するために** ————

○エクササイズやメタファーも含め，価値についてさらに知るには，文献32の第8章（pp.204-234）を参照。

○その他，文献13（pp.91-111），15（pp.154-155, pp.186-187），61なども興味深い資料である。

○あなた自身とクライエントのために用いる，価値についてのエクササイズやワークシートをもっと手に入れるには，文献29の第12章（pp.165-176, 日本語版 pp.237-251）を参照。

第7章

コミットされた行為の
パターンを形成する

変化するためには，深いコミットメントが必要である。成長するためには，さらに深いコミットメントが必要である。

—— Ralph Ellison（1914-1994）

　コミットされた行為のパターンを形成するための主なターゲットは，以下の2点である。

○すべての自動的なリアクションや体験をおいておくスペースを作りながら，選択された価値に沿った行為の変化を目指してクライエントとワークする。
○クライエントが行為のパターンに対して責任（responsibility）を引き受け，その行為のパターンを，効果的で価値に基盤をおいた生き方を支えるような大きなユニットへと形成していくのを助ける。

　セラピーに来る多くのクライエントにとって核となる問題は，自分の人生における大切な活動，関係，追い求めたいものから脱落している，あるいは制限された形でしか取り組むことができなくなっているということだ。いくつかの事例について考えてみよう。レナードといううつ病のクライエ

ントがいる。彼には友人はいるものの，心からのつながりをもっているようには感じられず，自暴自棄で孤独に感じたときだけ電話をしている。では，クリスティンはどうだろうか。彼女は，パニックの恐怖から，もはや息子のフットボールの試合にも行かず，車をひとりで運転することもなくなった。ホセというクライアントは今，自分の時間のほとんどをひとりで自宅のリビングルームでテレビを見て過ごしている。外出するとまた「声」が出てくるだろうと恐れているのだ。選択肢さえ与えられれば，レナードは友人ともっとつながりをもつことを選ぶであろうし，クリスティンは息子のフットボールの試合に行き，自立を取り戻すことを選ぶであろうし，ホセはリビングルームの外の世界でもっと時間を過ごすことを選ぶであろう。彼らは皆，「こうありたい」というはっきりとした人生像をもっている。しかしながら，ある人生を送ることから身動きがとれないようにも感じている。その人生とは，自分自身のものではなく，自分自身で選んだものでもなく，まるで災害のように自分に降りかかってきたように感じられる人生である。

コミットされた行為とは何か

　コミットされた行為とは，完全な人生，つまり自分の最奥(さいおう)の希望や願望に忠実で尊厳のある人生を作り上げていくための段階的な行為のプロセスである。コミットメント[訳注]は，持続と変化の両方（どちらであれ，自分の価値を生きる際に必要とされる方）を含んでいる[33]。コミットメントはまた，さまざまな行動に積極的に取り組むということも含んでいる。この点は非常に重要である。なぜならば，価値に沿った方向性を維持することは時として，特定の行為に頑固にコミットしたりとらわれたりするというよりも，柔軟になることを意味するからだ。

訳注　「コミットメント」とは，「責任をもった実質的な関与」という意味であり，責任をもって関与するということを「明言・公言」するプロセスが必須とされている。詳しくは，文献29の第13章（pp.177-194，日本語版　pp.253-280）を参照のこと。

コミットされた行為は，**対応できる能力**（an ability to respond）が常にあるという見通しが基盤にあるという意味で，本質的に責任（responsibility）を伴うものである。これは決して，理想主義的なものではない。ここでいう対応能力とは，どのような状況でも行為を価値に結びつける能力のことである。例えば，刑務所に入っている人は，家族に対して明白なコミットメントをなかなか示せないかもしれない。しかしながら，刑務所内で人の役に立って，仮出所の可能性を高めたり，家族の訪問に対する準備を進めることで，このコミットメントを明確に示すことができる。実際，コミットメントは，選択された行動を通じて明らかにされるものである。ある状況で必要とされるコミットされた行為の具体的な形態は，その状況でどのような行為が可能であるかということと，どの行為が最も妥当であるかということ次第である。

　コミットされた行為は，ACTモデルに伝統的な行動的手法を最もうまく統合できるコア・プロセスである。エクスポージャーは不安の問題に対して使えるし，社会的スキル訓練は社会的問題に，うつには行動活性化が，禁煙には活動スケジュール法が使える。行動的手法には非常にさまざまなものがあるので，このセクションでは，最も広義の意味で用いている。しかしながら，ACTにはこれらの行動的手法もまた必要不可欠であり，セラピーで必要とされるときにはいつでも活用されなければならない。ACTについてのこれまでの研究では，科学的な主張をするために，時として，伝統的な行動的アプローチを排除してきた。例えば，ある研究では，セッション内でのエクスポージャーなしに，強迫性障害（obsessive-compulsive disorder; OCD）の治療を成功させたという報告をした[54]。このようにした理由は単純なもので，そうしなければエクスポージャーのよく知られた効果にすぎないとしてポジティブな結果が片づけられてしまうからである。しかしながら，ACTは臨床行動分析に基盤があり，行動的技法の使用はACTの主要な特徴でもある。例えば，セッション内のエクスポージャーは，通常，OCDに対するACTの一部になるであろう。臨床実践においては，モデルをフル活用しない理由などないのである。

なぜ，コミットされた行為か

　価値に沿った人生の方向性を見出すことが行く先を示す方位磁石を提供するならば，コミットされた行為は旅のステップを記述する。つまるところ，他のすべてのACTプロセス（アクセプタンスと「今，この瞬間」への気づきを高めること，絡みつく思考からの脱フュージョン，超越的な自己の体験の育成，自分が選択した方向性の明確化）のゴールとは，人生を良く生き抜くことなのである。これらのプロセスは，クライエントが心理的柔軟性を高めたり，価値に沿った方向性にしたがって行動を持続または変化できるように支援する。コミットされた行為は，とくに以下のことが目標となる行動や治療ターゲットを含んでいる。その目標とは，クライエントが外顕的行動の欠如状態から活動状態へと動き，新しく，より柔軟な行動を時間が経過しても維持するように支援することである。

ウィリングネスとコミットされた行為の関連

　ウィリングネスとコミットメントは，非常に深く相互に絡み合っている。コミットメントは100パーセント，ウィリングネスに依存していると言えるほどだ。これは，価値がしばしば困難な内的体験に結びついており，困難な内的体験は通常，価値に結びついているからである。どのようなコミットされた行為も，多くの私的体験を喚起し，少なくともそのうちのいくつかはネガティブと評価されるであろう[32]。もし，ある人が，何らの不愉快または困難な思考，気分，身体感覚，またはイメージを体験しないことに全面的にコミットしているならば，その人はひとつの方向性（a course of action）にコミットし続けることはできないであろう。なぜなら，どのような方向性においても必ずどこかで，何か不愉快なものを喚起するからだ。愛を価値づけすることと共に喪失の体験が訪れ，コミュニティを価値づけすれば拒絶の可能性が伴い，創造性を価値づけすれば自分の能力をネガティブに評価される可能性がついてまわる。比喩的に言えば，「良く生きる」

という名の旅に出ていて，見渡す限り広がる沼に出くわすかのようだ。沼は楽しいものではない。臭くて，ネバネバしていて，恐ろしい。それでもなお，旅の一部なのである。人生は私たちに，「沼を歩いて渡りますか？それとも旅を放棄しますか？」と問いかけてくる。自分自身の価値に基づいて行動することを選択するためには，困難な出来事を体験することへのウィリングネスが必要である。

　このウィリングネスの行為には，「信じて飛び込む（leap of faith）」とでもいうべき性質がある。これは，ジャンプした結果として何が起ころうともそれを体験しよう，あるいは着地点がどこであれそこに着地しようという前向きな姿勢をもつことである。クライエントのコミットメントには，このような性質が求められるのだ。ここでのセラピストの仕事は，まだ見ぬ未来に向かって，あるいは（セラピストの最善の判断で）クライエントの価値の方向性に向かって，クライエントがジャンプできるような状況を提供することである。

　映画『インディー・ジョーンズ』の第3作目の一場面で，インディーは伝説の聖杯を探す冒険の最終段階にいる。ゴールは目前なのだが，インディーとゴールの間には見たところ底なしの裂け目があって，それを渡る道はない。彼はゴールをあきらめて背を向けるか，恐怖に直面して，その裂け目に向かってジャンプをするか，選択を迫られる。身震いしながら，彼は宙に踏み入った。死へと転落するように見えたそのとき，なんとそこには見えない橋があり，それは下にある裂け目と完璧に融合するように色が塗られていた。彼はこの橋に支えられ，彼の目的地まで安全に渡ったのだ。コミットされた行為とは，そのようなものであ

コミットされた行為は，沼地を体験するウィリングネスの先にある。

る。彼をゴールに向かって前進させたのは、自分自身の恐怖に直面するウィリングネスであり、彼の行動（コミットメント）がウィリングネスを有意義たらしめたのだ。

　コミットされた行為によって、自ら進んで行うという選択をする能力を長期にわたって何度も何度も実践して高める機会も与えられる。ACTでは、どのような形であっても、コミットメントをするようにクライエントに強要するべきでない。むしろセラピストは、「しなければならないことだから」という理由ではなく、「自分の生きたいと思っている人生を追究するチャンスだから」という理由で、クライエントが行為にコミットすることを選択するチャンスを提供したいのだ。理想的には、コミットメントは100パーセントのウィリングネスと共に行われる。『インディー・ジョーンズ』の映画で、インディーのジャンプは一見すると、裂け目に落ちて人生を終わらせてしまうようなものであった。私的出来事の中にも、同じくらいに脅威に感じられるものがあるだろう。クライエントはこのような出来事を、実際の死を回避するのと同じように回避するのだ。その一方で、コミットされた行為は、次の事実をクライエントに体験させてくれる。すなわち、思考や気分や身体感覚は、字義どおりにクライエントを害することはなく、クライエントが人生でどのように行動するかということを思考や気分や身体感覚にコントロールさせてしまった場合にのみ、有害になるということである。

何がこのプロセスのきっかけとなるのか

　コミットされた行為への取り組みは、通常、価値に沿った方向性を見出すワークの後に続く。これには、プライマリー・ケアの場で価値に沿った生活の一領域をすばやく探求する場合から、もっと慣例的なセラピーの場でクライエントが価値に沿った方向性を見出せるように支援するために複数回のセッションを費やす場合まである。重要なことは、クライエントがどんなことに価値づけしているかという点の共通理解をもった上で、クラ

イエントとセラピストがコミットされた行為のワークを始めることだ。

　コミットされた行為に関するワークは，セラピーが活力なく退屈なものになっているときや，クライエントが価値に基づいて行動するのではなく価値について言葉で語っているときに役に立つ。クライエントが価値に沿った行為を妨げるバリアにいまだぶつかっていないのであれば，このプロセスのワークを始めることで，きっとこのバリアが喚起されるであろう。ある意味，コミットされた行為は，他のACTプロセスを通じて取り組むべき，感情的・認知的バリアを提供するプロセスなのである。例えば，クライエントが親密性とオープン性の重要さについて語っているにもかかわらず，セラピストはそのカウンセリングにどうも活力を感じないというときには，クライエントが進んでコミットできるような実際の行為にシフトすることで，クモの巣のような行き詰まり感を取り払うことができる。それでも十分な変化が得られなければ，ワーク内容を治療関係に直接適用することで，ワークが目指す機能はほぼ確実に得られるであろう。例えば，「今ここで，あなたの価値に沿った行為をすることはできますか？　私たちの関係において，あなたにとって困難であり，それでいてオープンであるというあなたの価値により近いこととは，いったいどんなことでしょうか？」と聞いてみるのもよい。

その方法はどのようなものか

　「大切なこと」についてのセラピストとクライエントの共通理解が得られたら，コミットされた行為を4つのステップに分解する。

1　価値づけられた領域の中でも優先順位の高いものを1つか2つ選んで，機能分析か入手可能な最良のエビデンス，またはその両方に基づいて，行動変化のための実行計画を立てる。
2　クライエントが，セッションとセッションの間に，価値に結びついた行為にコミットできるように支援しつつ，その取り組みによって形成さ

れるより大きな行動パターンに対して，マインドフルでいられるようにする。
3　アクセプタンス，脱フュージョン，そしてマインドフルネス・スキルをもって，行為へのバリアに注意を払い，克服する。
4　ステップ1に戻り，より大きな行為のパターン，生活の他の領域，恐れられているか回避されている私的体験，その他の心理的柔軟性の低い領域へと，対象範囲を般化させていく。セラピストの支援なしでも，クライエントが柔軟で賢明なコミットされた行為のパターンを維持できるほど十分な実践を積むまで，くり返す。

このプロセスは，「健康でいる」とか「スピリチュアルなことをする」といった抽象的な価値を具体的行為へと翻訳する際の中核となるものである。

価値に沿った人生のゴールを特定し，実行計画に結びつける

セラピストとクライエントの共同作業における典型的な方法としては，コミットされた行為の手始めの焦点として，1つか2つの優先順位の高い領域を特定する。通常，焦点を当てるとよい生活領域とは，取り組むことも選択されることも少なく，活力も欠けているとクライエントが感じていて，それらの欠如によって苦悩が継続していると判断される領域である[61]。セラピストがクライエントに重要度の高い領域を提案するのが理想的であろう。ここで選ばれる行為やゴールには，心理的柔軟性を発達させるチャンスを最大限にするために，クライエントによって恐れられ回避されている私的体験を生じさせるようなものを含んでおきたい。手始めの焦点が決定されたら，選ばれた行為やゴールを実施する場所と時間について具体的計画を立てるため，ワークに移る。

長期的効果のあるゴールや実行計画には，以下の6つの特徴がある。

第一に，**具体的で測定可能**であること。ゴールは，コミットメントが維持されたかどうかをセラピストとクライエントの双方が判断できるように，具体的である必要がある。よくあるミスは，あいまいなゴールを設定して

しまうことだ。これでは，ゴールが達成されたのかどうか，判断が難しくなってしまう。あいまいなゴールの例には，「友人ともっと関わる」「兄にもっと電話をする」「もっと受容的になる」などがある。こういった活動は価値と合致しているかもしれないが，ゴールに向かう取り組みの様子を細かく特定したり，クライエントがどのような価値をその状況で表現しようとしたのかを知ることは難しいであろう。「友人のジェイクに電話をして，映画に行こうと誘い，レベッカとはコーヒーを飲みにいく」「今週2回，兄に電話をする」「娘にカードを買って，どんなに彼女を愛しているかをそれに書く」のような明確なゴールをもつ方が，より効果的である。さらに，いつ，どこで，どのように行為が行われるかを具体的にすることで，ゴールはさらに明確化できる。クライエントは独力でこれを行うことが難しいと感じることがあるため，セラピストがゴールの明確化を手伝うことが必要となることもある。

　第二に，**現実的でクライエントの達成能力の範囲内**にあること。意図と一貫性をもったスモールステップは，ヒーローのような大ジャンプを散発的に試みるよりも実行可能なものである（ヒーローのような大ジャンプが必要になることもあるが）。クライエントの能力を超えたゴールを選ばないように注意すること。もしクライエントがある特定のゴールを達成するスキルを有していないのであれば，価値と合致する仲介的なステップとして，そのスキルを高めるワークを共に行うこと。例えば，以下のように導入するのもよい。

> **セラピスト**　ここでは，ゴールの大きさは重要ではありません。**重要なのは**，あなたが大切にしていることに向かってステップを踏んでいることと，妥当な道筋をたどって前進していることです。速さも重要ではありません。では，次のセッションまでの間にできるような，あなたがコミットできる行為を探していきましょう。

　第三に，**死人のゴール**は避けること[42]。死人のゴールというのは，死人の

方がうまくこなしてしまうゴールのことである。例えば，死人は「母を避けない」あるいは「怠けない」ように努めているクライエントや，「配偶者との口論をもっと減らしたい」クライエントよりも，ほとんど常に，もっとうまくゴールを達成するだろう[訳注]。別の言い方をすれば，死人のゴールは，どの道を**通らない**ようにするかを決めるだけで歩く道筋を決めるようなものだ[35]。つまり，死人のゴールはクライエントが避けようとしていることを特定するのである。それとは対照的に，セラピストが築き上げようとしているのは，クライエントが選ばれたゴールに近づく能力である。前の例にあがった死人のゴールを言い直すと，「母とつながりをもって時間を過ごす」「職場で生産的に過ごす」「支援的になる」のような表現となる。もっと具体的で測定可能なゴールにするのであれば，「今週，母とディナーを食べて，彼女に会えなくてどれほど寂しいかを伝える」「毎日最低2時間，コンピュータ・コードの仕事をする」「夫にとってストレスの多いこの1週間は，芝生を刈って夫を助ける」となる。

第四に，これまでの研究知見から，コミットメントを**公言**すると，それを達成する可能性がより高くなるということが示されている[28]。そのため，クライエントがセラピストのいる場で特定のゴールにコミットし，そのゴールは後でチェックできる形で記録されるのが理想的である。例えば，カード，手帳のページ，専用の記録用紙などにゴールを書いてもよい。クライエントがコミットメントを覚えていられるように，物理的なリマインダー（思い出すのを補助するもの）を使ってもよい。リマインダーがないと，クライエントはコミットされた行為の正確な性質がわからなくなってしまうことがよくある。時間をかけてゴールとその達成状況を追っていけるような書式を用意することは，クライエントの日々の前進を強化するのに非常に有用である。サンプル書式については，文献29（pp.177-186，日本語版pp.253-266），および文献15（p.218, 244）を参照のこと。

訳注　最も活力のない状態である死人は，「母を避ける」ことも，「怠ける」ことも，「配偶者と口論する」こともまったくしない。つまり，「○○しない」という目標は，最も活力のない瞬間と結びついていると言える。

第7章 コミットされた行為のパターンを形成する 319

　第五に，クライエントによってコミットされたどのゴールも行為も，**的を射た**もので，クライエントの価値につながっていること。クライエントがゴールに向かって動くにつれて，自分の行為が価値に沿った方向性とどのくらいうまく調和しているか，クライエント自身が注意しておく必要がある[13]。一般的には，価値に沿った方向に動くと，活力や自由，柔軟性を感じるという形で，自然なフィードバックが起きる。クライエントはこの活力の感覚を育てて，自分をガイドするためにその感覚を使い始めるようになる。それによって，今の活動が的の中心を射ているか，あるいは的はずれになっているのかを知ることができるのだ。

　最後に，**エビデンスやクライエントの機能的ニーズと結びついているゴール**を設定すること。これまでに，大量の文献が発表されてきている。そこでは，機能分析やクライエントの行動と行動原理とのつながりを基盤として，心理的に役立つ行為のカタチが記述されている。ACTでは，RFTから導き出された関係フレームづけの原則とケースの概念化を結びつけることで，このプロセスの幅をかなり拡張している[47,49]。RFTは行動原理と完全に合致するので，伝統的な機能分析を人間の認知を含むプロセスへと，一貫性をもって拡張することが可能になる。特定の問題に対する機能分析と行動的手法の文献はあまりにも大量にあるので，ここですべてをカバーするのは，たとえざっとであっても不可能である。むしろここでは，行動療法と行動分析にまったく無知でありながら有能なACTセラピストになることはできない，とだけ述べておこう。なぜなら，ACTはこういった伝統の一部であり，効果が実証的に支持された（empirically supported）方法を使うからである。

　これらの6つの特徴は，すべてのACTのケースに関連している。例えば，あるクライエントが親密で支えとなる友人関係に価値づけしているとしよう。この価値をもっていながらも友人がいないという状況であれば，「良い友人をふたりもつ」ということが長期的目標になるかもしれない。また，さまざまな行為とステップが，この長期的目標の一部となるであろう。例えば，クライエントがスポーツのリーグに入るという方法もある。さらに

小さなサブステップには，どのようなリーグに入りうるのかという情報を検索して，事務所に電話して登録するということが含まれるだろう。また，より小さく，より精密なスキルをターゲットにする必要性が生じることもある。例えば，友人のいないクライエントは，電話のかけ方や，友人関係につながるように仲間のプレーヤーと関わり合う方法を練習する必要があるかもしれない。

　コミットされた行為とは，単にゴールの達成ではなく，正確に言うと，もつに値する人生を生きるプロセスを主題にしている，ということを肝に銘じておくことが重要である。ゴールは道標として役立ち，自分は正しい方向に向かって期待どおりに進んでいる，とクライエントに知らせてくれる。実行計画がセラピーにおいて有する第二の目的は，クライエントがより大きな心理的柔軟性を育てるのと同時に，価値に沿った生き方のプロセスに取り組むのを助けることだ。ここでの焦点は，クライエントがゴールにアプローチする際のゴール追求の質（例：「今，この瞬間」に生きているかどうか，脱フュージョン・スキルを使用しているかどうか，ウィリングネスがあるかどうか，各ステップが機能する可能性をチェックしているかどうか）にある。このようなゴール追求の質と切り離して，ゴールの達成のみに焦点を当てているのではないのだ。

　よくある問題は，クライエントがゴールを設定することに消極的になってしまうことである。それは，クライエントが新しいことなんて自分にはとてもできないと感じるからである。もし，脱フュージョンやアクセプタンス，価値に関するワークがすでに行われていれば，この事態が発生する可能性は低い。また，この段階でウィリングネスの欠如が実際に起きたとしても，脱フュージョンとアクセプタンスのテクニックがその克服にしばしば役立つ。以下の面接記録を見てみよう。このセラピストの例では，脱フュージョンを用いてクライエントの思考の機能的有用性に焦点を当てることで，セッション内のコミットメントに対する言語的バリアを克服しようとしている。

クライエント なぜ，ゴールを書き留めなくてはいけないのでしょうか？ いずれにしても，最後までやり抜くことは決してできません。単なる時間の無駄に思えます。

セラピスト なるほど。あなたが，その「決してゴールを完全に達成できない」という思考の助言に耳を貸すと，自分の人生をもっと違ったものにしていくという価値に，あなたが近づくことにつながりますか？ それとも，離れることになりますか？

クライエント う〜ん，まあ……，離れます。

セラピスト では，もし，自分の人生をもっと違ったものにしていくという価値があなたに助言するとしたら，ゴールの設定に関して，何と言うでしょうか？

クライエント 「前に進んでゴールを決めてみよう。そして，それを達成しよう」と言うでしょうね。

セラピスト では，あなたが2つの間で選べるとしたら，どちらを選びますか？

クライエント ゴールを設定して，達成する方を選びます。

セラピスト けっこうです。では，最初のステップから始めましょう。ゴールの設定です。あなたが，人生をもっと違ったものにするように生きているとしたら，あなたはどんなことをしているでしょうか？

　もうひとつのよくある問題は，クライエントが社会的に望ましいとされる価値の範囲でしか動くことができず，ゴール設定をより具体的にすることに困難を感じているということである。この問題への対応としては，クライエントが大きなゴールや価値をもっと管理しやすいステップに分割する方法を学習するようにセラピストが支援することである。この状況へのワークの一例を，以下の面接記録に示す。

クライエント　そうなんです，自分でもわかってるんです。もっと報われるような，今の仕事よりも私に多くを求めてくれるような仕事を望んでいるのだと思います。でも，そのような仕事を手に入れるのに何をしたらいいのかがわからないんです。

セラピスト　なるほど，では，それを少々細かく分解してみましょう。新しい仕事を手に入れるというゴールまで，たった1ステップで一気にジャンプしなければいけないということはありません。「これをすれば，その新しい仕事の方へと一歩進めるかもしれない」という行為を考えてみてください。たぶん，あなたがしようと考えていたけれども，実行するのを恐れていたようなことです。

感情的バリアがある中でコミットメントを維持する

　ゴールやコミットメントのパターン形成のワークをするとき，そのワークには通常，クライエントが以前には回避していた思考や感情との接触が含まれる。ACTでは，クライエントが自分の価値を生きるのを阻んでいるのは，少なくとも部分的には不愉快で困難な私的リアクションとその回避であると想定する。コミットされた行為に取り組むとき，クライエントは恐れて回避している刺激へのエクスポージャーも行っているのだ。これは，クライエントが他のACTスキルを実践し，より大きな心理的柔軟性を育てるチャンスでもある。

　このワークでの焦点は，クライエントが価値に基づいて行動することを学べるように支援することであるが，その一方で，クライエントの体験が不安，悲しみ，うつ，退屈，ネガティブな思考，不愉快な記憶で構成されていても，その他のもので構成されていたとしても，クライエント自身の体験の方に「身を乗り出してみる」ことでもある。選択して行動を起こすというこのプロセスを通じて，クライエントは困難に直面した際の新しい忍耐パターンを形成し，また回避された体験とより豊かに相互作用して，対応の幅と柔軟性を構築するチャンスを得る。クライエントが価値に沿っ

た方向性を追求するとき，クライエントの人生はアクセプタンスと脱フュージョンを実践するための題材を与えてくれるのである。

　ある意味，ACTはエクスポージャーに基盤をおく方法である。しかし，いくぶんかの違いもある。第一に，ACTが奉じている消去のモデルは，反応の除去と感情の減少よりも，反応の柔軟性とレパートリーの幅がテーマとなっている。そのため，ACTのクライエントに対しては，覚醒を減らす方法としてエクスポージャーが提案されることは決してない。むしろ，エクスポージャーは，ウィリングネスと行為が実践される状況なのである。ACTでは，反応の柔軟性モデルに基盤をおいてエクスポージャーを行うので，多様な対応をエクスポージャー中に意図的に創出していく。ここでのゴールは，微妙な回避に注意しながら，フュージョンと体験の回避を弱めていくことである。

　以下の面接記録は，パニック障害を抱えていて，長年行っていなかったショッピングモールに行こうとしているクライエントとの，エクスポージャー・セッションからの例である。

セラピスト　さて，ショッピングモールの中に入る準備はできていますか？　今回のコミットメントは，あなたが5分間，物理的にモールの中にいるということ，ただそれだけです。他のことは何でも，プラスでできたことがあれば，もうけものです。

クライエント　行きたくないです。

セラピスト　わかりました。〔優しく〕その思考を意識してください。他に何を感じていますか？

クライエント　心臓がバクバクいっています。

セラピスト　なるほど……，少しの間，その体験をなくそうとせずにいられるかどうか，試してみてください。あなたの心臓のバクバクは，あなたの敵ではありません。数秒の間，心臓が脈打つのをただ感じていてく

ださい……。と，もうひとつ，お聞きしたいと思います。なぜ，私たちはここにいるのでしょうか？ なぜ，ショッピングモールなのですか？ モールにいることで，どんな良いことがありますか？

クライエント 私はかつてここで，家族のためにすてきなものをたくさん買っていました。

セラピスト そうですね。では，この小さな旅のテーマは，「家族のためにすてきなものを買える場所に行くこと」にしましょうか。ついて来られますか？ 5分間，ここにいてみようという気持ちはありますか？

クライエント わかりました。〔モールに入る〕

セラピスト 何を感じていますか？

クライエント 気分が悪いです。

セラピスト 身体のどこでそれを感じますか？

クライエント 胃の中が……締めつけられたような感じです。〔目を閉じる〕

セラピスト 目を開けて，フランク。私を見てください。いったん外に出てきましょう。そうです。さて，それでは胃に戻って，それから……私を見て，フランク，この外の世界に出てきてください。さあ今度は……この外の世界に留まりながら，あなたの胃が締めつけられる場所も一緒に感じて……。感覚が一番鋭いところに意識を向けて……。どのように感じるのか，意識してください。

クライエント わかりました。〔もう少し，ゆっくり呼吸する〕

セラピスト 〔間〕どのように感じていますか？

クライエント すごく不安です。

セラピスト 1から10の得点をつけるとするならば，どれくらい？

クライエント　8……少なくとも8です。

セラピスト　はい，その感覚と一緒にそのまま……。あなたの身体がどう感じているか，意識してください……。あなたの思考に注目してください……。どんなことをしたくなってきていますか……。「今，この瞬間」に留まるようにしてください……。もし，不安を消そうと何かしらもがく感じがあったら，あるいは，あなたの中のどこかで不安との綱引きが行われていたら，そこに行って，静かに綱を下ろせるか，試してみてください……。〔不安との綱引きをしているという，前にクライエントとの間で使われたメタファーに言及している〕あなたの体験は，あなたの敵ではありません。

クライエント　〔もう少し規則的に呼吸する〕私は……今……ここにいます。

セラピスト　いいですね。ここで，ひとつ加えていきましょう。これは，あなたの体験から何かを減らすことではありません。ご自分の不安が上がったり下がったりする間に，あなたの身体，思考，感情，ものごとをしたいという衝動に，マインドフルになってください。それから，もうひとつのことを**加え**ましょう。周囲を見渡して，モール内であなたの目に入る，一番醜い髪型を見つけてください。

クライエント　〔少しの間，クスクス笑う〕あれです。うわー。彼女は何を考えていたんでしょう？

　この面接記録の最後の部分は，ACTのエクスポージャーが，価値に基づいた行為，アクセプタンス，脱フュージョン，マインドフルネスの文脈で，反応の柔軟性を高めようとしているということを示している。最も醜い髪型を探すのは，注意をそらして（dis-traction）いるのではなく，注意を引きつけて（attraction）いるのである。つまり，新しい反応の形を**加え**ているのだ。人間観察は，モールで行うと楽しいものだ。このようなセッションでは，反応の形態は，髪型の例のようなバカバカしいことから，他人の

ために購入する品を探すといった価値に基づいた行為へとすばやく変化しうる。クライエントの反応レパートリーは，このようにしてだんだんと拡張されていく。

　第二に，エクスポージャーの中には，脱フュージョンとアクセプタンスが必要不可欠となるものがある。これらのコア・プロセスは思考や気分の産物だけではなく，思考や気分のプロセスへのエクスポージャーを可能にするからだ。例えば，「私はだめだ」と考えている人は，「だめである」ということに自分自身を曝露する必要はない。代わりに，脱フュージョンとアクセプタンスでは，「私はだめだ」と考えているプロセスに自分自身を曝露できるのだ。内部感覚エクスポージャー（恐怖対象となっている身体的感覚へのエクスポージャー）のワークもACTと合致するものであるが，ACTではそれを，さらにその先へと大きく進めることができる。

　第三に，エクスポージャーは価値と結びついている。例えば，バイ菌恐怖のクライエントにとってのセッションとセッションの間のコミットメントとして，友人とレストランに行き，その友人と一緒にその場に留まり，その状況に気持ちを向けて，友人と共に自己を分かち合うようにすることがあげられたとしよう。この出来事の一部として，例えば，手を洗うのは食事前の1回とレストランを出る前の1回に制限するといったように，何らかの形で意図的なエクスポージャーを計画できるであろう。このエクスポージャーは，狭義での「覚醒を減らす」というゴールに向かっているのではなく，友人と一緒にいて，そこに気持ちを向けて，友人と共に自己を分かち合うという価値に結びついた，「行動の柔軟性を増す」というゴールに向かっているのだ。この価値は必然的に，汚染についての思考を排除することを目的とした強迫的儀式に過度の時間を費やさないことも含んでいる。以上のことから，エクスポージャーは価値を基盤とした目的を有していると言えるのである。

　適切なエクスポージャーの手続きと同様に，クライエントがコミットされた行為に取り組む際には，体験的バリアに対する準備をクライエントにさせておくとよい。体験的バリアが起こりうるという意識がないと，コミ

ットされた行為に取り組むとクライエントが選択したとしても，このようなバリアまで進んで体験することを選択する可能性は低い。起こるであろうと予想されることをクライエントと一緒に確認すると，選択するということへの理解を向上させることができる。以下の面接記録は，社交不安のクライエントの例である。

> **セラピスト**　今から私がかなりの確信をもってお伝えするのは，あなたが価値に沿った方向性に向かうや否や，かなり不快な思考や気分が姿を現し始めるだろうということです。例えば，あなたがまわりの人と友情を発展させようと動き始めるとすぐに，「苦労するに値しないぞ」「人付き合いなんて失望するものだよ」「傷つけられるだけさ」などと言い出す乗客（文献32の「バスのメタファー」より）が，ほぼ間違いなく姿を現すでしょう。この瞬間に人生があなたに問いかけているのは，「このような気分，思考，イメージ，身体感覚をもっていられますか？　このような乗客たちが現れたときに，彼らに向かって『そこにいていいよ』と言えますか？」という質問です。私は決して，あなたが彼らにそこにいてほしいと望むかどうかを尋ねているのではありません。自ら進んで彼らにそこにいさせるかどうかを聞いているのです。たとえるならば，家でベッドから出たばかりでとてもうつに感じているときに，数年会っていなかった友達のクレイグがドアをノックして，「入ってもいいか？」と聞いているようなものです。クレイグをそこに**入れたくない**かもしれませんが，**進んで**入れる気になれますか？　同じように，「苦労するに値しないぞ」「いずれにしても，彼には失望するのさ」「あなたは最終的には傷つくだろうよ」などのおしゃべりをする余地を乗客に与えることになると知っていながらも，英語のクラスで出会った男性を進んでラケットボールに誘おうとするでしょうか？　ここでお聞きしたいのは，このような乗客に姿を現させること，**そして**，その男性にラケットボールをしようと誘うことの両方を，あなたは100パーセント自ら進んでする気になれますか，ということです。

クライエント　ええ。でも，これは前にもやりましたし，誰も私と友人になりたいとは思っていません。うまくいく可能性がないのに，どうして進んでしなければいけないのですか？

セラピスト　何がうまくいく可能性がないのですか？

クライエント　彼はたぶん「はい」とは言わないでしょう。

セラピスト　ふむ，確かに，特定の結果が伴うという保証はありません。私がお聞きしたいのは，あなたにとって大切なことのために人生の中での自分の立場を明確にするかどうか，ということです。あなたは以前，もっと友人が欲しいと言いました。結果は，なるようになるのです。誘わなければどういう結果になるのか，それは明らかですよね。新しい友人を作る可能性はゼロです。しかし，誘うことで新しい可能性が開けるでしょう。そこからは，うまくいくかもしれないし，いかないかもしれません。私が質問しているのは，「あなたはどうするつもりなのか？」ということです。もし，あなたがその人に何かしようと誘うとしたら，その行動は友人を作ろうと努力することになっていますか？

クライエント　ええ，そう思います。……ええ，そうです。

セラピスト　では，うまくいくのかわからず，拒絶されたと感じる可能性があることや確実に不安と心配を感じるということを知りながら，それでも，これらのすべてを受け入れてもっと友人を作る方向へとステップを踏むことに，100パーセント前向きですか？　……その男性にラケットボールをしようと誘う？

クライエント　ええ，そうするつもりです。そして，私が感じる必要のあることは，何であれ進んで感じるようにします。

　この対話からわかるように，セラピストはクライエントがコミットされた行為への自分のバリアに気づくように支援している。内的バリア（困難

な感情，トラウマとなる記憶，失敗の恐怖，正しくあることなど）は，外的バリア（経済的リソースの欠如，つながりの欠如，非支援的な配偶者，効果的なスキルの欠如など）とは区別可能である。この文脈でいう「外的バリア」とは，問題に取り組むために必要とされていることは目に見える行動の変化であるというような状況を意味している。内的バリアに対しては，一般に，アクセプタンス，マインドフルネス，脱フュージョンが求められる。一方，外的バリアは通常，価値に沿った方向性へのステップ，またはステップになりうるような予備的なゴールである。

　外的バリアに取り組む際には，何らかの形でのハードワークと実践が求められる。ここでは，目に見える行動をターゲットとしている以上，スキル訓練，心理教育，問題解決，行動的ホームワーク，エクスポージャーなどを含む第一水準の（first-order）変化方略[訳注]が適切である。例えば，あるクライエントが，社会的関係に価値をおいているのに，それに機能的に関わる社会的スキルを欠いているとしよう。そのときには，価値に沿ったゴールを設定するために，社会的スキル訓練に取り組ませるということが下位の目標になるかもしれない。

　内的バリアと外的バリアの中には，区別が難しいものもあるだろう。例えば，「わかりません」というクライエントの発言は，クライエントの前進を阻むような内的バリアとして機能しうる。例えば，「知らないということ」が，困難な社交的状況に取り組まないですむ言い訳として役に立ってしまっているときなどである。他方，「わかりません」は，知識の欠如という問題を示している可能性もある。この場合，目下の主題についてもっと情報収集をするというサブステップを踏むことで，問題を解決できるかもしれない。場合によっては，クライエントに外で実際に情報収集をさせてみてプロセスが前進するかどうかを確認すれば，「わかりません」が本当に知識の欠如によるバリアなのかどうかは明らかになるであろう。あるいは，こ

訳注　主訴に依拠して，直接的に不足している行動を増やし，過剰な行動を減らすような介入。『アクセプタンス＆コミットメント・セラピーの文脈』（ブレーン出版）では，「主訴そのまま」と訳出。

の情報収集という行為が活力や成長を感じさせるものか否かを検討することでも,「わかりません」という発言の機能を明確にできる可能性はある。

　時として,以下のようなゴール設定も,コミットされた行為へのバリアとなりうる。それは,価値に沿った目標とつながっていないゴール,社会的圧力(例:親から,またはセラピストから)あるいは回避の結果として設定されたゴール,正しくあろうとするゴール,他人を幸せにしようとするゴールである。価値とのつながりなくしては,クライエントは,骨の折れるワークや恐れている状態に接触するプロセスに取り組もうとする動機づけをもちにくいであろう。このようなことが起きたと判断されたときには,価値に沿った方向性を見出すプロセスに戻って,選択され,活力があり,現在志向である価値を再び探し求めるのが,セラピストの仕事である。

コミットされた行為の特徴を正当に評価する

　クライエントは額に速度計をくっつけているわけではない。一番重要なことは前に向かって動いていることと成長の維持であり,動きの量や比率ではない。このプロセスに注目することで,セラピストはクライエントに次のような体験を弁別させる。ひとつは,拡大していくという感覚。もうひとつは,回避やフュージョンによってがんじがらめになっていることに由来する締めつけの感覚,あるいは選択や可能性を喪失するという感覚である。ACTでは,自分の行動に活力と成長といった性質を感じられるようクライエントを方向づけるために,旅,スポーツ,あるいは成長に関する多彩なメタファーを用いる。もし,クライエントがこのような性質を弁別して感じとることができれば,それらを効果的な行為へのガイドとして使うことができる。以下の面接記録で,メタファーの実例を見てみよう。

> **クライエント**　とても長い間,安全策をとってきたように感じます。まるで,いつも脅えているみたいです。
>
> **セラピスト**　それでは,今からあるメタファーをお伝えしますので,あな

たがここで話している体験に一致すると感じるかどうか，確認させてください。今回のメタファーは，バスケットボールの試合についてのものです。バスケットボールの試合には，基本的に2種類の人のグループがあります。スタンドにいる人と，コートにいる人です。スタンドにいる人たちは，会話をしています。そこに座って，話をして，試合を分析して，何が起きているのかを考えて，時には声援を送って，食事もして，といったところです。彼らはたくさん話します。しかし，結局のところ，これが試合の結果にどれほどのインパクトを与えるでしょうか？ ほとんど与えませんよね。これを，コートにいる人と比較してみましょう。コートにいる人たちの会話は，すべてが試合の進め方についてです。試合の結果がどうなるかについて，判断や予想をすることはほとんどありません。うまくプレーするために，「今」に集中して，全力を注いで，試合を進めることに努力しているのです。プレーヤーたちの会話は試合に強く影響して，大きな違いを生みます。そして，つまるところ，彼らこそがリスクを引き受けている人たちなのです。試合がどうなるかを最も大切にしているのは，コートにいる人たちなのです。あなたは，自分の人生で，どこに自分自身を見つけますか？ スタンドに座って，観戦して，評価していますか？ それとも，コートに立っていて，努力していて，試合を進めるような会話をしていますか？

クライエント スタンドです。

セラピスト どこにいたいですか？

クライエント もちろん，コートにいたいです。

セラピスト 今週，もしあなたがコートに立ったとしたら，それはどんなふうに見えるでしょう？ あなたにできることの中で，どんなことをするとコートに立っていることになるのでしょう？

以下に，同じポイントで役立つ別のメタファーを示す。

図7.1

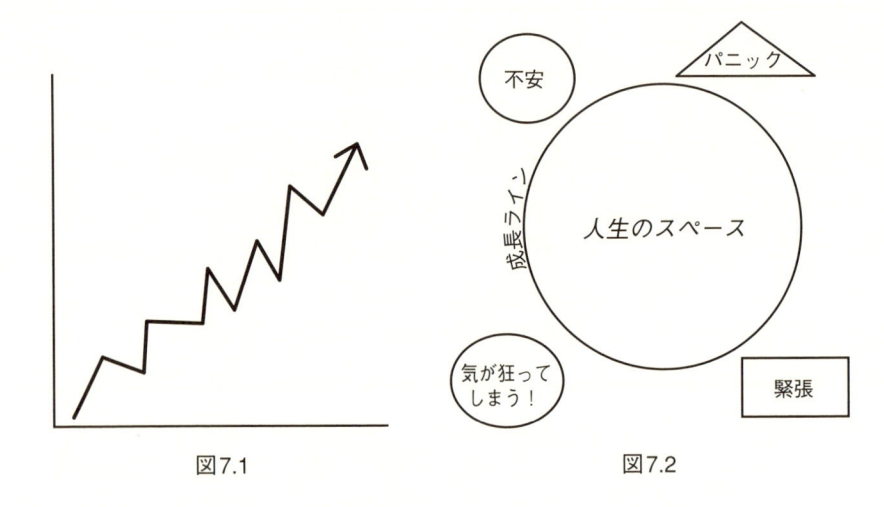

図7.2（人生のスペース、不安、パニック、成長ライン、気が狂ってしまう！、緊張）

セラピスト 〔図7.1のイメージを描く〕さて，この社会で「良い人生」について語られる際の有力なメタファーは，あなたが死ぬ瞬間まで，それも好ましくは寝ている間に亡くなるなどと言いますが，その瞬間まで人生は常に上向きで，時間と共に良くなると想定するものです。私は，あなたが長い間，あまり意識せずにこのメタファーにしたがってきたのではないかと言いたいのです。常にもっと良くなろうと試みて，次のゴールを達成しようとして，より良い自尊心を手に入れ，不安を減らし，次の達成事項を成し遂げようとしてきたのでしょう。何もかも。

クライエント なるほど。だいたい当たっていると思います。

セラピスト このセラピーでは，良い人生を生きるということの意味について，少し違ったメタファーにしたがってワークしてきました。このメタファーはどちらかというと，拡大していく円に近いものです。ここでのテーマは，人生でものごとが上向きに良くなっていくということではなく，自分の人生を生きるスペースをどのくらいもっているか，自由があって動き回るゆとりをどれくらいもっているか，ということです。〔図7.2のイメージを描く〕

このメタファーは，あなたが自分の人生において常に拡大しているか収縮しているか，つまり成長しているか退化しているか，どちらかであるということを教えてくれます。そして，この円の外にはいつも何らかの体験があります。多くの場合，それは何か困難を感じさせるものです。それは，あなたがパニックになるとか気が狂ってしまうのではないかと恐れるといった形でよく現れるのです。ここに「気が狂ってしまう！」という思考があり，ここに「不安」という気分があります。人生のある瞬間に，あなたの円はこれらにたまたま衝突してしまいます。この瞬間に，人生はあなたに，「これを進んで体験しますか？ この体験に『うん，そこにいていいよ』と言って，自分の内側に自分の一部としてもちますか？」と問いかけているのです。あなたはこの体験に「だめだ，入るな」と言いますか？ それは，あなたの円が少し引っ込み，ゆがみ始めることを意味します。「だめだ，入るな」と何度も言えば，あなたの円は小さくなり始め，住めるスペースはほとんどなくなってしまいます。さて，このメタファーでは，いくつかのものごとは常に外側にあって，いつもあなたにイエスかノーかと聞いてきますし，人生はあなたが答えるのを待っています。さて，あなたは人生に対して，イエスと言いますか，ノーと言いますか？

ACTセラピストはまた，セッションとセッションの間のクライエント自身の行動をふり返ってもらうことで，これらの性質を弁別できるよう支援することもできる。時にセラピストはセッションの中で，回避やフュージョンや理由づけを主眼とした行動から，コミットされた行為（例：人生を肯定するような何かを実行するという選択をする，あるいは可能性を探求する）の一形態である行動，あるいは恐怖や判断的な思考にオープンとなることを含む行動にシフトしていく様子に気づくこともあるだろう。この瞬間のセラピストの役割は，各行動に対してクライエントが主観的に体験している感覚の差異を引き出すことで，クライエントが将来，それらをうまく弁別できるようにすることである。例えば，自分が現在の行動パター

ンから身動きがとれない理由を，クライエントに1分間ほど語らせるという方法がある。これに対しては，次のように話を続けてみるのも手である。「あなたはこの1分間ほど，身動きがとれない理由について考えられるものをすべて話してくださいました。さて，話をしているとき，まるで自分の人生が拡大しているかのように，より自由でオープンに感じましたか？　それとも，人生がこの部屋から流れ出てしまっているかのように，もっともっと行き詰まっていくように感じましたか？　質問に答える前に，ちょっとの間スローダウンして，「今，この瞬間」のご自分の体験をしっかりと確認してください」。

時間軸に沿った行為のパターンの形成

　時間軸に沿った行為のパターンの形成におけるゴールは，小さなことから始めて，ウィリングネスが増加するにつれてクライエントが一貫性をもって行動できるように支援することである。マニュアル車の運転を学ぶ方法について考えてみよう。最初に学んでいるときには，あらゆる個々の動作がぎこちなく，意識的に行う必要がある。クラッチをどのくらいきつく押し下げるか，どのギアにシフトしていくか，アクセルを踏み込みながら，クラッチをどのくらい開放してアクセルと合わせていくか，などである。しかしながら，くり返し練習をして時間が経つにつれて，これらの個々の行動パターンはほとんど自動的になり，行動のより大きなパターンに注意を払うだけで十分になってくる。同様に，定期的に実践された個々の行動は最終的には自動的なものとなり，より大きなパターンを構成する一部となるので，コミットされた行為の個々のパターンはやはり重要なのである。

　時間軸に沿ったより大きな行為のパターンは，現在の行動がクライエントの人生における，より大きな方向性のどこにおさまるのか，クライエントが理解できるように助けるプロセスをも指し示している。ここでのゴールは，現在の行為をクライエントの人生にとっての大きな意味のパターン（すなわち，クライエントの価値）に言語的に結びつけることと，能動的で意図的な価値づけをクライエントの人生のできるだけ多くの瞬間にもたら

すことだ。例えば，薬物依存につながる原因のひとつに，行動の決定因子として，長期的結果よりも短期的な結果の方が重要視されてしまうということがあげられる。薬物依存のワークでは，薬物使用と結びついている大きな行為のパターンと，この行動がクライエントの大きな人生のゴールや価値とどのように関連しているのかについて，クライエントが理解するのを支援することで，長期的結果を現在の行動と結びつけようと試みる。瞬間瞬間での個々の行動をより大きなパターンに結びつけると，後者が現在の行動に影響を与えられるようになり，短期的結果の影響を弱めることができる。

それではここで，体重の問題を抱えたクライエントが，ダイエットとエクササイズの新しいプログラムを始めているという状況について考えてみよう。プログラムには，甘いスナック菓子の間食を一切禁止するということが含まれている。2日後，クライエントは間食として菓子を食べてしまった。コミットされた行為の大きなパターンを形成する際に求められるのは，この出来事を健康的なパターンに組み込んでいくことである。クライエントは「結局，私は自分の言ったこと（コミットメント）すら守れないんだ」とやめたい誘惑にかられるかもしれない。その場合の行為のパターンは，「コミットメントをする→2日間守る→破る→自分にはできないと言う→あきらめる」となる。これよりも効果的なパターンとは，「コミットメントをする→2日間守る→破る→できないと言う→その思考に気づく→コミットメントを更新する→コミットメントを少なくとも3日かそれ以上維持する」というものだ。もしクライエントがこのプロセスに対してマインドフルであり，第二の選択肢を選択することができれば，第二のコミットメントが（例えば1週間後に）破られたときにもクライエントがコミットメントを放棄する事態にならずに，サイクル全体が継続される。

逸脱と再発

フュージョン，回避，概念としての未来や過去の優位，概念としての自己へのとらわれは，文化全般によって強く支えられているプロセスであり，

クライエントも非常によく行っているプロセスなので，結果として絶え間なく再発してしまう。その上，言語的なものも非言語的なものも，昔からの行動パターンというものは新しい行動パターンが挫折すると再出現する可能性が高い，ということが報告されている[59]。とくに，以上のような理由は，クライエントが古い行動パターンに逆戻りする可能性を高める。ACTセラピストの仕事は，クライエントが形成しようとしている大きな効果的な行為のパターンに，再発という出来事をも織り込んでいく方法を学べるように支援することだ。

つまずきへの対応法のひとつは，「人間，誰だってつまずくことはある」ということをクライエントに教えることだ。再発は，ネガティブな自己評価，不快感情，つらい記憶などに直面した際に，コントロールというアジェンダへの逆戻りという形でよく発生することがある。ACTセラピストの役割は，とくにクライエントが自分の深奥の希望や夢との接触ができずにいるときに，それらの支援役として機能することだ。クライエントのマインドが役に立たないときも，セラピストはクライエントの願望を軸として，アクセプタンス，マインドフルネス，共感をもって，思考，気分，その他の私的出来事についてワークをしながら，価値に沿った行為に再び取り組めるようにクライエントを促すのである。

ACTセラピストには，クライエントがつまずきに対して準備をするにあたっての具体的な支援レパートリーが数多くある。クライエントがACTプロセスの大半を体験した後で，次のような核となる頭字語を教えると役に立つだろう[32]。ひとつは次のようなものである。

Accept	受け入れる
Choose	選択する
Take Action	アクションを起こす

この頭字語は，クライエントが困難な状況に対処する場合の補助として使える基本的なACTプロセスを端的に表現している。クライエントが備忘

用としてポケットに入れて歩けるように，この頭字語を名刺のようなカードに書いておくといいだろう。
　もうひとつの頭字語は次のようなものである。,

Fusion	フュージョン
Evaluation	評価
Avoidance	回避
Reason Giving	理由づけ

　この頭字語は，クライエントが身動きをとれなくなるように機能している可能性のある，主要なバリアを特定する際に役に立つ。クライエントが行き詰まってしまい，何をしたらよいかわからなくなっているときに使うとよいだろう。これもポケットサイズにしてクライエントに渡しておくとよい。
　また，人生が常に改善に向かう完璧にまっすぐな道ではないことや，人生とは多くの曲がりくねりがあっても私たちをある方向に連れていってくれる蛇行した道筋であるということを強調するために，旅のメタファーを使うこともできる（文献32, p.222, 248）。そこで発生する回り道は，クライエントが道からはずれたときか，クライエントによって選択された道の曲がり角のどちらかとして見ることができる。このメタファーでは，クライエントは時として，意図された目的地と反対の方向を向いている場合さえあるが，それでもなお道の上にいるのだ。このメタファーは，失敗が生じたときにクライエントが自分自身に小休止を与えるときに役に立つ。
　クライエントがかつての行動（例：抑うつ的行動，不安の回避，評価的で距離のある対人行動，あるいは薬物依存）に逆戻りするとき，クライエントはその瞬間に自分の望むものについて，意気をくじかれて混乱するかもしれない。このようなクライエントは，現在の評価や未来についての心配と再びフュージョンしているか，過去の過ちや後悔で消耗しきっているか，あるいは自分の人生は「こうあるべき」「こうあらねばならない」とい

う物語の中で生きているのだ。かつての行動パターンに逆戻りしたクライエントは，単にその瞬間の行為を通じて他の何かを価値づけることで自分の価値が変わったと考えることがよくある。確かに，価値は時間経過と共に変化しうる。しかしながら，常に価値にしたがって生きられるわけではないからといって，価値があなたの前を去っていくことはない[15]。この状況でのセラピストの対応例として，以下の面接記録を見てみよう。

> **セラピスト** あなたに起こったことを考慮すれば，あなたが絶望してどうしていいかわからないと感じるのも驚くことではありません。あなたは，自分の望むものについても，すべきことについても，自信がもてないと感じている。これを受けて，ひとつ質問があるのです。あなたの価値は変わりましたか？ 数週間前，あなたは私に，自分にとって本当に大切なのは奥さんと良い関係をもつことだと言いました。それは変わりましたか？ 彼女は今でもあなたにとって大切ですか？ あるいは，また飲み始めてしまったわけだから，彼女との関係はもう価値づけしないということになったのでしょうか？ もし彼女が今でも大切ならば……，まさに今ここで，価値に向かう道とそこに戻ろうとするあなたとの間には，どんな壁が立ちはだかっていますか？

ここではまた，運転中にスリップしてしまったときにどうするかというメタファーを使ってもよい。もし運転中にスリップして電柱に向かって走っているのであれば，近づいてくる電柱の方を見るのが自然である。しかし，私たちがするべきなのは，自分が向かいたい方向に目の焦点を保ち，ハンドルをそちらに向けることだ。例えば，「この状況で目を道から離さずにいるということは，あなたにとってどう見えますか？ どうしたら，自分が電柱を見ていると知ることができるでしょうか？」などと質問するのもよい。

最後に，ハイリスクな状況を見極めて，そのような状況に対処するためのACTに合致した計画を立てることで，クライエントと共につまずきに備

えるためのワークを行うとよい。ここで立てた計画は，ハイリスクな状況が生起したときにクライエントが手元にもっていられるように紙に記録しておくとよい。この計画の大部分は，セラピーを通して計画的に形成された具体的なACTテクニックを適用したものになる。

セラピーの目的は，人生のエンパワーメントである。そして，これは究極的には，行動の世界でのみ検証できる。行動が結論を示すのだ。

コア・コンピテンシーの実践

このセクションでは，クライエントと共にコミットされた行為を進めていくための，コア・コンピテンシーを高める練習を行う。各コンピテンシーのエクササイズへの取り組み方については，文中に指示がある。モデル対応の回答例（pp.348-361）は，完璧な対応を具体的に呈示したものではなく，コンピテンシーを適用するに当たってのひとつのモデルであるということを忘れないように。回答例を見る前に，自分自身で対応を考え出すように努力すること。

コア・コンピテンシー・エクササイズ

コンピテンシー1：クライエントが価値に沿った人生のゴールを特定し，それにつながる実行計画を作成するように支援する。

以下のゴールのそれぞれについて，ACTモデルにおける行動目標の6つの特徴（具体的で測定可能であること，現実的であること，死人のゴールではなくアクティブなゴールであること，公言されていること，クライエントの価値につながっていること，エビデンスやクライエントの機能的ニーズと結びついていること）の観点から考察すること。行動目標の特徴を復習するために，この章の前半部分を読み直してもよい。

問➡ 以下の3つのエクササイズでは，6つの特徴からわかるすべての問題点を記述しなさい。多ければ，6つ見つけることもあるでしょう。

エクササイズ7.1　⇨ 回答例はp.348

不安障害のクライエントが，心配することを減らすという手段で，不安を喚起する状況に直面していきたいと望んでいる。

エクササイズ7.2　⇨ 回答例はp.348

（コンピテンシー1の続き）

引っ込み思案のクライエントが，デートに誘うため，毎週30人の女性に電話するという目標を立てている。

エクササイズ7.3　⇨ 回答例はp.349

（コンピテンシー1の続き）

ある父親が，「今週，自分の娘に対して，もっと批判的でなくなる」ことにコミットメントをすると言っている。

コンピテンシー2： 感知されたバリア（例：失敗への恐怖，トラウマ記憶，悲しみ，正しくあること）が存在していても，クライエントがコミットメントを行ってそれを維持できるように促す。また，コミットされた行為を行うことで結果的に新たなバリアが生じるということをあらかじめ想定するように促す。

第7章 コミットされた行為のパターンを形成する 341

エクササイズ7.4 ⇨ 回答例はp.349

クライエントは，長期にわたってパニック障害に悩まされている34歳の女性。セラピストはすでにクライエントと，他の5つのコアACTプロセスのワークをしており，前回のセッションで，不安と共に存在することへのウィリングネスを実践するために，クライエントと一緒に5分間ショッピングモールに行くという計画を立てた。以下の対話は，セラピストとクライエントがちょうどモールに到着したときのものである。

> **セラピスト** さて，モールの中に入る準備はできていますか？ 今回のコミットメントは，5分間，物理的にモールの中にいるということ，ただそれだけです。他のことは何でも，プラスでできたことがあれば，もうけものです。
>
> **クライエント** 行きたくないです。
>
> **セラピスト** わかりました。その思考を意識してください。他に何を感じていますか？
>
> **クライエント** 心臓がバクバクいっています。もう家に帰ってもいいですか？ この場を離れたくてしかたがないんです。

問➡ あなただったらどう対応するかを書きなさい（コンピテンシー2を使うこと）。

問➡ そのように言うとき，あなたはどんなことを考えていますか？ 何に対応し，何を達成したいと思っているのですか？

エクササイズ7.5 ⇨ 回答例はp.350

（コンピテンシー2の続き）

> **セラピスト**　今，何を感じていますか？
>
> **クライエント**　ムカムカしています。
>
> **セラピスト**　正確にはどこがムカムカしていますか？
>
> **クライエント**　お腹のあたりです……，何というか，締めつけられるような感じです。〔目を閉じる〕あああ，（私は）何か変になってます。何も考えられない。頭が真っ白になりそう！

問➡　あなただったらどう対応するかを書きなさい（コンピテンシー2を使うこと）。

問➡　そのように言うとき，あなたはどんなことを考えていますか？　何に対応し，何を達成したいと思っているのですか？

エクササイズ7.6 ⇨ 回答例はp.352

（コンピテンシー2の続き）

> **セラピスト**　何が起きると恐れていますか？
>
> **クライエント**　もう倒れてしまいそうです。これ以上できません。どうしようもなくバカなことをしてしまうでしょう。

問➡　あなただったらどう対応するかを書きなさい（コンピテンシー2を

使うこと)。

問➡ そのように言うとき，あなたはどんなことを考えていますか？ 何に対応し，何を達成したいと思っているのですか？

コンピテンシー3：クライエントがコミットされた行為の性質（例：活力，成長の感覚）を正当に評価し，その性質との接触を維持しながら，少しずつステップを踏むように支援する。

エクササイズ7.7 ⇨ 回答例はp.353

クライエントは，56歳の男性。現在の問題は，PTSDのせいで多くの怒りが引き起こされ，子どもたちとの関わりが妨害されているということ。子どもたちが自分を嫌うようになってしまったと恐れていて，彼が激怒するときに何に対処しているのか，子どもたちに理解してもらえていないとのこと。彼はすでに子どもに関係する価値を特定しており，セラピストは現在，クライエントが自分の価値と調和し，それに基づいて行動できるようなゴールを特定するのを支援すべくワークしている。

> **クライエント** 私はもう，怒りのなすがままにはなりません。一番下の娘に電話をして，彼女についてどう感じているのかということと，もう彼女に向かって大声を出さないということを伝えます。

クライエントは以前にもセッション内でこのことを数回述べており，やり通せないでいた。あなたはセラピストとして，これが彼の現在のウィリングネスのレベルには大きすぎるステップなのでうまくいかないのだと考え，ACTに合致する方法でゴールをより小さいステップに分解するように

支援したいと思っている。

問➡ あなただったらどう対応するかを書きなさい（コンピテンシー3を使うこと）。

問➡ そのように言うとき，あなたはどんなことを考えていますか？　何に対応し，何を達成したいと思っているのですか？

エクササイズ7.8　　⇨ 回答例はp.355

（コンピテンシー3の続き）

問➡ クライエントにできる，より手近で具体的な行為で，娘に関する価値の方向性にクライエントを導き，また最終的に娘と会話をする準備を整えてくれるような行為を2つ考えなさい。

行為1

行為2

コンピテンシー4：クライエントが長期にわたって一貫してゴールに基づいて行動できるように支援するため，より大きな行為のパターンにクライエントが焦点を当てるのを続けさせる。

エクササイズ7.9　　⇨ 回答例はp.355

クライエントは，47歳の独身男性。前回のセッションで，女性に理解さ

れて，女性と深く豊かな関係をもちたいという価値に接触した。これまでの3人の恋人との関係は，どこか疎遠で満足のいかないものがあり，彼自身としてもつながりや魅力をほとんど感じないが，「ひとりになりたくなかったから」一緒にいたという女性が相手であった。約1カ月前，4年来のガールフレンドとまたしても「フェード・アウト」してしまった後，彼は自分がひとりぼっちであると気がついた。金銭，仕事，財政的安定の問題に過度に焦点を当てるという彼のパターンは，彼を深く豊かな関係から引き離してしまうのだ。前回のセッションで，プロの交際紹介サービスに参加する準備として，個人的で，オープンで，心のこもった自己PR文を書くというコミットメントをした。次のセッションに彼が戻ってきたとき，以下のやりとりがあった。

セラピスト さて，自己PRはどうなりましたか？

クライエント 〔早口で〕できませんでした。職場でゴタゴタがあって。圧倒されてしまわないように，仕事ばかりしていたのです。

セラピスト 少しスローダウンしてお話をしましょうか。そのことを私に伝えながら，どう感じていますか？

クライエント 私は……，あ，すみません。私が言いたいのは，「時間があればしたでしょうけれど，しませんでした」ということです。

セラピスト その「時間がない」という思考は，おなじみのものですか？ 昔からの？

クライエント ええ，四六時中，こんな感じです。

セラピスト それで，あなたがその思考（時間がない）にしたがうと，どうなりますか？

クライエント 私の価値から遠ざかってしまいます。でも，本当に時間が

なかったのです。

セラピスト　〔冗談っぽく〕うう。またですね！　乗客が戻ってきました。それで，その乗客はあなたをどこに連れていくのでしょうか？

クライエント　遠くに離れるように……，でも，他に何をしたらいいのか，わかりません。

問■　あなただったらどう対応するかを書きなさい（ヒント：クライエントが自分の人生で形成している行為のパターンに焦点を当てられるように支援するとよい）。

問■　そのように言うとき，あなたはどんなことを考えていますか？　何に対応し，何を達成したいと思っているのですか？

＊　　＊　　＊

コンピテンシー5：評価的でないやり方で，コミットメントの維持と効果的な行為のパターンの形成プロセスに，失敗や再発を織り込んでいく。

エクササイズ7.10　　回答例はp.359

　クライエントは，15歳のときからアルコール乱用を続けてきた34歳の独身男性。現在は17回目のセッションである。数年間続く断酒を数回実行してきたが，妻に離婚されてから，この10年間には一度もない。この5年間，彼には友人がなく，両親と生活している。唯一の収入は，23歳のときに受けた統合失調症の診断に関連した障害者手当てである。家族については「嫌な奴ら」と言っている。金を借りて返さないなど，頻繁に彼をいいように使っているように感じるというのだ。彼は薬物治療を受けておらず，現在は精神病の症状を示していない。過去数カ月，地元の慈善協会でボラン

ティアをしていて,ジェームズと友人関係を育み,3回一緒に外出した。彼はこの4週間,飲酒抜きで,社交不安や屈辱への強烈な恐怖をおいておくスペースを自分の中に作ることに成功している。

クライエント　私は,その,今週はうまくやれませんでした。

セラピスト　うまくやれなかった?

クライエント　ええ,あの,ジェームズが……嫌な奴だとわかったのです。

セラピスト　嫌な奴?〔間〕何があったのですか?

クライエント　その……土曜日に一緒に野球の試合に行くことになっていたのですが,彼が来なかったのです。それで,私は家に帰って,ハンマーで叩きのめされたように感じました。いつもこうなるのです。私なんか,ただ家にいればいいんです……,私はバカです。

セラピスト　それから,どうなりましたか?

クライエント　その……,朝方まで飲み続けました。ここに来ることになっていたので。

セラピスト　どうやって,それができましたか?

クライエント　ただ,やったのです。ここでの予約を守ることは私にとって重要なことなので。

セラピスト　では,友人をもつというあなたの価値については,この状況からどうしますか?

クライエント　もうおしまいです。ギブアップです。いつもこういうふうになるのです。

セラピスト　ええ,つながりをもてる人と出会うのは難しいことです。痛

みも伴うでしょう。あなたを拒絶する人もたくさんいるでしょう。そして，あなたがチャレンジし続ければ，拒絶しない人もきっと見つかります。あなたのマインドは，ジェームズがあなたを拒絶している人のひとりだと言っているように思えます。

クライエント　ええ，その……彼は私を捨てたんです。私はがんばることに疲れてしまいました。ただ家に帰って，ひっそりとそこにいればいいんです。友人を作ることなんて，そんなに重要ではないのです。苦労するに値しないのです。

問➡　あなただったらどう対応するかを書きなさい（コンピテンシー5を使うこと）。

問➡　そのように言うとき，あなたはどんなことを考えていますか？　何に対応し，何を達成したいと思っているのですか？

コア・コンピテンシーのモデルとしての対応

コンピテンシー1

回答例7.1　　　⇨ エクササイズはp.340

説明　このゴールは，具体性と測定可能性において大きな問題がある。アクティブなゴールではなく，クライエントの価値との結びつきも明確でない。また，これはエビデンスに裏打ちされたアプローチではなく，クライエントの機能的ニーズとのつながりも明確でない。

回答例7.2　　　⇨ エクササイズはp.340

説明　ゴールはアクティブだが非現実的である。このようなペースで電

話をするというのは想像しがたく，電話が成功し始めた場合に起こるであろうデートの数はさらに想像しがたい。もっと小さなステップに分解するのがよいだろう。

回答例7.3　　　⇨ エクササイズはp.340

[説明]　これは死人のゴールである。死人の方がクライエントよりも批判的にならずにいられるだろう。このようなものだと，的を射ている可能性も，活力のあるものに感じられる可能性も低い。これを，もっと活力が感じられるであろうゴールと対比してみよう。例えば，娘とディナーの約束をして，そこで彼が娘をどれほど愛しているか，あるいは父親として彼女の何を深く尊敬しているかということを，娘に伝えるというゴールと対比してみる。最後に，このゴールは具体的でも測定可能でもない。ゴールが達成できたのか，1週間後に判別できない可能性がある。

◇　　　◇　　　◇

コンピテンシー2

回答例7.4a　　　⇨ エクササイズはp.341

セラピスト　帰るのもひとつの手です。ただ帰ることを選択する前に，あなたのマインドが「私はこの場を去りたい」と叫んでいるのを見つめてみようというお気持ちはありますか？　マインドの叫びをただ聞くのです。こういう状況は，どのくらいなじみがありますか？　どれくらい「古くからある」という感じがしますか？

クライエント　とても古くからある感じ。非常になじんでいます。

セラピスト　そうですか。わかりました。この瞬間を活用しましょう。今，私たちは，あなたにとって困難であったものに肉迫してそれを観察するチャンスを手にしています。「私はこの場を去りたい」という言葉を聞きながら，身体に何が現れていますか？

[説明]　クライエントがその場を去るのを止めようとは決してしないように。とくに物理的に止めてはいけない。それはクライエントの選択でなければならないのだ。そして，セラピストはクライエントが回避してきたものの中へと，クライエントを連れていく。クライエントが留まり，体験の中にもう少し深く入る一分一分が，進歩の一分である。それはすばらしいチャンスであり，失敗などではまったくない。

回答例7.4b　　　⇨ エクササイズはp.341

セラピスト　私たちは，あるものを見つけるためにここに来ました。それは，まさに今，姿を現しているものです。……それに対して，何か今までと違う対処法を学べるようです。恐怖があるのは悪いことではありません。もう一度，私たちがここにいる理由をおさらいしましょう。私たちがここにいるのは，不安にならないようにするためでしたか？

クライエント　いいえ。でも，そうなれたらいいと思います。

セラピスト　そうですね。そして，「不安を下げたい」ということへのとらわれが，システム全体の中核なのでしたね。さて，どれほどの苦悩を体験すれば十分ですか？　すでに，十分に体験しましたか？

クライエント　十分すぎます。

セラピスト　それはすばらしい。まさにここで今すぐ，新しい方向性をとってみましょう。そのお気持ちはありますか？

[説明]　バリアは問題のように見えるが，問題ではない。チャンスなのである。その中に入っていくことは，クライエントにとって新しいことであり，クライエントは成長のチャンスを得るのである。

回答例7.5a　　　⇨ エクササイズはp.342

セラピスト　「助けて！　倒れて，もう起き上がれません！」。では，ちょ

第7章　コミットされた行為のパターンを形成する　351

っとの間，試しに気が変な状態になってみようというお気持ちはありますか？　ほんの少しの間です。必要があれば，すぐにあなたを救えるように私がここにいますから。気が変になるには，どういうふうにするのでしょう？

[説明]　タイミングが良ければ，ユーモアは強力な味方となる。この対応で，セラピストはユーモアを使っているが，回避の扱いへとすぐに戻っている。

[回答例7.5b]　⇨ エクササイズはp.342

セラピスト　では，目を開けてください。少しの間，あたりを見渡してください。あなたの気が変になってしまうとしたらどこにいるときかということくらいは確認しておきましょうか。そのとき，あなたはどこにいますか？

クライエント　モールにいます。

セラピスト　そのとおりです。そして，それに気づく際に，誰がそれに気づいているのか，ということに注目してくださいね。モールにいるのは誰ですか？

クライエント　私です。

セラピスト　そのとおりです。そして，あなたはモールではない，ということに注目してください。さて，そのような思考や気分にもう一度慎重に戻っていきましょう。お腹が締めつけられる感じに意識を向けてください。それから，意図的に「私は完全に気がおかしくなっている……，私は考えることもできない……，私は気が変になっている」と考えてください。そして，今一度，誰がそれに気づいているのか，注目してください。

クライエント　わかりました。私はここにいます。私はただ思考をもって

います。気分ももっています。

セラピスト　そして，思考も気分もあなたの敵ではありません。

説明　この対応でセラピストは，恐怖を与える気分や思考を異なる文脈におくために，アクセプタンス，脱フュージョン，超越的な自己の体験，「今，この瞬間」との接触を用いている。セラピストが作り出している文脈とは，恐怖を与える気分や思考の機能が変わり，コミットメントを弱めることもなくなるような文脈である。

回答例7.6a　　⇨ エクササイズはp.342

セラピスト　そうですか。それでは，自分から進んで私と一緒にここで寝そべってみようという気持ちはありますか？　たぶん，私たちふたりとも，まったくバカげたこともできるでしょうね。そうするためには，さて，何をしましょうか？

説明　これはやや上級編だが，セラピスト自身がそのようにすることに乗り気で，かつタイミングが良ければ，そしてセラピストがクライエントの感情の波に対処できれば，逆向きの羅針盤（reverse compass）の使用は非常に有用である。ミスター・マインドが行くなと言う場所こそ，まさしくあなたが行きたい場所なのである。

回答例7.6b　　⇨ エクササイズはp.342

セラピスト　すばらしい。ミスター・マインドが優雅に再登場です。それで，私たちがバカなことをしてもっと時間を費やす前に，モールですることには他にどんなことがありますか？

クライエント　たくさんの不安を抱える以外に？

セラピスト　〔クスクス笑う〕そのとおり。そして，ミスター・マインドが私たちを脅かすのをただ見ている以外に。

第7章　コミットされた行為のパターンを形成する　353

クライエント　買い物……ですかね。

セラピスト　すばらしい。では質問させてください。でも，まだ即答はしないでくださいね。あなたは，「『私は倒れてしまいます。これ以上続けられません。私はどうしようもなくバカなことをしてしまうでしょう』という思考をもち，そして物を買いに行く」と進んで考える気はありますか？　もし，それが，あなたが今，買い物をする自由を得るという意味だとしたら？　まだ答えないでくださいね。ただ，この質問と一緒にいてください。それで，あなたが考えている間に，とりあえず一緒に何かを買いにいってもよろしいですか？

説明　これは，アクセプタンスと脱フュージョンが，また別のコミットメント（小さいが価値につながっている可能性がとても高いもの）へと即座につながっていく対応である。質問をしておいて答えさせないという対応は，脱フュージョンのエクササイズである。

◇　　　◇　　　◇

コンピテンシー3

回答例7.7a　　　⇨ エクササイズはp.343

セラピスト　あなたが今現在フラストレーションを感じていて，大きな変化を起こしたいと感じておられることは，よくわかります。けれども，私たちは誰かとのレースに勝つためにここにいるのではありません。ここで大切なのは，ヒーローのように大ジャンプをすることではなく，向かいたい方向に向かって，小さくても絶え間なくステップを踏んでいくことなのです。ヒーローのような大きなジャンプは，長続きしないものです。私が提案したいのは，もう少し簡単にできそうで，それでいて，そのような電話をお嬢さんにかけるという方向性に最終的にはあなたを向かわせてくれる，そんなゴールを設定することです。「こんなステップがいいんじゃないか」ということについて，どんな考えがありますか？

どうしても思いつかないようでしたら，私から2つほど提案できます。

[説明]　クライエントを責めることも恥をかかせることもなく，あるいはクライエントにとっての価値の重要性を疑うこともなく，セラピストはただコミットメントのサイズを下げて，それをクライエントの価値につなげておく。ステップの大きさは重要ではない。ここでの焦点は，行為のパターンをスタートさせることにある。

[回答例7.7b]　⇨ エクササイズはp.343

セラピスト　あなたの声から緊迫感が伝わってきます。それほど，お嬢さんとの関わり方を変えたいと願っておられるのですね。スタートのピストルが鳴ったらすぐにでも，変化という方向性に飛び込みたいのですね！　私は，そのエネルギーを私たちとって有利に活かせるだろうと思っていますが，ここでは，長期的な視野も心に留めておく必要があります。私の感じでは，もしあなたがこの点で変化を望むならば，それは時間がかかる感じがするのですが，いかがでしょうか？

クライエント　ええ，そうでしょうね。

セラピスト　そうであれば，次のことはほぼ確信できます。あなたの望むような対応をお嬢さんがすぐにはしてくれないであろうことと，あなたが相当長い間，一貫して価値に基づいて行動していた場合にのみ，関係が変わるであろうということです。このようにするためには，おそらく，**「あなたがお嬢さんとの関係でどうありたいか」**に集中して，少なくとも当面は，**「お嬢さんがどう対応すべきだとあなたが考えているか」**ということは忘れるのが大事でしょう。より長期的な方略を考えるに当たっては，お嬢さんに電話をかけて彼女にこのコミットメントをするということに加えて，あなたが望むゴールをたくさん考えておく必要があるかもしれません。そのゴールの中には，お嬢さんに電話するよりも簡単に思えるものがあるかもしれません。電話をするというのは，今現在，かな

り大きなステップに思われますから。お嬢さんともっと良い関係をもつ方向性にあなたを導くための，あなたにできる行為について，ブレインストーミングをやってみませんか？

> [説明]　クライエントは，自分が価値づけしている方向性にもっと導いてくれる行為とゴールを選択するという点で，やや有能でないように思われる。彼を多くのゴールに対してオープンにすれば，彼の柔軟性が増し，この件における選択の感覚が高まるであろう。さらに，セラピストは，アウトカムを放棄するのと同時に，自分の価値を生きるプロセスに向けてクライエントを方向づけている。

回答例7.8　　　⇨ エクササイズはp.344

行為1　娘に関してもっている5つの気分をリストアップする。娘への電話をかける前に，「愛しているよ」「君がそばにいると幸せに感じるんだ」「自分が怒ってしまい，君を遠ざけてしまうと悲しく感じるよ」などの言葉を声に出して言う練習を妻と共にする。浮かび上がってくる思考や気分にマインドフルになり，それらをおいておくスペースを自分の中に用意しながら，この練習を行う。

行為2　娘に対する怒りが彼と娘にどう影響してきたと考えているのかについて，ひとつのパラグラフを書く。あらゆる防衛も，現れてくるどのような自己判断も，放棄するよう試みる。翌週，一緒に検討できるように，そのパラグラフをセッションに持参する。

◇　　　◇　　　◇

コンピテンシー4

回答例7.9a　　　⇨ エクササイズはp.344

セラピスト　ふむ，これはちょっとやっかいですね。というのも，ある意

味，あなたは何をすべきかわかっているのです。私たちはこれまで，そのことについてたくさん話をしてきました。「時間が私の邪魔をしている。私は忙しすぎる」という思考が妨害し続けるようです。ところで，するべきことがわからないのではない，知識がないからできないというわけではない，と理解してよろしいですか？

クライエント　はい，そう思います。

セラピスト　私たちはここで，あなたのセラピーでとても重要なポイントに立っています。あなたが自分の行為によって，どのような行為のパターンを自分の人生に組み込んでいくか，それが問われているのです。ここでおうかがいしたいのは，このコミットメントによって，まさにこの瞬間に，あなたがどのようなパターンを形成するのかということです。この1週間の間，あなたは古いパターンを少し強めてしまいました。コミットメントをして，思考を抱いて，コミットメントを破るというパターンです。そして今，あなたは選択することができます。あなたは，どのようなパターンを形成したいのですか？

クライエント　コミットメントをやり直したいです。

セラピスト　いいでしょう。これがあなたにとって何を主題にしたものかということと再び向き合うために，少し時間を使いたいと思います。あなたにそのお気持ちはありますか？

クライエント　ええ。

セラピスト　あなたはここで何のためにワークをしているのですか？

クライエント　自分の人生で愛を手に入れる方法を学びたいのです。

セラピスト　自分の人生で愛を手に入れる方法ですね。どのような行為のパターンが，その邪魔をしますか？

クライエント　しなくてはならないことすべてに焦点を当て始めてしまうので，だんだんと関係が薄れて消えていってしまいます。

セラピスト　ある意味，今週と似ていますね？　どう思いますか？

クライエント　〔柔らかに〕ええ。もうそんなのはこりごりです。そんなことをしていたらどうなるかも，わかっています。

セラピスト　では，今週は何をしますか？

クライエント　例の自己PR文を書き上げます。

セラピスト　それで，もし何かが起こったら？

クライエント　それについて私がどう感じても，それをただ感じることにして，自己PRを書きます。

セラピスト　わかりました。私もお手伝いします。

説明　もしクライエントがこの価値に沿った行為に再度コミットしなければ，「コミットメントをして，コミットメントを破り，コミットメントを断念する」というパターンを形成していると理解できる。もし困難に直面してもコミットメントを維持できるような人生にしようとしているのであれば，このパターンは非常に危険である。そこでセラピストは，このパターンをクライエントに指摘して，新しいパターンを作るという選択をするように提案している。これには，破られたコミットメントを破ってしまった後でも再度コミットする，ということが含まれている。結局のところ，価値とは選択であり，方向性であって，本質的にひとつの行為に何度も何度も再コミットするということを意味しているのである。誰しも軌道からそれてしまうことはあるので，失敗の後に再度コミットするというパターンは，私たちの人生の一部としてもっていたい必要不可欠なパターンなのである。

回答例7.9b ⇨ エクササイズはp.344

セラピスト 私たちが形成しようとしているパターンはとても大きなものですが、ひとつひとつの小さな瞬間が積み上がって形成されているのです。まさに今この瞬間のような、ひとつひとつの瞬間です。そして、昔からのパターンは変えるのが難しいというのも確かです。しかし、行為のパターンを瞬間のレベルに下げることができれば、チャンスはあります。さて、あなたはまさに今この瞬間に、何をしたいと感じていますか？

クライエント 〔間〕きちんと説明をしたいです。

セラピスト そうですか。それは、新しいものではないですね？

クライエント 〔間〕そのとおりです。

セラピスト ということは、それは私たちが形成しようとしているパターンではないのです。他にどんなことをしたいと感じていますか？　たった今、です。少し時間をかけてください。もっと些細なことでも、できるだけ探してみてください。

クライエント あきらめる。怒る。仕事に行く。〔間〕泣く。

セラピスト いいですね。でも、簡単に出てきましたから、実は、それらでもないのです。最後のものはよくわかりません。その内側には何がありますか？

クライエント 自分の人生で愛をもちたいのです。私にはどうにも、誰も本当に自分を愛してくれるとは思えないのです。皆、私を拒絶するでしょう。それは、あまりにひどく痛みを感じることでしょう。

セラピスト 痛いかもしれませんね。そして、今のこの状況は痛くないですか？　どちらの方がいいのでしょう。愛と喪失の痛みか、あなたが最

も深く願望しているものから自分自身を閉じて離れてしまうことの痛みか。答える前に，少しスローダウンしてください。あなたは，今ここで……まさにこの瞬間に，パターンを形成しているのです。

[説明]　パターンの認定，責任，形成は味気なく，知的に思える。しかしながら，実は，このプロセスはそのようなものとはほど遠い。これはアクティブで，しばしば感情的なプロセスであり，現在において瞬間瞬間に発生し，それを強化するためにはACTモデルのすべての側面を要求するようなプロセスなのである。

◇　　◇　　◇

コンピテンシー5

[回答例7.10a]　　⇨ エクササイズはp.346

セラピスト　ええ，それが本当に失望させるものだという，この気分はおなじみですね。この思考もまた，あなたにはよくなじんでいるのでしょうね。「苦労するには値しない」「友人関係はそんなに重要ではない。私はまた拒絶されたのだ」。このような思考は，まるで何かからあなたを守ろうとしているようですね。どう思いますか？　まるで「おい，兄ちゃん，俺たちがお前を安全にしてやるよ。ただ俺たちと一緒にいればいいのさ。どのみち，あいつらは皆，ろくでもない奴らなんだ」と言っているみたいです。ただ，ここでもう一度，あなたが体験してきたことを確認してみましょう。この思考が行けと言っている方向に行くと，あなたはどこに行き着きますか？

クライエント　わかりません。孤独になります。

セラピスト　そうですね。「苦労するに値しない」と考えるのも悪くありません。昔からそう考えてきたんですよね？

クライエント　ずっと昔からね。

セラピスト　そして，それはすばらしいことです。古いパターンを打ち破って，何か新しいことを，本当に新しいことをするチャンスを与えてくれるのですから。

> 説明　セラピストは「苦労するに値しない」という言葉を，多様な選択肢の中からクライエントが選ぶ字義どおりの例としては受け取らない。むしろ，まずはクライエントがこの思考を外在化することで少し距離をおけるように支援して，それからセラピストは当初のコミットメントへと戻っている。

回答例7.10b　　　⇨ エクササイズはp.346

セラピスト　ひとつ質問させてください。失敗の結果，あなたの価値のうちのどれが変わったのですか？

クライエント　あの……，質問の意味がわからないのですが。

セラピスト　あなたの価値のどれが変わりましたか？　2週間前と比べて，今日，どれが根本的に違いますか？

クライエント　どれも変わっていません。

セラピスト　しかし，あなたのマインドはあなたに，「大切に思うものを大切に思うのをやめなければならない」「大切に思うものに向かう方向に動けない」と言っている。そこに注目してください。どちらも，とても昔からのものですよね？　では，次の質問をさせてください。あなたが価値に沿った方向性に向かうには，何をもたなければなりませんか？　あるいは何を捨てなければなりませんか？

クライエント　失望させられる痛みはもたなければいけないようです。

> 説明　論理的で，問題解決的なマインドは回避に向かうしかない。しか

し，それには代償を伴う。クライエントは実際には大切に思っていることを，大切に思っていないふりをしなくてはならなくなる。彼にとって失敗とは，しらふでいられないことを意味している。彼にとって拒絶とは，彼が関係をもてないことを意味している。セラピストは，このコンピテンシーで要求されるように，問題の核心に焦点を当てた質問を用いて，非常にすばやくこの藪を刈り込んでいる。

―●体験的エクササイズ：コミットされた行為●―

　以下の質問に対するあなたなりの回答を書きなさい。十分に時間をとって，しっかりと真剣に答を考えること。

問➡　あなたにとって，人生で行える大胆な行為（例：創造的になる，大きなことを考える，リスクを冒す）とは，何ですか？　現在は実行していないものを1つ選択しなさい。

問➡　その行為を実行することへのバリアは，何ですか？

問➡　その行為を実行した場合，あなたの人生はあなたにはどう見えますか？　よくイメージして，それを書きなさい。

問➡　この大胆な行為を実行することに関して，今，あなたにできることを1つ書きなさい。

問➡ それができるかどうか，試してみましょう。そして，あなたが感じたり考えたりしたことを書きなさい。

────────────────────────────●体験的エクササイズ●──

────── さらに情報を入手するために ──────

○エクササイズやメタファーも含め，コミットされた行為についてにさらに詳しく知るには，文献32の第9章（pp.253-264）を参照。

○あなた自身とクライエントのために用いるエクササイズやワークシートをもっと手に入れるには，文献29の第13章（pp.177-194，日本語版 pp.253-280）を参照。

第8章

ACTを用いたケースの概念化

良い理論ほど実用的なものはない。
——Kurt Lewin（文献41, p.151）

　最近の流行は，とくに認知／行動療法での流行は，『精神疾患の診断・統計マニュアル（DSM）』の特定の診断に結びついた，治療マニュアルの使用である。研究目的では，ＡCTの治療マニュアルのいくつかは特定の症候群に特有のものになっているが，実地臨床におけるACTでは，多様な問題，訴え，学習経験を訴える実にさまざまなクライエントの理解と説明のために，この本で記述されている6つのコア・プロセスのような行動の一般原理の使用が好まれる。これらの行動原理は介入と結びついて，研究のエビデンスにより支持されることが多くなってきた。

　ケースの概念化は，こういった原理をクライエントの行動（「行動」という用語で，その人物が行うすべてを意味しており，思考，気分，外顕的な行為を含めている）に適用し，得られた理解を治療介入の選択や評価のガイドとして用いることを意味している。ACTのケース概念化は，特有の機能的プロセスのセット（すなわち，第1章に記述された6つのACTのコア・プロセスとそれぞれに対応する病理）に焦点を当てるようにセラピス

トを導く。これらは，ACTとRFTの研究と理論が心理的柔軟性を阻害するか，育成するか，どちらかであると提案しているプロセスである。ACT理論は，心理的柔軟性が存在しているとき，人生の体験（つまり，行動理論家が随伴性contingenciesと呼ぶもの）は効果的な行動と価値，意味，活力に満ちた人生をもたらす傾向があると主張する。もし，これが正しければ，クライエントの学習歴や現在の人生の文脈を検討し，いかにそれらと心理的柔軟性を強めたり弱めたりする機能的プロセスが関連しているかを熟考するのは，ACTセラピストの仕事である。よって，ケースの概念化へのACTアプローチは，以下の質問に答えようとしていることになる。このクライエントの人生における，どういった独自の要因がクライエントの独特な問題を発生させ，このクライエントに独特な心理的非柔軟性と人生の収縮につながったのだろうか？

　DSMがその典型であるような，トポグラフィー（行動のカタチ）によって定義されたアプローチとは対照的に，ACTの機能に基盤をおいたケースの概念化は，似ては見えるが実際にはかなり異なっているクライエントの一群の問題に対して，異なる介入が有効であるかもしれないと考えることを可能にする。クライエントの学習経験や，そのクライエントの行動と関連している発症要因・維持要因次第で，異なる介入が適切となるかもしれないのである。このような理由で，ケースの概念化と治療介入の選択に対するACTアプローチは，クライエントの行動のカタチではなく，機能に焦点を当てる。もっと専門的でない言い方をすれば，行動の機能の理解は，**行動がどのように見えるか**ではなく，**行動がどこに由来するのか**と，その**行動が何のためなのか**を理解することを意味している。

　例えば，ほとんどの不安障害は少なくとも部分的に同じ機能プロセス，つまり体験の回避によって維持されていることを示すエビデンスが蓄積されてきている[27]。PTSDでは，クライエントがトラウマに関連した思考や気分を回避している。パニック障害では，クライエントがパニックの体験（すなわち，パニック発作の間に発生する思考，気分，身体感覚）を回避している。OCDでは，クライエントが強迫的な思考を回避している。回避さ

れているものと回避方法のカタチはクライエントごとに大幅に異なるが，共通の機能的プロセスは体験の回避である。これらの例では，違うように見える行動が同じ機能を共有しているが，クライエントが同じに見えながらも機能的には異なる行動を実行しうるというのも——今，私たちが注目したように——，また真実である。例えば，あるクライエントは見せびらかし目的と劣等感を回避する目的で友人のためのバーベキューを催すかもしれない一方で，別のクライエントは友人への感謝を表現し，人とのつながりやコミュニティに向かった価値に基づいて行動するために，バーベキューを催すかもしれない。どちらの一連の行動もカタチとしては類似して見えるが，ひとつはたぶん体験の回避の例であり，もう一方はたぶん価値づけされた目標とのポジティブな接触により維持されている。

　ACTのケース概念化へのアプローチでのセラピストの仕事は，クライエントの行動の特定のカタチを見越して，クライエントの独自な人生経験と文脈を考慮した上で，その行動の機能について知的な推測をすることである。そしてその推測は，次にセラピーで試されることになる。セラピストは，クライエントの行動を生起させた学習経験，それが特定の文脈で発生する理由，それを維持し続けているものを理解するように努力する。これが**機能分析**である。その後，機能分析は，クライエントに自分の行動の意味への洞察を提供するためではなく，セラピストの介入をガイドするために使われる。

なぜ，ケースの概念化か

　ケースの概念化は少なくとも2つの面で有用である。第一に，それはセラピストが，ACT理論をより深く，より細かなニュアンスまで含めて学べるように助けてくれる。ACTの基盤にある理論を徹底的に理解することは，ACTの流暢で柔軟な実践に不可欠である。ACTケース概念化の実践は，機能というレンズを通してクライエントの行動を見ることと，理論的理解を発達させることを助けてくれる。今度はこの理解は，クライエントのニ

ーズに合わせて，技法を修正し，選択し，タイミングをとるのに役立つ。

　第二に，安定したケースの概念化は，より焦点の定まった，一貫した，そして徹底的な介入へとつながる。これはとくに，複雑で難しい複数の問題を抱えたクライエントには大事である。このようなクライエントはしばしば，セラピストを能力の限界にまで押しやり，どのようなエクササイズ，メタファー，あるいは他の技法であっても，容易に適用することを難しくしフラストレーションに陥らせる。実践的理論に結びついた十分なケースの概念化がなければ，セラピストは介入の選択に当たって，一貫性がなく焦点が定まらなくなってしまいがちである。そのように選択した介入でも，時には効果が出ることもあるが，失敗した場合，次に何を試したらよいかについてセラピストはほとんど学んでいない。ケースの概念化は，ある技法がまったく失敗に終わった場合に何をすべきかを教えてくれるのである。もし，どの機能的プロセスがある特定のクライエントにとって最重要であるかアセスメントできれば，そのクライエントと使用する多様なエクササイズや技法の選択において，創造的かつ持続的，そして柔軟になることができる。

　この章のケース概念化は，**ミドルレベル理論**とでも呼べるものを指針にしている。この理論では，クライエントの行動に対する，より厳密な行動分析的説明を特徴づけるようなものと比較すると，相対的に非専門的な言語を用いる。このミドルレベル理論は，第1章で記述された，心理的柔軟性を失わせる（例：フュージョン，体験の回避）か，または心理的柔軟性を促進する（例：コミットされた行為，アクセプタンス）プロセスという観点から，クライエントの行動を理解することに焦点を当てる。このような概念を，同時にそしてダイナミックに，複数のレベルの分析に適用することが目標である。他方，**ミクロレベル**のケース概念化理論は，オペラントおよびレスポンデント学習原理や関係フレームづけを用いて，クライエントの行動を理解する方向に向かっている。このミクロレベルでの研究は，ACT/RFTコミュニティで活発に進められている。幸運にも，本書での目的のためには，ミドルレベルの理論で十分であり，それが相対的にアクセ

スしやすいという理由で，ここで強調するものである。

　本書で記述されるケース概念化は，精神状態，身体の健康状態，家族の機能，生育歴などのアセスメントのような，より一般的なアセスメント検討事項の代わりに用いることを目的としたものではない。ACTプロセスが中心的な課題ではないクライエントに会うこともあるだろう。例えば，体験の回避や認知的フュージョンを含まない，読むスキルの欠如に一次的に起因する問題を抱えた子どもは，そのような欠如に直接取り組む介入によって，もっと適切に治療することができるであろう。

　ケースの概念化を実行する際のセラピストの仕事は，アセスメントによって決定された具体的な詳細を手順どおりに記録することに加えて，多数の仮説を立てることである。クライエントとワークをする際に，仮説が否定されることにオープンでいられるように，これらの仮説にはあまり強く入れ込まないようにアドバイスしたい。事実でないとされた仮説を放棄することにオープンであることは重要だ。

　ここからは，セラピストが自分のケースをACTの観点から考えることを支援するのを目的とする。人間の苦悩についてのACT理論を用いてクライエントの行動を分析し，第1章から第7章で概説した6つのコア・ACTプロセスに基づいて，オーダーメイドの介入を展開するためにこの分析を使うというプロセスを通じて，理解を深めていく。そしてまた，6つのACTプロセスには含まれていないが，ACTフレームワークに合致する，他の介入も考慮するようにしたい。

ACTケース概念化プロセスの概要

　このセクションでは，ACTのケース概念化を実施するためにしたがうことのできる具体的なプロセスの概要を提供する。最初はかなり時間がかかるだろうが，粘り強くこの章の実践エクササイズを完了するように勧めたい。くり返し，意図的にケースの概念化を行えば，あなたのACT理論の理解が深まり広がっていき，介入の柔軟性と流暢性が増していくだろう。実

践を重ねることで，ACTの適用可能性とクライエント行動の機能を理解することが容易で迅速になることがわかるだろう。以下で示す枠組みを用いてケースの概念化を実施するには，最初のうちは最大で2時間ほどもかかるかもしれないが，最終的にはプロセス全体を30分かそれ以下で終われるはずだ。

ACTのケース概念化を実施するための10の構成要素から成るプロセスを概説する。この枠組みはHayes, Strosahl, Luoma, Varray, & Wilson[31]によるケース概念化の章に強い影響を受けており，この章を参照すれば付加的なガイダンスとして役立つだろう。さらに，アセスメントされる構成要素に関連した治療介入への簡潔なイントロダクションも提供する。

ステップ1 **クライエントの理解に基づく現在の問題からアセスメントを始める**

セラピーに来る原因となった問題の，クライエントによる概念化を探求する。クライエントは今現在，自分の問題をどう見ているか？ クライエントは事態を良くするために何をする必要があると考えているか？ クライエントのセラピーでのゴールと人生でのゴールは何であるか？

ACTの初期段階でのワークを方向づけるひとつの仮説は，クライエントが問題を解決するためにしてきたことが通常は問題の一部になっているということだ。セラピストのここでの仕事は，クライエントを現在の問題の中で行き詰まらせている言語的システムを引き出すことである。このデータを収集するとき，オープンで非判断的なスタンスをとり，クライエントが表現する最初のフォーミュレーション（定式化）を信じることも，それに挑戦することも避けるように，最善の努力をすること。このステップの鍵は，クライエントによる問題のフォーミュレーションを理解できることと，それをACTに合致する用語で再フォーミュレートできることだ。

クライエントは通常，セラピーのゴールをさまざまに表現するが，そのいくつかはアウトカム・ゴールと見なされ，いくつかはプロセス・ゴールと見なされる。ACTのフォーミュレーションでは，アウトカム・ゴールはクライエントの価値と結びついた最終状態に言及し，パートナーともっと

良い関係をもつこと，仕事に従事すること，子どもを励ます愛情深い親になること，高潔に生きること，親密で楽しい友人関係を発達させること，スピリチュアルに成長することなどを含みうる。プロセス・ゴールは，クライエントがプロセス・ゴールの達成はアウトカム・ゴールの達成を可能にすると考えているという意味で，アウトカム・ゴールと関連したゴールである。プロセス・ゴールはしばしば，不安を減らすこと（例：「初対面の人たちに会えるように，もっと不安を減らす必要があります」），批判的でなくなること（例：「人に近づくためには，自分自身を人と比べるのはやめる必要があります」），痛みが減ること（例：「あまりに痛みが強いので，以前はしていたことができません」），うつに感じる度合いが減ること（例：「もはや何についても本当はどうでもいいのです」）などを含んでいる。ACTは，クライエントの問題の多くが，プロセス・ゴールとアウトカム・ゴールの結びつけられ方にあると想定する。ACTセラピストはセラピーの間に，しばしばこの結びつきを問題にする。

　このステップの最後の部分は，必要があれば，現在の問題のフォーミュレーションのクライエント版をACTに調和するように再フォーミュレートすることだ。ACTのフォーミュレーションは，良い気分になることへの強調を減らしつつ，クライエントがより良く生き，より気分良く**感じる**（つまり，**気分**の点で良くなる）ように支援することに焦点を当てる。もっと
フィーリング
深いレベルでは，この再フォーミュレーションは，クライエントの最も大切にしている人生のゴールや価値（アウトカム・ゴール）と一致している必要があり，治療初期のゴールや治療方法に焦点を当てた治療契約を作り上げるのに十分なだけ詳細化されている必要がある。クライエントは一般的に，ネガティブな気分・思考・記憶，あるいは身体感覚（例：うつ）を問題とする。多くの場合，この問題はセラピーの間に根本的に再フォーミュレートされる。例えば，あるクライエントは「もはや何もかもどうでもいいのです。こんなに元気がなく感じるのは我慢できません。絶望的です」と訴えながらセラピーに来るかもしれない。最終的には，この言葉が「拒絶と失敗の気分を回避するために，親密な関係や仕事へのコミットメント

を台なしにする」と再フォーミュレートされる可能性がある。また別のクライエントは「自分自身についてもっと良い感じをもつための助けが欲しいのです。私にはもっと高い自尊心が必要です」という問題を抱えてくるかもしれない。この場合のACTのケース概念化は，「自己のネガティブな評価とフュージョンしており，その過程で，人生が与えてくれるチャンスを逃がしている」（つまり，問題はもがいている過程そのものである）になるかもしれない。概念化のこのステップに関連する付加的情報は，第4章にある。

ステップ2 クライエントがフュージョンしているか回避している最も中心的な思考，気分，記憶，身体感覚，状況を発見する

　最も中心的で最も困難な私的体験は，クライエントが来談時の問題の一部として示すことが多い。セラピストがそれを発見するために掘り下げねばならないケースもある。これは多くの場合，現在の問題をできる限り具体的な言葉で説明してもらうことで達成できる。例えば，セラピストは「不安であると言うときに，あなたは何を意味しているのですか？」「いくつか例をあげられますか？」などと質問してみる。一般的で多様な答え方が可能なオープンな質問で，付加的情報を得ることができる。例えば，「私があなたの頭の内側にいるとしたら，その状況で私は何を聞いているでしょう？」といった質問である。「これらの問題は，あなたの身体感覚にも現れることがありますか？」のように，特定の次元について質問するのも役立つ。

　思考とのフュージョンは，自分自身，自分の体験，自分の状況に対するクライエントの評価において見られることがよくある。このような場合のフュージョンは，時に見つけ出しにくいことがある。それは，フュージョンされた評価が一般的には思考としてではなく，説明されている出来事に暗に含まれた特徴（例：「私は本当にひどい不安を抱えてきました」）として表現されるからである。もし，クライエントが外在化したり慢性的に回避したりすれば，その状況が心理的にもっている意味があいまいになりう

る。例えば，友人にノーと言われると自分が「負け犬」であるという意味になるという理由から，友人に何かをしてくれるように電話することを回避してきたクライエントは，初めは問題は電話の回避であるかのように訴えるであろう。したがって，もしクライエントが特定の外的状況を回避するのであれば，セラピストは，その出来事の中から現れてくる，クライエントにとって困難であるかもしれない特定の気分，思考，あるいは他の体験を発見するように試みるべきである。通常，状況自体ではなく，こちらがクライエントの回避しているものである。

回避されている思考や気分の内容を記録する目的は，それらを変えたり修正したりするためではなく，トリートメントの後の方でアクセプタンスと脱フュージョンに焦点を当てた体験的エクササイズのターゲットとして使うために参照可能な形にするためである。

ステップ3　前ステップで明らかにされた出来事の中から，体験の回避として機能する行動に注目する

通常，セラピストもクライエントも両方ともが，困難な内的体験（思考，気分，記憶，身体感覚）の回避のためにクライエントが使う特定の行動パターンを感知する能力を向上させる必要がある。体験の回避は，外顕的行動，内的な言語行動，あるいはこの2つの組み合わせなど，多くのカタチをとりうる。時としてセラピストはこれらのパターンを直接見ることができるが，クライエントの報告に依存せねばならないこともある。

見出される可能性の高い3タイプの回避とそれぞれの例をあげる。

- **内的回避行動**——気をそらす，過度の心配，解離，違う考え方をするように自分自身に言う，白昼夢
- **感情コントロールのための外顕的行動**——飲酒，薬物，自傷，スリルの追求，ギャンブル，過食，外的状況や何かを思い出させる外的事物の回避
- **セッション内の回避行動**——話題の変更，議論する傾向，攻撃性，セラ

ピーからのドロップアウト，セッションへの遅刻，注目が必要な緊急事態を常に引き起こす，大声で笑う，ポジティブな面にのみ焦点を当てる

　時として，こういった行動はセラピーの開始時にはあまり見られない。それでも，セラピーの中で先を見越して対応できるように，これらの行動の機能を推測しておくことは有用であろう。例えば，あるクライエントには，親密さに脅かされるように感じ始めると対人関係から逃げ出す傾向があるとわかったとしよう。トリートメントをドロップアウトするリスクを避けるため，体験の回避のプロセスとしてトリートメントをドロップアウトしたくなるかもしれないと，セラピーの初めに話をしておくこともできるだろう。そして，もしこれが起きたら，やめてしまう代わりにクライエントに何ができるかについて，話しておくのだ。

　最後に，クライエントの人生で体験の回避がどれほど広がっているのかをアセスメントする。それは，クライエントの人生のほとんどの領域にわたり行動をコントロールする主要な変数になっているのか？　あるいは一部の領域に限定されているのか？　あるいはクライエントの人生は体験の回避に消耗されていて，クライエントのすることのほとんどがそれに結びついているのであろうか？

ステップ4　行動が過度に狭められたり抑制されたりしている領域，または生きることが全面的に回避されている領域に注目する

　ACTの鍵となるゴールは，クライエントが不愉快な感情状態や認知状態にもっと効果的に対応するのをただ支援することよりも，ずっと幅の広いものである。クライエントが充実して意味深く活力あふれる人生を創造できるように支援するのが，ACTの基本的なテーマである。したがって，ケースの概念化によって，セラピストはクライエントの人生における広範囲の領域（例：家族，健康，関係，スピリチュアリティ）を調査して，このような重要な領域でのクライエントの機能の概略を理解することを望む。

　人が回避やフュージョンで対応するとき，行動は過度に硬直化して狭い

ものになりがちで，柔軟性が欠如してしまう。役に立たない行動が持続し続けるかもしれない。逆に，持続が必要とされている領域で，行動が衝動的に変化するかもしれない。このような生き方のパターンにクライエントがあまりに完全に適応してしまって，もはやはっきりとは気がつかない場合もよくある。この場合，セラピストはそれを見えるようにするためにワークしなければならないだろう。ひとつの極端なカタチでは，クライエントは価値づけされた人生の領域の一部あるいはすべてから全面的に撤退してしまう。そしてその代わりに，極度に狭められ，柔軟性がなくなったり一貫性を欠いたりした行動に励むことになる。ある領域に防衛的な方法で関わることは，限定された表現，有効性，活力という結果につながる。このような行動は連続線上に存在するので，同一のプロセスの微細なカタチを見逃さないことが重要である。例えば，以下の例は両方とも，傷つきやすさを回避することによって維持されるだろう。ひとりのクライエントは恋愛のパートナーになる可能性のある人たちとのあらゆる種類のやりとりを断ってしまい，もうひとりのクライエントはパートナーと表面的または制限されたやり方で関わっている。

　クライエントの人生の最重要領域に焦点を当てること。とくにクライエントがドロップアウトしてしまったり，関与，選択，活力の欠如を体験したりしている領域に焦点を当てるのである。ケースの概念化の用紙は，クライエントの行動が最も狭まっていて柔軟性がなく，この収縮が今現在の苦しみという結果につながっているように思われる2つか3つの領域について書くことから始めること。セラピストとして，このような領域でのクライエントの行動変化を引き起こす手段をもっている可能性が高い。家族，カップル，子育て，友人関係・社会的関係，仕事，教育，レクリエーション，スピリチュアリティ，コミュニティ，身体的なセルフケアのような領域に注目すること。もし，当てはまるようであれば，各領域で行動がどのように制限または締めつけられているか，記述すること。

　これらの領域をアセスメントする方法のひとつとして，クライエントに自分の問題が解決したら取り組むであろうことについて質問することだ。

もし，適切であれば（例：抱えている問題が相対的にそれほど慢性的ではないクライエントとワークしているとき），問題が現れる前には人生がどのようであったかを質問するとよい。クライエントは自分の時間をどう使っていたのか？　クライエントの対人関係，仕事，遊び，その他の関連領域の性質はどのようであったか？　セラピストは「奇跡が起きて，あなたのすべての問題が解決したら，人生はどのようになりますか？」と質問することもできるだろう。

ステップ5　心理的非柔軟性をもたらす他のコアACTプロセスとそれがトリートメントに対してもつ意味に注目する

　とくに高率で発生したり，変動が認められなかったり，さまざまな状況で一貫していたり，あるいはこれらの全性質を備えた行動パターンは多くの場合，心理的非柔軟性と関係している。これまでのセクションで，体験の回避のプロセスを分析するために，大量の時間を費やしてきた。ここで，他の5つの病理的プロセス（認知的フュージョン，概念としての過去や未来の優位・限定された自己知識，概念としての自己に対するとらわれ，価値の明確化・価値との接触の欠如，そして行為の欠如・衝動性・回避の持続）でのクライエントの行動を検討し，6つのACTプロセス全体を強調したり順序づけたりするための指針を与えよう。

　このセクションを完了するために，以下に記述する5つのプロセスのそれぞれをふり返り，クライエントがそのプロセスに関連して著しく硬直した非柔軟な行動パターンを示しているかどうかに注目すること。すべてのクライエントが，たぶんこういったプロセスのひとつひとつに関連した何らかの行動を示すが，セラピストの仕事は，クライエントにとってとくに強く，トリートメント・プランに対して重要な意味をもつ行動パターンを認識することだ。クライエントがひとつだけ，とくに強いパターンや硬直して柔軟性のない行動を示す可能性もあるが，その行動は複数のプロセスの結果として生じたものかもしれない。アセスメント用紙に，とくに強いクライエントのパターンとそれがトリートメントに対してもつ意味を記録

すること。

　このセクションは，行動パターンと介入法を対応させる料理本風アプローチという印象を与える可能性をはらんでいる。しかし，この題材が料理本として使われることは意図していない。そうではなく，比較的ACTになじみのない人たちがより機能的な思考方法に向かって進むことを支援するための具体的なガイドラインを提供したいのである。究極のところ，理論のしっかりした理解に基づいたクライエントの機能分析は，ケースの概念化の土台なのである。

認知的フュージョン
　認知的フュージョンは，自分の考えている内容にとらわれてしまう人間の傾向に言及している。認知的フュージョンは体験の回避を助長する傾向がある。ただ単に不快な思考・感情・記憶を回避するのではなく——このプロセスについて，絶え間なく自分自身に語るのである。これが必要である理由についての物語を作り出し（理由づけ），自分の行為を説明し，正当化し，これらの理由に結びつけるのである。時として，体験の回避を焦点として含むような計画やゴールを展開することもある。概念化されたものとしてのこの世界にあまりにとらわれてしまい，今現在生きられている自分の体験を取り逃がし，現在の状況が与えてくれるチャンスをつかみ損ねてしまう。これが認知的フュージョンの本質である。
　認知的フュージョンは，**役に立たないコントロール方略が最終的には役に立つだろうという強い信念**をもってセラピーに来るクライエントや，**役に立っていないことに気づいていながらも，その方略を使い続ける**クライエントに見られる。もし，このような状況であることがわかったら，通常は，創造的絶望という介入を通じて，セラピーの早期に取り組むことが大事である。この介入は，こういった方略が最後には役に立つと考えるクライエントの強い信念や確信を弱めることに焦点を当てている。創造的絶望のワークをしているときには，クライエントの信念に直接的に反駁(はんばく)しないことが重要であり，むしろ，クライエントが自分の現在の行動が役に立つ

かどうかという点について「自分の体験が述べていること」と「自分のマインドが述べていること」を対比させて検討するようにくり返し支援するのである。心理的ながんばりとコントロールが役に立つかどうかを検討するために計画された行動実験が，この点で有用となろう。

　強いフュージョンが認められるもうひとつのパターンは，クライエントが**高度に論理的または硬直した思考パターン**に執着している際に発生する。大きな個人的代償を払ってでも正しいということに執着するというカタチをとるクライエントもいるだろう。また自分の行動に非常に多くの理由づけをするクライエントや，理解や洞察に過度に焦点を当てるクライエントもいるだろう。自分自身，他人，あるいは状況の評価に対して過度に確信をもちがちなクライエントもいる。そして，役に立たないにもかかわらず，自分自身や他人に対する固定的な期待を抱いているかもしれない。この行動パターンへの主要な介入には，脱フュージョン方略を通して，理由づけとの直接対決に強く焦点を当てることや，自分が正しくあることに集中している際に自分の活力や人生の方向性に対して与えている代償をクライエントが検討できるように支援するというものがある。文脈としての自己のワークと，マインドフルネス・エクササイズもまた，思考や概念としての自己への執着を減らすのに役立つであろう。

概念としての過去や未来の優位・限定された自己知識

　フュージョン，回避，内容としての自己への執着は，私たちをこの瞬間から引っぱり出して，直接的体験から引き離してしまう傾向がある。これは，流動的に変化する自己に対する知識や気づきの欠如，または，現在やその瞬間に考え，感じ，記憶し，感知していることに注意を向け記述する能力の限定という結果につながりうる。その代わりに，概念としての過去や未来が現在よりも優位になる傾向がある。これらの問題の具体例としては，次のような2つのパターンがある。

　第一に，クライエントは**現在進行中の瞬間瞬間の体験をうまく追跡することができない**。クライエントは一般に自分がその瞬間に考え，感じ，感

知していることに気づかず，これらの体験に言葉を与える能力が欠けている。これは，感情を感じることがないと表現する失感情症のクライエントや，何を感じているかという質問のすべてに「ストレスがたまっています」と答えて対応するようなクライエントというカタチをとることもある。クライエントは自分の現在の体験を正確に説明するのが難しいと感じて，社会的にアクセプ可能ではあるが，空虚で，現在の体験やセラピーでの現在の出来事に関係していないような答え方をするかもしれない。またセラピーの中で，セラピストがクライエントからの感情的リアクションを観察したと信じている場合でも，質問すると，クライエントは何かを感じたということが説明できないといった形で明らかになることもある。このようなクライエントは，セラピーの中でかなり概念的なレベルに留まる傾向もあり，とくに現在の体験に対して感情的な言葉を使うことはほとんどない。

　この種のプロセスが現れるもうひとつのパターン形は，視野の狭さというものであり，これは環境内の幅広い出来事に対する注意の欠如という結果になる。このようなクライエントは，セラピストが新しい髪の色にしても，オフィスが変わっても気づかないかもしれず，セラピストにものごとをくり返すように頻繁に求めるかもしれない。相対的に安全な文脈の中で現在の体験をただ観察し記述するといったものも含めて，「今，この瞬間」との接触をターゲットにするエクササイズは，このようなクライエントにはとくに重要である。クライエントが，自分が体験しているように思われる感情的リアクションをすばやく説明できない場合には，ゲシュタルト療法的なエクササイズを通じて，クライエントの現在の体験にもっと近づいてみてよいかどうかをクライエントに尋ねることができるだろう。このタイプのエクササイズでは，クライエントに少しの間目を閉じさせ，アクセプタンスとウィリングネスの立場から，身体の感覚，感情，思考を探求し，記述するプロセスを体験させるようにする。「今，この瞬間」との定期的な接触を増すことを目的にしたエクササイズ（例：毎日のマインドフルネス実践）を用いることもできよう。クライエントが何か新しいことを試みたり，困難を体験したりしている状況で，マインドフルネスを高めるような

エクササイズも役立つであろう。それには，困難な私的出来事をセラピールームにもち込み，クライエントが自分がどう反応するかを見つめるというセッション内での実験とともに，瞬間ごとの私的体験や心理的戦いを記録する日記やワークシートが含まれる。

　第二に，クライエントは**概念としての過去や未来に過度にとらわれている**可能性がある。このパターンはしばしば，あらゆるものに対する心配，予期的な恐怖，怒り，後悔を抱え，建設的な行動をブロックしてしまうクライエントに見られる。セッション内では，これは自分の物語を活気なく語り続けることや，際限なく見える反芻思考のくり返しに向かう傾向として現れてくることがある。こういった行動パターンのクライエントには，「今，この瞬間」との接触の実践のために，セッション内，セッション外を含めた広範なワークが必要である。セラピストは頻繁にクライエントの話を中断し（これが重要である理由について話し合った後で），その瞬間に起こっていることにクライエントを引き戻す必要があるかもしれない。クライエントが，自分の「今，この瞬間」の体験にもっと気づくように支援する短いマインドフルネス・エクササイズは，セッションの初めにもセッション中いつでも役立つ可能性がある。もうひとつ大切なのは，常時存在する観察者としての自己（つまり，文脈としての自己）の体験を発達させることであり，これは一時的な思考を，信じもせず反対もせずに観察することを可能にする。「心配の連鎖」をたどった最後に，恐れられ感情をかき立てる内容を見出すことや，後悔と結びついた不快な過去の記憶を見出すことに留意し，そして，これらの場面や関係した刺激に対するイメージ・エクスポージャーまたは現実エクスポージャーやウィリングネス・エクササイズを，価値への焦点づけと組み合わせて行うこと。

概念としての自己に対するとらわれ

　概念としての自己は，自伝的物語と自分自身に対する評価で構成されていて，これを自分の行動を正当化し説明するために用いる。一般的に，人間として，自分自身と他人が自分に対してもつ見方に見合うようにしよう

と努めるが，自分を損なうことがあったとしてもそうするのである。フュージョンの結果，まるでそれが自分の身体的自己であるかのように，概念としての自己の防衛に引きずり込まれることさえある。これは，行動の硬直性につながり，制限的で役に立たない生き方のパターンにはめ込まれる可能性がある。このような物語や評価に対処しないでおくと，個人にとっての価値を人生にもたらすようなクライエントの柔軟性を妨害するかもしれない。セラピストは，このようなことにクライエントが強く執着していないかどうか，よく検討することが大切である。

　概念としての自己への執着は，**自分自身を見る特定の見方と強く同一化している**クライエントに見られる。例えば，「私は陽気で……はつらつとしている。弾むような元気さだ」といった表現にとても執着しているクライエントがいるかもしれない。見た目はポジティブな自己評価ではあるが，もしクライエントが陽気にふるまったり弾むように元気ではなかった状況を率直に認めて，直接的に取り組むのではなく，出来事の方をこの概念化と合致するようにゆがめたり解釈したりするとしたら，この概念化は問題になりうる。その逆に，「壊れた，欠陥のある，弱い」といった自己概念と結びつき，表面的にネガティブなカタチにもかかわらず，この概念化やそれの裏づけとなるような物語を守ろうとするクライエントもいるだろう。このタイプの概念としての自己への執着に対処するためには，かなりの量の文脈としての自己や脱フュージョンのワークが必要となるかもしれない。とくにセラピストは，一次的で直接観察された出来事の性質（記述）を，二次的で言語的に引き出された出来事の性質（評価）から区別するように，ワークする必要がある。異なるタイプの自己評価を身につけるための柔軟性を手に入れ，そのような自己評価が行動に与える影響を体験するために，クライエントには異なる役割や自己概念を取り上げて，しばらくの間実演してもらう。

　慢性的で長期間続き多方面にわたる問題を抱えたクライエントや，広範囲のトラウマの体験をもつクライエントは，しばしば，**自分は変われない，あるいは自分にとってもっと良い人生など不可能だという強い信念**と，そ

れを裏づける人生の物語への強い執着が組み合わされた状態で，セラピーに来ることが多い。これは，単純すぎるか，白か黒かの二者択一的な言葉（例：「私は弱い」「私は邪悪だ」「私は壊れている」）で定義されたアイデンティティと組み合わさっていることがある。それはまた，クライエントの行為に対して，頻繁に他人を責めるという形で明らかになる犠牲者のスタンスとして現れることもある。このようなクライエントに対して，とくに重要なのは，クライエントの人生の物語への執着を弱めることに焦点を当てた脱フュージョンと文脈としての自己のワークである。セラピストは，物語の内容にじかに挑戦はせずに，クライエントがその物語にしたがうことの代償（例：良く生きるチャンスという観点から）を検討して，クライエントがそのパターンを継続したいのかどうか決定するのを支援できる。しばしば，人生のゴールや価値づけされた方向性という点から，「試してみない」ことの代償に焦点を当てると役に立つ。「自伝の書き直し」エクササイズ[53]が使えないかよく考えてみること。また，たとえ小さな変化でも起こせないかどうかを確認するために，行動実験を実施する。セラピストは，セラピーのもっと遅い段階で，許すことと犠牲者になることに関係した話題を導入することを考慮してもよいだろう（文献32, pp.257-258）。

価値の明確化・価値との接触の欠如

体験の回避，理由づけ，フュージョンはクライエントの行動を次第に支配するようになるので，気分が良くなる，正しくある，概念としての自己を守るといった短期的目標が人生の長期的に望まれた性質（つまり，価値）に向かって方向づけられた行動よりも優位になってしまう。クライエントの時間とエネルギーは，心理的苦痛からの解放に向かってますます方向づけられ，人生で望むものとの接触（もし，この能力をそもそも発達させていれば）を喪失するという結果になる。ACTセラピストが言うであろうように，「自分の人生のコントロールを，自分の気分のコントロールと交換している」ということになるのだ。

クライエントは，**社会的に強い影響を受けておらず，クライエントの人**

生に関係する他の重要な人物やセラピストの存在に影響されていないような望み，ゴール，価値を表現することができない可能性がある。ACTの用語で言えば，クライエントの行動は**プライアンス**によって支配されているのだ。他の言葉で言えば，過去にルールにしたがうことによって強化された学習経験のために，社会的ルールにしたがうことに支配されているのである。このようなクライエントは，良い子（人）になるように動機づけられているような態度を示すことがよくある。行動は「すべき」と「良く見える」に大半が方向づけられていて，クライエントはセラピストの質問に対する正しい答を探そうとする。このパターンのクライエントは，自分の行動（さらには知覚さえも）が他人の存在によって強く影響を受けていると感じるという点で，「自己についての問題」を示すことになる可能性がある。このようなクライエントの望むことも，現在，対応している相手の人物によって劇的に影響を受ける。このようなクライエントと価値の明確化のワークを実行するに当たって，セラピストは通常，自分自身の行動を綿密に追跡し，何が為すべき正しいことであるか，また何がもつべき最善の価値であるかをクライエントに伝えてしまうかもしれないヒントを除くように，最善を尽くす必要がある。そして，クライエントが自分自身のニーズ，望み，願望に接触して，それらを説明する能力を徐々に構築することを支援する必要があるだろう。

　クライエントの行動は，**あまりにも逃避と回避で支配されているので，心底感じていたり意義深かったりする自分の人生のゴールや価値を明確化することができない**のである。あるいは，クライエントは**しっかりともち続けているが，きちんと検討されたことのないゴール（例：人気者になる，あるいは金を儲ける）をまるで価値であるかのように表現する可能性もある**。これら2つのパターンは，慢性疼痛，慢性的自殺傾向，あるいは物質乱用を抱えるクライエントに見られることが多い。クライエントの行動が体験の回避に結びついている度合いによって，人生で本当に望むものを語るのが難しくなるであろう。そのようにすることが，傷つきやすさの感覚を生むからである。クライエントにはっきりと感じられる安定した価値を

発達させるには，付加的なワークと注目が必要かもしれない。ここでは，価値の明確化に対してかなりのワークを行うことと，クライエントの現在の人生の方向性を価値づけされた人生の方向性やゴールと対比することが重要である。セラピストは，クライエントが短期的にしか報酬を与えてくれない行動を続けるせいで被る，人生の損失を検討できるように支援できる。鍵となる問題は，回避的状況の中で，クライエントにとって価値がもっと明確になり，長期的に求められる性質がクライエントの行動にさらに強力なコントロールを行使できるように，価値を適切な時期に育成することである。創造的絶望のエクササイズでは，どういった体験のコントロールの試みが長期的な人生の方向や活力という面でクライエントに代償を支払わせたかということに焦点を当てるべきである。

行為の欠如，衝動性，回避の持続

体験の回避や，このような他のプロセスを通じてそれを増幅することにより，クライエントは自分の長期的目標や人生での願望から切り離された行為のパターンをどんどん大きなものにしていく。行動は，長期的に，より報われ，満足が得られ，意義深く，役に立つような人生の構築に向かってではなく，その瞬間を通り過ぎ，やり過ごし，あるいは生き延びること（つまり，回避の持続）に向けて方向づけられる。クライエントの行動のレパートリーは狭まり，学ぶチャンスや，「今，ここ」で自分にとっての価値を行動に移す可能性に対する感受性は衰えてしまう。

クライエントは，**鋭い痛みの体験から相対的に解放された人生を生きられるかもしれないが，これは相対的に狭くて満足を与えない人生でもある。**このパターンは，未知への恐怖や変化の結果への恐怖から，満足のいかない仕事や人間関係の中で身動きがとれなくなっていると感じているクライエントや，身体の慢性疼痛をもつクライエントにしばしば見られる。このパターンを抱えるクライエントには，ゴールのことは軽く頭においておくことなど，コミットされた行為の性質について教育し，行為の結果よりも生きるプロセスに焦点を当てることが重要である。行為全体としてのウィ

リングネスの考え方に焦点を当てることも重要であろう。選択と判断の間の違いを教えれば，昔からの物語を生き続けるのではなく新しい選択ができるようにクライエントを解放できるかもしれない。セラピストは，クライエントが新しい行為に取り組んでいるとき，そのような状況での自分自身に対して，マインドフルで，非判断的で，共感的で，アクセプトするスタンスを発達させることに焦点を当てるように支援できる。

　クライエントは**衝動的あるいは自滅的な行動を続ける**かもしれない。回避行動は，強力な短期的強化という結果を招く。これは，究極的にもっと役に立つ行動の影を薄くしてしまい，短期的にももっと強い痛みを伴う。これは，衝動性，物質乱用，攻撃性，危険な行動や自傷行為など，慢性的な自己コントロールの問題として現れうる。クライエントは満足を遅らせる能力での問題を抱えていたり，困難な感情的体験に対してほとんど耐えることができないという状態かもしれない。衝動的なクライエントは，「計画に満ちた」ステップバイステップの行為のパターンを続けられない傾向がある。それは例えば，優柔不断さ，パフォーマンスの低さ，健康に良くない行動，セラピーでのホームワーク実施の困難などに認められる。他のACT方略に加えて，クライエントがコミットされた行為に取り組み始めたときには，セラピストは小さなことから始めて，その行為がどれほど小さなことに思われても，自分から進んで何かにコミットして完全にやり遂げることに対して，クライエントを強化できる。クライエントが価値づけされた行動，衝動的行動，あるいは柔軟性のない行動を続けているときには，セラピストは，「今，この瞬間」との接触，アクセプタンス，脱フュージョンに焦点を当てるべきである。これは，クライエントが状況による要求に応じて行動を維持したり変化させたりする柔軟性をより大きく発達させるのに役立つ。

ステップ6　変化への動機づけを制限しうる要因に注目する

　この章でこれまでに論じられた多様なプロセスを検討する際，セラピストはクライエント自身の変化する動機に注目する必要がある。例えば，ク

ライエントは，とくに価値が不明確な場合には体験の回避の代償と接触できていないかもしれないが，強力な動機づけが必要になるアクセプタンスやエクスポージャーのワークを行う前に回避の代償との体験的な接触は必須である。この状況では，通常よりも価値の明確化にはっきりと焦点づけをした上でセラピーを始め，それから現在の行動と望ましい方向性や人生のゴールの間にある矛盾を検討するのがよい。また，強力な動機づけが必要になるワークを，以下のように，価値づけされたゴールや対人関係に結びつけると役立つ。「もし，不安を感じることで，あなたが本当になりたいような種類の教師になれるのであれば，進んで不安を感じるようにできますか？」といった質問がその例である。

　従来の研究によれば，治療関係は変化への強力な動機づけである。ACTモデルでは，ACTプロセスを使って関係が構築される（第9章を参照）。セラピスト - クライエント関係の性質をアセスメントするに当たって，クライエントがそこに存在しており，関心を示して積極的に関わっているという兆候を探すべきである。クライエントが強要されたり，誤解されたと感じたりしている兆候も重要である。問題が存在するのであれば，治療契約に問題がないかどうか確認すること。あなたとクライエントは合意されたゴールに向けてワークできているであろうか？　あるいは，あなたのゴールとクライエントのゴールには不一致はないだろうか？　クライエントに対するあなたのコミットメントのレベルをよく検討してみること。あなたは努力できなかったり，クライエントに困惑したりしているだろうか？　また，クライエントがあなたにとって困難な感情や思考を引き起こしているかどうか——例えば，あなたが回避に励んで，自分自身で関係をだめにしていないかどうか——検討してみるとよい。あなた自身のリアクションに対処する実行計画（例：コンサルテーションを受けること）を決めること。

　別の種類の動機づけの問題は，クライエントが恐れている出来事に直面した結果起こるかもしれないことへの恐怖に強くとらわれている場合に起こる。この問題は，恐れている出来事に明らかに接触させるどんなワークであっても，それを行う前に，脱フュージョンと文脈としての自己に，よ

り強力に焦点を当てる必要を示唆するであろう。エクスポージャーやウィリングネスのエクササイズは，必ず，クライエントが自ら進んで全面的に防衛なしで体験できるレベルに調整すること。100パーセントのウィリングネスを伴う小さなステップは，大きなステップを通じて「手に汗を握る」よりも，ずっと良いのである。

　一般に，変化への動機づけを制限する最大の要因は，現在の価値との直接的な接触の欠如である。人は，防衛のひとつのカタチとして，動機づけされないでいることを学ぶ。何かを大切に思うことは痛みを伴うのだ。よって，ある意味で，ACTモデルの全体が，このひとつの制限的要因と関連しているのである。

ステップ7　クライエントの社会的・物理的環境とそれがクライエントの変化する能力に与える影響に注目する

　クライエントは真空状態で生活しているわけではないので，個人レベルで当てはまるのと同じACTに関連したプロセスが社会的あるいは物理的レベルに現れていないかどうか，知る必要がある。現状を促進する行動への取り組みを強化するものは，財政的・社会的・家族的・組織的レベルで発生しうる。例えば，クライエントは，障害手当てを維持するために身動きのとれないままでいるように動機づけられているかもしれない。配偶者は，クライエントの変化が自分にとって困難または努力を要するものとなるので，非協力的になるかもしれない。依存症のクライエントは依存症でない友人と一緒にいようとはしないかもしれない。配偶者が真の親密さをあまりに恐れているので，クライエントは万事がうまくいっているふりをするように促されているかもしれない。たとえそれが自分自身の気分を知らないということを意味しても，である。よって，社会的・物理的環境がケースにどう影響しているのか，考慮することが必要である。もし可能であれば，環境を変えるような直接的介入（例：非協力的，あるいは恐れている配偶者とのカップル・セラピー，サポートグループやセラピーグループへの紹介）を考えてみるとよい。クライエントのより大きな人生のゴールか

ら見た場合に，変化しないことの代償を検討するために，早い段階での価値の明確化にも注目した方がよい。

ステップ8 **心理的柔軟性の構築のために役立てられるようなクライエントの強さを調べてみる**

　セラピストはACTと合致する方法で，クライエントが過去に人生の困難にどのように取り組んできたのかを調べることができる。時として，これらの体験はセラピーで急速な変化を引き起こす触媒として使用できる。過去のアクセプタンス，マインドフルネス，コミットされた行為の体験は，クライエントの現在の状況でのふるまい方に対して，メタファーとして役に立つ。現在の葛藤とクライエントがかつて克服した葛藤の間の類似点を引き出すことで，過去の出来事から得た有用な行動傾向やものの見方を新しい出来事に適用することが可能となる。もし，クライエントが，マインドフルネス，12ステップ^{訳注}，スピリチュアリティ，またはACTの観点からポジティブに思われる人間の潜在能力の概念を体験していれば，新しい体験をこれらの以前の体験とはっきりと結びつけることができる。例えば，クライエントが過去にコントロール不可能な思考，記憶，気分との戦いを放棄する実践をして，ポジティブな結果を得ていれば，あるいは人生の困難について，健全なユーモアやアイロニーの感覚をもてていたならば，これら過去の体験を現在の状況に反映させるように支援できるだろう。

　時として，過去の行動は，現在必要とされている変化の雛形として役立つことがあり，ある領域での効果的行動は，現在の行動があまり効果的ではない領域で，効果的行動の雛形として役立ちうる。例えば，あるクライエントは生活のひとつの領域（例：仕事）では，アクセプタンスやマインドフルネス，またステップごとのゴールの設定を最後までやり通すことが容易にできるかもしれないが，別の領域（例：対人関係）では，そのようにできないかもしれない。このようなスキルが強い領域が，動きの欠如し

訳注　「無名のアルコール依存症者たち」（Alcoholics Anonymous）などの物質依存症者の自助グループにおいて，依存からの回復を目指す12ステップのプログラムのこと。

ている領域での行動の雛形として役立ちうるのである。あるいはクライエントは，ある一方向に向かってスタートしたものの，途中でもっと報われる方向に転換したという体験を過去にしているかもしれない。このような体験は，アクセプタンス，柔軟性，価値づけされた方向に粘り強く向かうことのモデルとして使える。クライエントには，最初の変化がいかに恐怖と不安をもたらしたか，そしてそれが，時間と実践を重ねることで，いかに新しい方向でのコンピテンシーを発達させたかを，思い起こすように促してもよい。

ステップ9　包括的トリートメント・プランを作成する

　ステップ1から8までを完了して，ACTに合致するトリートメント・プランを展開するために必要な情報を入手できているはずだ。ほとんどのトリートメント・プランが，6種すべてのACTプロセスを何らかの形で含むが，各プロセスに対する強調のレベルはケースの概念化次第で変わってくる。このセクションを完了する際には，ケースの概念化のステップ1から8までを，とくにそれを通して見出したトリートメントに対する示唆を含めて復習するとよい。以上の情報を心に留めながら，トリートメントが以下のそれぞれに，どのくらい焦点を当てるべきかよく考えてみること。

○クライエントのシステムと創造的絶望への直面化を行う（例：もし，クライエントが役に立たない変化のアジェンダに執着し続けたら）
○問題になる感情のコントロールについての知識と直接体験を増やし，ウィリングネスを実践する（例：クライエントがコントロールの逆説的効果を体験的に理解していないとき／クライエントの人生のゴールが体験の回避で妨害されているとき）
○脱フュージョンを育成し実践する（例：クライエントが自分自身の思考内容とフュージョンしていたり，評価にとらわれていたり，理由づけの罠にはまっているとき／クライエントが非破壊的なものとしての私的出来事の体験を必要としているとき）

- 文脈としての自己の体験を生み出す（例：クライエントが自己を思考，気分，記憶，身体感覚，物語，概念としての自己から分離できないとき／クライエントが，そこからエクスポージャーに取り組めるような安全な場所を必要としているとき）
- 「今，この瞬間」，マインドフルネスと接触する（例：クライエントが概念としての未来に生きているとき／クライエントが自分の環境内の随伴性から学んでいないとき）
- 価値を探求する（例：クライエントが言語化された価値を明確に表現できないときや，フュージョンと回避以外には行動の指針がほとんどないとき／クライエントにエクスポージャーを実行する動機づけがほとんどないとき）
- 選択された価値に基づいて，コミットされた行為を実行する（例：クライエントが，自分が選択した価値と調和するような一貫した行動パターンを発展させるために助けを必要としているとき）

トリートメント・プランの一部として，以下のタイプのリソースのうち，すべて，あるいはいくつかを含めてもよいだろう。

- 関連のある治療マニュアルで，そのタイプのクライエントに対して有効であると示されているものを探して適用する（www.contextualpsychology.org/treatment_protocols や多様なACT書籍を参照）。
- ACTプロセスやアウトカムの尺度を入手して，どれが関連が深いものなのかなどを判断する（www.contextualpsychology.org/ACT-specific_measures を参照）。
- トリートメントの間に利用可能な社会的（例：ファミリー・セラピー，カップル・セラピー，スピリチュアルな指導者／聖職者，メンター／アドバイザー，サポートグループ），経済的，職業的（例：訓練的，または教育的）リソースを特定する。
- 関連性があるかもしれないが，ACTでははっきりと理論化されていない

ような他の両立可能な技法や理論を参照する（例：随伴性マネージメント，キュー・エクスポージャー，教育）
○ クライエントには生活スキルの不全があるかどうかを判断する。もし，そういった問題があれば，直接的で第一水準の（first-order）変化や教育のための努力を考慮する（例：社会的スキル，時間管理スキル，学習スキル，自己主張スキル，育児スキル，問題解決スキルなどの訓練）。

ステップ10 トリートメントの全過程を通して，概念化を再評価する
　　　　　──機能分析，ターゲット，介入の改訂を重ねる

　ケースの概念化は，正式なアセスメントが完了した後で終わりになるようなプロセスではない。むしろ，治療ターゲットと概念化の継続的なアセスメントと再評価がトリートメントの全過程を通して行われるべきであり，時には瞬間ごとに行われねばならない。よって，コンスタントに再評価するという10番目のステップを設定する。

ケースの概念化のサンプル

　このセクションで，クライエントについての導入的情報，初回セッションの面接記録の一部にセラピストのコメントがついたものと，この情報に基づいたケースの概念化のモデルを示す。ACTモデル内の微妙な点を具体的に示すために，意図的に比較的複雑なケースを選択した。

サンプル・ケース：アルフォンソ

　アルフォンソは26歳の離婚歴があるラテン系の男性で，背部痛と慢性のうつ病に関連した障害を抱えている。これらは，3年前に職場の建築現場で発生した負傷の結果であった。アルフォンソは慢性疼痛グループのセラピストに紹介されてきたが，このセラピストは，アルフォンソが他のグループのメンバーとつながりをもつのに苦労していて，グループ内では怒っているように見えることがよくあり，他の人たちからしばしば誤解されて

いると述べている，と説明していた。セラピストの紹介状には，アルフォンソは考え方がとても頑なで柔軟性がなく，他人の考えや意見を進んで受け入れようとはしないように感じられると記されていた。彼がセッションにやってきたとき，左腕は目立ってやせ細っており，体の脇に力なくぶら下がっていた。以下の対話は第1回目のセッションのものである。

> **面接記録　8.1**

セラピスト　さて，今日，私に会いにこられた理由は何ですか？

クライエント　うつなのです。先生が力になってくれるかもしれないと言われました。〔セラピストをじっと見る〕

セラピスト　そうできればと思いますが，最初に，あなたのうつについて，もう少し話してください。どのくらいの間うつであるのか，なぜうつになっていると考えているか，などです。

クライエント　はい，3年前に仕事で背中を傷めてしまい，それからずっと苦しんできました。ただ，もう仕事ができないので沈んでいるのだと思います。自分の仕事が本当に得意だったのに，今ではいまいましい腕と背中の痛みのせいでまったくの役立たずなのです。

セラピスト　あなたの腕と背中？　負傷のせいで問題になったのですか？

「私は役立たずだ」という言葉は，仕事でのアイデンティティにおける内容としての自己とのフュージョンを示唆している。

クライエント　いいえ……，怪我をしたのは背中だけです。それを治すために4回ばかり手術を受けました。たぶん……この3年の間，10カ月は入院して過ごしたのです。最初の3回の手術はかなり効果がありましたが，まだ問題が残っていました。それで，もう一回やったんです。それが最後の手術のはずでしたが，やぶ医者がヘマをして，腕につながる神経を傷つけたのです。今ではほとんど腕は使いません。

クライエントは外科医が彼の腕に「ヘマをした」ことについて反芻していて，このフュージョンが彼の前進を妨害しているのかと考え始めることができるだろう。善悪の問題が存在していて，フュージョンを維持しているのかもしれない。

セラピスト　どのくらい，使えるのです？

クライエント　はい，1フィート（約30センチ）くらいは上げられます。〔実際にやって見せる〕絶望的で，決して動かせるようにならないと言われましたが，私は何とかできるとわかっていました。ほとんど毎日プールで訓練をして，プールの中では手を閉じたり，腕を肩まで上げられるようになりました。大変な努力が必要でしたが，できるようにしたのです。私はそういう種類の男なのです。何かをやると心に決めたら，やり遂げるのです。〔にやりとする〕この怪我の痛みも同じことです。何も薬は使いません。自己催眠でコントロールするのです……，痛みを我慢できるようにしておくには効果十分です。しかし，それはどうでもいいことです。背中と腕のせいで，私は何もできないのですから……。今では私はクズみたいなもので，何の価値もあ

定期的に運動をする能力は，コミットメントをしてそれを続ける点での強さを示唆する。このことはセラピーで有用かもしれない。

「やり遂げるのです」という言い方は，「失敗しない人間」という自己とフュージョンしている可能性を示唆するが，それはまた強さにもなるかもしれない。

彼は催眠をコントロールの方法として用いている。この時点では比較的無害に思われるが，この解決方法の長期的効果はアセスメントする必要がある。

「私はクズみたいなものだ」と「価値がない」――おそ

りません。なぜ努力するのかもわかりません。

セラピスト あなたが大したことはできないと言うの聞くと，私には何も重要なことはできないと言っているように聞こえます。何も重要なことはしていないとすると，ご自分の時間を何に使っているのですか？

クライエント ええ，私には毎日実によく守っているスケジュールがあります。いつも本当に規律正しくやってきました。起きて，自己催眠をやって，朝食を食べて，少しテレビを見ます。支度をしてプールに行って訓練をします。それが終わる頃には疲れていて，帰宅して，昼寝をして，夕飯を作って，テレビを見て，床に就くのです。たいてい夜は息子と話をします。そんなところです。負け犬ですよ，そうでしょう？

セラピスト その思考，「私は負け犬だ」はしばらく前から頭の中にありましたね。でしょう？

クライエント ええ。

セラピスト 沈んで感じるときに，あなたが自分自身に言っていることのひとつですか？

らく，これらの評価に対するフュージョンが起きている。

セラピストはフュージョンのまわりをうろうろしながら，クライエントの行動の中で進行中の価値づけプロセスにクライエントの注意を引いている。

ここで私たちは，検討してみる必要がある，価値づけされている可能性のある領域（息子）を目にする。

彼は「私は自分が負け犬だという考えをもっている」，あるいは「私は自分が負け犬だと考えることがある」ではなく，自分が「負け犬」であると言う。これは評価に対するフュージョンや他人の評価への懸念を示唆していて，たぶんフュージョンの領域でのセラピストの判断基準になる。

セラピストは「私は負け犬だ」という思考で脱フュージョンの動きをする。また，セラピストは，治療関係でアクセプタンスのモデルを示すために，軽いユーモアを使うこともできる。

クライエント　ええ。

セラピスト　他にあなたは自分自身に向かって何と言いますか？

クライエント　そうですね。私の人生は壊されてしまったとか……，やぶ医者の奴がやったんだと。あいつが手術をめちゃくちゃにしたことをよく考えます……，息子のことを考えます。

セラピスト　息子さんのことを考える？

クライエント　ええ，ケイシーは6歳です。すばらしい子です。数時間離れたところで，私の両親と住んでいます。両親が面倒をみてくれているんです。私にはもうみられませんから。私は腕のケアをするために時間がいりますし，私の身体の状態では，どのみち息子の面倒はみられません。前は，朝シャツを着るのを手伝ってやれましたが，今ではそれさえもできないのです。この腕やなんかやで……，それさえできないのに，父親になるために必要なことがどうしてできるでしょう？

セラピスト　息子さんの面倒をみていないことについて，どう感じていますか？

クライエント　〔ため息をつく〕それは納得しています。世話をできたらいいと思いますが，どうにもできないのですから。両親と一緒の

クライエントは途方もない時間を，現在との接触を失ったまま，そこにいない医師と息子のことを考えて過ごしている。

セラピストは価値づけされた領域を調べている。

クライエントは，価値づけされているであろう領域で回避を示す——息子の世話をしない。

「どのみち，息子の面倒はみられません」という言葉にフュージョンが明白に認められる。服を着るのを手伝えないので息子の面倒はみられないと述べるのは，いくぶん硬直的で非論理的に感じられる言葉である。

セラピストは日常的な回避に由来する苦しみの体験を探っている。

クライエントは，この領域では回避の代償と接触していないように見える。これ

方が息子にはいいのです。ケイシーの母親と別れてからは息子と私だけでした。息子の母親は依存症患者で，別れた後でいなくなりました。1年も話をしていません。	は慢性的な回避のパターンを示唆しうる。
セラピスト　頻繁に息子さんを訪問できるのですか？	セラピストは，息子との関係という領域でのクライエントの機能性を探っている。接触はかなり制限されていて，収縮しているように思われる。
クライエント　いいえ，あまりに遠いので。でも，電話ではほとんど毎晩話します。それはいいことです……，私は両親が息子の面倒をみることがいいことなのかどうか自信はないのですが，他にあまり選択肢がないのです。私は本来そうすべきだというようにはできないのです。	彼が「私は本来そうすべきだというようにはできないのです」と言っている点には，おそらくさらなるフュージョンがある。
セラピスト　ご両親がちゃんと面倒をみてくれると確信できないのですか？	クライエントの言葉は，彼の虐待的な両親（変化への外的バリア）とのやりとりは困難な挑戦になるであろうこと，または両親が変化に抵抗しうることを示唆している。
クライエント　ああ，両親は，その，私が子どもの頃，身体的にも精神的にも虐待をしたのです。ずいぶん殴られて，怒鳴られて……，もっと若かった頃には，そのことを考えて過ごしました。そのことで，かなりコントロー	クライエントは，過去の苦しみを伴う記憶をコントロールする点で，いくらかは成功をおさめたと言う。セラピストは，これがどううまくいっているのか，検討

第8章　ACTを用いたケースの概念化　395

ルできない状態になったのです。どのようにコントロールすればよいかを体得するまでは自殺も考えました。もう，そのことはあまり考えませんが……，いずれにしても，両親は年をとって落ちつきましたから，息子を殴ったりはしません。

セラピスト　あなたは虐待の記憶をコントロールできるようになったのですか？

クライエント　ええ。かつては，そのことを四六時中考えて，悪夢なんかも見たりしました。しかし，それをすべてブロックすることを学びました……その件について話さなきゃならないわけではないですよね？　話したくないです。そのことを思い出すと，またコントロールできなくなって，たぶん誰かを傷つけるか，自分自身を傷つけてしまうでしょう。

セラピスト　あなたが自分から話したいと思わないことは話さなくてもかまいません。ここでは決して，自分からそうしたいと思わないことをするように強制したりはしないつもりですし，もし，私が実際に話し合うべきことだと考えたら，あなたに進んでそうする気があるかを確認するために，最初に許可を求め

する必要がある。問題があるかもしれないし（例：より大きな回避パターンの一部になっている），ないかもしれない。

セラピストはこのコントロールの動きの成功を，クライエントがどうアセスメントしているのか探っている。

クライエントは自分の方略の短期的効果をかなりポジティブに見ているが，明らかに虐待の記憶は体験的に回避している。彼は柔軟性に対する代償に気づいていないように見える（例：このように少し触れただけでも，クライエントはセラピストに近づかないよう警告しなければならない）。セラピストは，他の価値づけされた領域で，こういった記憶が行動をブロックする可能性に注意を払うべきである。

セラピストは治療関係において，アクセプタンスとクライエントの選択という文脈を設定する。

セラピストは，クライエントの価値を治療関係の目的として設定する。

ます。私はこのセラピーの主題を，あなたが人生で一番望むものにしたいのです。そこで，そのような記憶を思い出すことがその一部であるならば，私はそれを見てみたいと思います。思い出す必要がないならば，あなたの体験がそのようにあなたに示すでしょう。どちらにしても，私たちはあなたの体験の言い分を知ることができるでしょう。

クライエント　いいですよ。それには賛成です。それで，何を話すべきかがわかるというのですね？

セラピスト　ええ。

クライエント　それでは，何について話すのです？

セラピスト　ふむ……，あなたは多くの時間をひとりで過ごすようです。友人関係はどのようになっていますか？

クライエント　友人はいないです，この2年くらいは。職場の男友達とつるんでいましたが，やめてしまってからは誰も私と付き合いたいなんて思いません。

セラピスト　かなり孤独に聞こえます。

クライエント　ええ。

セラピスト　一日中家にいると，何を考えますか？

セラピストは，セラピーの究極のゴールとして，かつ即時的な快適さよりも次元の高い指針として，クライエントの価値を定義し始め，価値をウィリングネスに結びつけて体験に訴え始める。

良い兆候。少なくとも話の内容のレベルでは，価値が回避に勝る。

セラピストは，別の重要な人生の領域における機能性を探り，奮闘を回避ではなく価値の中に位置づける。

クライエントは友人関係の領域では非常に制限された行動を報告する。このようなプロセスは，社会的レベルで追跡する必要がある。

セラピストは日常的に体験されている代償を探る。

第8章　ACTを用いたケースの概念化　397

クライエント　息子がそこにいたらいいと思います……。わかりません。手術のことと腕のことをたくさん考えます。ヘマをした外科医に仕返しをすることを考えます。訴訟に勝つ方法を考えます。どうにも忘れられません。腕をなおすために，もう一度手術をさせられたら，と考えます。でも医者たちは，できることは何もないと言うのです。

セラピスト　他に考えることは？

クライエント　仕事ができないので，自分の人生がいかに無価値かと考えます。どうして，こんなことが起きたのか，どこでおかしくなったのか，考え出そうとします。どうしても出口が見つけられません。私は仕事が得意だったのです。それが私という人間でした。今では，もうそれができません。もう何もしていないのです。仕事なしには，自分が何者なのかわかりません。

セラピスト　そして，あなたは，自分の抱えている背中と腕から来る痛みが，あなたと働くことを分断しているものであるかのように感じるのですか？　あなたは，それが変化すべきだと感じているのに，何も薬は使わないと言うのですか？

セラピストは，主として息子に関連して代償を表現する。

クライエントは概念としての過去の中で過ごす時間と，正しくあること，間違わずにいることの必要性を表現する。

医師が彼の腕をなおす必要があるという彼の物語には，フュージョンの可能性が明白である。クライエントは物理的解決への執着を示し，回避の可能性も暗示している。

フュージョンが優位である。フュージョンの徴候には，深刻な評価，過去の中で多くの時間を過ごすこと，頭の中での問題解決がある。

クライエントは，とくに彼の職業的アイデンティティの点で，内容としての自己とのさらなるフュージョンを示す。

セラピストは，クライエントが痛みのコントロールを，生きることができるようになる前に達成すべきゴールと見ているかどうか，探っている。セラピストは体験のコントロールのシステムを引き出し始める。

クライエント　ええ，手術の後，しばらくモルヒネを使いましたが，それから医者が教えてくれた自己催眠でコントロールできるようになりました。訓練をした後，あまり痛みがひどいと，錠剤を1錠のむこともありますが，それだけです。薬をのむのは大嫌いなのです。自分で対処できていないということですから。	クライエントの錠剤服用は彼の痛みのレベル次第である。おそらく，時間経過と共に服用量は増加するであろうから，セラピストはこのコントロール方略に注意すべきだ。
セラピスト　対処できない？	概念としての自己：痛み＝弱さ
クライエント　ええ，わかりますよね，私は弱いということです。痛みに耐えられないというのは。	クライエントは自分が弱いということ，「対処できない」ことを恐れていて，この自己概念，あるいはその反対（つまり，彼は強い）とフュージョンしているかもしれない。これは，硬直性につながるだろう。
セラピスト　わかりました。それで，自己催眠なしでの通常の痛みのレベルを1から10の目盛りで測らなければならないとしたら，どれくらいですか？	セラピストは，クライエントが行っている痛みコントロール方略の成功の感覚をつかもうと試みている。
クライエント　7です。	
セラピスト　自己催眠をかけると？	
クライエント　だいたいの場合，4くらいです。それほどひどくないです。	
セラピスト　わかりました。ありがとうございます。では，あることを質問させてください。	セラピストはクライエントのシステム，クライエントにとってのセラピーと人生

事態を改善するために，何をする必要があると考えますか？　セラピーがどのように，あなたの役に立つと想像しますか？

クライエント　私はもっと気分が良くなるべきで，いつもこんなにネガティブに感じているべきではありません。腕をいい状態に戻せるように，もっと何とかしようという気持ちにならなくては。昔はこんなではありませんでした。私をだめにした医者に裁判で勝てたら，それは力を与えてくれると思います。

セラピスト　もうひとつ，質問させてください。ちょっとバカバカしい質問です。明日の朝，目が覚めて，奇跡が起こっていたとしたら──魔法使いのおばあさんが現れて，あなたの望みをすべて叶えてくれたら──，そのとき，人生はどのように見えるでしょうか？

クライエント　ああ……，それは考えたくないです。私はあまりに多くを失いました……〔静かに〕そういうことは起きません。

セラピスト　少しの間，私と遊びをしてみる気になっていただけませんか？　ただ想像してほしいのです。奇跡が起きたとしたら，あなたの人生はどのようになるでしょう？

クライエント　それでは……私はうつではなく，腕がまた動かせていて，また大工として

のゴール，そして，それらと価値づけされたアウトカムの結びつきを引き出し始めている。

クライエントは体験の回避のアジェンダにかなりとらわれているように思われる。彼は再び，よりいっそう正しいか間違いかという思考を示し，現在よりも未来に存在している。

セラピストは回避のゴールに加えて，価値についての説明にたどり着こうと試みている。

クライエントは，自分の人生で望むものについて語る苦しみに対して，セッション中に回避を示している。

セラピストは自分の提案からそれずに，回避をわきにおいておき，それに直接対決しないように試みている。直面すれば，おそらく回避を増強するであろう。

クライエントは，フュージョン（大工としての自己へ

仕事をしていて，息子の面倒をみているでしょう……，もっと金もあるでしょう……，でも，そういうことは起こらないのです。なぜ，こんなことを考えるべきなのです？

セラピスト　ええ。望んでいるのに手に入らないと感じるものについて考えるのは，苦しみを伴います。ここでもしそのことについて考えたら，あなたが何か新しい有意義な仕事を見つけて，息子さんを取り返すことが可能になるのであれば，進んでそうする気持ちになれますか？

クライエント　もちろんですが，それが何の役に立つのかわかりません。

セラピスト　あなたに私を信じてほしいなどとは思っていません。私はここで保証をしようという気はありません。もし，あなたが今やっているようにただ生き延びるのではなくて，再び人生を生きられることを意味するのであれば，どのくらいの苦しみに耐える価値があるのか，どのくらい大変なことでもやる価値があるのか，確認したいのです。

の執着）を伴いつつ，プロセス・ゴール（うつではなく，腕が動く，もっとお金がある）とアウトカム・ゴール（息子の世話をする，また仕事をする）の混ざったものを表現する。

セラピストは再び彼の価値を際立たせるために，ウィリングネスをクライエントが人生の価値を生きることに結びつけ，回避の価値を息子との関係の価値と比較する。

セラピストは少々の脱フュージョンと治療関係の対等化の動きを行う。それは，「あなたに私を信じてほしいなどとは思っていません」と言うことによってである。それからセラピストは，クライエントの注意を，ウィリングネスの問題やそれと価値との結びつきへと引き戻す。

アルフォンソの完成したケース概念化

次の表はアルフォンソに対する包括的なケース概念化のモデルである。くり返し読みながら，前述したケース概念化のための10のステップを再度参照してもよいだろう。

---

1 クライエント自身の言葉による現在の問題

　クライエントはうつになっていると言い，うつが良くなることが必要だと述べる。

クライエントの治療初期のゴール（クライエントはセラピーに何を望んでいるのか？）

　気分が良くなる，腕の動きを取り戻すための訓練への動機をもっともつ。

現在の問題のACTによる再フォーミュレーション

　もっとアセスメントが必要であるが，クライエントはたぶん，悲しみと恐怖，絶望的思考，自己批判的思考，将来もっと痛みが強くなることへの恐怖，喪失感が続くことを回避しようと必死に努力している。この奮闘で彼はほとんどの時間を過ごしている。価値づけされた行動にほとんど取り組めていないか，息子を両親に渡すといったように，能動的に回避さえしている。

2 クライエントは，どのような思考，感情，記憶，身体感覚，状況とフュージョンしているか，あるいは体験することに後ろ向きか？

思考
　私はくずだ，無価値だ。私は負け犬だ。誰も私のそばになどいたがらない。私には対処ができない。

感情
　たぶん悲しみ，喪失感，困惑／恥（とくに親密性への）恐怖

記憶
　クライエントには子ども時代に広範な虐待の体験がある。このような記憶はおそらく，何らかの形で回避されているが，このセッションではアセスメントしなかった。彼は息子について考えるのを回避しているかもしれない。

その他
　負傷による痛み，他人からの拒絶，仕事に関係した活動とそれに伴うかもしれない失敗や困難を，一定程度回避する。時々，セラピストの評価への懸念を示した。間違っていることや誤解されることは恐怖である。

3 クライエントは，こういった体験を回避するために何をするか？

内的感情コントロール方略（例：気をそらす，過度の反芻／心配）

　気ぞらし，催眠，型にはまったポジティブな自己陳述，「ボーっとする」ためのテレビ鑑賞，過眠

外的感情コントロール方略（例：薬物，自傷，回避された状況）

　クライエントは自分の子どもの世話を回避する。およそ誰とでも，親密性や友人関係を回避する。働いておらず，就職の方向に向かう活動に取り組まない。低下した身体能力でのみ行える課題は回避する。オピオイド鎮痛薬を服用することがある。非常にルーチン化されたスケジュール。

セッション内での回避や感情コントロールパターン

　誤解されたと感じること，怒りを感じることに関連したドロップアウトのリスクの可能性。人と親しくなることへの恐怖もあるかもしれない。クライエントはグループセラピーで怒りを示した体験があり，他人が自分を理解していないと感じることがよくある。感情の回避を促進している可能性がある文化的要因を考慮する。

体験の回避の広がり　　　　　限定された　1　2　3　④　5　非常に広範な

4 クライエントの行動が狭められ柔軟性を失っている領域やそのあり方を記述する

（例：家族，カップル，育児，友人／社交，仕事，教育，レクリエーション，スピリチュアリティ，コミュニティ，セルフケア）

　クライエントはおおかた，育児からドロップアウトしている。息子に毎日電話をしているが，もはや世話はしていない。彼はこの事態を極度に苦痛に思っており，自分の障害のせいで良い父親にはなれないという考えとフュージョンしている。クライエントには友人やソーシャル・サポートがなく，作る努力もしていない。大工としての自己概念に頑なに執着しており，他の職業選択肢を考慮していない。

5 他のタイプの心理的非柔軟性とそれが意味することに注目する

（例：認知的フュージョン，概念としての過去や未来の優位・制限された自己知識，概念としての自己に対するとらわれ，価値の明確さの欠如，行為の欠如・衝動性・回避の持続）

コア・プロセス	パターン	トリートメントに対する示唆
認知的フュージョン	過度に論理的，硬直化した思考，完全主義的，自己批判的（完璧にできない課題はしないでおく）；正しくあることへの執着，痛みに対してかなり有効なコントロールを見つけたが，人生の他領域にまで過度に延長している	「コントロールが機能するかどうか対マインドがこうなると言っていること」の比較に，より強く焦点づけする必要性，とくに「感情のコントロール対痛みのコントロール」の領域で；正しくあることを打破する脱フュージョンにもっと焦点を当てる
概念としての過去や未来の優位・制限された自己知識	大工としての自己に執着している，過酷で，型にはまった自己評価	今この瞬間との接触のワークをもっと必要とする；簡単な中心化エクササイズを使用するとよい，文脈としての自己を発達させる；おそらく実践としてマインドフルネス瞑想
概念としての自己に対するとらわれ	大工としての自己への執着，過酷で，型にはまった自己評価，他人の評価を恐れる	文脈としての自己のワークへの焦点づけ；「評価対記述」の違いを教える
価値の明確さの欠如	過去と未来に過度にとらわれている，未来は確実で希望のないものに思われる	価値の明確化と人生での現在の方向との対比への早期の焦点づけの提案，とくに仕事の領域と広く定義された個人的関係の領域で

6 動機づけ要因

（例：日常生活という観点からのこの行動の代償は何か，クライエントによる役に立たないという体験，価値の明確さ，治療関係）

動機づけ要因	トリートメントに対する意味
クライエントはより大きな人生の方向性の感覚とは，かなり接触がなくなっている；今では達成不可能／役に立たないであろう特定のゴール（息子の着替えを手伝う，大工になる）に過度に執着している	プロセス対アウトカムに焦点を当て，特定のゴールのことは軽く頭においておきながら，早期に価値を明確化することが必要である。価値と接触することが，硬直化していない，もっと達成可能なゴールの設定におけるより高い柔軟性をもたらすかもしれない。価値との接触はポジティブな行動変化への動機づけになりうる
虐待の記憶で圧倒されてしまうのを恐れていて，「コントロールを失って」，誰かを傷つけるか，自分自身を傷つけるであろうと恐れている	ある時点で，虐待の記憶がバリアであるとわかれば，ステップバイステップの注意深いウィリングネス／エクスポージャーのエクササイズの前に，徹底的な脱フュージョンと文脈としての自己のワークをすることが，おそらく必要とされるだろう

7 変化に対する環境的バリア
（例：非支援的な家庭／社会的環境，変えられない状況，財政状況，変化の代償，社会的喪失）

　クライエントは障害手当てをもらい続けることで，病気の役割に対して強化されているかもしれない。彼が子どもの頃，両親が主たる虐待者であったので，両親との持続的な相互作用はとくに難しい可能性がある。クライエントにはソーシャル・サポートがない。文化的変数がどのくらい対処メカニズムとしての体験の回避に影響しうるのかを考慮する。

8 クライエントの強み
（それをトリートメントでどのように活用するか）

　クライエントは慢性的な痛みの中にあっても，問題を解決する能力，行動計画を実行する能力を示した。痛みがあってもなお，定期的に負傷した部位の運動をしていて，たぶん，長期的に見て役に立つであろうと彼がわかっていることをするために，この不快感をそのままおいておくスペースを作っている。これは，彼が人生の他の領域でできるであろうことに対するメタファーになりうる。セッション中の感じよさに対するセラピストのリアクション（つながることができ，思いやりがもてると感じた）は，クライエントが人を彼との関係に引き込むことができるであろうと示唆している。

9 最初のACTトリートメント・プラン

アクセプタンス&アクション質問紙（AAQ）と自動思考質問紙－信用度（ATQ-B）を，信用度とアクセプタンスの尺度として用いることを考慮せよ。

クライエントは問題解決スキルに欠損があるかもしれないので，より対人関係や仕事に関連した領域での問題解決の訓練から利益を得られるであろう。もし職業の領域で前進することにコミットすれば，クライエントは職業紹介から利益を得られるであろう。

とくにうつ，仕事の喪失，自己批判，息子に関連した感情や思考をコントロールしようとする試みに焦点を当てながら，コントロールを弱めることから始める。これらの領域では，体験の回避が役に立っていないように思われるからだ。クライエントには痛みに関してのコントロールの有用性で豊富な体験があるため，おそらくここでは創造的絶望が重要となる。痛みのコントロールでの成功を他の領域での成功の欠如と差別化することが重要となろう。

クライエントの硬直化した思考は，脱フュージョンを通じて思考の機能的有効性に強く焦点を当てるべきことを示唆している。彼が自分自身についてや自分の状況についての思考から一歩下がって，思考を思考として見られれば，身体的健康について行ってきたように，問題解決の能力と行動方針を計画する能力を人生の他の領域にも拡大できるであろう。

ゴールの選択に指針を与え，現在のゴールへの執着を減らす役に立つように，価値の明確化を実行する。

完全主義とのフュージョンを弱めるために，過去にもあまりうまくこなせなかった課題に対して特別に計画されたマインドフルネスとウィリングネスを伴ったエクスポージャーをすると，利益を得られるかもしれない。

クライエントは変化を恐れ，方向性の感覚が欠けている。価値の明確化とステップバイステップの変化計画に焦点を当てれば，変化への動機づけを強められるだろう。ウィリングネスの実践は少しずつの管理可能なものにする。「プロセス」対「アウトカム」と，ゴールのことを軽く頭におくことに焦点を当てれば，大工として働き，息子の世話をするという彼の現在のゴールへの執着，それはおそらく硬直化して機能しなくなっているので，それを減らすのに役立つであろう。

> 硬直化した自己評価への執着を減らすために，とくに虐待の記憶へのエクスポージャーを行えるようにするには，「文脈としての自己」と「評価と記述の間の区別」に焦点を当てることが必要である。ACTプロセスによって概念としての自己への執着を弱めるために，治療関係を使う。
>
> クライエントはおそらく，セッション中の簡単な中心化エクササイズから利益を得られるであろう。セッションとセッションの間に，たぶんマインドフルネス・エクササイズという方法で，今この瞬間に存在する実践ができるだろう。

ケースの概念化の実践

次に，サンプルのケースを使って，ケースの概念化を実践しよう。自分の対応と比較できるように，モデルとなる対応を提示する（pp.411-415）。その後で，あなた自身のケースを概念化する実践を行うこと（pp.416-420）。

実践ケース：サンドラ

サンドラは38歳の既婚女性で，これまでに伝統的な認知行動療法によるトリートメントや他に数種類のカウンセリングを受けても良くならずに，紹介されてきたのであった。彼女は自分自身を「生まれて以来の心配性」と説明し，「子どもの頃はナーバス・ネリー[訳注]と呼ばれていました。私はずっとこんなふうでした。敏感すぎるのです」と話す。彼女は非常に情緒不安定で，自分の生活上の問題に簡単に圧倒されてしまう。全般性不安障害の診断基準を満たし，愛情深い関係を決してもてない，経済的に極貧になる，発作を起こすなど，多様な懸念に関してほとんど絶え間なく心配している。さらには友人と家族が病気になる，友人が彼女を拒絶すると案じている。睡眠は，床に就いている間じゅう，将来についての絶え間ない心配で分断されている。彼女は，胸の締めつけ感や手がうずく感じなどの身体

訳注　心配性な人の通称，「臆病者」。

の感覚によく気づき，心臓発作ではないかと疑うことがある。職場や対人場面であまりに不安になっていると感じるときは「少し落ち着くまで」部屋の外に出る。

　サンドラの来談時の問題は，「過敏でなくなる」ように助けを求めている，というものだった。彼女は「私は人を遠ざけてしまいます。心配についても，どうにかしたいです。そのせいで，時々まともに生活できなくなってしまうからです」と言う。セラピーに期待していることを言葉にするように求められると，「自分の人生にもっとうまく対処できて，四六時中ひどく不安でなくてもすむように，仕事がもっとうまくこなせるように」なりたいと述べた。さらに話し合うと，自分の人間関係についてどうすればよいかをはっきりさせるための助けも望んでいると認めた。

　彼女の現在の懸念の中心的なものは，この6カ月間続けてきた法律事務所での秘書の仕事を解雇されるのではないかということであった。「ひどく不安であるために」仕事の出来が良くないと感じている。以前にも数回，解雇されており，過去の訓練に見合うよりも下のレベルの仕事に就くという体験があった。彼女はデザインの修士号をもっているが，現在の仕事の内容のほとんどは秘書業務で占められていた。15年前に結婚したが，この結婚を距離があって満足のいかないものと感じている。夫は仕事に就いておらず，彼女が家族の唯一の収入源であった。子どもはいないが，複数の信頼できる友人がいると報告はしている。まったくアルコールは摂取せず，ほぼ毎日少なくとも1時間は運動をしている。とても創造性が高く，いつも違う絵画や書き物のプロジェクトを手がけている。

　セッションでは，サンドラは不安に見えることが多く，セラピストが中断しない限り，自分の心配，心配への現在の対処方法，いかに自分が今のようになったか，について際限なく語り続けた。彼女はすぐに泣くし，しばしば不安で取り乱して見える。ほとんど絶え間なく自分の物語を話し続けることを別にすれば，とても友好的で，頻繁に「セッションの時間をとりすぎた」ことをわびている。セッション内やセッションとセッションの間にエクササイズをするとき，彼女は「誤ったやり方をしている」または

「めちゃめちゃにしている」という心配を口にすることが多かった。

エクササイズ8.1

　pp.417-420のケース概念化記入用紙をコピーし，サンドラのケース情報を用いて，なるべく十分に記入するように努力してみなさい。終わったら，あなたの答を，次に示すケース概念化のモデルと比較しなさい。先に自分でやってみて，それからモデルと比較検討すること。

　あなたの概念化をモデルと比較するときには，とくにあなたの答がモデルの答と異なっている箇所に注意しなさい。あなたの答がACTと合致しているか，していないのか，に注目しなさい。異なっていても，明らかにACTと合致しているのであれば，問題はありません。モデルあるいは自分の答について質問があれば，www.learningact.comのフォーラムに質問を送ることができることを忘れないように。モデルと自分の答を比較する際には，以下の点に考慮しなさい。

　「モデルの説明でわからない部分があるか？」
　「何らかの点でモデルに同意できないか？」

　そうであれば，ACTアプローチではどうしてそのようになるのか理解するように試みなさい。あなたのバックグラウンドによっては，ACTとは異なるアプローチをしたいと思うかもしれませんが，ここではACTの観点からケースを概念化するようにしなさい。

　　　　　　　＊　　　　＊　　　　＊

第8章　ACTを用いたケースの概念化　411

完成されたサンドラのケース概念化記入用紙

1 クライエント自身の言葉による現在の問題

心配性のナーバス・ネリーで，過度に敏感である。

クライエントの治療初期のゴール（クライエントはセラピーから，何を望んでいるのか？）

「自分の人生にもっとうまく対処」したい。四六時中ひどく不安にならなくてもすむようにしたい。仕事がもっとうまくこなせて，これほど敏感でなくなりたい。

現在の問題のACTによる再フォーミュレーション

クライエントは，絶え間なく心配すること（すなわち，効果のない問題解決方法とのある種のフュージョン）によって，恐れているいくつかのアウトカム（例：極貧，拒絶，健康の問題）に関係する思考，気分，イメージを回避しているように見える。心配は，彼女の人生を，自分の人生における価値を生きることではなく，これらの心配の上に焦点づけてしまうように働いている。

2 クライエントは，どのような思考，感情，記憶，身体感覚，状況とフュージョンしているか，あるいは体験することに後ろ向きか？

思考
　私は過敏だ。たぶん私が人を遠ざけているのだ。私は失敗者だ。私は無力だ。

感情
　拒絶，恐怖，不確かさ

記憶
　この領域ではもっと情報が必要である。おそらくクライエントには，動揺するような記憶があるだろう。過度に不安になったり圧倒されてしまったことが原因での失職，人間関係の問題，または失敗に関係したものである。

その他

　高い期待をもつことを回避し，自分が期待されること（例：もっと責任のある仕事，社会的状況，結婚生活での会話）を回避する。

3 クライエントは，こういった体験を回避するために何をするか？

内的感情コントロール方略（例：気をそらす，過度の反芻／心配）

　心配する，そんなに敏感になるなと自分自身に言い聞かせる，気ぞらし

外的感情コントロール方略（例：薬物，自傷，回避された状況）

　挑戦的な努力を要する仕事や社会的状況を回避する，自分の問題についていつも話して，他人からの元気づけの言葉を求める

セッション内での回避や感情コントロールパターン

　多弁性，自分の物語を話す，元気づけの言葉を求める，「正しく行おう」と試みる

体験の回避の広がり　　　　　限定された 1　2　3　④　5 非常に広範な

4 クライエントの行動が狭められ柔軟性を失っている領域やそのあり方を記述する
　（例：家族，カップル，育児，友人／社交，仕事，教育，レクリエーション，スピリチュアリティ，コミュニティ，セルフケア）

　満足のいかない結婚生活や仕事をよしとしている様子。親という領域で回避があるかどうか探る。拒絶の恐怖は友人関係での価値づけされた行為を制限しているかもしれない。

第8章 ACTを用いたケースの概念化

5 他のタイプの心理的非柔軟性とそれが意味することに注目する
　（例：認知的フュージョン，概念としての過去や未来の優位・制限された自己知識，概念としての自己に対するとらわれ，価値の明確さの欠如，行為の欠如・衝動性・回避の持続）

コア・プロセス	パターン	トリートメントに対する示唆
認知的フュージョン	役に立たないコントロール方略を使用し続ける（つまり，落ち着く，リラックスする，それほど敏感にならない）	役に立つかどうかの体験的な理解と創造的絶望に，強力に焦点づけることを考慮する
概念としての過去や未来の優位・制限された自己知識	極度の心配と予期的な恐怖	クライエントが物語を話すことをおそらく頻繁に中断する必要がある。今この瞬間，現在進行中の体験（身体，思考，気分）に対する気づきへの再方向づけ。セッション内とセッション外でマインドフルネスの実践を通じて，観察者としての自己の体験を育成。心配の連鎖の最後にある，恐れられているイメージを特定し，それらに対してウィリングネス・エクササイズか，エクスポージャーを実施する
概念としての自己に対するとらわれ	心配性，過敏，問題のある人物というアイデンティティに頑なに固執する	文脈としての自己と脱フュージョンのワーク，「記述」対「評価」，違う役割を担うことを実行する

6 動機づけ要因
（例：日常生活という観点からのこの行動の代償は何か，クライエントによる役に立たないという体験，価値の明確さ，治療関係）

動機づけ要因	トリートメントに対する意味
行動の結果に対する恐怖にとらわれている。	どんなものであれ広範なエクスポージャーやウィリングネスのワークで恐怖に直面する前に，広範な脱フュージョンと文脈としての自己のワークを必要とする。エクスポージャーをウィリングネスに合わせて調整する点で注意を要する。

7 変化に対する環境的バリア
（例：非協力的な家庭／社会的環境，変えられない状況，財政状況，変化の代償，社会的喪失）

おそらく，さらなるアセスメントが必要である。クライエントの夫は変化に協力的ではなさそうなので，この点ではカップル・セラピーが有用であろう。

8 クライエントの強み
（それをトリートメントでどのように活用するか）

クライエントは，安定した友人関係を確立して維持することができることを示しているので，変化方略への支援要因としてリストしてもよいであろう。彼女はまた，定期的な運動というカタチで，コミットされた行為を具体的に示す体験もあり，これは他のカタチのコミットされた行為／実践に対して，モデルとして使える。

9 最初のACTトリートメント・プラン

『不安のためのACT』と題された本を治療マニュアルとして使用することを考慮する。アウトカム／プロセスの尺度としては，アクセプタンス＆アクション質問紙（AAQ），不安感受性指標[訳注1]，ペンステート心配質問紙[訳注2]を考察する。

心配が役に立つかどうかと，マインドが特定するあらゆる問題に対して準備をし，解決をしようとする方略について，マインドが言うことの対比に焦点を当てて，コントロールを弱めることから始めるのが，おそらく有用であろう。

恐れられているイメージ／気分／感覚に直面するウィリングネスを助けるため，クライエントが価値を明確化するのを支援する。

エクスポージャーやウィリングネスのワークを実施する前に，脱フュージョンと文脈としての自己に，かなりの焦点を当てることを含める。

最終的には，心配の連鎖の最後にある恐怖のイメージや状況へのイメージ・エクスポージャーを含める。恐れている身体感覚への内部感覚エクスポージャーを検討するのもよいだろう。

コミットメントの部分では，コミットメントを助けてくれるように友人の支援を求めることや，もし夫がバリアになっているのであれば，カップル・ワークのために夫を連れてこさせることを検討する。

訳注1 不安感受性指標（Anxiety Sensitivity Index）
訳注2 ペンステート心配質問紙（Penn State Worry Questionnaire）

エクササイズ8.2

　この章の最後の実践エクササイズは，この章のこれまでの説明にしたがって，ACTのケース概念化プロセスを用いて，あなた自身のケースをいくつか概念化してみるというものです。以下のケース概念化の用紙をコピーして，あなたのクライエントについて記入してみなさい。概念化をより適切なものとするために，あなたが進んで何らかのACT介入を行ってみようと思うクライエントを対象にすることを勧めます。もし，あなたがACTの初心者なら，ケースの概念化を行っている間に，あなたのアセスメント・プロセスの穴が露呈されるかもしれません。おそらく，ACTに関係した変数に関して，もっとアセスメントをする必要があると気づくでしょうし，あるいはクライエントの体験の回避やフュージョンのパターンについて，理解が足りないかもしれません。そうであれば，どうすればそれをもっと徹底的にアセスメントできるかを検討してみなさい。最初の概念化はおそらく1時間か，それ以上かかるでしょう。粘り強くやってください。そうすれば，実践と共にスピードアップできるようになるでしょう。

ACTのケース概念化記入用紙

あなた自身のケースを1つか複数，記入できるように，以下の「ケースの概念化記入用紙」をコピーすること。

1　クライエント自身の言葉による現在の問題

　　　クライエントの治療初期のゴール（クライエントはセラピーから，何を望んでいるのか？）

　　現在の問題のACTによる再フォーミュレーション

2　クライエントは，どのような思考，感情，記憶，身体感覚，状況とフュージョンしているか，あるいは体験することに後ろ向きか？

　思考

　感情

　記憶

　その他

3 クライエントは，こういった体験を回避するために何をするか？

　内的感情コントロール方略（例：気をそらす，過度の反芻／心配）

　外的感情コントロール方略（例：薬物，自傷，回避された状況）

　セッション内での回避や感情コントロールパターン

　体験の回避の広がり　　　　限定された 1　2　3　4　5 非常に広範な

4 クライエントの行動が狭められ柔軟性を失っている領域やそのあり方を記述する
　（例：家族，カップル，育児，友人／社交，仕事，教育，レクリエーション，スピリチュアリティ，コミュニティ，セルフケア）

5 他のタイプの心理的非柔軟性とそれが意味することに注目する

（例：認知的フュージョン，概念としての過去や未来の優位，制限された自己知識，概念としての自己への執着，価値の明確さの欠如，行為の欠如，衝動性，回避の持続）

コア・プロセス	パターン	トリートメントに対する示唆

6 動機づけ要因

（例：日常生活という観点からのこの行動の代償は何か，クライエントによる役に立たないという体験，価値の明確さ，治療関係）

動機づけ要因	トリートメントに対する意味

7 変化に対する環境的バリア
　　（例：非支援的な家庭／社会的環境，変えられない状況，財政状況，変化の代償，社会的喪失）

8 クライエントの強み
　　（それをトリートメントでどのように活用するか）

9 最初のACTトリートメント・プラン

継続的なプロセスとしての機能分析

　ACTセラピストにとって，ケースの概念化は，この章に概略を示したような形式にそったプロセスであるばかりではなく，セラピーの間じゅうずっと，継続的な方法で行われるものだ。クライエントを相手に，継続的な形で行動の機能に注目することは，大きな3つの領域への注意を必要とする。

○内容のレベル——回避されフュージョンされた私的体験の内容と，回避行動のカタチの内容を，介入において正確に特定しターゲットにできるようにアセスメントする。このレベルはさらに4つのチャンネルまたはトラック^{訳注}に分割できる。

　1　**明白なトラック**——これは字義どおりにとらえられた，クライエントの訴えのレベルである。例えば，もしクライエントが自分は不安であると言えば，それに不安の字義どおりの報告として取り扱うことができる。
　2　**社会的なトラック**——すべてのセラピーでの相互作用は，社会的相互作用でもあるので，クライエントが何を言おうとも，それはクライエントがセラピー外での社会的世界に対処する方法であるという可能性を考慮する必要がある。例えば，不安を訴えているクライエントは，どのように感情的な言葉を使うことで他人の行動を制御するかを示しているかもしれないのだ。
　3　**治療関係に関わるトラック**——すべてのセラピーでの相互作用は，ふたりの人間の間の個人的相互作用でもあるので，クライエントが何を言おうとも，ふたりの関係に関連があるという可能性を考慮する必

訳注　自然な随伴性との一致をもたらす，トラッキングと呼ばれるルール支配行動における「言語的な弁別刺激（＝ルール）」（例：「寒い日は手袋をした方がよい」という言語刺激）のこと。

要がある。例えば，不安を訴えている人はあなたに譲歩するように求めているのかもしれないし，その瞬間に権威者の役を演じてほしいと訴えているのかもしれない。

4 隠れた機能的プロセスに関わるトラック——最後に，内容的な訴えはより深い機能的テーマをあらわにする可能性がある。例えば，不安の訴えは，セクシュアリティや死についての話を回避するために前面に出されるかもしれないのだ。

○プロセスのレベル——心理的柔軟性を促進または減退するような因子に関して，行動を分析する。

○介入のレベル——内容とプロセスの分析から導き出される介入の構成要素の順序を考慮する。

複数のトラッキング

ACTのケース概念化は，臨床家に複数のトラックに同時にしたがうスキルをアクティブに実践するよう求める。つまり，明白な内容，社会的な内容，治療関係の内容と隠れた機能的内容のトラックのすべてに同時にしたがうのである。例えば，通常は過度におとなしくて従順なクライエントがセッション中に「ああ，ここは寒いですね」と言うと想定しよう。あなたはそれを明白な内容の観点（部屋の温度が低いのかもしれない）からも，社会的行動の一例（おそらくこれはクライエントにとっては，ものごとを要求することを学ぶという点で，社会的な一歩前進である）としても，治療関係での動き（クライエントはおそらく「私のニーズに気づいていますか？」と質問しているか，または「私はあなたとより対等に感じています」と言っているか，あるいは，「あなたは冷たい人間ですか？」と質問しているのだ）としても，隠れた機能的トラック（クライエントは何かを回避するために話題を変えたのかもしれないし，気温が感情あるいはセクシュアリティのメタファーとして機能しているのかもしれない）の一部としても，

同時に検討する必要があるのだ。

　それぞれのトラックにおいて考慮されたクライエントの行動ひとつひとつは，ACTの精神病理（例：回避，フュージョン，現在との接触の欠如）の観点から注目でき，セラピストの行動のひとつひとつは，セラピストが育成しようとしている方向性やスキルという，より大きな計画の中にどう適合していくか，という観点から記述できる。とくに重要なのは，セラピストがセラピールーム内における体験の回避とフュージョンのプロセスに注意を払うことである。クライエントの行動内で起こっている，これらの2つのプロセスを継続的に観察することで，セラピストの介入を方向づける非常に重要な情報を提供してくれる可能性がある。「このクライエントは，今現在，体験の回避を行っているだろうか？」と自分自身に聞いてみるとよい。もしそうであれば，どのように，クライエントにとって役に立つ方法で，そのプロセスを中断できるのか考えること。同じように，「クライエントは今現在，自分の現在進行中の言語的行動とフュージョンしているだろうか？」と聞いてみるとよい。もし，そうであれば，クライエントが自分の対応をただ観察することや，現在の言語化の字義どおりの意味だけではなく，他の性質に注目することを実践するように支援することができる。

機能のレンズを通じて見る

　機能のレンズを通じて見るということは，セッションの間に「クライエントの現在の行動はどんな役割を果たしているのか？」と，くり返し自問することを意味している。その上，あなたがクライエントの行動を機能のレンズを通じて見ていると，あなたは**あなたが**やっていることの目的をACTの観点からすばやく記述して，これがクライエントの概念化とどう合致するか，述べられるはずである。初心者のACTセラピストにとって役に立つのは，セッション内で立ち止まって，「たった今，なぜ私は私がやっていることをしているのか？」「私はどのプロセスをターゲットにしているのか？」，または「クライエントがやっていることが，これがこの時点で実施すべき良い介入であると私に伝えていると言えるだろうか？」などと自問

することだ．良いケース概念化は，このような種類の質問に対して，より微妙な違いを含み流動的な答へと，あなたを導くであろう．このような質問に迅速に答えられないのであれば，おそらくあなたの介入の選択がクライエントの問題の概念化とどう関係しているのか，もっと深く考察する必要があろう．

ACTのケース概念化は伝統的なCBTとどう異なるのか

ACTのケース概念化は，伝統的なCBTや行動療法（behavioral therapy; BT）と似てもいれば，異なってもいる．私たちは，セラピストがお互いの重要な差異を理解し，これら2種類のセラピーですでにもっているスキルにACTをよりうまく統合する支援ができるように希望して，これを論じている．

ACTと伝統的なBT

ACTは，BTをどう実行するかというひとつのモデルであるので，伝統的BTの技法がほとんど何であれ，（多少の翻案を伴いつつ）ACTの一部として使いうることは驚きではない．外的なきっかけのコントロールにねらいを定めた刺激性制御方略，随伴性マネージメント，問題解決スキル，行動的育児スキル，心理教育，エクスポージャー，社会的スキル訓練などはすべてが使用できる．違いは，ACTがクライエントの最も大切にしている価値に貢献するように，そしてアクセプタンスと脱フュージョンの文脈に沿うように，伝統的な行動変化方略を用いる点である．

数種のBT手続きはACTモデルと対立すると考えられることが多い．最もよくある例が，リラクセーション訓練である．それは，不安への対処法として，直接的な感情変化を目指しているように見える．しかし，リラクセーション訓練はもともと，手放すこと[訳注]を学ぶ訓練として紹介されたものだ．その場合，リラクセーションに感情の戦争における道具の役割を割

訳注　アクセプタンスに通じる行動．

り当てるという理論的根拠によって生み出された不必要な対立以外には，対立は存在しない。

ACTが，実証的に妥当性が示されたBTの方法と合致しないという事例は考えつかないが，時として，ACTモデルには，既存のアプローチにわずかしか加えるものがないかもしれない。

スキル訓練はACTモデルがどのようにBTとフィットするかという例を提供する。スキル訓練は，クライエントが単純に何かのやり方を知らず，学ぶ必要があるときに必要になる。スキルの欠損（例：社会的活動の欠如，あるいは自己主張行動の欠如）が引き起こしている可能性がある機能性の低さを目にすれば，ACTセラピストは2つの原因の可能性を検討できる。第一のシナリオは，その人には基本的なスキルはあるが，それが少なくとも部分的に，恐怖の回避や自己主張行動が引き起こしうる他の不愉快な感情的反応の回避といった要因により抑制されているというものだ。この場合，問題は体験の回避と関連しており，ACTのワークは，行動への内的バリアを特定し，脱フュージョン，アクセプタンス，コミットされた行為に取り組むことを含むであろう。第二のシナリオでは，クライエントの行動は学習や実践の不足のせいでスキルが欠けているというものだ。原因が単純明快であるにもかかわらず，クライエントが実践を始めると，困難な感情や思考が現れてくる可能性がある。それはスキルの欠損が社会的にぎこちない行動につながるからだ。この場合にも，やはりACTモデルは適切なものになる。もし行動の欠損がスキルの欠如に起因していて，そのスキルの習得を阻むバリアが存在しなければ，ACTモデルは単純明快なスキル訓練には何も付加しないが，おそらくその邪魔となることもないであろう。

ACTと伝統的なCBT

ACTは多数の属性を伝統的なCBTと共有している。問題の進展における学習プロセスの強調，ゴール志向的でアクティブなセラピーの様式，伝統的な行動方略の使用，協力的な治療関係を発展させることの強調，経験主義への敬意，精神病理とその軽減における人間の認知の役割の著しい強

調[36]などである。差異は認知のモデルそのものにある。結果的に，ACTは，とくに論駁のような認知再構成法を通じて，「非機能的な信念や誤った情報処理過程を修正」しようと試みるCBT技法（文献7, p.194）とは合致しない。

　ACTとCBTを統合しようと試みているセラピストは，特定の思考，気分，記憶，身体感覚を修正したりコントロールしたり減らしたりする必要性を示唆するようなメッセージ（CBTには合致してもACTには合致しない）に注意する必要がある。クライエントがより良く生きるためにもっと合理的あるいは適応的に考える必要があることを示唆するメッセージは，ACTとは矛盾してしまうだろう。このようなメッセージはクライエントにとって混乱を招くもので，両方のアプローチの有効性を減じてしまう可能性もある。

　CBTとACTの間の2つめの大きな差異は，トリートメントのゴールとアウトカムの良さの定義に絡むものだ。CBTは，これができればより良く生きることになるだろうという想定のもとに，クライエントが良い気分になり，明晰に思考することを助ける方向を志向する傾向がある。対照的にACTは，クライエントがより良い，より充実した，より深い人生を生きるのを助けることに直接的にねらいを定めている。これは，時には気分良く感じることにつながり，時にはつながらない。現在までのところ，実証的に，ACTはクライエントの気分が良くなるという点でも（それはACTのゴールではないが），CBTと同程度かCBT以上に成果を上げてきている。良く生きられた人生が主たる関心対象となるアウトカムであるが，それはクライエントの選んだ価値という文脈で定義され，クライエントが自分の人生でそのような価値に立って行動しているという証拠に立脚している。

―― 体験的エクササイズ：自己ケース概念化 ――

問➡ あなたがACTセラピストに診てもらいにいくクライエントであると想像しなさい。まさにあなたがクライエントであるかのように，ケース概念化の概略を作り，それを完成させなさい。

　このトリートメント・プランを完成した後，このプロセスに自分の人生で取り組む方法を考察しなさい。もし進んで行う気持ちになれば，計画を最後までやり通すというコミットメントをしなさい。

――――――――――――――――――――・体験的エクササイズ・――

―― 体験的エクササイズ：その瞬間の自己ケース概念化 ――

　この1週間に体験した困難な，あるいは動揺を来たすような体験を取り上げなさい。以下の指示を読み，エクササイズを完成させなさい。

問➡ 目を閉じて，そのシナリオを想像しなさい。体験の異なる領域（例：思考，気分，記憶，身体感覚）で何が浮かび上がってくるかに注目し，それらの体験に対する自分のスタンスに注目しなさい。

問➡ そのとき，あなたは何を問題と見なしましたか？

問➡ その状況で，何が回避されていましたか？（例：思考，気分，記憶，身体感覚）

問➡ あなたは何らかの思考を買うか，フュージョンするかしましたか？ とくに，状況，あなた自身，あるいは他人の記述にすぎないように見える評価を探しなさい。

問➡ 自分の体験した思考，気分，リアクションをどうしましたか？

問➡ その状況で起きたことについて，ACTにもっと合致するような再フォーミュレーションを考案できますか？ 例えば，あなたがアクセプトする必要のあったもの，あなたがフュージョンしていたもの，あるいはそれに基づいて行動する必要があった価値は存在していましたか？

──────────────────────●体験的エクササイズ●──

◆━━━◆━━━◆ さらに情報を入手するために ◆━━━◆━━━◆

○ACTのケース概念化についてのさらなる情報を得るには，文献30の第3章「ACTケースフォーミュレーション」を参照。また，文献47も参照。

○ルール支配行動やレスポンデント条件づけとオペラント条件づけのような，基本的な行動分析学的概念についてさらなる情報を得るには，文献49を参照。

○ACTと伝統的CBTの間の類似性と相違についてさらなる情報を得るには，文献36を参照。

第9章

ACTの治療スタンス：
ACTを実行するためのACTの使用

> あなたがあなたのハートに触れ始めるとき，もしくはあなたのハートを触れさせ始めるとき，あなたはハートには底がなく，確固たるものもないことを，そしてこのハートは巨大で，茫洋としていて無制限であることを発見し始めるであろう。どれほどのスペースがあるかということと，どれほどの温かさ，穏やかさがあるかということを発見するであろう。
> ——Pema Chödrön（文献11, p.128）

事実上あらゆるタイプの心理療法を検査した何十年にも及ぶ研究で，治療関係が臨床的アウトカムと一貫して関連があることがわかっている[45]。とは言え，この実証的な事実がより有効なセラピーやセラピストという結果をもたらしたのかどうかは明らかでない。この事実を知ることは，訓練プログラムがセラピスト候補として温かで思いやりのある人々を選択することを助けるかもしれないが，効果的な治療関係を作り出せるようにセラピストを訓練する方法については，多くを伝えてはくれない。その上，効果的な同盟関係を構築するようにセラピストを訓練する試みは，これまでのところ，有意な改善を生み出してはいない[12]。別の言い方をすれば，治療関係が重要だと**知ること**が，良い治療関係の**作り方**を私たちに教えてはくれるわけではないのだ。

ACTモデルは，治療関係の改善方法について明白な提案を提供する。このことを具体的に支持するいくらかのデータは存在する[19]ものの，この時点でこのモデルは，主としてACTの基盤にある理論の強さに依存している。この章では，ACT訓練者たちのコンセンサス[53]で認められたACTの治療スタンスの基本的コンピテンシーを概説し，それから治療関係に関する理論的分析を示す。

ACT治療スタンスのコア・コンピテンシー

理想的に言えば，ACTでの治療関係の機能は，セラピストとの直接的な相互作用で起こる，クライエントの心理的柔軟性あるいは非柔軟性の表現に効果的に反応して，クライエントの心理的柔軟性を増すことである。これはセラピストが心理的柔軟性のモデルを示すこと（例：「私は自分が『何を言っていいのか，わからない』と考えていることに気づいています。あなたは私を救済する必要はないのです。私はただ，それをお伝えしようと思ったのです」）や，クライエント側の心理的柔軟性を支援することを通じて起こりうる。例えば，「それで，あなたはその不安に気づきながら，それでもお父さんに電話できますか？」と質問することで。これはセラピーでの瞬間に起こっていることとの関係で，心理的柔軟性をターゲットとすることでも起こりうる。例えば，「では，涙を押しやる代わりに，今すぐに涙に対してもう少しオープンになれますか？」と質問するという手段で。

このような柔軟性の達成はセラピストにとって非常に難しい課題である。私たちは皆，自分自身の学習経験，気まぐれな癖，対人関係上の制約をセラピールームにもち込むからである。私たちは，クライエントの行動の任意の実例が，心理的に柔軟な対応と非柔軟な対応のどちらを表現しているのか，容易に判断を誤ってしまう。したがって，臨床家が，クライエント側の心理的に柔軟な対応を誘発して強化する傾向があるような，一般的な治療スタンスを維持するのが有用かもしれない。この章でのコア・コンピテンシーでは，ACTモデルから導かれる治療スタンスを記述するように求

められる。

　治療スタンスに関係したコア・コンピテンシーを，これまでの章でのコンピテンシーで行ったのとはやや違う方法で示す。ここでは，コンピテンシーは太文字で書かれ，比較的短い説明が続く。いくつかのコンピテンシーを連続してリストし，それらのコンピテンシーについての情報を続けることもある。それらが入り組んで関連しており，説明がそれらの相互連関を取り上げるからだ。最後に，この章に独特なプロセスを使うエクササイズをしてもらう。

　最初のコア・コンピテンシーは，おそらくACTの治療スタンスを他のどの単独の説明よりもうまく要約している。

コア・コンピテンシー1　ACTのセラピストは対等で，傷つきやすく，共感的で，誠実な，そして分かち合う観点からクライエントに語り，クライエントが効果のない対応から効果的な対応に動いていく内在的能力を尊重する。

　このACT治療スタンスの最も基本的な部分は，セラピストが言語と人間の機能性についてのACTモデルを，自分の職業生活と私生活に適用することから自然に導き出される。ACTの基盤にある文脈的哲学は，「病んだ／健康な，完全な／壊れた，弱い／強い，障害のある／秩序のある非機能的な／機能的な」などの概念はどの人物においても内在的なものではなく，すべて私たちの文化によって広められた話し方や考え方であり，文脈次第で大なり小なり有用となるものだ，と主張している。ACTセラピストは，少し違う学習経験があればセラピストも容易にクライエントと同じような問題を抱えた人間になっていたかもしれず，クライエントの席に座っていたかもしれないという可能性を認識して，「運が悪ければ，私がそこに行った」という句と合致するスタンスをとるように促されている。このACTにおける文脈の強調は，その人物の人生の言語的，社会的，または学習経験の文脈がシフトすれば，誰にとっても根本的な変化，または変身的な変化さえもが可能であることを意味している。充実していて，深い有意味な人

生が可能になる前に，自分の学習経験を書き直したり，異なる思考をもったり，あるいはもっと良い気分を手に入れたりする必要はないのだ。

　<u>コア・コンピテンシー2</u>　クライエントの利益になるのなら，個人的問題についても進んで自己開示する。

　不適切でタイミングの悪い自己開示は，治療関係に悪影響を及ぼす[1]が，トリートメントの問題への対応として行われる，タイミングの良い精巧に仕上げられた自己開示は有用となりうる[51]。ACTセラピストは感情的に近づきやすく敏感に反応し，クライエントの役に立つように，思慮深く自己開示を用いることに前向きである。もし，注意深く行われれば，自己開示は治療関係に対等化の効果をもたらす傾向があり，セラピストとクライエントの間の隔たりを減らし，セラピスト自身の人間性をセラピールームに運び込むことができる。これはACTにとってとくに重要である。なぜなら，これは，セラピストが自分自身の奮闘をアクセプトするスタンスをモデルとして示すことを可能にし，さらに価値を十分に生きる能力もモデルとして示すことになるからである。

　<u>コア・コンピテンシー3</u>　パッケージとしてACT介入を使うことは回避し，その代わりに特定のクライエントの特定のニーズに介入を合わせるようにする。セラピストは，どの瞬間にあっても，クライエントのニーズに合うように介入経過を変更する準備がある。

　<u>コア・コンピテンシー4</u>　クライエントの体験と言語実践，社会的・民族的・文化的な文脈に合うように介入を仕立て，新しいメタファー，体験的エクササイズ，行動課題を作り出す。

　これら両方のコア・コンピテンシーはACT臨床家の側の行動的・心理的柔軟性の必要を反映している。ACTセラピストはクライエントのニーズや行動に敏感に反応し，為すべきことに関してのプロトコルやルールに杓子定規にしたがうことはない。鍵となるのは，クライエントの訴えや行動の効果のなさに，その基礎をなす機能という点から対応することである。こ

れは，しばしば新しくて創造的な対応方法を必要とする。心理的柔軟性を育む技法は，何であれ，ACTと調和するものと見なされる。ACTモデルの巧みな適用とは，セラピストが，クライエントのニーズに合うように新しいメタファーやエクササイズを作り，既存の技法をアレンジする点で創造的であること，ACTプロセスの支援になるときにはいつでも，クライエントの既存のスキル基盤から引き出すことができることを意味している。

ACTモデルを学習しているとき，ある任意のセッションでクライエントとワークする前に，入手可能なプロトコルのひとつにしたがって，注意深くメタファーやエクササイズの練習をするのが一般的に有用である。しかしながら，ACTの原理にしたがう方が何かしら特定のメタファーやエクササイズを用いるよりも重要なので，セラピールームに入るときには，カタチとしての治療プロトコルからは離れ，その代わりに機能に忠実であることを追求することが通常は役に立つ。セラピストがメタファーやエクササイズを正しいものにしようとする中で，クライエントは迷子になってしまうかもしれないのだ。

ACT介入をクライエントのニーズに合うようにあつらえると，関係が向上し，セラピーが自然に流れるようになるだろう。例えば，「コントロールこそが問題である」にもっと時間をかけ，創造的絶望にかける時間を減らすことができる。あるいは，クライエントのニーズ次第では，創造的絶望をほぼ全面的に省く判断もできよう。セラピーを価値から始めるという選択も，後で導入するという選択も可能である。セッションでのクライエント，セラピスト自身，行動の機能への気づきは，このような判断やACTの原理を適用する際の指針となる。

<u>コア・コンピテンシー5</u>　挑戦的努力を要する内容（例：治療中に現れるもの）のアクセプタンスをモデルとして示し，その一方で，クライエントの矛盾したり困難であるような考え，気分，記憶を，それらを解決しようとすることなく，進んでそのままにしておくようにする。

セラピストは内容と体験に対して存在し続けて，セラピールーム内で直

接的にウィリングネスを実践することが重要である。多くのセラピストが，良いセラピーとは困難な感情を解決することを意味すると教えられてきているので，これはいくぶんか困難を生じさせるかもしれない。例えば，クライエントが混乱しているとき，セラピストはクライエントの混乱を解消するため，機が熟していないのに問題解決に滑り込み，多量の情報を与えてしまうかもしれない。混乱をもっと全面的に体験することが，長期的な経過としてより良いのではないかと，十分に考察しないのだ。鍵となるのは，困難な内容を修正しようと試みないときに発生するセラピスト自身の不安を進んで体験しようとすることなのである。

イントロダクションで注意したように，初心者のACTセラピストは，ACTモデルの直観に逆行する性質について不安になりがちだ。この反応はACTの有効性研究で，ゆっくりとしか変化しないと示されている。幸いなことに，この不安が高いままであったとしても，初心者のACTセラピストが良いアウトカムを達成することは可能である[40]。なぜなら，おそらくその不安は，セラピストがただ理論的な題材をクライエントに伝達するのではなくて，ACTプロセスのモデルを示してACTプロセスと接触することを助けるからであろう。

<u>コア・コンピテンシー6</u> 体験的エクササイズ，パラドックス，メタファーを必要に応じて導入し，同じもの（エクササイズなどの対象）の字義どおりの意味づけに重きをおかないようにする。

<u>コア・コンピテンシー7</u> 常に論点をクライエントの体験が示していることへと戻すようにしていき，クライエントの意見をその偽りのない体験に対する代替とはしない。

<u>コア・コンピテンシー8</u> クライエントと論争したり，説教をしたり，強要したり，納得させようと試みたりしない。

コンピテンシーの5から8はすべて，字義どおりではなく，脱フュージョンされ，現在において，アクセプトするスタンスの採用を強調する。このスタンスでは，不確定性の中で可能となる成長が重んじられ，字義どおり

の理解は懐疑主義者の目で観察される。とくに意味づけ（sense-making）は，人間の行動に強力な引力を行使し，時には存在や行動にとって有害なほどである。ACTエクササイズ，メタファー，物語のポイントは，クライエントが自分の問題を新たな視点で理解するというよりも，ACTセラピストが心理的柔軟性というゴールをクライエントの視野の中に安定させておくという難題に取り組まねばならないということだ。つまり，クライエントが価値の追求において，行動を変える能力と持続する能力を発達させるように支援するのである。しばしばクライエントがある特定の問題をもつに至った理由を理解しようと試み，そしてそこから脱出する方法を理解しようと努力することは，そもそもクライエントを身動きのとれない状態にさせたプロセスの一部である。例えば，慢性的なPTSDに苦しむ人は，トラウマの体験を抱えながらも，もっと柔軟に生きる方法を学ぶのではなく，PTSDの問題を解決できるようになるためには，PTSDについてもっと多くのことを知る必要があると信じ，そのような理解を追及しながら長年をセラピーに費やす可能性がある。したがって，ACTのセラピストは，このプロセスに加担しないように注意するとよい。クライエントの人生を解放しようと試みるのではなくて，クライエントのマインドを変えようと試みている自分自身を発見したとしたら，そこでやめておくこと。あなたはACTを行っていないのだ。

最後の，そしておそらく一番幅広いコンピテンシーは次のとおりである。

<u>コア・コンピテンシー9</u>　ACTに関連したプロセスはその瞬間に認識され，それが適切なときには，治療関係の文脈の中で直接的に支持される。

この章の残りの部分は，治療関係に関連する点でACT理論を検討し，実践のチャンスを提供することを通して，このコンピテンシーの実施方法に焦点を当てる。

───●体験的エクササイズ：治療スタンス●────────

　あなたの現在のクライエントについて考えなさい。もしあなたが，そのうちの誰かとACTを行ったことがあるのであれば，単にエクササイズやメタファーを行うのではなく，クライエントがそれらを理解するよう，過度に懸命な努力をしている自分自身を発見したことはありますか？

　この質問に回答する前に，少し時間をとってよく考えなさい。目を閉じて，あなたがクライエントに理解してもらおうと懸命に努力しているとき，どのような感情的体験が起こってくるか考えなさい。そのようなときに，その感情から逃避しようとしないでいられるかどうか確認しなさい。

問➡　あなたが体験することについて，いくつか書きなさい。

問➡　クライエントに理解してもらう努力をやめたら，何が起こると思いますか？

問➡　自ら進んでその感情に接触し，ただクライエントと共にエクササイズやメタファーを実行する気持ちがありますか？

──────────────────────●体験的エクササイズ●──

3つのレベルでのACTプロセス：クライエント，セラピスト，関係

　治療関係のACTモデルを構築するためには，関係の3つのレベル，または側面を区別することが必要だ。クライエントの心理的プロセス，実践家（practitioner）の心理的プロセス，実践家とクライエントの間の相互作用の性質である。

クライエント

　本書の大半がクライエントの心理的プロセスのレベルに焦点を当てているので，ここでは，それにはあまり焦点を当てない。このレベルは以下のような問題に言及している。
　どのプロセスが心理的成長にとって有害であるか？　そのようなプロセスを臨床的にどのように変容できるか？　ACTの六角形モデル（p.6, 18）に記されたプロセスは，私たちの研究と臨床的活動がクライエントにとって役立つと示唆するものをうまく要約している。

実践家

　ACTの研究者と臨床家は，これらの全プロセスがセラピストの心理に当てはまること，そして，セラピストが基本的なACTの治療スタンスを最も柔軟に採用するためには，セラピールーム内での自分自身の心理的体験に対して，必ず6つのACTプロセスのワークをせねばならないと以前から主張してきた。本書は，実践家が，より大きな心理的柔軟性を確立するために踏む必要がある全ステップに明らかな焦点を当てることはしない。ACTコミュニティは，これらのプロセスがセラピストの内部で適用されるときに，セラピストがそのワークをすることを支援するために，体験的ワークショップを使う伝統がある。そして，セラピーに行き詰まったときに，ACTのセラピストが文献29のような書物を使ってACTを学習するのもよくあることだ。セラピストが自分の治療道具を調律された状態に保とうと

する場合，セラピスト自身の心理に関する6つのコア・プロセスを継続的に実践して使用することが必須となる。セラピストとしての心理的柔軟性を伸ばす方法についてのさらなる指針に関しては，付記B（p.563）を参照せよ。

以下では，セラピストに適用された各コア・プロセスを考察する。

アクセプタンス

臨床の仕事をしているとき，セラピストにとって苦しい気分や記憶が浮かんでくる。他人が傷ついているのを見るのは痛みを伴うし，その上，クライエントが体験している苦しみは，常にセラピストの体験する類似の苦しみと重複し，そこに触れてくる。他の点でも，臨床の仕事は恐ろしかったり，挑戦を挑んできたりする——例えば，自分が提供する支援に対して料金を支払っている相手を助ける方法がはっきりわからないせいで生じる苦しみなどもある。自分自身の不快に腰をすえて向き合うことに前向きでない，またはそうすることができないセラピストは，自分の不快を回避するためにセッションを構築する傾向があるだろう。意識的であろうとなかろうと，クライエントはこれを感知でき，その結果一貫性の欠如が生じると，セラピーは簡単にだめになってしまう。例えば，クライエントに不安と共に座っているように求めておきながら，セラピスト自身が事態が改善しているのかわからないという不安と共に座っていることに前向きでないとしよう。クライエントは，セッション内で自分の不安のレベルを隠して，セラピストを救済するかもしれない。この場合，クライエントは言語的に不安と共に座っているように促される一方で，機能的には不安をコントロールするように促されているのがわかる。これはクライエントにとって不可能な状況である。よって，ACTセラピストはACTを効果的に行うために，十分なレベルのアクセプタンス・スキルをもっている必要がある。

脱フュージョン

脱フュージョンも同じ問題を引き起こす。セラピストもクライエントと

ほぼ同じように，自分の思考の正しさを防衛したいと思っている。これには個人的思考も含まれるが，セラピー自体についての思考も含まれる。セラピストが，一方ではクライエントに，思考を「真実または虚偽」として，あるいは「信じるべき出来事または信じないでおくべき出来事」として扱う代わりに，ただ思考に気づいているように求めておきながら，他方ではクライエントが，セラピストによる臨床上の解釈を，実際に役立つ範囲で有用であるにすぎないものとしてではなく，事実として扱うように微妙に要求しているとしよう。これもまた，クライエントを不可能な状況におく。なぜなら，事実上，クライエントは「思考は思考として気づいていなさい。ただし，思考が私と同意しない場合を除いて。その場合は私が正しいのです」と求められているからだ。こういった理由から，ACTセラピストは自分自身の思考を思考として扱う方法を知っている必要があり，セラピーでの価値づけされた目的に役に立つ場合には，進んでそうすることが必要なのだ。

「今，この瞬間」に存在すること

クライエントと共に，「今，この瞬間」に注意してそこに留まるようにすることは，効果的なACTのワークにとって必須である。「今，この瞬間」は，クライエントとの接触（例：言われたこと，その言われ方）を含み，セラピスト自身の気分，思考，記憶，身体感覚との接触も含む。もし，セラピストが絶え間なく「今」に戻れなければ，セラピーは距離のある，予想可能な，ルールに支配された性質をもつであろうし，これはセラピーの有効性を害してしまう可能性が高い。

文脈としての自己

ACTは概念としての自己への執着を打破して，超越的な自己の体験との接触を構築しようと求める。RFTによると，ある人が体験を，「私／ここ／今」という視点から見ることを学ぶと，その人は他人（「あなた／そこ／そのとき」）が世界を違うふうに見ていることも学ぶことになり，その

視点がどのように見えるのか，感じられるのかという感覚（すなわち，共感）を発達させる。文脈としての自己に接触することは，セラピストの側のアクセプタンスを促進し，セラピストがクライエントの役に立つためにもっと柔軟になり，限定的な自己概念を放棄し，それをクライエントにモデルとして示すことを促すのだ。

価値づけされた方向性を定義すること

セラピストの側の価値づけは，効果的にACTを実施することの一部である。価値はACTモデルの他の側面に威厳を与えて，首尾一貫したものとする。ここでのゴールはアクセプタンスのためのアクセプタンスではなく，価値づけされた生き方をエンパワーするようなアクセプタンスである。セラピーそして人生において自分にとっての価値が明確になりそれに専心することは，実践家がクライエントの役に立つために心理的に困難な場所へと踏み込むようにエンパワーするのだ。

コミットされた行為

選択した価値をアクティブに追求する能力は，ACTモデルの本質である。私たちが語っているコミットメントは行為のカタチへのコミットメントではなく，機能へのコミットメントである。つまり，選択した価値につながっていることである。セラピーに関与する価値に基づいて行動するというセラピストのコミットメントは，状況次第で，セラピストの行動における持続か変化のどちらかを意味するであろう。鍵となる要因はクライエントの利益であり，狭い意味でのセラピー技法そのものではない。

関係

最後に，分析の第3のレベルは，セッションにおける瞬間瞬間に発生する治療関係の文脈と内容に，6つすべてのACTコア・プロセスを適用することを含む。一例をあげると，ACTセラピストは単にクライエントにおけるアクセプタンスにターゲットを合わせているのではなく，そして，単に

セラピーを行っている際に発生してくる，自分自身の気分をアクセプトしているのでもなく，瞬間ごとの相互作用においてクライエントをアクセプトしているのである。治療関係の文脈と内容は，この鍵となるプロセスに，活力のある瞬間ごとの表現を与えるのだ。六角形モデルの他の部分は，脱フュージョンされ，現在に留まり，意識的で，価値に基づき，アクティブで，柔軟なACTの治療的相互作用を通じて，同じように表現される。

ACTでの効果的な治療関係のコア・プロセスのいくつかをふり返ると，それらのいくつかは，おそらくセラピーのタイプには関係なく重要であると気づくであろう。例えば，セラピストはそこで追求されている治療モデルにかかわりなく，現在に存在でき，自分自身のリアクションをインプットとして用い，状況に柔軟に対応する必要がある。ACTの文脈でとくに重要になるコア・セラピー・プロセスもある。例えば，セラピストが自分自身の行動でACTプロセスのモデルを示すことによって，クライエントは利益を得られるだろう。さらに，回避的な方法でのアクセプタンスをターゲットにしたり，フュージョンされたやり方で脱フュージョンをターゲットにしたりすると反生産的となる。この章は姉妹関係と言える技法，機能分析心理療法での研究から情報を得ているが，この技法は機能的で治癒的な治療関係を生み出すことに焦点を当てている[39]。

治療関係のACTモデル

強力な治療関係のACTモデルを図9.1に示す。セラピストのレベル，クライエントのレベル，両者の社会的相互作用のレベルという治療関係の3レベルを同時に見ることができる。こういったレベルのすべてが一緒に作用して，効果的な治療関係を構成する。なぜなら，関係はふたりの人間の間のものであり，それぞれが自分自身の心理プロセスを卓上に載せるからである。

心理的柔軟性は第1章で，6つのコア・ACTプロセスを結集したようなものとして論じられた。すべてのプロセス（六角形の頂点）とそれらの相

実践家の心理　　　　　　　　　　　　　　クライエントの心理

セラピーの相互作用

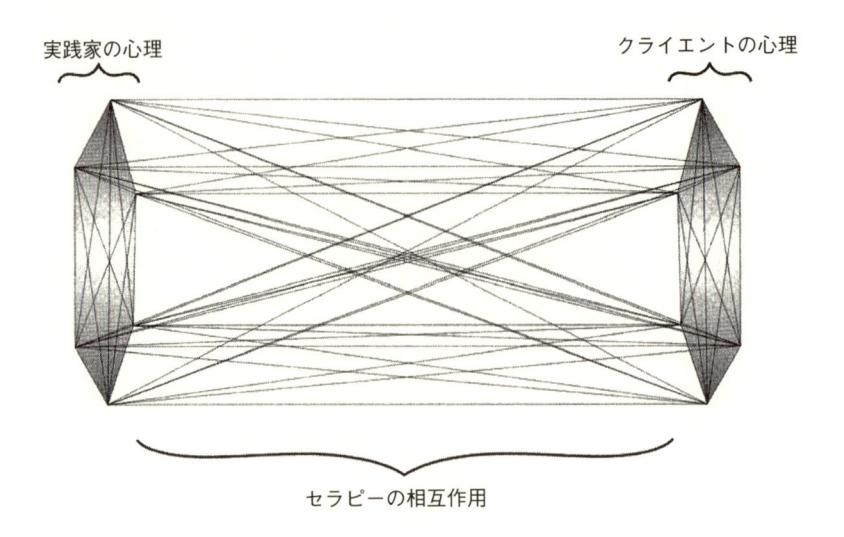

図9.1　ACT治療関係のモデル

互作用（頂点の間の線）から出現する，六角形の中心の丸として示されている。このモデルを二者関係に延長すると，これらのプロセス内部とプロセス間の相互作用の数は，図9.1に見られるように指数関数的に急増する。基本的に，**クライエントにおける心理的柔軟性と非柔軟性の具体的事例をとらえ，クライエントの心理的柔軟性のモデルとなり，それを促進し強化する治療関係を確立するように，心理的に柔軟な対応を用いる**のは，ACT実践家の役目である。

ACTを治療関係に適用する

図9.1の全関係を念頭においておけるような実践家などどこにも存在しない。そうすることが重要なのではなく，むしろわれわれの全般的なメッセージは，ACTが治療関係そのものに適用可能だということである。ここで，ACTセラピストがセッションで，クライエントの行動における心理的柔軟性や非柔軟性の具体的事例をとらえて，その瞬間にその行動に強化か挑戦を図る方法のモデルを提供する。このプロセスを通じて，ACTに合致した

治療関係がどのように感じられるかについて，セラピストの感覚を向上させてほしい。この感覚を臨床の仕事にもち込めば，クライエントはセラピストの教師兼訓練者になるだろう。そして，クライエントの心理的柔軟性が増すことで，それを生み出すセラピストの行動が支えられることになる。

　ACTを治療関係に適用するには，セラピストがクライエントの心理的柔軟性と非柔軟性をとらえることができなければならない。これらのプロセスをとらえる方法を論じるには少し時間が必要だが，モデルのこの部分は第8章も含めた本書の残りの部分で十分にカバーされているので，おそらくここではそれほど時間を使わなくてすむだろう。

　もしクライエントの行動が心理的柔軟性という点で一歩前進であれば，ACTセラピストは，心理的に柔軟なセラピストの対応を用いて，付加的な柔軟性のモデルを示し，それを促進するのと同時に，その前進の一歩を強化しなければならない。逆に，クライエントの行為に心理的柔軟性がないなら，ACTセラピストは，心理的に柔軟なセラピストの対応を通じて，柔軟なクライエントの対応のモデルを示し，それを促進させると同時に，その非柔軟性を強化しないということだ。本章の残りの部分では，その分析に重点をおく。

いつ関係そのものに焦点を当てるか

　心理療法においてすべてのACTの方法は治療関係の文脈で用いられることになるが，どのような任意の場合においても，関係そのものに焦点を当てる必要があるという意味ではない。ケースの概念化の章（第8章）で，どの任意の相互作用においても，たどることのできる少なくとも4つの対応の次元に注目した。クライエントの言葉は，内容という点でも，社会的行動のサンプルとしても，クライエントとセラピストの関係についての説明としても，象徴的な機能という点からも扱うことができる。これらのトラックのひとつひとつに対して，ACT分析が可能である。

　クライエントの側のどの言葉や行動であっても，これら4つのレベルでたどることができるが，ある任意の状況では，あるレベルが他よりも興味

深いものになる。関係そのものに焦点を当てることは，関係のレベルが他のレベルにも反映されているときや，セラピストが他の領域で力を発揮するために治療関係のレベルへのワークが必要なときに最も有用に思われる。例えば，もしクライエントが不安で回避的であり，それらのプロセスを治療関係そのものでも示すとしたら，関係のレベルでの不安と回避に対するワークには他では達成できないような即時性と直接性がある。同じように，治療関係での回避の度合いが他の治療的ワークへの干渉や妨害になる場合には，セラピストは少なくとも他の治療プロセスを過度に邪魔しなくなるのに足りる程度には，関係に焦点を当てる必要がある。

　関係そのものへの焦点づけは，治療関係の中に現れる心理的非柔軟性が，クライエントの人生の他の領域での心理的非柔軟性と機能的に関係しているときにも役に立つ。例えば，クライエントは自分の人生の重要な人々に対応するのと同じやり方で，セラピストに対応するかもしれない。例えば，もしセラピストがクライエントと自分との関係で認められるフュージョンに影響を与えられれば，これは同様の対人関係の文脈における呼応する変化にまで般化されるかもしれない。

　関係はまた，他のレベルをターゲットにするとき，アセスメントの一種として使うこともできる。例えば，クライエントが社交不安を抱えることに対するウィリングネスが大きく前進したと主張している一方で，治療関係での不安が積極的に回避されているとしたら，そのような言語による報告をもっと綿密に検討するのが理にかなっているだろう。

治療関係をターゲットとする

　このセクションでは，臨床的実践におけるひとつの特徴的瞬間を詳細に分析することで，この章でこれまでに論じられた理論を統合する。また章の後の方では，別の実例について詳しく学ぶ。治療関係のACTモデルは，関係のレベルが特別にターゲットにされているときに限定されるものではないので，ここでの例のいくつかは関係にのみ焦点を当てるものではない。

しかしながら，実例のすべてが治療関係と関係している。ついでながら，本書の主要な焦点を考えて，ACTの心理療法への適用を強調するが，同じプロセスはACTワークショップや職場や教育の現場でのコンサルテーションや，その他の環境にも適用できる。

クライエントが「うまくいっていない」と言う

最初の例として，不安障害のためのセラピーの経過がどう進んでいるかについて，クライエントがセラピストに問題を訴える状況を考察しよう。彼女はセラピストに次のようなことを言う。

> **クライエント** 私はここでちっとも良くなっていません。これはただの心理学の戯言のように思えます。

この挑戦的発言は，その内部に心理的柔軟性の側面を容易に包含しうる。例えば，クライエントが体験の回避をする方法が権威との同意あるいはすべての困難の否認であれば，セラピスト相手の混乱を含め，どのような種類のものであっても気持ちの混乱を認めることで，新しい健全な領域へと踏み込んでいっている可能性がある。

逆に，この挑戦は，回避やフュージョンの予測可能で心理的柔軟性の欠けた表現なのかもしれない。クライエントは，自分の問題が手に追えないことを指摘して，自分は正しいのだと証明しようとする「犯罪の証拠を示す策略」(corpus delecti maneuver)[訳注]（文献32, p.253）に取り組んでいるのかもしれない。これは概念としての自己とのフュージョンを示唆するであろう。あるいはクライエントは，変化という挑戦に立ち向かえば生じるであろう不安の中にまだ自ら進んで踏み込めないので，セラピストに挑戦をしかけているのかもしれない。続く何ページかの中で，ACTプロセスのひとつひとつが臨床的対応の主たるソースになりうることを示す。示される対応の実例は，しばしば複数のACTプロセスをターゲットにしている。ひ

訳注　corpus delictiが正しい綴りで，「犯罪を裏づける客観的な証拠」。

とつのACTプロセスにのみターゲットを絞った対応を示すのは，人工的で不必要であろう。なぜなら，ほとんどのACTの臨床的対応は，モデル内の相互関連性のため，複数の機能を有しているからである。

クライエントの言葉が改善を意味する場合

セラピストが，クライエントの困難な気分を認めるという能力の点での小さな前進として，その訴えを見るという想定から始めよう。この場合，セラピストの対応のゴールは，ACTプロセスのモデルを示し，それを強化すると同時にクライエントの前進を強化することである。

そこで，またクライエントが「私はここでちっとも良くなっていません。これはただの心理学の戯言のように思えます」と言うところから始めよう。

■アクセプタンスの対応

> **セラピスト**　私にそう言ってくださってありがとうございます……，この部屋でそう言うと，どんなことを感じますか？

[分析]　ACTの視点からは，多数の常識的な対応が問題になりうる。セラピストは，クライエントは混乱していて，誤解されたことは明確化する必要があると想定し，これが心理学の戯言だという感覚を説明して片づける，あるいは少なくとも解決しようと試みるかもしれない。この種の極度にフュージョンされた対応は，「これは心理学の戯言だ」と考えることが，必然的に解決が必要な内容の問題であるという考えを当然と受け取ることになる。代わりに，セラピストは良くなっていないという感覚が正当化できるものかどうかの判断を試みたり，その考えに対して防衛することを試みたりもできよう。例えば，「実際，あなたの不安スコアははるかに下がっています。なぜ，あなたは自分がまったく良くなっていないと感じるのですか？」といった対応は，クライエントからはセラピストの防衛と見られるであろう。クライエントは自分が話したような言葉を聞けば，たぶんセラピストは動揺するだろうとわかっていて，セ

ラピストが何であれ，その言葉の字義どおりの真実性を否定したり問いただしたりする動きをすれば，セラピスト自身が無能だと感じるのを防ぐ方法として見られる――そして，実際，防ぐ方法である――可能性がある。このような性質のセラピストの対応は，もしクライエントの混乱の妥当性を否定し，「私は良くなってない」と考えることは必然的に成功へのバリアであるという考えとフュージョンしていると，さらにやっかいである。

「私にそれを伝えてくれてありがとう」はセラピスト自身が進んで動揺を感じようとしていることを示す。この対応は，セラピストがとらえたと考えているクライエントが感情的にオープンになることの強化を意図している。「あなたは何を感じていますか？」という刺激は，セラピストが支援しようと試みている領域を探求するようにクライエントに働きかけるものである。

■脱フュージョンの対応

> **セラピスト** 痛いですね。それは，もっているのが苦しい思考に違いないと思います。

分析 粗野に行われると，この状況での脱フュージョンは感情的な妥当性を否定してしまう可能性が高い。これはセラピーの目的全体を台なしにする。この例では，セラピストは，クライエントが必ずしも客観的に真実か虚偽でなければならない出来事ではなく，ひとつの思考を表現していると指摘するのにちょうど十分なだけの脱フュージョンを提示しており，それと同時に一歩前進したことを支援している。この言葉にはまた，アクセプタンスの側面もある。セラピストは苦しみを認めることで，クライエントが感情的に困難な題材を表現することを正当化し，支援しているのだ。

■「今,この瞬間」に存在する対応
　セラピスト　〔間をおいて〕それは言いにくいことだったに違いありません。ふたり一緒に少し時間をとって,その言葉と一緒にこの部屋にいることがどんな感じがするのかわかるように,「今,この瞬間」に留まるようにしてみましょう。

　分析　この対応はクライエントもセラピストも両方が,「今,この瞬間」に難問を抱えていることを認めている。クライエントは話しづらかっただろうし,実践家として,これを聞くのはつらい。その難問を積極的に抱きとめつつ,一緒に現在へと戻ることを提案して,セラピストはアクセプタンスと「今,この瞬間」の重要性のモデルを示し,困難な気分の中へ踏み出すクライエントの一歩を強化することができればと考える。

■文脈としての自己の対応
　セラピスト　私がそのように感じたとしたら,本当に大変だったでしょう。あなたが今言ったことをセラピストに対して言うのは,私には難しいだろうと思います。

　分析　自己の超越的な体験は対象指示の関係フレームに基盤をおく。RFTの研究室で子どもたちがこれらのフレームを使うように訓練される方法のひとつは,例えば,子どもたちに「もし君が私で,私が君だったとしたら,君は何を体験しますか？」と質問するというものだ。セラピストがクライエントの立場に立つという単純な行為は,クライエントの意識の感覚に訴え,クライエントが心理的苦しみの中に踏み込むことを支援するという望ましい効果も示すことになる。

■価値づけされた方向性を定義する対応
　セラピスト　あなたがおっしゃったことは聞こえました。そして,その言葉について話し合う前に,ただ言わせてください。私は気が利いたこと

を言って喝采を浴びるためではなく，あなたとあなたが自分の人生で本当に望むもののために，ここにいるのです。

　[分析]　この対応はセラピストの価値を率直に述べている。これはセラピーを，セラピストが快適になる，または正しくあることではなく，クライエントに関わる契約という点から定義している。これはまた，心理学の戯言（例：気の利いたことを言う）への執着を明白に避けている。

■コミットされた行為の対応

これまでに示された対応はすべて，クライエントのニーズを優先するように企画されているので，セラピストの側のコミットされた行為と考えることができる。セラピストはこの点をよりいっそう強調した対応を構築できるが，このケースでそのようにするためには，おそらくさらなる文脈が必要とされるであろう。

すべてのセラピストの対応が，クライエントの言葉がポジティブな臨床上のワンステップであり，強力な臨床的支援を必要とすると想定している。しかしながら，セラピストがその訴えの中に，ポジティブなステップを見出さないと想定しよう。セラピストが回避とフュージョン以外，何も感知しないとしよう。そのとき，セラピストはどうするのであろうか？　これはセラピストの全体的な方略に大いに依存している。したがって，以下のセクションでは，セラピストが提供されたモデル対応を各領域での正しい対応（そしてとくに**唯一の正しい対応**）として見るよりも，自分の対応をそれぞれの分析に結びつけることが，とくに重要である。

クライエントの言葉が問題を意味する場合

もしクライエントの言葉を，セラピストが心理的に柔軟性のないものと見なすと，セラピストのゴールはネガティブなプロセスを強化せずに，ポジティブなプロセスのモデルを示し，それを促進することになるだろう。

体験の回避の場合，推定される強化子は困難な私的体験の回避である。よって，セラピストがその機能的な結果（functional outcome）を提供してしまう対応へそれないようにすることが大事だ。例えば，もしセラピストが，クライエントに進歩がないと感じる理由を長々と分析すると，そこで回避されている感情に触れることは決してないだろう。回避は時として臨床的に取り組むのが難しい。もし，回避が効果を上げると，機能的に重要なものがそこに直接的には存在しないことになるからだ。よって，セラピストは何が起こっているのかについて，抜け目のない判断をせねばならない。例えば，クライエントの言葉が不安を回避することを意図していると想定しよう。その場合，セラピストが不安気分の機先を制するような形で，軽率に対応しないことが重要である。

同じように，フュージョンの場合，推定された強化子は拡張された，一貫した関係のネットワーク，つまり「正しくあること」の防衛である。この場合，クライエントとセラピストをその関係ネットワークにより深く引きずり込むようなセラピストの対応は，どれも望ましくない。同意も反対も両方とも，そのような効果をもちうる。論理的挑戦，追従，抵抗，分析なども同じである。

こういった理由から，以下の対応のいくつかは，無理な推論に見えるかもしれない。これは，臨床的対応が正常だが役に立たない随伴性の流れから踏み出して，代わりに何らかのACTプロセスに踏み込むように意図されているときに起きる。これらの対応の構築に当たって，クライエントの訴えというカタチで表現されていると仮定された，同じ回避的でフュージョンされたパターンが，治療関係自体においても明白になると想定した。それゆえ，セラピストがレベルを内容から関係そのものへとシフトする対応もある。

ここでも，クライエントが「私はここでちっとも良くなっていません。これは私にはただの心理学の戯言のように思えます」と言うところから始めよう。

■アクセプタンスの対応

セラピスト 私はあなたが以前に他のセラピーでもそのように感じたのだろうと考えています。そうですか？ わかりました。では，この質問をさせてください。そのように感じたとき，過去には何をしましたか？ そして，それはあなたにとってどのように役立ちましたか？

[分析] この対応はクライエントに，過去の事例に戻って自分の言葉の機能を見るように求める。これは，体験の回避の合図を指摘するので，一種のアクセプタンスに基盤をおく質問である。セラピストが自分自身を防衛せず，最初に過去の事例の存在を確認して，それからクライエントの対応を，字義どおりの意味での真実性や虚偽性ではなくクライエントにとって機能する可能性と結びつけていることに注目すること。セラピストは答を有利になるよう仕向けているのではない。セラピストは知りたがっているのだ。

■関係そのもののレベルにおけるアクセプタンスの対応

セラピスト あなたは，私があなたを失望させてがっかりさせるだろうと恐れているのですか？

[分析] セラピストは，訴えを治療関係そのものについての発言として解析している。可能性のある機能について推測することで，セラピストは困難な感情のアクセプタンスのモデル呈示と促進の両方をしている。その推測が不正確であっても，クライエントはおそらくセラピストが冒したリスクを理解しそれに感謝して，この関係を困難な気分を述べられる場として定義するであろう。

■脱フュージョンの対応

セラピスト この質問をしていいですか？ その思考は，あなたにどのくらい近いものですか？ それがあなたの真上にあるように感じますか？

それとも，私たちの間のスペースに少々浮かんでいるように感じますか？　もし，この紙切れが「私はまったく良くなっていない」という思考であるとしたら，今現在，それがあなたからどのくらい離れているのか，私に見せていただけますか？

>[分析]　これは率直な脱フュージョンの対応である。思考の産物からばかりではなく，思考のプロセスを見ているからである。この対応をこの章に含めた理由のひとつは，脱フュージョンが通常の社会的相互作用から大きくはずれているので，関係志向のセラピストには時に本質的にクライエントの正当性を否定するものとして見られるからである。しかし，この対応がそのような効果をもつ可能性はとても低いように思われるということが，私たちの主張の一部である。

■関係そのもののレベルにおける脱フュージョン対応

セラピスト　興味深いですね。もし私たちがその思考をそれが意味するとおりに受け取れば，あなたが実際に進歩しているのかどうかということを扱う必要があるでしょう。そして，もしあなたが腹の底から，そうすることに価値があると感じるならば，私たちはそうすることができます。けれども，私は，ここで扱うべきもうひとつの領域として，私たちが恐れたり困難を感じるプロセス自体についての思考を抱いているときに，私たちの関係や，私たちが行おうと計画することを見てみるということがあるのではないかと思います。

>[分析]　この対応も，治療関係そのものが，クライエントの言葉の焦点の一部であるという考えに基盤をおくものだ。これは脱フュージョンをとくに柔軟性と結びつけている。それは，複数の方法で——字義どおりであろうとなかろうと——心配に対処できるようになり，このプロセスを関係の内部に位置づけられるようになるという柔軟性である。

■「今，この瞬間」に存在する対応

セラピスト 〔セラピストの椅子をクライエントの椅子の隣に動かして，同じ方向に背を向けるようにして〕まさに今，まさにここで，セラピーがどこにも到達していないと考えると，私たちふたりはどのように感じるかということに接触できるでしょうか？ そして，その思考を私たちの前のそこの床において，それを見つめているうちに姿を現すものを，私たちふたりでもっと詳細に見つめましょう。

分析　この対応は脱フュージョンと現在との接触を混ぜ合わせている。字義どおりのレベルでは，クライエントの訴えはセラピストとクライエントの間の明白なバリアである。2つの並んだ椅子は，両者の前に題材をおくことと組み合わさって，脱フュージョンされた，現在に焦点を当てた治療同盟のメタファーとなる。まるでセラピストが「私たちの心配や判断は，私たちの関係へのバリアではありません。そうではなくて，それらは私たちのセラピー・ワークの正統な焦点の一部なのです」と言っているかのようである。この動きはまた，別の時間と場所についての話からそのワークを引き離し，これらの反応を「今，この瞬間」におく。

■文脈としての自己の対応

セラピスト　奇妙な質問に思われるかもしれないのですが，あなたは今現在，何歳であるように感じますか？

クライエント　〔間をおいて〕7歳くらいです。

セラピスト　けっこうです。少しの間だけ，その7歳児の中に入り込むことができるでしょうか？ どうするのか，言いますよ。目を閉じて行うエクササイズのひとつとしてやってみてもいいですか？

クライエント　いいですよ。

セラピスト　けっこうです。やりましょう。そして後でこれをもっと分析

できます。あなたに，7歳のときに住んでいた場所を思い描いてほしいのです。そして心の目で……〔「小さな子ども」エクササイズを続ける。その中でクライエントは，7歳であることをどのように感じたのか，詳細な検討をさせられ，その子どもに話しかけ，必要としているものを聞くようにと求められる〕

[分析] この動きは回避を学習経験的に位置づけられた出来事として扱う。このエクササイズはクライエントを7歳児の身体へと移して，「私／ここ／今」を異なる文脈へと移動する。この文脈は現在の戦いに対して，より大きな視点の感覚を可能にするものだ。

■価値づけされた方向性を定義する対応
　セラピスト　では，ただそれと共に進みましょう。「これは効果が出ていない」ということと一緒に進むのです。あなたが人生で望むもので，もしそれが真実であったならば，失っているであろうものは何ですか？

[分析] 私たちは自分の価値の内側に自分の痛みを発見し，自分の痛みの中に自分の価値を発見する。この動きは戦いを価値の中に位置づけ，それが今度は戦いそのものに異なる意味を与える。

■コミットされた行為の対応
　セラピスト　なるほど。あなたにこの質問をさせてください。セラピーを先に進めるために，あなたが手放さなければならないのではないかと疑っているものは何ですか？　そして，もしそれが苦痛だけれどする必要のあることだと理解しているなら，その方向に私たちが一緒に動くためには何がいるのでしょう？

[分析] この応答は，本質的に，クライエントがある治療関係に進んでコミットすることができるかどうかを質問している。それは，クライエン

トがどのように役に立つ可能性があるかを理解できれば，効果的なものになるような治療関係である。

■要約

ACTと関連した単独のプロセスが，各例で最も優勢な位置を与えられているという意味で，これはある程度，人工的なエクササイズである。ACTの介入過程におけるほとんどの臨床的対応は，ACTに基盤をおく多くのプロセスが混合したものだ。しかし，問題をある程度，無理押しすることで，そうしなければ回避されたり誤解されたりしかねない適用領域を説明できるのだ。

効果的な治療関係の構築はACTの中核にある。幸運にも，そのようにするのに必要とされる初期的なスキルは，ACTそのものの中に存在する。本質的に，方略的な規則は以下のとおりである。ACTが実行できる文脈を作り出すプロセスの中で，ACTを適用せよ。そして，心理的変化のモデルを示し，促進し，支援しながら，ACTを治療関係そのものに適用せよ。

このセクションの例が，治療関係の決裂に対処しているときに使う雛形を提供していることに注目すべきだ。セラピストは全面的に，そして防衛なしで，自分の役割に対しての責任をとる必要がある。ACTプロセスのモデルを示しつつ，焦点をクライエントに移行することを防衛的に試みたりせずに実行する必要がある。それから，共有された価値に基づいて，プロセスの各段階でやはりACTプロセスのモデルを示しそのプロセスを促進しながら，治療契約を再度組み立てて再度確認する必要がある。

コア・コンピテンシーの実践

このセクションでは，モデル対応を見る前に，最善を尽くしてクライエントの言葉への対応を生み出すように努めてほしい。懸命に努力をして，なおもがんばれば，最大の学習ができるであろう。自分自身の対応を生み出す努力をする際に，この章のこれまでの例を自由に見直してかまわない。

クライエントが「ものごとはうまくいっている」と言う

うつの23歳の女性が過食症の体験を抱えてセラピーに来る。彼女は自己批判的な傾向があり，表面的にはポジティブな言葉（例：「私は元気そのものです」）の壁の後ろに自分自身を隠しがちである。前回のセッションで，セラピストはクライエントが良く見えるように努めるよりも，本当にいる場所について，セッションで正直になるようにと懸命にワークをした。

> **クライエント** すばらしい1週間でした。私たちが一緒にしたワークのおかげだと思います。気分が良く，よりオープンで，摂食の問題はうまくコントロールされています。

クライエントの言葉は，（彼女のベースラインの状態を考えると）より大きな心理的柔軟性に向けての進歩であると想定してみる。「私は気分が良く，よりオープンです」というのは回避についての語り方ではないと，セラピストはかなり確信している。セラピストはクライエントに関する知識とセラピーでの現在の文脈に基づいて，クライエントが自分自身の思考や気分にもっとオープンであるということを主に意味していると考えるが，「気分が良い」というのは感情を感じることがうまくできているということよりも，感情の内容の方に焦点が当てられているのではないかという心配を少々抱いている。

エクササイズ9.1

あなたは，ポジティブなACTプロセスを，モデルを示し，促進し，強化したいと思っています。このエクササイズでは，最初に対応のリストを読みなさい。この対応のひとつひとつは主としてアクセプタンス，脱フュージョン，「今，この瞬間」に存在すること，文脈としての自己，価値づけされた方向性を定義すること，コミットされた行為を，具体的に説明しています。対応のいくつかは複数のACTプロセスを含んでいることに気をつけ

なさい。あなたの課題は一番中心となるプロセスを特定することです。

対応1「すばらしい。それで，あなたがそのように言うと，ここに何が現れますか？」

対応2「ありがとう。私は実際，あなたが気分良く感じているだけではなくて，私たちが一緒に行ったことに基づいて，気分良く感じているのだと思います。それが私にとってとくに意味のあることです。あなたが困難な場所へと踏み込んでいき，それから，そこで為すべき新しいことを発見しているのを目にするということです」

対応3「ええ，私はあなたが前進してきていることがわかります。あなたに，ワークの次の段階でも私がそこに存在することを知ってもらいたいのです。何が必要になろうとも」

対応4「時々，私のマインドは私に，ここで心配すべきことをたくさん与えます……あなたにもそれが起こっていると知っています。そして，私は私たちがマインドのおしゃべりをすべて超越した高さでワークするように，自分自身にスペースを与えたら何が可能となるか，理解し始めていると思います」

対応5「私にとって重要なのは，これはあなたとあなたが自分の人生で望むものをテーマとしているということです。それが起こっているのを目にするのも，過去の体験があなたに与えているものではなくて，自分の大切に思うものを自分の指針にしているのを目にするのもすばらしいことです」

対応6「あなたには，このプログラミングのすべてに気づきながら，なおも選択をする能力を有する部分があるのですね，そうでしょう？

もし，あなたが自分自身に賛成できるならば，それは『最初に私たちが勝ち，それから私たちはプレーをする』ということになります。なぜなら，あなたのその部分は，そもそも完璧なのですから。よくはわからないのですが，それはあなたが気づいている変化の一部のように思われます。あなたは自分自身に意識的な人間として姿を現すことを許しているのです」

問➡ ＿＿＿に対応の番号を書いて，これらの対応をACTプロセスと組み合わせなさい。

　　　＿＿＿　アクセプタンス

　　　＿＿＿　脱フュージョン

　　　＿＿＿　「今，この瞬間」に存在する

　　　＿＿＿　文脈としての自己

　　　＿＿＿　価値づけされた方向性を定義する

　　　＿＿＿　コミットされた行為

答えはこのページの下に上下逆向きに示されている。

　　　　　　　＊　　　＊　　　＊

今度は，この言葉が主として心理的非柔軟性を反映していることを示唆するような異なる文脈を想定せよ。この場合，セラピストはクライエントの「すばらしい1週間でした。私たちが一緒にしたワークのおかげだと思います。気分が良く，よりオープンで，摂食の問題はうまくコントロールされています」という発言は，偽りのポジティブな——彼女自身に対してと，とくにセラピストに対しての——見せかけを表現していて，使い古さ

2, 4, 1, 6, 5, 3

第9章　ACTの治療スタンス：ACTを実行するためのACTの使用　459

れたものであると考える。セラピストは，「すばらしい1週間でした」は彼女が多くの挑戦を要することに直面しなかったという意味であり，「私たちが一緒にしたワークのおかげだと思います」は，セラピストがもっと綿密に見ることを妨げるためのアメであると推測する。セラピストは，「気分が良く，よりオープンである」というのは新しいACTの服をまとった使い古しの感情のコントロール・アジェンダにすぎないと考え，「摂食の問題はうまくコントロールされています」には，抑圧的な回避をほのめかす以上の含みがあると考える。

　以下のエクササイズで，あなたはポジティブなACTプロセスのモデルを示し促進しながら，不健全なプロセスを強化せずに，関係を構築したいと思うだろう。各エクササイズでセラピストの対応のリストを提供するが，そのうちのひとつがそのエクササイズの焦点であるプロセスの事例として最善である。最も好ましくない対応が妥当なものではあるがACTプロセスを例示していないものもある。またACTプロセスに合致するものの非柔軟性の源が強化されるのを許してしまうものもある。さらに単純に弱い対応であるものもある。それぞれのケースで，目的を思い出して，最善と思われるものを選ぶこと。

　ここでも，クライエントは「すばらしい1週間でした。私たちが一緒にしたワークのおかげだと思います。気分が良く，よりオープンで，摂食の問題はうまくコントロールされています」と述べる。

エクササイズ9.2

問➡　アクセプタンスを最もよく例示する対応を選び，＿＿にチェック印を入れなさい。

　　＿＿＿「ええ，ものごとがうまく進んでいるときには，私も気分がとても良くなります」

　　＿＿＿「ふむ。私はそのようなことを聞くと少々緊張します。気分が良

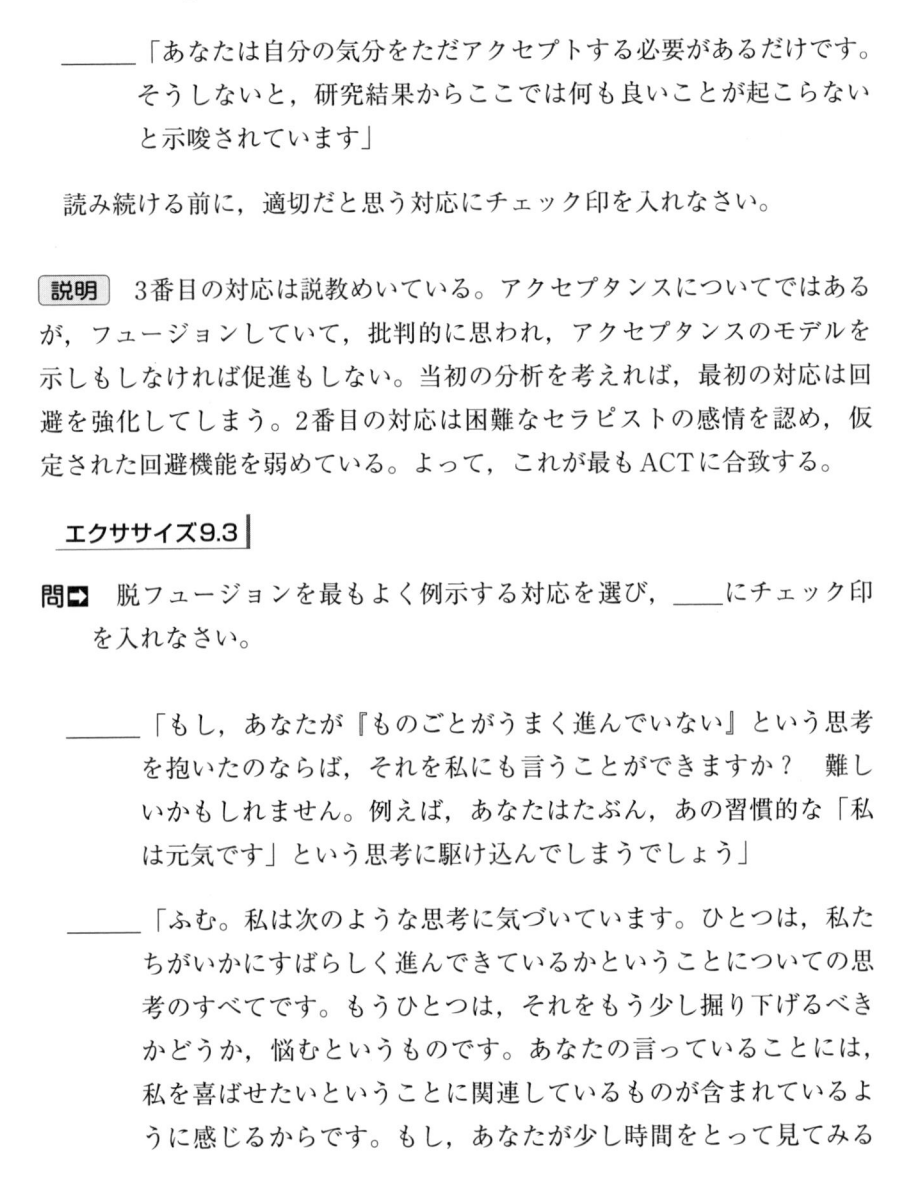

くなるというのは，私たちがここでしようと試みていることですか？」

_____「あなたは自分の気分をただアクセプトする必要があるだけです。そうしないと，研究結果からここでは何も良いことが起こらないと示唆されています」

読み続ける前に，適切だと思う対応にチェック印を入れなさい。

説明　3番目の対応は説教めいている。アクセプタンスについてではあるが，フュージョンしていて，批判的に思われ，アクセプタンスのモデルを示しもしなければ促進もしない。当初の分析を考えれば，最初の対応は回避を強化してしまう。2番目の対応は困難なセラピストの感情を認め，仮定された回避機能を弱めている。よって，これが最もACTに合致する。

エクササイズ9.3

問➡　脱フュージョンを最もよく例示する対応を選び，____にチェック印を入れなさい。

_____「もし，あなたが『ものごとがうまく進んでいない』という思考を抱いたのならば，それを私にも言うことができますか？　難しいかもしれません。例えば，あなたはたぶん，あの習慣的な「私は元気です」という思考に駆け込んでしまうでしょう」

_____「ふむ。私は次のような思考に気づいています。ひとつは，私たちがいかにすばらしく進んできているかということについての思考のすべてです。もうひとつは，それをもう少し掘り下げるべきかどうか，悩むというものです。あなたの言っていることには，私を喜ばせたいということに関連しているものが含まれているように感じるからです。もし，あなたが少し時間をとって見てみる

としたら，先週のまとめにはどのような思考が現れますか？」

＿＿＿＿「すばらしい1週間であったという考えを証明する証拠が何であるか，お話し願えますか？」

読み続ける前に，適切だと思う対応に印をつけなさい。

説明　最後の対応は，ある思考が真実である証拠を求めている。これはACTで禁止されてはいないが，まれにしか使わないであろうし，脱フュージョン技法ではない。他の対応は両方とも脱フュージョンに焦点が当てられていて，両方とも仮定された回避に直接対決している。どちらもACTの視点から見て理にかなった対応である。

エクササイズ9.4

問➡　「今，この瞬間」に存在することを最もよく例示する対応を選び，＿＿にチェック印を入れなさい。

＿＿＿＿「私たちのワークで，あなたが一番役立つと思うのは何ですか？」

＿＿＿＿「では，まさにここで，『今，この瞬間』において，あなたの摂食をコントロールできていることについて，どう感じていますか？」

＿＿＿＿「それを話し始める前に，3回深呼吸をして，ここに存在して一緒にワークすることがどのように感じるかということに向き合いましょう。そうしてもかまいませんか？」

読み続ける前に，適切だと思う対応に印をつけなさい。

説明　最初の対応は相対的にフュージョンしており，実際ものごとがうまくいっていると想定しているので，あなたが回避の動きだと推測しているものを強化しかねない。次の対応は現在に到達しようという，ややぎこ

ちない試みである。摂食をコントロールすることに関連しているので、これもまた、あなたが抑圧的な回避のひとつのカタチであると恐れているものを強化するかもしれない。最後の対応はとくに優雅ではないが、何であれ、次にやってくるものを「今、この瞬間」におき、発言されたことのネガティブな側面をとくに強化することを回避している。与えられた選択肢の中では最善である。

エクササイズ9.5

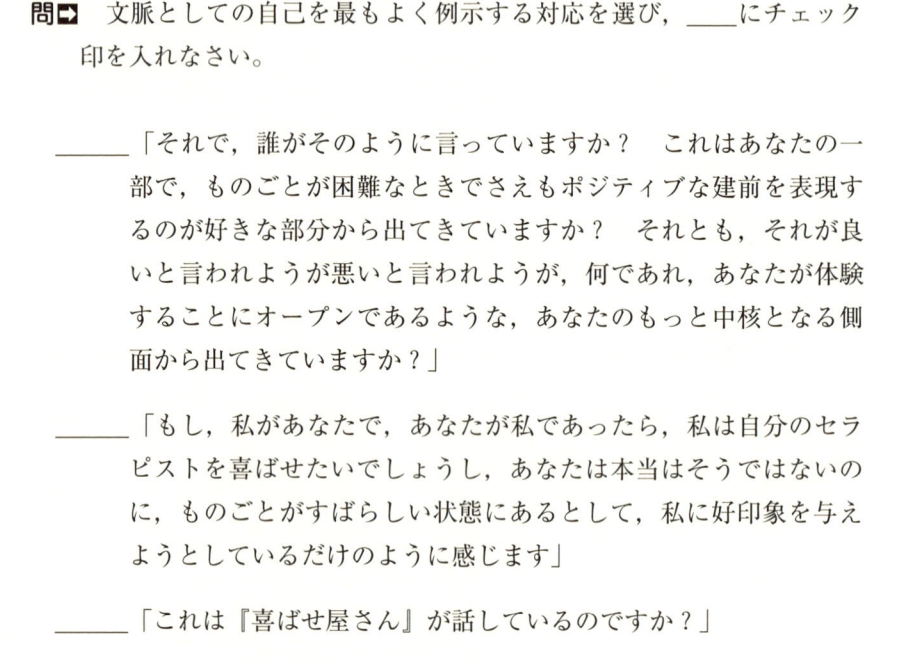

問➡ 文脈としての自己を最もよく例示する対応を選び、＿＿＿にチェック印を入れなさい。

＿＿＿「それで、誰がそのように言っていますか？　これはあなたの一部で、ものごとが困難なときでさえもポジティブな建前を表現するのが好きな部分から出てきていますか？　それとも、それが良いと言われようが悪いと言われようが、何であれ、あなたが体験することにオープンであるような、あなたのもっと中核となる側面から出てきていますか？」

＿＿＿「もし、私があなたで、あなたが私であったら、私は自分のセラピストを喜ばせたいでしょうし、あなたは本当はそうではないのに、ものごとがすばらしい状態にあるとして、私に好印象を与えようとしているだけのように感じます」

＿＿＿「これは『喜ばせ屋さん』が話しているのですか？」

読み続ける前に、適切だと思う対応に印をつけなさい。

説明 最初の2つの対応は文脈の自己へのアピールを含んでいる。2番目のものは、対象指示の関係（「もし、私があなたで、あなたが私であったら」）を通じてそのようにしているが、リスクがより大きくもある。なぜなら、

クライエントがもっとオープンな自己の体験に接触するのを支援するよりもむしろ，動機づけに関するセラピストの推測が正しいという方向に強く動いているからだ。セラピーの中でくり返しワークをしてきた長期的なパターンの一部でないのであれば，セラピストはおそらく最初の応答のような，もっと柔らかいことを言うのが賢明であろう。3番目の対応は差し支えないかもしれないが，概念としての自己からの脱フュージョンを促しうるという間接的な意味で，文脈としての自己に結びついている。

エクササイズ9.6

問➡ 価値づけされた方向性の定義を最もよく例示する対応を選び，＿＿にチェック印を入れなさい。

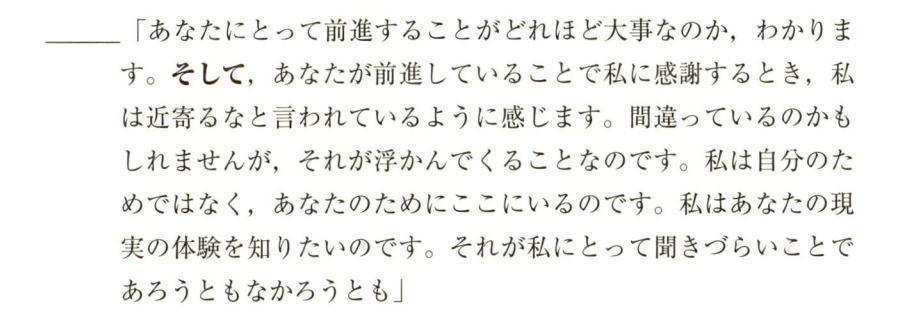

　　＿＿＿「あなたにとって前進することがどれほど大事なのか，わかります。**そして**，あなたが前進していることで私に感謝するとき，私は近寄るなと言われているように感じます。間違っているのかもしれませんが，それが浮かんでくることなのです。私は自分のためではなく，あなたのためにここにいるのです。私はあなたの現実の体験を知りたいのです。それが私にとって聞きづらいことであろうともなかろうとも」

　　＿＿＿「今すぐに，あなたの人生の役に立つことを行うのが重要に思われます。そして，オープンであることは，閉じているよりも役に立つ価値です。それで，あなたは今現在，私に対して，オープンになっていますか？」

　　＿＿＿「けっこうです。あるものを確認するようにお願いしてよいですか？　あなたが私にそのように言うとき，それは何を目指していると思いますか？　その言葉そのものを言うときということです。すぐに答えないでください。手を伸ばして求めているものが何かということ――その小さな瞬間に反映された，あなたが本当に望

むもの——に対して，オープンになれるか試してください」

読み続ける前に，適切だと思う対応に印をつけなさい。

[説明] 2番目の対応は，セラピストがクライエントに何を価値づけするか教えていて，これはACTにおいては深刻な過ちである。ここでの役に立つかどうかということは選ばれた価値に関するものであるから，2番目の対応は馬の前に馬車をおくように本末転倒である。最初と3番目の対応の方が良い選択肢である。セラピストは文脈次第で，選択できよう。最初の対応の方が決定的で指示的であり，3番目はもっと試験的で探求的である。

[エクササイズ9.7]

問➡ コミットされた行為を最もよく例示する対応を選び，＿＿にチェック印を入れなさい。

＿＿＿「もし，摂食障害から回復することにコミットしているのであれば，私たちが考え出した食事計画にしたがうことに本当にコミットする必要があります」

＿＿＿「私たちはここで，あることをできるでしょうか？ 私はこれが真実で，あなたの言ったことは真実ではないと言っているのではありませんが，一緒に私たちが難しい場所に入っていけるかどうか，試してみたいのです。私の椅子をあなたの近くに動かします。私の目をまっすぐに見て，『昔からのパターンをくり返しているときでさえ，私は大丈夫なのだとあなたに考えさせようと試みます』と言う——そして，私にとってはあなたが言うのを聞く——ことがどのように感じるものか，確認してほしいのです」

読み続ける前に，適切だと思う対応に印をつけなさい。

[説明] これらの応答は書くのも心に描くのもやや難しい。コミットされた行為は単なる表現ではなく，行為のパターンであるからだ。最初の対応はクライエントを食事計画にコミットするように押しているが，説教めいていて，おそらくクライエントがセラピストを喜ばそうとし続けるという結果になるであろう。2番目の対応はこの問題に直接向き合うので，大胆かつ少々リスクはある一方で，より良い対応である。

*　　　*　　　*

クライエントが何かの説明を望む

　次の一連のエクササイズは，おそらく本書全体のうちで最も難しいものの中に入る。これらのエクササイズでは，クライエントの対応が心理的柔軟性の増加を示すときも示さないときも，コア・ACTプロセスのそれぞれへの対応を生み出す必要がある。
　自分が流暢で効果的と思われるやり方で対応しようと奮闘していることに気づくかもしれない（私たちはそうであった）。このようなエクササイズを含めるのは危険である。読者が自分の奮闘に気づいて，それは自分がうまくやっていない，または理解していないという意味だと思ったり，あるいはACTは自分に向いていないと感じたりする可能性があるからだ。こういったメタ認知的情報は誤解を招きうる。これが音楽家のための複雑な音階のように，レパートリーを広げて磨き上げるために企画された，いくぶん人工的なエクササイズであることを知っておいてほしい。このようなゴールは，どうにも本質的に難しいのである。
　このプロセスの全般的ターゲットは，心理療法関係の瞬間に起きる，クライエントの柔軟性や非柔軟性の表現に効果的に対応して，クライエントの心理的柔軟性を増すことである。セラピストは，セラピストの側の心理的柔軟性のモデルを示すこと（例：「私は自分が何を言っていいのかわからないと考えていることに気づいています。私を救済する必要はありません，私はそれと共に座っていられます。それでも，そのことを伝えたかったの

です。あなたもこれについて，そのように感じることがありますか？」）や，直接的に関係をターゲットにすること（例：「その思考から，私たちの関係についてのどのような感情が連想されますか？」），あるいはACTに合致する方法で関連性のある行動の事例に対応すること（例：難題を呈するコメントをアクセプトする），などを含んだレベルで対応ができる。

　ここに，これらのエクササイズを完成するためのヒントをいくつかあげる。対応を生み出すひとつの方法は，前に示したモデルを見ることである。これらの対応をかなり直接的に模倣すれば，効果的な対応に近づくための最初の考えが得られる。さて，これはACTに合致する対応へのより容易なルートではあるが，学習が少なくなり，ACTを「その瞬間に」実行するとは何を意味するのか，という感覚もあまり得られない結果になる可能性も高い。より柔軟性を高めるため，カタチにおいてはあまりモデルと類似しないが，同じプロセスをターゲットとした対応を生み出すように勧める。あなた自身の声をその中にもち込むようにするとよい。これを行うリソースのひとつは，考察中の特定プロセスに対するコンピテンシーのリスト（全コンピテンシーのリストに関しては，p.567 付記Cを参照）を参照することである。これらのコンピテンシーは，過度に創造性を制限せずに一般的なガイダンスを与えてくれる。自分自身の心理的プロセス（これは偽りのないものである必要がある）という点で，心理的柔軟性のモデルとなる対応を生み出すこともできる。あなたの柔軟性をさらに拡大するために，複数の対応を生み出すことを考慮すること。

　最後の一連のエクササイズに関しては，モデルとしての対応は提供しない。非常に多様な対応が考えられ，特定の対応をしてしまうと，期せずしてセラピスト行動の狭小化につながりうるからである。あなたの対応へのフィードバックをぜひにと望むなら，www.learningact.com の掲示板でこれらのエクササイズのことを論じることができる。

第9章　ACTの治療スタンス：ACTを実行するためのACTの使用　467

　物質乱用をしている39歳の男性がセラピーに来る。彼は最近，28日間の解毒プログラムおよび物質乱用治療を受けていた。既婚で，ティーンエイジの子どもがふたりいるのだが，彼はアルコール，マリファナ，スピードを乱用している。過去において，彼はものごとを考えすぎる傾向にあり，強迫的とも言える状態で薬物を使いがちであった。彼は自分自身を，努力家で変化への動機づけができている，と表現している。

> **クライエント**　やっています。やっているんです。一日に一回。私は例の『〈あなた〉の人生を始めるための…』という本さえ使っています。本当に助かります。今週，私はあの価値についての部分を読みました。でも，質問があるのです。私にはゴールの方が価値よりも大切に思えます。ゴールというのは，実際に達成できるものだからです――そして私には自分のゴールははっきりしています――。けれども，価値というのは，いわば遠く離れたところにあって，私の価値が本当は何であるのか，自信がありません。それに，選び方もわかりません。どうして価値がそれほど重要なのか，説明してくださいますか？　そして，いずれにしても，私はどうやったら自分の価値を知ることができますか？

エクササイズ9.8

　クライエントの言葉は，（彼のベースラインの状態を考えると）より大きな心理的柔軟性に向けた進歩を含んでいると想定してみなさい。例えば，クライエントが本当に選択としての価値にオープンになってきていると，あなたはかなり自信をもっています。この場合，あなたはポジティブなACTプロセスを，モデルを示し，促進し，強化したいと思っています。

問➡　あなたの対応は複数のACTプロセスを含むでしょうが，6つの異なる対応を書きなさい。そのそれぞれがコアACTプロセスのひとつを強調するように。

アクセプタンス：

脱フュージョン：

「今，この瞬間」に存在する：

文脈としての自己：

価値づけされた方向性の定義：

コミットされた行為：

エクササイズ9.9

　今度は，同じクライエントの言葉の大半が心理的非柔軟性を示すと想定しなさい。この場合，あなたは，クライエントは価値を理解する努力に絡めとられていると考えますが，彼は本当に価値に基づいた方法で行動しているのか疑っています。知的な質問は，変化に向かってステップ・アップする代わりに，ものごとを解明することでセラピーのスペースを埋めるための策略だと考えるのです。

問➡　ここでも，あなたの対応は複数のACTプロセスを含むでしょうが，6つの異なる対応を書きなさい。そのそれぞれがコアACTプロセスのひとつを強調するように。

第9章　ACTの治療スタンス：ACTを実行するためのACTの使用　469

アクセプタンス：

脱フュージョン：

「今，この瞬間」に存在する：

文脈としての自己：

価値づけされた方向性の定義：

コミットされた行為：

エクササイズ9.10

　あなたが出会ったクライエントの言葉で，興味深いが自分にとって難しくもあったと考えるものを特定し，前記と同じプロセスを最後までワークしなさい。あなたがACTプロセスのモデルを示し，促進するのと同時に，前進の一歩を強化しようとしているのか，あるいは，なおもACTプロセスのモデルを示し，促進するのと同時に，ACTと合致しないステップの強化を回避しようとしているのか，決定しなさい。ここでの言葉の例には，あなたを窮地に追いやったと感じるようなクライエントの発言，対応方法がわからなかった言葉，対応に努力を要したセッション内の行為を含みます。

問➡　過去の臨床での出会いから，ひとつ特定の言葉について考えて，与

えられたスペースに書きなさい。
クライエントは次のように言う：

問❯ 次に，個々のプロセスを反映する，ACTに合致した対応を書きなさい。それぞれの場合において，あなたが対処しようと選ぶ対応のレベルも考慮しなさい。言いかえれば，内容，社会的相互作用の例としての言葉，治療関係という点での言葉，それが具現化する象徴的・機能的プロセスの点での言葉として聞くことができるということです。

アクセプタンス：

脱フュージョン：

「今，この瞬間」に存在する：

文脈としての自己：

価値づけされた方向性の定義：

コミットされた行為：

---●体験的エクササイズ：平地を探す●---

　このエクササイズは，あなたとあなたのクライエントは根源的に異なってはおらず，同じ布から切り出されているというスタンスでの実践が目的です。

問➡ あなたが診た一番難しいクライエントは誰でしたか？　ここにその人の頭文字を書きなさい。　＿＿＿＿＿

問➡ この人物を描写する形容詞のリストを作りなさい（少なくとも6〜12個はあげなさい）

問➡ あなたの家族，子ども時代，過去の体験から，これらの形容詞のどれかが，あなたに自分自身の過去を思い出させるか考察しなさい。1〜2分間，それについて書きなさい。

問➡ 自分自身を見て，自分に問いなさい。これらのいずれかが自分の中のどこかにあるでしょうか？　これらのどれかが自分に関して言えるものでしょうか？　もし，そうであれば，1〜2分間，それについて書きなさい。

　以上のエクササイズが終わった後で，次の質問を考察しなさい。

問➡ このエクササイズを行うのはどうでしたか？

問➡ それを行うに当たって，躊躇したり抵抗したりしましたか？そうであれば，何を感じることに抵抗していたのでしょうか？それに対して，オープンになれますか？

問➡ もし，あなたがこの別の人物のいくつかの部分を自分自身の中に見ているのならば，自分の中のそのような部分に対して，どのように向き合いますか？　温かく，歓迎していて，共感的でしょうか？　あるいは，それはあなたが変えようと懸命に努力してきたものですか，あきらめてしまったものでしょうか？

―――――――――――――――――――●体験的エクササイズ●―――

―・―・― さらに情報を入手するために ―・―・―

○治療関係についてもっと知るには，文献32の第10章「効果的なACT治療関係」（pp.267-280）を参照。

○ACTにおける治療関係をもっと理論的に扱ったものとしては，文献48を参照。

○強力な治療関係の創出に対する行動分析的な見解については，文献39を参照。

第10章

ACTというダンスの踊り方

> あなたが何とかして変えようと戦っている存在があなた自身ではない（文脈としての自己）ということに気づいたとしたら，あなたはその存在を……，それが何と言っているかではなく，それ自体を（脱フュージョン），身構えることなく，すべてあるがままに自ら進んで受け入れ（ウィリングネス／アクセプタンス）……，あなたが選択した価値の方向性へと（価値づけ）あなたを導く行動（コミットされた行為）を，今この状況で（「今，この瞬間」に存在すること），自ら進んで実行するだろうか？
> —— Wilson, Hayes, Gregg, & Zettle（文献60, p.235）

　社交ダンスを習うときには，まずダンスの基本的な要素をくり返し練習することから始める。くるくる回転する，リードする，足の指の付け根のふくらみにそっと体重をかける，基本的なステップ，リズムを保つ，ということである。これらの各側面のそれぞれについて技術を上達させた後，それらをまとめてなめらかな形に仕上げる方法を学ぶ。上達するにつれて，あなたは即興で踊るようになる……，ここにはくるっと一回転を加えよう，そこでは大きく手を動かすようにしよう……，そうしてついにダンス全体が，これらのより小さな部分から作り出された即興となるのである。最終的に，流れるように，速く対応ができるようになるだろう。すいすいとフ

ロアの上を他のダンサーたちの間を縫うように進み，パートナーの技量に応じるとともに，演奏されている曲にぴったりと合わせられるようになるのである。

このメタファーは，ACTを学ぶプロセスにも通じる。本書では大部分を通して，ACTというダンスの構成部分に焦点を当てている。各部分はそれぞれ単独で理解される必要があり，したがって，セラピストはそれぞれの部分で基本的な流暢さを身につける必要がある。ACTプロセスがそれぞれ単独でも効果的であるということはACTの研究者によって日々明らかにされているところであるが，それでもやはり，これらの個々の動きは，一緒になって初めて，ダンスとなるのである。

第8章では，包括的に事実を概念化していく中でACTの全プロセスを概念的に統合する実践を行った。また第9章では，治療関係において多様なプロセスがどのようにまとまるかの検討を開始した。そして今，一般的なACTのセッションが進行していく中で多彩なACTのプロセスがどのように統合され，連続してつながっていくかを理解していただくために，さらにもう一歩，押し進めることにする。本章では，プロセスを相互に組み合わせた例をいくつか紹介するとともに，実践エクササイズを行う。本章のエクササイズが，これらの基本パターンを用いて即興で対応し，実験し，介入するために役立つことを願っている。

学習の便宜上，6つのACTプロセスはたいがい，あたかも分離したプロセスであるかのように示されてきた。しかし実際には，これらは相互に密接により合わさっていることが多く，セラピストは即座に敏感に反応してプロセスからプロセスへと移行し，現在の文脈に応じてプロセス同士をより合わせているのである。もちろん，そうは言っても，ACTでは特定のセッションで単独のプロセスに重点をおくということもしばしばある。

ACTは一般的に，2つの基本的なパターンから実施されてきた。第一のパターンでは，まず現在の心理システムの土台を弱めること，もしくは創造的絶望から取り組み始める。そうすることで，何か新しいものが導入されうるよう，システムに最初の風穴を開けようというのである。このあと

は通常，引き続き，最初のウィリングネスのワークに入る。これは，「コントロールこそが問題」という考えに焦点を当てたものである。さらに次に，かなりの量の脱フュージョンのワークが続き，基本的な概念ややり方について，例をあげて説明する。このプロセス全体を通じて，ホームワークがふんだんに利用される。その後，文脈としての自己が導入され，展開される。そして，価値のアセスメントと明確化を行う。このとき，コミットされた行為という考えが導入されるとともに，価値に沿った方向性へと向かう行為を促進するプロセスとして，ウィリングネスが新たな観点から再度導入されるのである。セラピーの残りの部分は，体系的な行動変化のプロセスである。これは，行動療法や行動分析学から取り入れられた要素で構成される。そして，その中でコミットメント，ウィリングネス，価値，行為を相互に織り交ぜていくことで，エクスポージャー，スキルの向上，アクティブな行動変化が生まれるのである。この最終段階は，セラピーのもっと早い段階で導入されたACTのプロセスを実践する中で示されていく。例えば，正式なエクスポージャーは，価値に沿った方向性を，脱フュージョンされ，現在志向で，意識的で，そして柔軟に表現するという文脈の中で，ウィリングネスと柔軟性のエクササイズとして行われる。ACTのオリジナルテキスト[32]や『〈あなた〉の人生をはじめるためのワークブック』[29]もこのパターンに沿って書かれており，実際，本書の構造もそのようになっている。

　第二のパターンでは，価値のアセスメントと明確化が，セラピーの開始時に実施される。コミットされた行動は，もう少し後から始まり，他のすべてのACTプロセスは価値に沿った行為との関連を考慮して，文脈的に理解される。価値のワークは，セラピーの間じゅう何度もくり返される。そうすることで，価値のワークの早期に時として見られるフュージョンと回避は，どうしたら心理的に柔軟になれるのかをクライエントが理解するにつれて，体系的に弱められていくのである。このパターンでは，ひとつのプロセスに1回のセッションをすべて費やすことはまれである。むしろ，各セッションでは複数のプロセスに焦点が当てられる。"*ACT for Chronic*

Pain"[13]や"*ACT for Anxiety Disorders*"[15]、および文献61による章は、このスタイルで書かれている。この中でも、"*ACT for Anxiety Disorders*"はACTの実施プロトコルとして、とくに良著である。どのようにしてひとつのセッションにいくつかのプロセスを一緒に織り込んだらいいかという例がふんだんに紹介されていることから、本書を補うものとしても一読の価値があるだろう。

これまでの研究の実施プロトコルは、前記の2つのパターンの両方のフォーマットで書かれてきた。またどちらのパターンも、ACTプロセスを進めてポジティブな結果を生み出す上では効果的であるように思われる。しかし、これら2つのパターンのうち、どのようなときにどちらのパターンを使うのがよいのかという点については、これまでの研究からは何ら明確な示唆が得られてこなかった。一般的な臨床的見解（ただし、これまでのところ正式な研究によって評価されてはいない）としては、変化への動機がほとんどないクライエント（例：強制されて連れてこられたクライエント、変化の初期段階にある薬物やアルコール乱用のクライエント）は、セラピーの開始時に価値に強く焦点を当てると利益があるだろう。

追加的なフォーマットも利用することは可能である。例えば、極端に短い実施プロトコルの中には、コントロールの問題に対して心理教育的アプローチを用いて、その後すぐにウィリングネス、脱フュージョン、価値のワークへと連続して進めていくものもある。予防的な実施プロトコルでは、アクセプタンスや脱フュージョンを実践する方法として、正式なマインドフルネス・ホームワークを比較的多く追加する場合が多い。

このように情報が不足しているという現状を踏まえると、この時点では、複数のスタイルを学ぶことが賢明だと考えられる。その上で自分の臨床スタイルに合うものに力点をおきつつ、特定の問題のトリートメントに効果的であることが臨床研究によって明らかにされたスタイルに近づけていくのがよい。ダウンロード可能なマニュアルについては以下のURLを参照のこと：www.contextualpsychology.org/treatment_protocols

6つすべてのプロセスを具体的に示す面接記録サンプル

　ここでは，ACTの6つすべてのコア・プロセスのワークを比較的短いセラピーセクションの中でどのように統合するのか，あるセッションの面接記録に説明を加えながら具体的に見ていきたいと思う。面接記録の中心部分では，目を閉じて行うエクササイズが実施される。ACTには通常，かなりの数のエクササイズが含まれる。例えば，「今，この瞬間」を感じるプロセスを体験させたり，イメージを用いた場面想起あるいはエクササイズによってクライエントを導くのである。セラピストの中には，このタイプのワークの実施に慣れていないか，あるいは不快に感じる人が多い。そのような人は，エクササイズにおける自分自身の懸念や不快感にマインドフルとなり，エクササイズを実践しているときに，この不快感をおいておくスペースを自分の中に作ることを学ぶ必要がある。この面接記録は，目を閉じて行うエクササイズをより良いものとしていく方法を学ぶための，セラピストのためのモデルである。

　この面接記録は，自己主張の問題だけでなく不安とうつ状態も合併している33歳の男性との8回目のセッションから引用したものである。今回のセッションで，彼は自分が監督する人物に脅かされているという感情についての問題を訴えている。この人物は，彼が言うには，他の部下たちに対しては彼の悪口を言っているが，彼には直接何も言わない，ということである。彼は自分の監督者としての有能さを維持するためにはこの人物と話す必要があると感じている一方で，そうすることを恐れてもいる。

面接記録　10.1

クライエント　ええ，私はもう彼のオフィスのそばを歩くことさえ控えるようになりました。それに，彼に会わなくてすむよう正午か

ら1時までは食室に行かないようにしています。自分の昼食も供用の冷蔵庫にではなく，自分のオフィスにおくようにさえなりました。

セラピスト それで，そうすることは，あなたにとってどんな感じですか？

クライエント その……意気地なしだと，少し感じます。だからといって，どうしたらいいかもわからないんです。彼のそばに行くと，いつもろくなことになりません。硬くなってしまって，話ができないのです。何だか，小さな赤ん坊になってしまったような感じです。

セラピスト そうですか。自分が小さく感じられるのですね。今，その感情に触れることができますか？ 小さくて，びくびくしているというその感じです……それは，今，ここにありますか？

クライエント もちろんです。まさに今，ここにあります。

セラピスト では，その乗客[訳注]は，あなたがこの男性のそばにいるときにだけ現れるというわけではないのですね。他のときでもやってくるということです。彼がまわりにいないとき，あなたがただ彼について考えるときでも，この小ささ（意気地なしのような感じ，縮ん

「今，この瞬間」に存在することとアクセプタンス：クライエントが今まさにバリアを体験しているのかどうかをアセスメントしている；彼がバリアと向き合うよう支援している。

脱フュージョン：自動性に気づきを向けている；感情を乗客と呼んでいる。

訳注　バスのメタファーからの引用。

でしまいたくなる気持ち）が生じる。合っていますか？

クライアント　そうです。

セラピスト　それでは，そのように感じるとき，あなたは何をすべきだと，あなたのマインドは言っていますか？

脱フュージョン：彼の思考を指す際に「あなたのマインドは何と言いますか？」と表現している。

クライアント　それを追い払いたいです。何かリラックスさせてくれること，自分の気を紛らわせることをしたいです。

セラピスト　では，あなたのマインドはそれを追い払えと，リラックスしてさほど不安を感じなくなるときっと良いことがあるよ，と言うのですね。そして，以前にもお話に出たように，実際，すぐに少し気分が良くなることが多いのですね。……ひとつ，質問させていただいてもよろしいですか。あなたの体験からして，これで本当に問題は解決したのでしょうか？　この件についてのあなたのマインドの言い分にしたがうことで，結果的に徐々にこの問題は小さくなったのでしょうか？　あなたの体験は，何と言っていますか？

アクセプタンス：思考と回避への誘惑の間の結びつきを指摘している。

脱フュージョンとアクセプタンス：マインドの言い分と体験の言い分を比較している。

クライアント　いいえ，ただ悪くなるばかりです。

セラピスト　では，それを管理して，追い払い，そして気分良く感じるようになろうとしたことが，うまくいかなかった。とすると，あなたは何か，あなたのマインドが苦しんだり

アクセプタンス：クライエントに進んでやろうという気持ちがあるかどうかを尋ねている。

癇癪(かんしゃく)を起こしたりするだろうということを，自ら進んでやろうというお気持ちなのでしょうか？　エクササイズをするというのは，自分の人生に何か新しい風を取り入れて，自分がなりたいと思っているような上司になれるかもしれないということだとしたら，あなたは，その乗客，つまりその不安を招き入れて，あなたに本当に近づけさせるエクササイズを進んでしようという気持ちになりますか？

価値の明確化：ウィリングネスと価値づけをつなげている。

クライエント　ええ，たぶん。どんなエクササイズですか？

セラピスト　そうですね，今日は，目を閉じて行うエクササイズをしたいと思っています。職場のこの男性とのやりとりの記憶に関わるものです。その中で，あなたはこの男性とやりとりをしているのを想像して，それに対してさまざまなことをするというものです。どうでしょう，進んでやってみようというお気持ちはありますか？

アクセプタンス：難しいであろうことを導入してもよいかどうか尋ねている。

クライエント　わかりました。

セラピスト　さあ，それではまず初めに目を閉じて，椅子に座って楽にしてください。〔間〕今，ここに，この部屋で，私と向き合っていることに気づきを向けます。あなたはこの部屋のどこにいるのか，あなたのマインドの目で，心の目で見ることができるかどうか，やってみてください。あなた自身の姿を思い描

「今，この瞬間」に存在すること：自分の身体に気づくことで現在と接触するようクライエントを導いている。

第10章 ACTというダンスの踊り方　481

いてください。あなたは私の向かい側のどこに座っているか，正確に，この部屋の中のどこにあなたはいるのか，心に描いてみます。〔間〕それでは，あなたの気づきを下の方へ向けて，あなたの身体とあなたがそこで感じる感覚に気づくようにしてください。内側から外に向かって，あなたの身体の位置に気づきを向けてみましょう。鼻を出入りする空気に気づいてください。呼吸を吸って，その空気の通り道はどのように感じられるでしょう。〔間〕そして息を吐いて，それから空気の通り道はどうでしょうか，気づきを向けてください。〔間〕あなたが吸う空気の温度と，あなたが吐く息の温度の間の微妙な違いに気づくようにしてください。

　あなたの目の後ろのスペースに気づけるか試してください。さらにあなたの中には，これらすべてのことがらに気づいている，あなた自身の一部が存在することに気づいていただきたいのです。自分が自分の目の後ろにいるような感覚を体験することがあります。いろいろなことに気づいている「あなた」と呼ばれる人物がここに存在するという感覚をとらえられるかどうか，やってみましょう。〔間〕

　では，何か昨年の夏に起こったことを考えていただきたいと思います。ひとつ見つけるために，少し時間をとりましょう。〔間〕あなたの皮膚の内側に戻って，再びその目の後

文脈としての自己：クライエントが気づいていることがらに気づいている部分がクライエントの中にあるということに気づきを向けさせている；さらに，短いエクササイズを続けて，クライエントが観察者としての自己の体験と接触するのを支援している。

ろから外を見るかのように，昨年の夏の記憶の中へと戻っていきます。そして，あなたのマインドの目で，まわりを見渡します。何が起こっていますか？ そこには他に誰がいますか？ 確認してください。あなたは何を聞いて，見ていましたか？ あなたが感じて，考えていたことを，ほんのちょっとかもしれませんが，把握してみましょう。

　それから，あなたがそのときそこにいたということ，言いかえると，今私の言葉を聞いている人物がそのときそこにいたということに，気づいてみてください。目の後ろにいる人に気づくときには，目の後ろの人と今ここにいる人との間のつながりや，両者をつなげている線に気づくようにしてください。あなたは生まれて以来ずっと，あなたでした。多くのことが変わったとしても，あなたは，今，ここで，この輪の中[訳注]にいるのとちょうど同じように，昨年の夏もそこにいたのです。あなたの身体も，感情も，思考も変わりました。けれども深い意味において，あなたは今もあなたなのです。これは信念ではありませんし，私は議論をしようとしているのでもありません。ただ，あなたが気づいていることに気づいている人物になる，という体験をしていただきたいのです。言葉があったほうがわかりやすいですから，それを「観察者」のあなたと呼びましょう。あなたの中の観察する部分，

訳注　目の後ろ。

あるいは，あなたの気づいていることに気づいている部分です。あなたのその深い感覚……それとつながってほしいのです。そして，昨年の夏の記憶には，「さようなら」のひと言を言ってあげましょう。

　さて今度は，あなたがこの職場の男性の近くにいたときの記憶を見つけていただきたいと思います。あなたが小さく，取るに足らない，脅かされているように感じたときです。少し時間をかけて，記憶を見つけてください。記憶を見つけて，それをはっきりと思い描けたら，右の指を上げてください。

クライエント　〔右の指をあげる〕

セラピスト　少し時間をかけて，その記憶の中でまわりを見渡してください。何が見えますか？　あなたはどこにいましたか？〔間〕そこには誰がいましたか？〔間〕あなたの感情を感じてください。〔間〕エクササイズを進めながら，あなたにいくつか質問をしますが，ここでは会話はしないことにしましょう。できれば，目は閉じたまま，短く答えてください。いいですか？

クライエント　わかりました。

セラピスト　それでは，観察者の見方，あるいは視点から，この体験を少し見ていただきたいと思います。まず，ご自身の身体について，どんなことに気づいていますか？

アクセプタンスと「今，この瞬間」に存在すること：ウィリングネス・エクササイズのために記憶と感情を鮮明に思い出せるよう，クライエントを支援している；学習は，人が「今，この瞬間」にいるときにのみ起こる。

「今，この瞬間」に存在すること：身体の感覚は「今」においてしか発生しない。そのため，身体感覚を観察させることで，クライエントを「今，この瞬間」へと導くことができる。

クライエント 不安です。

セラピスト ええっと，不安というのは感情です。ただの身体的な感覚ではありません。ですから，最初は不安の身体感覚を見てみましょう。不安をあなたの身体の中のどこで感じるかに気づくようにしてください。〔間〕しばらくの間，その感覚と一緒にただそこに座って，それになじんで時間を過ごしていただくだけでけっこうです。あなたの身体の中で何を感じますか？

クライエント 胃が緊張する感じがします。

セラピスト わかりました。では，ただそれに気づいてみてください。その身体の感覚との戦いを一切，放棄してみましょう。その緊張感は，あなたが止めなければならないものなのでしょうか？

クライエント 我慢できます。

セラピスト わかりました。では，不安の感情に戻りましょう。ちょっと時間をとって，その感情に対するあなたの姿勢に気づくようにしてください。あなたのマインドはそれについて何と言っていますか？ あなたはそれが好きですか？ それはなくなってほしいと思いますか？ それについてどのように感じますか？ 声に出してみてください。

クライエント 好きではありません。どこかに

ウィリングネス：時おり，比較的特定の，さほど重要でない領域に最初に取り組むことが役立つことがある。

行って，なくなってほしいです。

セラピスト その不安の感情を，あるがままに，それを変えたり何かしたりせずに，ただもっていようというお気持ちは，どれくらいありますか？ 0から10の間で点をつけるとしたら，どれくらいでしょう？ 0は「進んでそうするつもりはまったくない」，10は「進んでそうしたいと完全に思っていて，むしろ歓迎している」というくらいの意味です。

クライエント 3です。好きではないし，止まってほしいです。

セラピスト そうですね，あなたはそれが好きではありませんね。**そして**，進んでそうしようと思うというのは，好きということではありません。あなたは，好きでないものでも進んでもつことができるのです。それを覚えていますか？

クライエント そうでした，はい。

セラピスト この感情とあなたの関係を少し変えていけるかどうか，試していただきたいのです。あなたは3だとおっしゃいました。それを少し上げて，その感情に対してもう少しオープンになることはできますか？〔間〕もう少しオープンになってみましょう。〔間〕では，もし可能であれば，新しく到着したお客様，この人があなたのお気に入りの方であ

ウィリングネス：直接的に求めるだけでは十分ではない場合，メタファーを用いると，クライエントがマインドフルで受容的な姿勢をとるのに役立つことがある。なぜなら，自分のお気に入りとはいえないお客が到着したときのように，たとえそれを好きではなくても進

るかどうかは別として，その方のためにテーブルの１カ所を空けてあげるように，この感情にも同じように接客をしてみてください。〔間〕先ほどのオープンさの得点は，今はどれくらいですか？

クライエント　6です。

セラピスト　そうですか。そのまま，あなたの同僚の方との場面に触れていてください。その場面を思い描いてください。彼がそこにいます。それから，さらにもう少しオープンになれるか確かめてください。あなたはこの男性に我慢できず，何をしていいのかわかりません。その感情に，自分の身体の中でどこにそれを感じるかに気づきを向けてください。〔間〕あなたのマインドがあなたに何を与えるかに気づくようにしてください。そして，何かをしよう，避けてしまおうか，それとも逃げ出してしまおうかと誘惑する力にもです。〔間〕その不安は0から10の間でどの程度の強さですか？

クライエント　6です。

セラピスト　では，この感情をそっとつかんでみましょう。ちょうど今，あなたの指に止まったチョウをつかまえるかのように，です。少し時間をかけてください。〔間〕この感情はあなたの敵で，あなたが戦わなくてはならないものですか？　それとも，それをあるが

んで歓迎するにはどうしたらよいかは，たいていの人はいくつかの文脈の中で知っているからである。

ままにそこに居させてあげることができますか？　あなたはそれを好きになる必要も，それを欲しいと思う必要もありません。ただ，それとの戦いから手を引くのです。〔間〕そして，ここで少しの間，私は黙りますが，あなたにはご自身の身体が果たして何をするのか，このまま探し求めていただき，例の観察者として，冷静に，ご自身の身体がすることを観察していただきたいと思います。そして，それぞれの感覚に気づく際には，あなたはただそれを認め，歓迎し，「やあ，元気？」と言えるかどうかやってみてください。こんなことをしながら，ほんの少しでも後ろに引いて立ってみて，そのすべてに気づいている「あなた」に気づけるかどうかやってみてください。〔長い間〕〔ここでは，評価，行動素因，他のイメージ，あるいはそのときの感情といった，他の側面を使ってエクササイズを展開することもできる〕文献32の「空き缶モンスター」エクササイズを参照）

文脈としての自己：ほんの少しの間，観察者の視野を取り戻すために，ちょっとしたきっかけを与えている（セラピストがこれを行いながら……）。

　それでは，まとめに入ります。あなたが目を開いたときにどのように見えるか，室内の様子はどんな感じか，思い描いてください。そして，戻る準備ができたら，目を開けてください。

　〔間〕はい。このエクササイズではどんな感じがしましたか？

クライエント　ああ。その，初めは何と言うか

強烈でした。このエクササイズを本当はやっていたくなかったんです。でも……まあ，やりました。進んでいくにつれて少し気分が良くなりました。さほど強烈ではなくなったのです。

セラピスト　なるほど。さほど強烈ではなくなったのですね。強烈さが和らぐかどうかということは，実のところ，ここではあまり重要ではありません。感情は，時として強烈なこともあれば，そうでないこともあります。それは常に変化しています。ここでより重要なことは，その感情の変化とあなたとの戦いです。後になって自ら進んでやろうという気持ちになったときと，最初にあまりその気持ちがなかったときとの間で，何か違いに気づきましたか？

クライエント　ええ。最初の方がずっと緊張していました。すごく大変で……どういうわけか，後になって私がもっと進んでやろうという気持ちになると，もっとずっと簡単になりました。オープンに，心を開けたんじゃないかと思います……怖いといえば怖かったんですけどね。

セラピスト　すばらしい。では，次の質問をさせてください。あなたがご自身の実際の生活の中でこれをする意欲を高める方法はありますか？　自ら進んでやろうという気持ちが必

脱フュージョン：「気分がより良くなった」を字義どおりにとらない。

ウィリングネス：クライエントが戦いとウィリングネスを対照させるのを支援している。

コミットされた行為：このウィリングネスを現実の生活へ移行させるという考えを導入するとともに，一時的にそれを価値に結びつけている。

要なもので，あなたがなりたいと思う姿になるために，あなたにできることは何でしょうか？

クライエント　彼と直接向き合うことだと思います。

セラピスト　ええ，それもできますね。それをする前にもう少し基礎を固めておく必要がある感じもしますので，まだたぶん，それをする段階までは到達していないでしょう。あなたがやってみようかと考えてきたことの中で，やや怖いけれどポジティブな方向への一歩であるように感じられるものが他にあったように思うのですが。

クライエント　その，私は彼のオフィスのそばを歩くことすらないんです。つまり，彼のオフィスのそばを歩くことを考えただけでも，不安になってしまうんです。

セラピスト　では，あなたは不安になるから彼のオフィスのそばを歩くのを避けるのですね。ひとつ，私たちがやってみてもいいかなと思うことは，あなたに彼のオフィスのそばを歩いてもらって，そのときにいったい何があなたの中に現れてくるかを観察することです。ウィリングネスをもってこれを行います。戦いながらではなく，ここで，このエクササイズで練習したオープンさとウィリングネスの感覚を維持しながら行うのです。私たちが

ウィリングネス：かなり大きなウィリングネスの飛躍に思われる。この時点では，おそらくクライエントが100パーセントのウィリングネスをもってしても実行できないだろう：クライエントにもっと身近なステップを考えさせている。

ここで取り組んでいるのは，難しいことを行いながらも，自分自身と共に存在していられる能力です。その瞬間にあなたの学習経験のどの部分が現れようとも，それを受け入れる余地を作って，価値に沿った方向に向かってあなたが足を動かし続けることを学ぶのです。さて，このような大変なワークをするのは，いったい何のためでしょう？ ここで，あなたが生き抜こうとしているあなたの価値とは，いったい何なのでしょうか？

価値の明確化：ここまでの取り組みを，価値に沿った方向性へと結びつけている。

クライエント 私が彼らを気にかけていると彼らに知ってもらうこと，職場を楽しくすること，そしてチームワークの感覚を築くことです。

セラピスト 感情をもっとよく知る練習，つまりウィリングネスの練習をしていくことは，その方向への一歩となりそうですか。

ウィリングネスとコミットされた行為：ウィリングネスと行動を価値に結びつけている。

クライエント ええ。いずれは彼と話さなくてはいけませんから。彼は職場のモラルを崩しているのです。

セラピスト では，今日行ったように，彼に脅かされているという，その感情の中にあえて入っていって，いったい何が起こるのだろうかと不安に感じながら，いくらか時間を過ごしてみるとよいでしょう。例えば，あなたが彼のオフィスのそばを毎日歩くというのは，ひとつのアイディアになるでしょうか？

コミットされた行為：価値に沿った方向性に向かって進んでいくような行動にコミットしている。

クライエント ええ，それは良いスタートになるでしょう。一日に2回，やってみるというのはどうでしょう？

セラピスト すばらしいですね！ そして，忘れないでください，それをする際に，あなたの中でどのような反応が現れても，それに対してマインドフルで歓迎する姿勢を保ってください。やりながら，あなたのウィリングネスを観察して，どのような乗客が現れるかを観察して，歓迎して受け入れてあげてください。あなた自身の反応を親切に扱ってください。**そして**，覚えておいていただきたいことは，これは，あなた自身の反応を追い払うのがテーマではないということです。エネルギーに満ちた機能的な職場生活に向けて，学習経験を新しく積み重ねていくことを学ぶのが主題なのです。

心理的柔軟性：モデル全体を要約し，6つすべてのコア・プロセスを2～3の文にまとめている。

　セラピストとクライエントはセッションの残り時間を使って，セッションとセッションの間に行う練習を確認し，起こったことを記録する方法を作成した。

ACTのトラブルシューティング：
7つのよくある落とし穴

　ACTを適用する際によくある落とし穴を突き止める方法を心得ておくことは，長期にわたって自分自身のスキルをモニターし学習していく上で不可欠である。ACTを用いてコンピテンシーを発達させるというのは，学習プロセスの結果である。ACTセラピストは，完璧なメタファーやエクササ

イズを提供しようと努力するのではなく，むしろこれらの介入をクライエントの人生の文脈に当てはめようとする。そのプロセスでは，最高のセラピストでさえ，しばしば落とし穴にはまるのである。よくある落とし穴を突き止められれば，クライエントの混乱につながったり治療同盟の断絶という結果をもたらしかねない一貫性の欠如を避けるのに役立つ。治療同盟が断裂すると，時期尚早にセラピーは終了を迎えてしまう恐れがある。

落とし穴1：回避とフュージョンを助長してしまう。

　ACTの脱フュージョン技法において，セラピストは，通常の，字義どおりの話し方から一歩外に踏み出し，普通なら対人的な会話の中で受容されないようなことを言ったり行ったりする。この対人的訓練の学習経験は，克服するのがなかなか難しい。ACTセラピストにとっての難関は，クライエントの主観的な言語的現実の中に入りつつ，その一方で，その瞬間の言語化プロセスに対する気づきを維持し，クライエントが脱フュージョンするのを支援するために言葉を用いていくことである。難しいのは，クライエントを説得して脱フュージョンさせようとすることなく（これは字義どおりの言語システムの内部で起きるもの），脱フュージョンする行動を彼らに教えることである。ACTにおけるセラピストの語りは主に，メタファー，あるいは体験的エクササイズといった，非言語的な体験を支援する方向性を志向しているのが理想である。

　例えば，人は誰かから質問されると，たいていはそれに直接答えるだろう。しかし，クライエントが情報を求めるとき，その質問行動は回避行動であることがかなり多いのである。例えば，心配するクライエント（例：全般性不安障害のケースのように）が判断を下す前にできる限り多くの情報を求めるのはよくあることである。それは，単純な判断でさえも，過度に負担で複雑なものになってしまうほどなのである[15]。その他，自分の生育歴や，過去に誰かが何かをした理由，あるいは自分が現在の自分である理由を理解しようとして，膨大な時間を費やすクライエントもいる。そうしてその間ずっと彼らの人生は彼らを素通りしていってしまうのである。時

として，より多くの情報よりもむしろ，どのようなマインドのおしゃべりや情動が存在していようとも，ただそれらを受け入れるためのスペースを作り，自分の価値へ向かって行動を起こすことがクライエントにとって必要なことがある。しかし，セラピストとクライエントは同じ社会的コミュニティで育ってきていることから，クライエントの「そう聞きたくなるのは無理もない」という質問や心からの質問に対して，セラピストとして答えなくてはという衝動に駆られることもある。セラピストにとって，これらの質問に単刀直入に答えることなく，むしろそれらから脱フュージョンするのは難しいだろう。セラピストが時おり行き詰まってしまうパターンのひとつは，本来ならよけて通るのが最善であっただろう内容に字義どおりに対応してしまうことである。字義どおりには，クライエントの発言は情報を求めるための方法に思われる。しかし機能的には，それらの発言は，困難な，または苦痛を生じさせる対象の回避・逃避の方法として寄与してしまっているのである。

　ではここで，セラピストがフュージョンを助長している例を紹介したい。対話の中で落とし穴が発生した地点で，それを特定してある。これは，35歳の男性との12回目のセッションからのものである。彼は，自分が何者であり，自分の人生をどうしたいのかということについて，多大な混乱と不安を示している。セラピストはこれを，クライエントが自分の人生に対する責任を回避し，混沌として予想不可能であった子ども時代に関連する記憶や感情を回避できる方法になっていると概念化してきた。クライエントは，妻が彼にとってどれほど重要であるかを妻に伝えることを約束していた。以下の面接記録は，当セッションの開始部分である。

　　セラピスト　先週のお約束に取り組んでみて，いかがでしたか？

　　クライエント　その……私は，自分がいったい何をすることになっていたのかを果たして理解していたのかどうか，確信がありません。それをするということについて考えてみたんです。そして，自分はいったい何を

しようとしているのかわかっていないことに気づいたのです。

セラピスト　わかりました。では，もう少し具体的にしていきましょう。あなたが奥さんについてどう感じているのかを奥さんに話すのを思いとどまらせてしまうようなことがあった。どんなことがあったのでしょうか？

クライエント　私は，ここで話し合ったことを実行するということを考えていました。そのとき，自分がその状況についてどう感じているのか，本当はわかっていないことに気がついたのです。時には妻のもとを去りたいと思うときもあるし，留まっていたいと思うときもあるのです。だから，ここでもう少しそのことをきちんと理解するまで，話し合ったことを実行するのは保留にしておこうと思ったのです。

セラピスト　今のようなどっちつかずの状態は，何が原因だと思いますか？

セラピストによるこの最後の対応は，それがおそらく，さらなる因果関係の探求を導くであろうという点から，落とし穴にはまっていると考えられる。この探求こそまさしく，クライエントにはすでにそうしがちな傾向があったことなのである（すなわち，彼の人生をどんどん進めていく前に，まずあいまいさに対する解決策を探そうとしている）。言いかえると，このような対応は，回避をますます助長するだけなのである。それはまた，クライエントの分析を字義どおりに受け取っているということでもある。まるで自分の価値を生活の中で実行するより先に，まずあいまいさを解決しなければならないかのように。この落とし穴に陥るのではなく，代わりに次のようにセラピストが言ったと想像してみよう。

セラピスト　わかりました。では，何が起こったのか確認させてください。先週，私たちは，奥さんとの関係であなたが抱いている価値と，いかにあなたが奥さんに対してもっと思いやりをもちたいと望んでいるかとい

うことについて話し合いました。それでよろしいですか？　そして，あなたはそれを行うと約束したのですよね？　その後，いざその価値を行動に移そうというときになって，あなたのマインドがあなたに語り始めました。「どうかな。きみは本当にそのように感じているのか，怪しいものだね」「きみはそのふりをしているだけなんじゃないか？」，「次のセラピーセッションでこれに取り組むまで，待つことにしようよ」，こんな感じでしょうか。そして，悪いとか間違っているとかではなく，マインドの言うことを聞いている間にまた1週間が過ぎてしまい，また私たちはここにいる。そこに気づいていただきたいのです。よろしいですか？

クライアント　わかりました。

セラピスト　では，次の質問です。その思考を，単なる思考として抱きながら，それでもなお，何か思いやりのあることをするのは，果たして可能でしょうか？

クライアント　できると思います。でも，自分にできるかどうかは確信がありません。

セラピスト　ふむ，それも同じことです。「でも，自分にできるかどうかは確信がない」と考えて，あなたのマインドにその思考へのお礼を言って，そして奥さんに何か思いやりのあることをするというのは可能でしょうか？　これを進んでやってみようというお気持ちはありますか？　奥さんに対する思いやりを込めて，あなたに今できることとは何でしょうか？

この落とし穴は，次のような形態で現れることもある。

○ **脱フュージョンをクライアントに説明することに没頭してしまう**——この場合，通常，セッションがいくぶん論理的で，クライアントの体験から離れたものに感じられる結果になる。脱フュージョン・エクササイズ

やメタファーが減り，状況についての語りがより多く見られるようになる。ACTプロセスについて言葉で話しても比較的安全なときとは，室内にすでにそのプロセスとの結びつきが感じられるときである。そして，言葉で話すといっても，せいぜい，簡単に，その利益を要約する程度なのである。利益を生み出す手段として，脱フュージョンについて話すことがうまく作用するということはまれだが，短い心理教育的介入が必要となる問題の場合は例外である。

○ **うっかり一段上の立場に立ってしまう**——この場合，セラピストは傲慢で，正しい答，あるいは唯一の解決策を知っているという印象を与えてしまう。この問題への解決策のひとつは，セラピストが謙虚さと，脱フュージョン，ACT，あるいは何であれセッション内で起きていることの正確さあるいは正当性を，自分は確信しすぎていないかどうかの気づきを維持することである。自分自身に脱フュージョンを用いて，自分自身をそっとつかんでおくとよいだろう。

落とし穴2：タイミング，クライエントのセッション内の行動，個人的学習経験，およびその他の文脈的要因に鈍感なまま，ACTのメタファーとエクササイズを実施してしまう。

この落とし穴では，セラピストが一貫した文脈やクライエントの体験との関連なしに，ひとつのセッションに数個のメタファーやエクササイズを詰め込んでしまう可能性がある。残念ながら，私たちには，新しい金づちを手に入れると手当たり次第に何でも釘のように叩いてみたくなる傾向があるのかもしれない。そのため，ひとつのACT技法から別の技法へとあてもなく移ってしまうことにもなりかねず，クライエントはセラピストがいったい何をやっているのか，見失ってしまうのである。理想的には，ACT技法はセッション内のクライエントの特定の言語行動の文脈に当てはまるようにするのがよい。そして，メタファーやエクササイズもこの行動にぴったり合うように修正し，仕立てられるのである。多くの場合，この落とし穴は治療同盟にネガティブな影響を与えるだろう。その結果，クライエ

ントはセラピストと切り離されたように感じたり，セラピストが自分を理解していない，あるいは自分たちのチームに属していないと感じるようになるのである。ACTにはメタファーやエクササイズが豊富に用意されているが，エクササイズからエクササイズへと急速に移るのではなく，むしろクライエントの「今，この瞬間」の体験をくり返し確認することが非常に重要となるだろう。

　この落とし穴は，次のような形態で現れることもある。

○ **クライエントの懸念を否定しているように見られてしまう**——これは，無礼なエクササイズや，タイミングがまずいためにバカにしているかのように体験されるセラピストの発言において，とくによく見られるものである。その典型的な例は，タイミングの悪い脱フュージョン・エクササイズだが，ACTプロセスのどれもがこの危険をはらんでいる。
○ **クライエントの心配を無下に軽視してしまう**——セラピストは意図せずして，クライエントはただ「それを克服」しさえすればいいというメッセージを与えてしまうことがありうる。
○ **メタファーを使っているときに，むだに間接的である，あるいは不誠実なのではないかという印象を与えてしまう**——時おり，クライエントは質問に対して単刀直入な回答を強く求めることがある。そしてこのような質問をはぐらかすと，セラピストが言い逃れをしようとしているという印象を与えかねない。別のエクササイズやメタファーを探しているものの，自分に自信がないと感じている自分に気づいた場合には，それが何らかの形でクライエントの感じ方を反映していないかどうか吟味するとよいだろう。そうすることで，ワークに人間味を添えることができる。

　落とし穴3：ウィリングネス／エクスポージャー・エクササイズを実行しているときに，クライエントの先に行きすぎてしまう。

　この落とし穴は，さまざまな形で現れる。例えば，クライエントにとってそのステップがどれほどの大きさのものであるかをセラピストが慎重に

配慮せずに，クライエントがこれらのエクササイズへ取り組むにあたって現在抱いているウィリングネスのレベルを超えたエクササイズを提案してしまうことがある。高いレベルのウィリングネスを維持できない状況にクライエントを曝露することは，良くても非生産的で，最悪の場合には再度トラウマを与えてしまうことになる。クライエントがウィリングネスをもって体験に取り組むことができない場合，せいぜい良くてもその状況は，クライエントがすでにたっぷりと練習してきている体験の回避やフュージョンを，もう一度練習する機会くらいにしかならないだろう。

　この状況は，3つのステップにしたがうことで回避することができる。第一に，困難なあるいは不快な私的出来事を喚起するかもしれないエクササイズを行う前には，常にクライエントの許可を求める。こうすることで，選択の余地があるという感じと，明確な意図をもってウィリングネスを練習する機会を，クライエントに与えることができる。第二に，ウィリングネスのエクササイズは段階的に実行する。常にクライエントのウィリングネスと選択のレベル内に留まりながらも，比較的容易な状況から始めて，徐々にその難度をあげていく。セラピストは通常，エクササイズのための時間の長さと状況を選択する（例：社交不安のクライエントに対しては，本物の他人の前で話す前に，まずロールプレイでの他人役に話をさせる）ことによって，コミットメントのレベルを安全にコントロールすることができる。一方，どの程度の強さの感情，思考，あるいはイメージならば進んで体験されるだろうかと，体験の強さに基準をおくと（例：「自分の不安が10のうちの7を超えないならば，自分から進んでやろうと思います」），トラブルになりやすい。そのため，セラピストは一般に，これに同意すべきではない。というのも，それはクライエントが取り組んでいるプロセスの質を損なう恐れがあるからである。第三に，通常，ウィリングネスのエクササイズを行う前に，脱フュージョンと文脈としての自己の訓練をすることが重要である。これらのプロセス抜きでは，ウィリングネス・エクササイズは残酷で強制的なエクスポージャーになってしまい，クライエントに再びトラウマ体験をさせる可能性も出てくるからである。

落とし穴4：価値を強制的に用いてしまう。

時おり，セラピストがクライエントにしてほしいと思うことをやり抜くように強要する方法として，価値が利用されることがある。価値というのは，「自分のクライエントを制御しておく」ためのもうひとつの手段をもつことではない。強制的に用いられるべきものではないのである。事例を通して考えてみよう。クライエントは22歳の男性。彼はセラピーの比較的早い段階で，父親に電話をして，数年前に兄との間で起こった虐待の出来事について父親に話すつもりだと言っていた。そのクライエントは，その出来事が起こった時点で父親に話そうとしたのだが，拒絶されたように感じたのである。以下の面接記録は，その次のセッションでの様子である。

クライエント 父にはどうしてもちゃんと向き合うことができないんです。難しすぎます。

セラピスト 何があったのかについてお父さんにお話をすることがあなたにとって価値あることだと，前回はおっしゃいましたよね。なぜ，不安をただ受け入れ，それを実行しないのでしょうか？

クライエント わかってはいるんですけど，でも父が何と言うか，怖いんです。もしまた，私の言うことに耳を傾けてくれなかったら，果たして私はそれに対処できるのか，自信がありません。

セラピスト そうですね。自分の恐怖に屈してしまうこともできますよね。でも，それではあなたの価値を追求することにはならないでしょう。あなたはもう十分に苦しまれたのではありませんか？ 価値があると自分が思うことをしなかったら，人生は決して変わっていきませんよ。ですから，それがここでの本当の選択です。先に進むか，進まないか。

クライエント 私は先に進みたいです。

セラピスト それならば，動揺するのはやめましょう。足を動かしてくだ

| さい。実行あるのみです。さもないと，何ごとも変わりませんよ。

　この対話でいったい何が起きているかというと，明確なアクションを起こすというセラピストのアジェンダがクライエントのアジェンダを支配しているということである。セラピストは，クライエントが何をすべきかということについての自分の考えを防衛するのに没頭している。心から変化を生み出したいと望んでいるのかもしれないが，問題は，仮にセラピストがクライエントのために設定した目標をクライエントが達成しても，それによってクライエントがより心理的に柔軟になるわけではないかもしれない，ということである。なぜなら，その行動は価値に方向づけられているというよりも，プライアンス（つまり，セラピストからの社会的圧力）から生じているからである。価値は選択であり，クライエントに対して使う棍棒ではないのである。

　言葉が間違っているというわけではない。この面接記録のセラピストの言葉はどれをとっても，有能な ACT 介入に相当するといえよう。しかし，とくにセラピーの初期では，この種の対話が，クライエントのプロセスを反映しているというよりも，社会的圧力を示していることはほぼ確実である。セラピストは，確実に価値を明確化するスキルが使われるようにするとともに，（価値という名において行われた）行動への社会的圧力ばかりに基づくのではなく，クライエントが本当に価値をおくことに基づいて，クライエントを動かすことにより焦点を当てる必要がある。

　時としてセラピストは，クライエントがやると言った約束をしなかったから，あるいはクライエント自身の価値に反することをしたから，という理由で，クライエントを（声に出してか，あるいは頭の中のいずれかで）責めている自分自身に気づくことがあるだろう。この種の行き詰まりに対する反応として，次のような例が考えられる。「なぜマーヴィンはやると言ったことをやらないのか？　イラつくなあ」，あるいは「アーリーンにはそもそも動機がまったくない。私ができることなどたいしてないのではないか。あれは生物学的なものだろうから，たぶん薬が効き始めれば彼女の動

機も改善するだろう」，または「ホセは自分の人生をどうでもいいと思っている」。行動心理学者は時おり，「ネズミはいつも正しい」と言うことがあるが，この冗談には重要な核となる考えが含まれている。クライエントに当てはめて考えれば，クライエントは，当人の学習経験や現在の文脈を考慮すると，まさに当然そうしてしかるべき感じ方，考え方，ふるまい方をしているということが伝わってくるのである。セラピストの仕事は，クライエントをその人の学習経験を理由に責めることではない。新しい効果的な行動を形成するために，言語的・状況的文脈を変えるよう取り組むことなのである。

セラピストとしてクライエントにしてほしいと望むことをクライエントが行っていない場合には，あなた自身の行動を責めること。そして，喜ばしく思うべきである。なぜなら，今やあなたはクライエントと同じ運命にあるからである。このことは，あなたのワークを人間的なものにしてくれるはずである。適切な学習の機会を用意できていないことを反省することは，自分自身の行動を変えようと何らか手を施すだろうという点で，人に力を与えてくれる。クライエントの学習経験や現在の文脈を考慮すると，クライエントはまさに当人がしてしかるべきことをやっているのだ，と納得してみよう。そして，あなたの実行計画を再度見直し，必要な場合はコースを変更すべきである。リスクをとることにオープンになり，コンサルテーションを受けるとよいだろう。

落とし穴5：**目標に過度に焦点を当てる，あるいは十分に焦点を当てていない。**

時としてセラピストとクライエントは，特定の目標なり行動の達成に過度に焦点を当てるようになってしまうことがある。クライエントをコミットされた行為に関して支援する一方で，このプロセス全体におよぶ目標は心理的柔軟性を養成することだ，ということを心に留めておくことが重要である。セラピストはクライエントの心理的柔軟性という能力を体系的に形成しようとしているのであり，単にクライエントが特定の目標を達成することを支援するだけではないのである。クライエントが特定の目標を達

成できるよう支持するのは，魚を与えて食べさせるようなものである。それに対して，心理的柔軟性をもっと高められるよう支援するのは，魚を釣る方法を教えるようなものである。私たちはクライエントをエンパワーして，人生における自分自身の行為に対する有能感と真のコントロール感を長期的にもてるようになってほしい，と望んでいる。しかし，短期的にはこの感覚に依存せず，むしろ効果的な行動パターンをくり返して，それが長期的に見て発達していくことを期待しているのである。この場合，セラピストがクライエントに強く強制すればするほど，おそらくクライエントはますます抵抗するようになるだろう。そうではなく，動機づけというのは，価値を追求しないことの代償や価値の重要性にクライエントが接触できるよう支援することで生まれうるのである。

別の一面にあるのは，目標に焦点があまりにも定まっていないということである。これは，価値を具現化する目標や行動が特定化されず，あいまいになっている，という形で現れることが考えられる。また，ある目標を達成するという確固たる約束を得られない，という形をとることもある。通常は，その課題を完了するまでの具体的な期限を設けた明確な表現をクライエントから得るのが最善である。セラピストは，価値を具体的な実行計画に移し変える際に，十分な構造やフィードバックを提供しないことが多い。しかし，自分の人生のポジティブな実行計画をどうやって作るかはわかっているだろう，と当然のようにクライエントに期待することはできない。なぜなら，このスキルは通常，文化の中で教えられてこないからである。セラピストの仕事は，クライエントが自ら進んで取り組んでいこうとする機能的な目標と行為を形成できるよう支援することなのである。

落とし穴6：行動的エクササイズやウィリングネス・エクササイズを，深く心の底から感じている価値に結びつけていない。

アクセプタンスと脱フュージョンが起きる文脈に注意を向けることが重要である。アクセプタンスや脱フュージョンは，それ自体が目標ではないが，クライエントが人生の体験の中に価値を取り入れるのを助ける際には

有効である。アクセプタンスと脱フュージョンは，困難なプロセスとなる可能性がある。一方，アクセプタンスと脱フュージョンがのた打ち回ることやマゾヒズムと違うのは，これらには目的があるということである。もし，私たちと私たちが生きたいと思う人生の間に「みじめの沼」が立ちはだかっているとしたら，私たちはそれを何とか歩いて渡ることを選択できるだろう。価値との結びつきは，私たちの苦しみに威厳を与え，その苦しみを潜在的に意味や目的のないものから価値あるものへと変えるのである。なぜなら，苦しみは目的のある人生の一部だからである。ACTにおけるエクスポージャーやウィリングネスは，目的のために痛みをあえて作り出す。一方で，「一緒に存在する（getting with）」ではなく，「切り抜ける（getting through）」または「乗り越える（getting over）」という意味をエクスポージャーやウィリングネスに含めてしまうことは，どのようなものであっても避けるべきである。

落とし穴7：セラピストが体験の回避をしてしまう。

　ACTはセラピスト泣かせのセラピーである。うまく行うためには，セラピストがかなりの難題に立ち向かうことが必要となる。人間らしく，現在に存在し，そしてクライエントと共に苦しむ……，しかも，すべてクライエントに役立つようにである。ACTにおける多くの技法や手だては，セラピストにかなりの不快や不安を喚起する。脱フュージョンは，不確実感をもたらすことが多い。なぜなら字義どおりの言語がいくぶん分解してしまっているため，次に何を行うか，または何を言うか，はっきりしないからである。時おり，セラピストには，ただ現在に存在してそこにいて，何が起きるかを確認することしかできないときがある。答を知らないというのは，専門家として期待される役割において非常に困難なこととなりうる。例えば，ウィリングネスのエクササイズでは，クライエントがより気分良く感じたり合理的に考えたりするような支援をせずに，クライエントに困難な感情，記憶，思考を体験するように求める。効果的な創造的絶望によって生じる不確実感は，セラピストにとっては不安を喚起するものである

が，多くの場合，この方法を有効に使用するためには不可欠なものでもある。価値について議論し，価値に接触することで，クライエントは，存分に生きられていない人生の莫大な喪失感と苦悩に直面することになるだろうが，セラピストはこの苦しみを取り去らないようにするのが賢明だろう。文脈としての自己に存分に接触すると，クライエントは，自己概念へのとらわれが滑るように去っていくにつれて，「虚空に陥る」体験をすることが時おりある。

　ACTの多くの側面で，不確実さ，知らないこと，不安，苦しみに対して自ら進んで寛容になり，受け入れるよう，相当なウィリングネスがセラピストの側に求められる。セラピストは，クライエントを安心させ，救済し，慰めてみようという誘惑にかられることがよくある。クライエントが落ち着くように慰め，安心させ，助けることが本当にクライエントの最善の利益になるのかどうか，それともそれは自分自身の気分を良くすることの方により大きく関わっていないかどうか，自分自身に問いかけるべきである。どうすることがクライエントにとって役立つ，最も共感的な動きとなるかを，いったん立ち止まって，じっくりと考えてみよう。

落とし穴を探す実践練習

　以下の面接記録は，セラピストとクライエントのやりとりの例を示したものである。これらの例において，セラピストは，ここまでで紹介された落とし穴のいくつかに踏み入ってしまっている。各例に対して，表10.1にあげた落とし穴を特定して，ACTの視点から見て，どうしてこの落とし穴がネガティブとなる可能性があると言えるのか，その理由を記すとともに，対応の代替案を提案すること。これらの落とし穴の例の中には，かなり微妙なものも意図的に含めておいた。したがって，そのセラピストの対応がかなり良いと考えられるならば，警戒せずとも素直にそのように考えておいてよい。再度見直し，ACTモデルの立場から，問題となる可能性のあるものがわかるかどうか，チャレンジしてみること。

第10章 ACTというダンスの踊り方

表10.1

	落とし穴
1	回避やフュージョンを助長してしまう。
2	タイミング，クライエントのセッション内の行動，個人的学習経験，およびその他の文脈的要因に鈍感なまま，ACTのメタファーとエクササイズを実施してしまう。
3	ウィリングネス／エクスポージャーのエクササイズを実行しているときに，クライエントの先に行きすぎてしまう。
4	価値を強制的に用いてしまう。
5	目標に過度に焦点を当てる，あるいは十分に焦点を当てていない。
6	行動エクササイズやウィリングネス・エクササイズを，深く心の底から感じている価値に結びつけていない。
7	セラピストが体験の回避をしてしまう。

エクササイズ10.1

この対話は，56歳の男性との6回目のセッションからの引用である。彼は抑うつ反芻にはまり込んで，途方もない時間を過ごしている。以下の対話がなされたのは，セラピストが「今，この瞬間」との接触という問題に関連したエクササイズとメタファーを多数紹介したばかりのときである。

> **クライエント** 私は今まで，こんなに混乱していたことはありません。先生は私の質問に率直に答えようとなさっていないように感じます。先生はただいろいろな話を私にして，エクササイズをし続けていますが，私には，それが私の人生とどう関係しているのかわかりません。
>
> **セラピスト** そうですか。他にも私は，あなたがそれをもっとよく理解するのに役立ちそうなメタファーを知っています。あなたの状況が流砂にはまってしまったようなものだったら……。

問➡ ここでの落とし穴は何ですか？

問➡ ACTの視点から見て，この落とし穴はどのようなネガティブな結果につながる可能性がありますか？

問➡ あなたなら，どのように対応しますか？

上記の対応の問題▶このセラピストの対応には，落とし穴2がある。落とし穴7も反映している可能性がある。セラピストはこの時点でセッションがうまくいっていないと感じとり，自分自身の不安から逃げるために，さらに別のメタファーを使おうとしている可能性があるからである。クライエントはセラピストに対する欲求不満を表現しているように思われる。これはおそらく，直接的に対処する必要があるだろう。

モデル対応

セラピスト　欲求不満に感じていらっしゃるようですね。

クライエント　ええ。

セラピスト　私はあなたの話に十分に耳を傾けておらず，お役にも立てていなかったようです。ひょっとしたら私は，ここでちょっとの間軌道からそれてしまって，自分自身の思考にとらわれてしまったのかもしれません。私が目指しているのは常に，ここであなたと一緒に存在し，あなたの出発点につながることです。ですから，たとえそれが私には耳の痛いことであっても，あなたの反応をしっかりと受け止めるというのは，とても大切なことなのです。〔間〕そこで，これについて，つまり，混乱している，欲求不満，理解できない，あるいは答を得られないというこ

の感情について、もう少しお尋ねしてもよろしいでしょうか？　少しの間、その感情にただ耳を傾けていることができますか？　たぶん、その感情の内側には何か、私たちにとって本当に大切なものがあるのではないかと思うのです。ちょっとの間そこへ行くだけならどうでしょう？〔間〕そこには、何かおなじみのものがありますか？

> [説明]　この対応は、アクセプタンスと脱フュージョンのモデル提示となっている。しかし、その後は、説明、理解、技法へというよりも、「今、この瞬間」へと問題を即座に戻している。

エクササイズ10.2

クライエントは、19歳の女性。心理的にもかなり自覚的で、概して積極的であり、セッションに打ち込んでいる。以下の対話は、セラピストがクライエントと「あなたのマインドを散歩に連れて行く」エクササイズ（文献32, pp.162-163）を終えたばかりのときに交わされたものである。

> **クライエント**　わかりました。つまり、私のマインドはひっきりなしにおしゃべりをしているのですね。でも、どうもピンときません。いったいそれがどう役に立つのか、いまひとつ納得できないというか。
>
> **セラピスト**　要するに、マインドがあなたにせよと言うことすべてに耳を傾ける必要はないということです。ただ、無視してください。

問➡　ここでの落とし穴は何ですか？

問➡　ACTの視点から見て、この落とし穴はどのようなネガティブな結果につながる可能性がありますか？

問➡ あなたなら，どのように対応しますか？

上記の対応の問題▶これは落とし穴1である。この対応は字義どおりのシステムの中で機能しているため，ある意味，フュージョンを強めてしまっている。セラピストの言葉に暗に示されているルールとは，「もし何か気に入らないことがあるならば→それを無視せよ」である。これはエクササイズの要点ではない。エクササイズの目的は，新しいスキル，つまり脱フュージョンを練習することである。実際に耳を傾けて聞くということをしなければ，その目的を達するのは不可能である。自分のマインドを無視することは，まったくもって，脱フュージョンではない。自分の感情を無視するのがアクセプタンスでないのと同様である。脱フュージョンは，練習を通じてのみ，進んでいくものである。したがって，セラピストは，それをもっと促進するようにした方がよい。

モデル対応

> **セラピスト** いいですね。それにほら，今まさにそうでしょう。あなたのマインドは，まだあなたに話しかけています。ただそれに気づいてください。「役に立つ」かどうかということは，場合によります。あなたがどこに行きたいか次第なのです。

説明 この対応は，「あなたのマインドを散歩に連れていく」エクササイズと意図的に類似させている。クライエントの「ピンときません」という言葉がフュージョンしていて回避的である場合，このセラピストの対応は，クライエントのフュージョンや回避のプロセスを弱めて，直ちに論点を価値，行為，バリアとしてのフュージョンへ引き戻すことになる。

エクササイズ10.3

クライエントは43歳の女性で，ふたりの子どもの母親である。広場恐怖

を伴うパニック障害と診断されている。彼女は自らの不安と戦ってきた中で，家族のために生きるということができなくなってしまった。以下の対話は，地元の百貨店でのエクスポージャー・エクササイズの途中で交わされたものである。

> **クライエント**　もうここにはいられない。無理です。不安が大きすぎます。
>
> **セラピスト**　もう少しがんばってください。出ていかないでください。不安は行ったり来たりします。5分間ここにいる，という約束を守りましょう。あと，1分だけです。

問➡　ここでの落とし穴は何ですか？

問➡　ACTの視点から見て，この落とし穴はどのようなネガティブな結果につながる可能性がありますか？

問➡　あなたなら，どのように対応しますか？

上記の対応の問題▶この対応には，落とし穴5と6がある。エクスポージャーの目標は，単にX時間という長さの期間，どこかに留まることではない。目標は，5分間そのものを通過することではなく，クライエントの価値と結びついた，よりオープンで柔軟な生活を生きることである。セラピストは，時間に過度に焦点を当てており，エクスポージャーのプロセスと目的には十分に焦点を当てた説明をしていない。

モデル対応

> **セラピスト**　そうですか。では，あなたのマインドがあなたに向かって悲

鳴をあげているのに気づいてみてください。そして，その不安を感じながら，その不安に触れながら，あなたがここにいるのはもっぱら不安のためだけではないということを考えられるかどうか，ほんのちょっとやってみましょう。あなたは，お子さん方とあなたの人生のためにどのようであったらいいかを学ぶために，ここにいらっしゃったのでしたね？「ミスター不安」に対して心を開くことが，その役に立つとしたら……，進んでやってみようというお気持ちになれますか？ その質問もここにひょいと座らせてみて，そして人生がまさに今，あなたにこの質問をしていることに気づいてください。今ここに存在し，手放すということを学ぶことが，あなたが本当になりたいようなお母さんになる方法を学ぶプロセスの一部であるとしたら……，どうでしょう？ では，その目的をあなたの身体の中に取り入れて，お腹にストンと落としていきましょう。たった今，あなたはどこで不安を感じていらっしゃいますか？

説明　この対応は，ダンスのように，脱フュージョン，アクセプタンス，価値に沿った行為という3つのプロセスの中に出たり入ったりしている。そうして，ワークを文脈に当てはめるのである。セラピストは，事実上，5分間のゴールに到達するようクライエントを勇気づけているが，あくまでもACTのプロセスに焦点を当て続けている。

エクササイズ10.4

クライエントは25歳のうつ状態の男性で，4回目のセッションを受けている。

クライエント　私は今，ワークに押しつぶされているように感じています。そのせいで何もできなくなっている感じです。

セラピスト　なるほど，それでは，それについてのワークをしましょう。この感情をどのように対処したらいいか，問題解決してみましょう。あなたはなぜ，ワークに押しつぶされているように感じるのだと思うのですか？

第10章 ACTというダンスの踊り方

問➡ ここでの落とし穴は何ですか？

問➡ ACTの視点から見て，この落とし穴はどのようなネガティブな結果につながる可能性がありますか？

問➡ あなたなら，どのように対応しますか？

上記の対応の問題▶この対応には，落とし穴1がある。感情にどのように対処したらよいかを問題解決するためにクライエントと一緒に取り組むというのは，おそらく感情変化というアジェンダを支持することとなり，体験の回避を助長することになる。

モデル対応

> セラピスト　もう少し具体的に言うと，どんな感じなのでしょうか？　あなたがそれを感じるとき，あなたのマインドは何をしますか？　今ここで，その感情を感じることはできますか？

説明　押しつぶされるように感じるという感情の中へ入っていくことは，感情そのものが敵ではないことを伝え，押しつぶされるように感じながらもより柔軟な対応を形成するチャンスをクライエントに与えることになる。

エクササイズ10.5

クライエントは，慢性的なOCDを抱える57歳の女性。化学物質汚染を恐れている。前回のセッションの際に，彼女は，苛性ソーダが彼女から彼女の子どもたちの手に渡ってしまうのではないかと恐れていると話した。その話題が5回目のセッションでも再び浮上している。今回，セラピスト

はエクスポージャーを行うのに必要な小道具をもってセッションに臨んでいる。

> **クライエント** 苛性ソーダは有害です。毒です。殺傷能力があります。もしそれに触ってしまったら，私と私の子どもたちにいったい何が起こるのだろうか，と心配です。けれども，夫はどうしてもそれを車庫に置いておくと言って聞きません……だから私は，車庫近くに行かないようにと子どもたちに言っています。そうすると子どもたちは怒るんですけど，でも，そうせずにはいられないんです。夫とはそれについて喧嘩をするのですが，彼は私の恐怖のすべてを解決することはできないと言っています。
>
> **セラピスト** 実際には，苛性ソーダが危険になるには水が必要なのです。ほら，私の手は乾いていますから，苛性ソーダを自分の手に注ぐことができますし，何も悪いことは起こりません。〔実演する〕

問⇒ 落とし穴は何ですか？

問⇒ ACTの視点から見て，この落とし穴はどのようなネガティブな結果につながる可能性がありますか？

問⇒ あなたなら，どのように対応しますか？

上記の対応の問題▶主なものは落とし穴3であるが，フュージョンのリスクも冒しており，エクスポージャーをウィリングネス，柔軟性，価値と結びつけてもいない。本書の著者のひとり（Steven C. Hayes）も，臨床の仕事

を始めたばかりの頃にまさにこの間違いをしたことがあり，そのクライエントは二度とセッションに来なかった。エクスポージャーやウィリングネスのワークをする前には，必ず許可を求めること。そして，そのワークの焦点を鍵となるプロセスに当て続けるべきである。

モデル対応

> **セラピスト** それでは，苛性ソーダが多くの困難な思考や感情を引き出し，あなたのご主人やお子さんたちとあなたの関係に困難を引き起こしているのですね。それはかなり大きな犠牲ですね。
>
> **クライエント** もちろんです。
>
> **セラピスト** そうすると，苛性ソーダが引き起こす困難な体験にあえて踏み込んでいく価値はあるかもしれませんよ。そうすれば直接，それについてワークすることができますし，私たちはアクセプタンスとマインドフルネスのワークを十分にやってきましたからね。今こそ，現実のもので練習するのに良いタイミングかもしれません。私の秘書に未開封の苛性ソーダのビンをこの部屋に運んでこさせようかと思うのですが，あなたは進んでそうしたいというお気持ちはありますか？　秘書に苛性ソーダを床の上のあの辺におかせて，まずは，ビンそのものがあなたのマインドと身体に何を喚起するか，そしてもっと心を開いて，柔軟に，そのような反応と一緒にいるにはどうしたらいいか，ということから始めてはどうでしょう？　といっても，これではスタート地点としては高すぎるかもしれませんね……，どう思いますか？

説明　この対応は，クライエントに選択を与え，ワークの焦点を合わせることになる。ACTはエクスポージャーに基盤をおくアプローチであるが，乱暴に，力ずくでエクスポージャーを行うのが目標なのではない，決して。

落とし穴を探すさらなる実践練習

　落とし穴を特定するさらなる実践練習として，この章とこれまでの章での自分の回答に戻り，それらが落とし穴のどれかを示していないかどうか確認するとよいだろう。落とし穴が示されている場合，あなたが述べたことのいったい何が問題だった可能性があるだろうか？　例えば，あなたの対応がモデル対応と異なっていたという場合は，あなたの対応がクライエントにどのような影響を与えた可能性があるか，また，それがACTの視点から見てネガティブなプロセスをあおってしまうことはなかったかどうか，特定するとよい。

実践練習：ACTモデルで柔軟性を構築する

　落とし穴に陥るのを避けるための主な方法は，落とし穴を避けようすることではまったくない。むしろ，（クライエントに育成させようとしているものと同じ）セラピスト自身の心理的柔軟性を発達させるよう，取り組むことである。そのための方法として，ひとつの治療状況に対して複数の代替対応を考える練習をするという方法がある。時おり，任意の治療状況への対応として正しい治療的手だてが唯一ひとつしかないように思われることがある。書籍というのは，本質的に柔軟なツールではないことから，そのような印象を強めてしまいかねない。しかし，実際は，99パーセント，ACTモデルには複数の対応方法がある。複数の選択肢を理解する柔軟性がなくては，これらの他の道筋は決して見えてこなくなり，クライエントと一緒に限られた行動の流れをただなぞるだけ，ということにもなりかねない。

　このセクションでは，あるクライエントの言語報告に対して複数の対応を生み出すことでACTモデルにもっと柔軟性をもたせる練習を行う（第9章で行ったのと同様である）。これらのエクササイズでは，面接記録が示され，六角形モデルの6つのコア・プロセスのひとつに呼応する対応を生み

出すことが求められる。他のエクササイズと同様，モデル対応を見る前に，あなた自身の対応を生み出すように最善を尽くすこと。即座に何も頭に浮かんでこない場合には，プロセスのそれぞれに対するコア・コンピテンシーを見て手がかりをつかんでもよいだろう（コア・コンピテンシーのリストに関しては，p.567の付記Cを参照）。コア・プロセスに基づいた対応をどのように生み出したらよいか，不確かな場合でも，とにかく何か，たとえそれがいかにも未熟であったりぎこちなかったとしても，何かひとつ生み出してみることである。そうすることで，エクササイズを最大限に活かすことができるだろう。

実践エクササイズ：柔軟性を高める

セラピストは，54歳の男性と4回目のセッション中である。このクライエントは，成人期の大半において，アルコールの問題と戦ってきた。断酒期間も多く体験しているが，その後再発期間が続くことが多かった。このセッションの時点で30日間の断酒をしてきており，アルコールによって紛らわせてきた主なつらさが再び顔をのぞかせ始めるのに，ちょうど十分な時期だった。セラピストは，もうそろそろ再発を起こすのではないか，と案じている。この面接記録は，セラピストがクライエントの価値について口火をきった対話からのものである。

> **セラピスト** あなたはアルコールなしで人生を生きることをテーマに取り上げていきたいと，おっしゃいました。私はその言葉を聞いて，断酒することはあなたにとって本当に大事なことなのだと思いました。お酒を飲んでいないと，どんなことができるようになりますか？ 断酒を維持できたら，人生がどのようになってほしいと思いますか？
>
> **クライエント** 今のこの時点では，断酒に焦点を当てたいと思っているだけです。他のことは何も考えていません。もっとスピードを落として，自分の断酒状態に目を光らせておく必要があると思います。そうしない

と，もうあと1年ももたないでしょう。自分が自分の感情に振り回されているように感じるのです。まさに今は，スピードを落とすことに取り組んでいます。〔間〕私にはただ，スピードを落とすことが必要なのです。

セラピスト　あなたの人生は，今現在，速く進みすぎているように思われるのでしょうか？　自分の人生が，あなたが望む場所へと向かっていないような，そんな感じですか？

クライエント　私の人生というよりも，私のマインドです。そして，私の感情です。自分で気がついたときにはもう暴走していて，その後，道をはずれて深酒をあおっているのです。再び酒をやめるには，何週間，あるいは何年もかかるかもしれません。

エクササイズ10.6　　⇨ 回答例はp.519

問⇨　脱フュージョンに取り組む場合，あなたならどのように切り出しますか？

問⇨　あなたは，どのようなことを考えて，そのように対応しますか？何に反応し，どのコア・コンピテンシーの実例を示していますか？

エクササイズ10.7　　⇨ 回答例はp.520

問⇨　前のエクササイズと同じクライエントの発言（「再び酒をやめるには，何週間，あるいは何年もかかるかもしれません」）を用いて，**「今，この瞬間」に存在すること**に取り組もうという場合，あなたなら次にどのように展開しますか？

問➡ あなたは，どのようなことを考えて，そのように対応しますか？何に反応し，どのコア・コンピテンシーの実例を示していますか？

エクササイズ10.8   ⇨ 回答例はp.522

問➡ 前のエクササイズと同じクライエントの発言（「再びお酒をやめるには，何週間，あるいは何年もかかるかもしれません」）を用いて，**アクセプタンス／ウィリングネス**に取り組む場合，あなたなら次にどのように展開しますか？

問➡ あなたは，どのようなことを考えて，そのように対応しますか？何に反応し，どのコア・コンピテンシーの実例を示していますか？

エクササイズ10.9   回答例はp.524

問➡ 前のエクササイズと同じクライエントの発言（「再び酒をやめるには，何週間，あるいは何年もかかるかもしれません」）を用いて，**文脈としての自己**に取り組む場合，あなたなら次にどのように展開しますか？

問➡ あなたは，どのようなことを考えて，そのように対応しますか？何に反応し，どのコア・コンピテンシーの実例を示していますか？

エクササイズ10.10　⇨ 回答例はp.526

問➡ 前のエクササイズと同じクライエントの発言（「再び酒をやめるには，何週間，あるいは何年もかかるかもしれません」）を用いて，**価値づけされた方向性を定義すること**に取り組む場合，あなたなら次にどのように展開しますか？

問➡ あなたは，どのようなことを考えて，そのように対応しますか？何に反応し，どのコア・コンピテンシーの実例を示していますか？

エクササイズ10.11　回答例はp.527

問➡ 前のエクササイズと同じクライエントの発言（「再び酒をやめるには，何週間，あるいは何年もかかるかもしれません」）を用いて，**コミットされた行為**に取り組もうという場合，あなたなら次にどのように展開しますか？

問➡ あなたは，どのようなことを考えて，そのように対応しますか？何に反応し，どのコア・コンピテンシーの実例を示していますか？

モデルとしての対応

回答例10.6a　　　⇨ エクササイズはp.516

　セラピスト　つまり，あなたのマインドは暴走していて，そのマインドの言うことのひとつが「スピードを落とせ」なのですね。かなりの戦いのように聞こえますが……，あなたのマインドは，一方ではスピードを上げているものであり，他方ではあなたにスピードを落とせと言っています。あなたは，その真ん中に挟まれてとらえられてしまったかのようです。どちらもあなたに威張り散らして命令しています。

　クライエント　ええ，だいたいそのとおりだと思います。私はあるときには一方のことを行い，またあるときにはもう一方のことをしていますから。

　セラピスト　あなたの中には，これがすべてプログラム化されているようにも見えます。その一部はあなたにあることを命じて，また一部は別のことを命じてくる。その中には，あなたが望んでいないこともたくさんある。

　クライエント　ええ。

　セラピスト　この中のひとつがあなたに，スピードを落とすよう言っているのですね。私が提案したいのは，それとは少々違うことです。私たちに必要なことは，ちょっと引いて，どちらの側にもすっかり絡みとられてしまうことなく，その心の卓球を観戦することだと考えてみましょう。深呼吸をしてください。〔深呼吸する〕あなたのマインドの進行を，少しの間，見ていることにしましょう。あなたのマインドはあなたに何を与えているか，ただ声に出して言ってください……，けれども，どちら側にせよ，その中に飛び込んでしまわないようにしてくださいね。

　説明　この対話が実例を示すコア・コンピテンシーは，「ウィリングネスをスタンスとして使いながら，困難な私的体験を『してみる』実験をする

ようにクライエントに働きかける」(p.141 第3章「コンピテンシー5」)，というものである。クライエントは，暴走するマインドと絡み合ってしまう危険性は理解しているが，「私はスピードを落とさねばならない」という言語との絡み合いの危険性をすっかり見落としている。セラピストはこのプロセスを，脱フュージョンされたマインドフルネスへと進めている。

回答例10.6b ⇨ エクササイズはp.516

> **セラピスト** ええ，あなたのマインドが恐ろしい思考であなたを強打しているような感じですね。それも，どうして断酒が大切な問題なのかを思い出すのも怖く感じるほどにです。感情や思考が浮かび上がってきていることから，何かがおかしいことがうかがえますが，これは今までと同じマインドです。覚えていらっしゃるでしょうか？　私たちが共にワークを始めたとき，私はあなたに，断酒をすると直面したくないものも浮かび上がってくる……とくにお酒を飲むことで紛らわせてきたものが出てくると，お伝えしましたよね。ですから，これはスケジュールどおりのように思えます。

説明　この対話が実例を示すコア・コンピテンシーは，「ウィリングネスに対するクライエントの感情的，認知的，行動的，あるいは物理的バリアを特定する」(p.137 第3章「コンピテンシー1」)というものである。セラピストは，クライエントの不安との戦いに脱フュージョンを用いて，出現しつつあるバリアを指摘し，さらにその瞬間に発生しているフュージョンの代償も指摘している。セラピストはその戦いを自然なこととして（normalize）はいるが，軽視（minimize）はしていない。

回答例10.7a ⇨ エクササイズはp.516

> **セラピスト**　先ほど，「私はただ，スピードを落とすことが必要なのです」とおっしゃいましたね。覚えていらっしゃいますか？

クライエント ええ。

セラピスト それを，もっとゆっくりと言っていただけますか？

クライエント 〔感情の起伏なしに，ほどほどにゆっくりと〕私はただ，スピードを落とすことが必要なのです。

セラピスト もう一回だけ，言っていただけますか？ ただし，もっと遅く，感情をこめて。

クライエント 〔ゆっくりと，欲求不満な調子で〕私は……ただ……スピードを……落とすことが……必要なのです。

セラピスト ありがとうございます。そのように言葉にしてみて，身体の内側ではどのように感じますか？

クライエント ムカムカする感じです……，まるで……まるで……私がそれに懸命に取り組んできたみたいな感じです。

セラピスト そうですか，もしあなたが本当にその言葉にしたがうとしたら，つまり本当にスピードを落とす必要があるしたら，どのように感じられるでしょうか？ リラックスして言ってみれば一歩退いていられるように感じますか？ それとも，実際には戦いを始めて，よりいっそう懸命に取り組んでいるように感じますか？

クライエント う〜ん……，よりいっそう懸命に取り組んでいます。妙ですね。

説明 この対話が実例を示すコア・コンピテンシーは，「クライエントの報告内容から脱フュージョンして，その瞬間に注意を向ける」（p.193 第4章「コンピテンシー1」）というものである。セラピストは，クライエントがその瞬間への注意を直接体験できるように，クライエントを言語内容から引き離して，その瞬間におけるクライエントの体験へと向けている（そして，

最後に少々アクセプタンスも含めている)。

回答例10.7b　　⇨ エクササイズはp.516

　セラピスト　あなたが「スピードを落とす必要がある」とおっしゃるとき，私はそこに，何というか切羽詰まったような感じを受けます。まるで生死がかかっているような感じです。

　クライエント　そうです。〔間〕そのように感じます。

　セラピスト　この「生死がかかっている」という感情を感じながら，少しの間，その感情と一緒にいられますか？　この感情と一緒にいるとき，内側ではどのように感じられますか？

説明　前項に同じ。

回答例10.8a　　⇨ エクササイズはp.517

　セラピスト　あなたに考えていただきたいことがあります。もし，この場合の問題があなたのマインドが速く進むということではない，としたら，どうなるでしょうか？　マインドいうのは，どうしたって速く進むものなのです。そうではなくて，問題なのは，マインドとのあなたの戦いだとしたら……マインドにスピードを落とさせようとするあなたの試みだとしたら……？　ひとつ教えてください。あなたは，スピードを落とそうとしてどんなことをしますか？

　クライエント　ある意味，安全策をとって，白熱するような会話は避けます。疲れすぎないように毎日リラックスしようとしています。私は前の仕事はやめます。今度はストレスのあまりないものを探すつもりです。

　セラピスト　では，あなたはこのようにしてきた中で，長期的に見て，あなたのマインドのスピードを落とせたと，体験的に感じられたでしょうか？　それとも，こういったことは短期的にしか役に立たないというの

が実情でしょうか？

説明 この対話が実例を示すコア・コンピテンシーは，「臨床的なやりとりの中で，役に立つかどうかという考え方を積極的に用いる」（p.75 第2章「コンピテンシー3」）というものである。セラピストは，クライエントの困難について詳しく説明したくなる誘惑に負けることなく，スピードを下げようとするクライエントの努力が機能するかどうかに関心を向けている。

回答例10.8b ⇨ エクササイズはp.517

セラピスト　「自分は速く進みすぎている」と，あなたが考える直前に現れる感情ですが……それをここで取り上げてみてはどうでしょう？　その感情は，どのくらい古いものですか？　どのくらい，おなじみのものですか？

クライエント　それは不安です。永遠に続くような感じです。コントロールを失ってしまったように感じます。

セラピスト　確かに。そこであなたは，「コントロールを失っている」というその感情から脱することで，コントロールを取り戻そうとするのでしょう。しかし，その感情の中こそがあなたが成長できる場だとしたら，どうでしょう？　おそらく，私たちはその感情の中へと入っていく必要があるのではないでしょうか？

説明 この対話が実例を示すコア・コンピテンシーは，「感情をコントロールしようとする戦いをやめる実験をしてみるように促し，代替案としてウィリングネスを提案する」（p.76 第2章「コンピテンシー4」）というものである。次のステップでは，不安の感情を進んで体験するウィリングネスを練習するためのエクササイズを行う許可をクライエントに求めることが必要となるだろう。

回答例10.9a　　　　⇨ エクササイズはp.517

　セラピスト　今のお話をうかがっていると，あなたがあなた自身の思考とまるで戦争をしているような印象を受けます。

　クライエント　ええ。

　セラピスト　あなたはチェスをご存じですか？〔セラピストは紙のメモ帳を取り上げて，まるでそれがチェスボードであるかのように掲げる〕

　クライエント　はあ。

　セラピスト　ここでのこの状況は，チェスのゲームのようなものだとしましょう。あなたは戦争で，黒い駒と白い駒を手に入れました。〔セラピストは「駒」を具体的に示すために，メモ帳の上にさまざまな物をおく〕このメタファーでのすべての駒は，あなたのさまざまな思考，気分，記憶です。すべてあなたが皮膚の内側で体験するものごとです。そこで，あなたは白い駒に勝たせようと戦争に出ます。白い駒と同盟を組んで，馬の背にまたがって騎士となり，戦闘に出るのです。「自分は十分にゆっくりとやっている」という思考と同盟を組んでいるので，その思考は白い駒ということになりますね。あなたとしては，白い駒に勝ってもらいたいわけです。そのため，黒い駒はとても脅威のあるもの，ということになります。ところが，もうおわかりのように，あなたは黒い駒もたくさんもっているのです。黒い駒はたくさんあります。あなたの内部にあるのです。したがって，黒い駒に対して敵対的な姿勢をとり始めるや否や，あなたは，あなた自身の非常に大きな部分と戦争をすることになります。あなたの人生は，戦争と化すのです。そして駒たちは，お互いに相手をチェスボードから叩き落とそうとします。しかし，あなたの体験ではどうだったでしょうか？　自分の人生における黒い駒，つまり，お酒を飲みたいという衝動や自分を価値がなく思う気持ちといった，あなたが好まない駒ですが，それらの駒を駆除しようとしたとき，その戦闘

に勝てましたか？　このメタファーでは，あなたは駒などでは全然なく，むしろ，チェスボード，闘技場，こうしたすべてのことが生じる文脈のようなものだと見てみましょう。ほら，いいですか。チェスボードは何もする必要がありませんよね。チェスボードはただ，すべての駒を載せているだけです。駒がたくさんあるか，それとも少ないか，ということは気にしません。ただ載せているだけなのです。しかもチェスボードは，移動が可能です。ほら，今私は自分の両手でそれを前後に動かしていますよね，ちょうどこんなふうにです。どうでしょう，「自分はこのチェスボードだ」という体験をするようなエクササイズを，私と一緒に進んでやってみよう，というお気持ちはありますか？〔「流れに漂う葉っぱ」というマインドフルネス・エクササイズを提案する〕

説明　この対話が実例を示すコア・コンピテンシーは，「メタファーを活用して，クライエントが意識の内容や産物と意識そのものを区別するのを支援する」(p.239 第5章「コンピテンシー1」) というものである。最後に体験的エクササイズを加えることで，クライエントに対して，メタファーを通して説明した区別を直接体験する方法を提供することができる。

回答例10.9b　　⇨エクササイズはp.517

セラピスト　では，いったんもとに戻って，言語マシンにそのお決まりのことをさせてみましょう。あなたのマインドが「スピードを落とせ」とあなたに向かって叫んでいるのを，そのままにさせておく，ということです。やってみてください。

クライエント　それは簡単です。

セラピスト　わかりました。では，その騒がしい戦いの中に入り込んで，マインドの叫びが聞こえたら，指を上げてください。それから私はあなたにあることを質問したいと思います。〔間〕

クライエント 〔しばらくして，指を上げる〕

セラピスト その騒々しい戦いを聞いているのは誰ですか？

> 説明　この対話が実例を示すコア・コンピテンシーは，「エクササイズを活用して，クライエントが文脈としての自己に接触し，それを概念としての自己から区別するのを支援する」(p.240 第5章「コンピテンシー2」) というもので，自分自身の中の意識的であり観察者でもあるような部分と接触するのを助ける機会として活用している。

回答例10.10a　⇨ エクササイズはp.518

セラピスト 何とかしてスピードを落とそうとする，この戦いには，何かあなたにとって本当に重要なものがある気がします。何か，本当に重要なものの実現がそれに懸かっているのですね。

クライエント ええ，そうです。

セラピスト あなたがご自身の人生で求めている大切なもので，今はまだ手に入れていないと感じているものは何でしょうか？　それについて，私に話していただけますか？

> 説明　この対話が実例を示すコア・コンピテンシーは，「クライエントが価値に沿った人生の方向性を明確化するのを支援する」(p.294 第6章「コンピテンシー1」) というものである。クライエントは，問題（自分の人生は速く進みすぎている）と問題の解決策（スピードを落とす必要がある）に焦点を当てている。クライエントはスピードを落とすという手段で何かを達成しようと試みており，セラピストはその何かに関連した，より大きな全体像をいくらかでも話の中にもち込みたいと思っているのである。

回答例10.10b　⇨ エクササイズはp.518

セラピスト あなたは長い間，何とかしてスピードを落とそうとしてきた

ようですね。あなたにとって，それはどのようなことにつながるのでしょうか？　あなたが自分の墓石に刻みたいと望むようなことでしょうか？　「アンディはスピードを落とすべく本当に一生懸命にがんばった」とか？　断酒について言うなら，「アンディはアルコールを飲まないように，本当に一生懸命にがんばった」と刻みたいですか？　それが望んでいる人生のテーマのすべてですか？　もし，何か他のことを墓石に刻めるのであれば，どんなことを刻みたいと思いますか。

説明　前項に同じ。

回答例10.11a　　⇨ エクササイズはp.518

セラピスト　速度を下げるのをゴールにすることの問題点とは，それが「死人」のゴールと私たちが呼ぶものであるということです。死人のゴールとは，すでに亡くなっている人の方がうまくやれるようなゴールです。例えば，自分のマインドのスピードを落とすという目標をよりうまくこなせるのは誰でしょう？　あなたでしょうか？　それとも死人でしょうか？　毎回，死人の方が勝つことになるでしょう。あなたがスピードを落とせるようにと思って，これまで先延ばしにしてきたゴールは何でしょうか？　やってみようと考えてきたのだけれども，おそらくそんなことをしたらあなたのマインドがスピードを上げる結果になってしまうだろうと考えて，するのを恐れていることは何でしょうか？

説明　この対話が実例を示すコア・コンピテンシーは，「クライエントが価値に沿った人生のゴールを特定し，それにつながる実行計画を作成するように支援する」(p.339 第7章「コンピテンシー1」)というものである。次のステップは，クライエントと一緒に取り組み，たとえそれが何であれクライエントが特定した方向性あるいはゴールに基づいて行動を起こしスピードを落とすことは，果たして解決策なのか，それとも自分の人生を生きようとするのを邪魔するものの一部なのかを確かめることだろう。

回答例10.11b　　　⇨ エクササイズはp.518

セラピスト　スピードを落とそうというあなたの本能は，まさに核心をついていると私は思います。そして，単なる小手先のテクニックなどではなく，おそらく，それ以上のものでしょう。やりましょう。まさにここで，今すぐにスピードを落としてみましょう。そして，そのときに感じられるものをオープンに受け入れられるかどうか，確かめてみましょう。やってみましょう。〔間〕

クライエント　〔自発的に深呼吸する〕

セラピスト　あなたは，ほんの一瞬前，ご自分の声に切羽詰まったものがあったことにお気づきになりましたか？

クライエント　正直に言うと，とても怖いんです。何かしなくては，と感じます。

セラピスト　わかります。それは，そうなるものなのです。では，その何かを急いで実行しなくては，という誘惑に気づいてみてください。そして，スピードを落として，現在に存在したいとあなたが思うことには，何か深い知恵が隠されていると考えましょう。ここで，あなたはあなたになることができます。ここで，生きることができます。それでもなお，時としてここは恐ろしいことがあります。あなたは，どのようにここから逃げ出そうとしてきましたか？

クライエント　感覚を徹底的に麻痺させました。酒を飲みました。大量にです。

セラピスト　そうですね。そして「私はスピードを落として，現在に存在する必要がある」ということと一緒になっているものとは，「急いで。私は私のマインドと私の感情に対処せねばならない」なのです。さて，あなたはそれを実際に行う方法をご存じですね。そして，どれほどの代償

を払ったのか，ふり返ってください。〔間〕私に聞こえるのは，あなたの，自分は生きたい，自分でありたい，ここにいたい，という願いです。あなたがそのようにできるのは，どのようなときですか？

クライエント　酒を飲んでいないときです。酒を飲むことで，自分の人生を犠牲にしていたのです。飲酒は私に，**私であること**を犠牲にさせていたのです。

セラピスト　では，断酒という名のもとで，急いで逃げるための新しい方法を見つけるのはやめにしましょう。なぜなら，それも別の方法であなたがあなたでなくなるようにすることにすぎないのですから。おそらく，断酒も結局は，何かがテーマとなっているのです。そのテーマとは？

クライエント　私が私であることです……〔自発的にまた深呼吸する〕私は走っていません。私は走るのはやめにしました。私はまさに今ここで生きることにします。

説明　この対話が実例を示すコア・コンピテンシーは，セラピストは「感知されたバリア（例：失敗への恐怖，トラウマ記憶，悲しみ，正しくあること）が存在していても，クライエントがコミットメントを行ってそれを維持できるように促す」(p.340 第7章「コンピテンシー2」) というものである。皮肉なことに，クライエントは，意図的に意識的に人生を生きることの重要性を理解することを，別の形で現れ出たフュージョンによる回避を正当化することと混同していた。そのせいで，スピードを落とすということは，自分の人生に参加し，自分の人生を正直で自己敬意に満ちた方法で生きるという，より賢明で深い願望の重要な表示ではなく，むしろ自己操作の単なるテクニックと化してしまった。現在に存在して，生きて，自分が自分であることの価値が覆い隠されてしまっていたのである。彼の飲酒は，この価値に反することであった。しかし，孤立し，フュージョンされ，切迫した回避的な自己操作的方法で断酒に焦点を当てることもまた，価値に反することであろう。

セラピストの対応の選択に影響を与える文脈

　前セクションのエクササイズは，これらが臨床場面におけるどのような文脈に基づいているのか，比較的わずかしか示されておらず，それゆえに読者はかなりの解釈を求められるという意味で，いささか人工的である。情報が限定されていると，ほとんどのACTプロセスが同じように有用であると判断される可能性がある。一方，現実世界では，適切な技法の選択へと通じる情報ははるかに豊富であり，あるプロセスを別のものより選びやすくしてくれる傾向がある。それでもなお，通常の臨床状況での対応には多くの選択肢が存在するということを示す上で，本章のエクササイズがお役に立てることを願っている。臨床上のニーズに応じて，さまざまなACTプロセスを柔軟に活用できるようにしておくことは，セラピストにとって重要である。的確な介入を選択できるかどうかは，セラピストがクライエントとクライエントのニーズをどう特定的に概念化するかということと，セラピーのより大きな枠組み，そしてセラピスト自身の行動の文脈にかかっているのである。

クライエントの行動を理解する

　その瞬間におけるクライエントの行動が，セラピストの対応に影響する最も直接的な文脈となる。理想的には，セラピストがその瞬間のその場におけるクライエントの行動を機能分析して，それに基づいて対応するのがよい。例えば，目の前で行われているクライエントの行動は，回避，フュージョン，自己評価，過去あるいは未来へのとらわれを表す行動例ではないだろうか？　これは，第8章と第9章で取り上げた，その瞬間の機能分析と同じである。

　その瞬間のクライエントの行動に加えて，セラピストの介入は，複数のセッションにわたって現れる，より広範なクライエントの行動パターンによって決定される。例えば，症例を概念化することでクライエントの弱点が明らかになり，それによって，複数のセッションにわたって特定のプロ

セスを育成することが妥当と認められることがある。結果的に，セラピストは，ある任意のセッションでクライエントが具体的にどのような行動をとるかにかかわらず，そのプロセスにより焦点を当てることになるであろう。

セラピーのより大きな枠組み

セラピストはまた，自分がセラピーの中ですでに取り組んだACTモデルの部分と，その特定のクライエントと一緒に将来行うつもりでいることに基づいて，介入を選択する。例えば，2セッションのみでセラピーを終えなくてはいけないクライエントに対しては，価値をアセスメントする領域をかなり絞り込むだろう。その一方で，もっと長期的なセラピーを前提としてクライエントと接する場合には，クライエントとウィリングネス／エクスポージャーのワークを実施するのに先立って，そのクライエントが脱フュージョン技能を育成できるよう支援する計画を立てることがある。セラピーのより大きな枠組みが，ある特定のセッションでセラピストが行うことにどのように影響するかという点については，以下のような例があげられる。

- セラピーのゴールやターゲットについて同意を得られるよう事前に取り組むことで，介入を選択したり決定しやすくなる。
- 通常は，コミットされた行為に関するワークに先立って，セラピストがクライエントの価値について理解することが重要である。
- 特定のマニュアルによってレイアウトされた枠組みにしたがっているセラピストは，クライエントの発言が別の方向へそれていく可能性があっても，そのマニュアルの形態にしたがってしまうことがある。

即時のセラピスト行動

有能なACTセラピストならば，時間の経過に伴って急速に展開する複雑な流れの中で，治療プロセスを適切に順序づけ，パターン化できるように

なる。あるひとつのプロセスを行うことが、別のあるプロセスに焦点を当てるという直接的な文脈となることがしばしばある。例えば、現在との接触は、価値のワークの最中か、あるいはその直前に行う必要がある。さもないと、こうしたワークは無味乾燥で理知的なものになってしまうのである。アクセプタンスと織り合わされていない脱フュージョンは、通常、理知的なものか、妥当性を否認するもの、あるいはその両方となる。効果的なエクスポージャー・タイプのエクササイズは、少なくとも基本的な脱フュージョンの技能が然るべく備わっていて、アクティブに使われていることにかかっている。さもないと、それは、クライエントが血の気も引くほどにこぶしを握り締めて、困難な体験に耐える時間と化してしまう。ウィリングネスのエクササイズは、価値のワークに結びついていることが多い。ウィリングネスがやりがいのあるワークであるのは、価値がそこにあるからである。「今、この瞬間」との接触は、クライエントが「気づいている人物（文脈としての自己）」に気づくような体験となる。これらの文脈とパターンは、通常、セラピストがプロセスからプロセスへ次々と移っていく中で、数分にわたって展開する。このタイプの知識は、多くの場合、大半が暗黙裡のものであり、実践的に練習することで精緻化されていく。セラピストは、複雑な行動の中のある特定の行動連鎖を練習しながら、自分がアクセスできる行動パターンと、どのパターンが機能する傾向にあるかという点について、自己知識を高めていくのである。

よくある質問

このセクションでは、ACTアプローチの初心者であるセラピストから寄せられる、よくある質問についていくつか検討して、簡単な対応を提供したいと思う。さらに質問をしたい場合はwww.learningact.com、あるいは文脈的行動科学学会（the Association for Contextual Behavioral Science: ACBS）（www.contextualpsychology.org）の全般的なACTのメーリングリストに投稿してみてはどうだろう。

質問 体験的エクササイズやメタファーをどのように導入したらいいですか？

回答 体験的エクササイズとメタファーを幅広く活用するというACTの特徴は，このアプローチに不慣れなセラピストの不安を駆り立てることがあります。ACTは体験的なセラピーなので，エクササイズや物語は，教訓的な面が少なく第二水準の（second-order）特徴が大きい変化[訳注]の形態と同様に重要であり，セッションの中で頻繁に用いられます。メタファーとエクササイズを，クライエントの困難がもつ具体的な性質の文脈に合わせるのが理想的です。例えば，クライエントが過去に表現した思考や感情をメタファーの中に組み込んでもよいでしょう。あるいは，クライエントのコメントのひとつから特定のエクササイズを浮かび上がらせるようにすることもできます。メタファーやエクササイズをそこでの文脈に当てはめることは，セラピストが一貫したテーマの軸をもたずに，数種のメタファーやエクササイズをひとつのセッションの中にむりやり詰め込むという問題を回避するのに役立ちます。その一方で，セラピストがある特定のエクササイズやメタファーを有用となりうるだろうと感じても，メタファーやエクササイズをクライエントの体験に直接的に結びつけるにはどうしたらよいかを理解するのが難しいことも，時おりあります。この場合でも，より一般的な形態でエクササイズをする価値はあります。どのようなエクササイズであれ，導入に先駆けてセラピストがクライエントに許可を求めることをお勧めします。例えば，「あなたにとって役に立つかもしれないエクササイズに，心当たりがあります。ちょっとの間，目を閉じて行うエクササイズを，私と一緒に進んでやってみようというお気持ちはありますか？」のように言うだけでもよいでしょう。

　初心者のACTセラピストは，セッションがより体験的になるように，多くのステップを踏むようにするとよいでしょう。ひとつは，特定の治療マ

訳注　これまでとは根本的に異なった問題解決行動を導入することを目的とした介入。『アクセプタンス&コミットミント・セラピーの文脈』（ブレーン出版）では「文脈こみ」と訳出。

ニュアルにしたがうことです。マニュアルは一般に，ステップごとのアプローチを用います。そして，適切なセッションを一貫して実施できるようになるまでその勉強することで，セッションの準備がしやすくなるのです。また，マニュアルにはしたがっていないが，自分がすでに行っているワークにACTを組み込んでいる，あるいはさほど構造化されていないやり方でACTを使用している，という人には，次回のセッションで活用しうるACTプロセスやエクササイズの緩やかな計画（a loose plan）を立てておくことをお勧めします。このようにすることで，セッションに先立って，関連のあるメタファーやエクササイズ（例：3つ4つ選ぶ）を数回見直すことが可能となり，それらを正確に実行し，その意図された効果を理解できるよう確実にすることができるのです。メタファーやエクササイズを音読するのは良い準備方法です。なぜなら，セラピーでは，それらを黙読するのではなく，話したり，聞くことになるからです。別売りのDVD[訳注]も役に立つでしょう。セッションの中でクライエントと一緒に実際のエクササイズの本文を読むのは，概して，良い考えではありません。ただし，「観察者としての自己」エクササイズといった，長時間，目を閉じて行うエクササイズを学習しているときには，このような方法を使ってもよいでしょう。

❏　　　❏　　　❏

質問　どのようにクライエントにACTを説明し，インフォームド・コンセントを得たらいいのでしょうか？

回答　セラピーのプロセスを適切に説明し，ゴールや課題についての全般的合意に達することは，ACTのような言葉を字義どおりに使わない（nonliteral）セラピーでは少々難しいでしょう。ACTは体験的で，言葉を字義どおりに使わないため，セラピーのプロセスを直接言葉で説明し尽くすことができないからです。クライエントがセラピーを訪れた際，変わろうとして行っている自分の努力や自分の状況についての彼らの理解そのも

訳注　2010年春，星和書店より刊行予定。

のが，問題の一部となっていることが多いのです。しかしながら，そのことを即刻，直接的にクライエントに伝えても，役には立たないでしょう。「クライエントは問題を克服する必要がある，あるいは甘んじて受け入れる必要がある」と暗にほのめかしていると誤解されかねないからです。ほとんどのACTセラピストが用いる解決策は，ACTの目的について比喩的に語るというものです。

以下の面接記録は，慢性的な心配を抱えるクライエントとどのようにインフォームド・コンセントを論じたらよいかを示すモデルです。

セラピスト さて，あなたが何とかしようとしている懸念のイメージを伝えてくださったことで，私も，あなたがご自身の人生にどのような希望や夢を抱いていらっしゃるのか，大きな状況が何となくつかめてきました。実際にトリートメントを開始する前に，トリートメントの中でどのようなことをすることになるのか，概要をお話しして，契約を結びたいと思うのです。第一に，自分自身を変えよう，あるいは人生で自分が抱えている心配を克服しようとして，あなたがどれほど懸命に努力なさったかは理解できます。また，この慢性的な心配があなたの対人関係，とくにご家族との関係のいかに妨げとなってきたかということも理解できます。あなたは，ご自分の心配や不安をコントロールしようと，長年にわたって懸命に努力してきました。一方で，それは実を結んでこなかったように思われます。

なかには，もっと多くの対処レパートリーを獲得してご自身の心配を管理するのを支援するセラピーもあります。しかし，私のアプローチはそのようなものではありません。今のあなたの状況は，まるで心配との戦争がずっと続いてきているかのように思えます……，セラピーによっては，その戦争と戦うためのより多くの武器をあなたに与えるものもあります。それもひとつのアプローチでしょう。もし，あなたがそのようなアプローチをお望みであれば，どなたかそのアプローチを用いる方にご紹介することもできます。私が行うセラピー・ワークは，どちらかと

いうと，戦場からいかに離れたらいいかを学ぶことに近いものです。戦争はまだ続いているかもしれませんし，あなたにはそれが見えるでしょう。しかし，もはや戦争地帯に住んでいるということはなくなるのです。私たちは，あなたの不安，恐怖，懸念との戦争から一歩外に踏み出す方法に取り組んでいくことになります。あなたの両手と両足，そしてエネルギーを自由に解放して，あなたが生きたいと望んでいるような人生を本当に生きようにすることが目的です。けれども，果たしてこれが，あなたが進みたい方向性なのかどうか，それはあなたに決めていただく必要があります。

クライエント　〔その方向性でよいということを示し，セラピストに続けるよう求める〕

セラピスト　セラピーのテーマが，あなたがなりたいと思うような母親や妻になるよう支援することだとしたら，やってみる価値があるでしょうか？　ご家族に対するあなたの深い思い入れと，ご自身の心配や恐怖のせいで気持ちがそれてしまってきたことを自ら進んで認めようとするあなたのウィリングネスを思うと，私もやる気が出てきます。不安との戦争から一歩外に踏み出ることで，あなたが最も望んでいるような母親になれるのならば，それをテーマとするセラピーを受けたいと思いますか？　〔もし，クライエントがさらに多くの説明を望むのであれば，それについて話をするとよいだろう。しかし，それもまた，比喩的である必要がある〕

クライエント　何が私を戦争地帯から連れ出してくれるのでしょう？

セラピスト　そうですね，それにお答えすることが難しいのは，言語こそが，私たちを戦争地帯に引き止めるものの一部となっているからです。おそらくあなたは，最善と思えること，論理的に思えることをこれまで行ってきたのでしょう。けれども，それは満足のいくものではなかったのではないでしょうか。そうでなければ，なぜ，あなたはここにいるの

でしょう？　戦争から踏み出すためには，何か単純な論理にはおさまらないことをする必要があるかもしれません。私は何も，バカみたいなことをしようと言っているのではありません。あなたの前にある問題の全体像，つまり私たちの通常モードのマインドから出てくるものを変えるということについてお話ししているのです。ですから，私があなたの質問に通常モードの範囲内でお答えしつつ，なおも理解していただくということは，おそらく不可能でしょう。今ここでお伝えできる範囲でそれに最も近いことといったら，戦争から踏み出すとなると，あなたは自分自身の思考や感情と付き合う方法を変えて，もっと直接の体験やあなたのより深い願望を基盤にして動いてみることが，当然，必要となってくるということです。それが具体的に何を意味するのか。……そうですね，それは，セラピーによって明らかになることでしょう。ただし，つまるところ，私たちが前進しているのか否かを判断するのは，私ではなくてあなたなのだということは，はっきりお伝えしておく必要があります。したがって，あなたと一緒にワークを最後までやり通すためにいくらか時間をいただくことになるでしょうが，白紙委任を求めているのではありません。

　一般に，さまざまな他の治療法の有効性とACTについて，実証的エビデンスから何が言えるかを伝えるというのは，良い考えです。セラピーに対する一般的なアプローチの説明に加えて，ACTセラピストは通常，クライエントに対して，最初の何回かのセラピー・セッションにまずはコミットして，その期間が終わるまでは評価を先送りするよう求めます。同時にセラピストは，クライエントから見て間違いなく前進していることが，絶対的に重要であるということを再確認します。言いかえると，私たちは適度なしかし限られた期間のコミットメントを必要としているのであり，「とにかく私たちを信頼してください」と言っているのではないのです。

　また，浮き沈みがあるということについて，あらかじめ警告しておくのも良い考えです。例えば，ACTはジェットコースターに乗ることにたとえ

てみることができます．だんだんと高くなっていくのですが，その中で何度か，クライエントがセラピーに訪れた時点よりも低いところにいるかのように見える時点があります．体験の回避をアセスメントした結果としてクライエントが比較的高いスコアを示した場合には，激しいセラピーのプロセスの間にはドロップアウトしてしまいたいという回避に基づく強い衝動が生じる可能性があることをあらかじめ伝えておいたり，このような衝動を体験するのは自然なことであるとすると共に，そうした衝動をどのようにしてセラピーで提起したらよいかを提案することが有用です．セラピーの早期，関係性の「接着剤」が固まるのに必要な時間をまだ得ていないうちにこうしたことを行うことで，時期尚早にしてセラピーをドロップアウトしてしまう可能性を低めることが可能となり，このやや反直観的で，しばしば通常とは異なるアプローチの段取りを決める時間を得ることができます．クライエントにとって，時おりこのアプローチは，混乱を招き，感情や記憶を喚起し，つらいもののように感じられることもありうるのです．

　ACTの視点からは，治療契約の核心は，価値の共有と，セラピーの方向性についての一般的な説明，およびこれらの方向性に向かって一緒に取り組むことの選択の表明です．クライエントは通常，文化から得た物語，つまり，より良く生きるためには気分良く感じる必要があるということを暗黙裡に支持しながらセラピーを訪れるものです．この物語の内部に生きているせいで，クライエントは，ふと気づいたときには生きることを後回しにして，もっと良い気分を，と際限なく追及していることがあるのです．ACTは，クライエントが自ら選択した価値の方向へと自由に進んでいけるようにすることを目指しています．したがって，クライエントにとって本当に重要なもの（すなわち，価値）について，ACTのセラピストが最初に把握しておくことは，絶対に必要なのです．価値とは，より気分良く感じるということと関連していることもあれば，関連していないこともあります．治療契約は，クライエントの価値に関する共通理解を中心として結びます．そして，クライエントのより大きな人生のゴールや夢と合致してい

ることが必要なのです。

　　　　　　　　❑　　　　❑　　　　❑

[質問]　体験の回避は常に悪いものなのでしょうか？

[回答]　端的に答えると，「いいえ」です。もう少し長く答えれば，「場合による」となります。ACTは，体験の回避についてプラグマティックな姿勢をとっています。言いかえると，体験の回避がクライエントの価値という文脈において役立たない場合には，それは「悪い」ということになります。体験の回避がクライエントの人生にとって有害でないならば，ACTのモデルにしたがえば，そのときには体験の回避をターゲットにする理由はないということになるのです。そして，必ずしも有害ではない事例があることは確かです。その一方で，過去20年間にわたる調査からは，コーピングの広範囲なパターンとしての体験の回避は，存在する心理的プロセスの中で最も破壊的で有害なもののひとつであることがうかがわれます[27]。リスクの高い性行為から抜毛行動に至るまで，パニック発作からバーンアウトに至るまで，うつ状態から学習不能（being unable to learn）に至るまで，体験の回避は，これまで多くの良くない結果との関連が示されてきました。したがって，体験の回避が広範囲の対応パターンとしてクライエントに見られる場合，それがポジティブな行動となる可能性は概して低いと考えるのが合理的です。しかしながら，究極的には，クライエントにとっていったい何が役に立つ可能性があるのかを決定するのは，そのクライエントの体験なのです。

　　　　　　　　❑　　　　❑　　　　❑

[質問]　いい加減にしてほしい。「クライエントと運命共同体である」って，いったいどういうことなんですか？　私と，統合失調症がある私のクライエントが両方とも等しく機能不全だなんて，とうてい信じられるはずがないでしょう。

[回答] ACTでは，セラピストとクライエントの間に，上下のない，人間らしい関係を築いていけるよう努めます。セラピストとクライエントの間に差異が存在することを否定しようとしているのではありません。そうではなくて，クライエントの利益につながらない差異を最小化しようとしているのです。ACTモデルでは，苦悩というのは普遍的なものであることから，苦悩を引き起こす原因も何か普遍的なものであるに違いない，と想定されます。容疑者は言語そのものであり，セラピストも統合失調症があるクライエントも，両方とも「言語病」を有する，とACT/RFTは示唆するのです。ACTにおいても，特定の，あるいは異常な要素がクライエントの問題形成の一因となりうる（例：統合失調症に対する遺伝的素因）という認識はあります。しかし，だからといって，言語を基盤とする一般的プロセス（例：体験の回避，フュージョン）の強力な影響性を排除するということにはなりません。実際，ランダム化比較試験による研究から，ACTによって精神障害がある患者の再入院が有意に減少する可能性があること，およびこの結果はACTプロセスの変化と関連しているということが明らかにされています[3,17]。

□　　　□　　　□

[質問] ACTにおける精神薬理学の役割とは何でしょうか？

[回答] ほとんどのケースにおいて，薬物治療によって思考や感情が除去されることはありません。思考や感情のインパクトが緩和されるのです。薬物治療が体験上意味をもつケースでは，柔軟な姿勢をとることが役に立ちます。以下のように言うと，うまくいくことが多いようです。

> **セラピスト**　ご存知のように，薬物治療によってすべての方々の問題が100パーセント解決するわけではありません。薬物治療で問題が100パーセント解決するのであれば，あなたは今日，ここにいらっしゃらないでしょう。とはいえ，自分の思考や感情の中へそれほど巻き込まれなく

なる，というのは果たしてどういうことなのかを，薬物治療を通して実際に垣間見ることは可能です。その場合，セラピーとは別の方法で取り組んでいくということになります。いつか，薬物治療について直接検討したい，と思われるときがあるかもしれません。しかし，そのときが来るまでは，今ここでの取り組みを進めていくことにしましょう。

　薬物治療を併用することで効果が阻害されてしまう可能性がエビデンスによって明かにされている場合（例：エクスポージャーの効果を妨げるベンゾジアゼピンの阻害作用）は，その問題について適切なタイミングで対処することが可能です。しかし，このような状況にあっても，薬物治療の使用を排除しようと試みることからACTのセラピーを開始することはまれです。要するに，直接的な体験に基づいて役に立つかどうかを見守り続けていくことにオープンであれば，それでいいのです。

❏　　　❏　　　❏

質問　　私は，正直言って，体験的エクササイズが好きではありません。クライエントがするべきことについて，ただ言葉で説明するだけではいけないのはなぜですか？

回答　　セラピストは実際，ACTに基づいた心理教育を用いることで一定の効果を上げることができます。しかし，言語ルールにしたがった行動と，体験から生まれた行動が同じではないことは明らかであり，後者の方がより柔軟な傾向があります。したがって，クライエントが**どのように**学習するかで違いが出てくることも明らかなのです。これまでの実証的エビデンスと，クライエントのニーズや価値が主要な指針となります。セラピストとして，アプローチに対するあなたの好き嫌いは注目に値します。不快を受け入れた上で，するべきことを行うというのは，まさしくACTのテーマのすべてです。したがって，ACTの要素について不快に感じたとしても，必ずしも悪いというわけではありません。実際，それはセラピーに対して

大いに情報を与えることになるでしょう。

　　　　　□　　　　　□　　　　　□

質問　絶望しているクライエントや自殺傾向のあるクライエントに対して，「絶望から始めよう」（創造的絶望）としてもいいのでしょうか？

回答　この質問の前提には，用語についての誤解があります。つまり，「絶望から始めよう」というのは，クライエントに絶望を感じさせるのがテーマではないのです。「絶望から始めよう」の段階は，クライエントの直接的体験の妥当性を確認し，役に立たないものは手放し，本当の変化に備えて準備をするのがテーマなのです。その結果は，気分が滅入る絶望的なものではなく，希望に満ちて，力を与えてくれるものであるのが一般的です。

　　　　　□　　　　　□　　　　　□

質問　ACTの適用が不適切となるクライエントはいますか？

回答　ACTはエビデンスに基づいたアプローチであるため，最善の回答は，現在までに蓄積されたエビデンスから示唆されることにしたがう，ということとなります。しかし，もっと具体的なことも言えないわけではありません。時としてこの質問は，「ACTはどの症候群のトリートメントを目的として開発されたのですか？」と尋ねるためのひとつの表現形であることがあります。通常，この質問の背後にある考えは，特定の症候群にターゲットを当てていないトリートメントは何であれ，実証的な特徴をもっていない，というものです。これは誤りです。症候群モデルは，臨床科学を実践するひとつの方法ですが，唯一の方法ではありません。実際，このモデルは，膨大なリソースが注がれたにもかかわらず，それほど役に立ってはこなかったと言えるでしょう。一方，ACTは，帰納的で，原理に焦点を当てた伝統（すなわち，行動分析学）に由来します。この伝統は，症候群モデルに比べるとごくわずかな研究リソースしかもたなかったにもかか

わらず，経験的に効果が認められたトリートメントの発展に大きなインパクトを与えてきたのです。したがって，先の質問に対してもうひとつ，次のように回答することもできるでしょう。ACTは，問題となるような，ACTに関連したプロセス（体験の回避，認知的フュージョン，概念としての自己へのとらわれ，心理的非柔軟性など）を抱えていないクライエントには，適切ではありません。それでは，このような状態にある人とは誰なのか？　またしても，最善の回答は現在までに蓄積されたエビデンスから示唆されることにしたがうということとなります。しかし，この質問に対する実証データからの回答として複数の診断名があげられるというのは，やや疑わしいでしょう。単純なスキル習得の問題をもったクライエントが一例となるでしょうが，認知的プロセスと言語的プロセスはしばしば新しいスキルの学習を遅らせることがあり，ACTは言語的バリアや認知的バリアに対して有用であることから，ACTは単純なスキル習得の問題に対しても価値があるはずなのです。

□　　　□　　　□

質問　ACTはどのように他のトリートメントと組み合わせたらいいでしょうか？

回答　ACTはモデルです。モデルにぴったり合う技法ならば，何でも使用可能です。一部のセラピストが合わないと考えるようなトリートメントでも，モデルにぴったりと合うことは多いのです。例えば，リラクセーション訓練は，ACTモデルに簡単に合致します。手放すことの訓練として扱うだけにして，不安と戦うための手段として提示しなければよいのです。直接的な認知的論駁はACTモデルに合いませんが，この方法が有用であることを示す現在のエビデンスはほとんどありません。

　他の技法がACTモデル内でぴったり調和する場合，私たちの見解では，その調和がきちんと検証されれば，この組み合わせをACTと呼ぶことは可能です。しかし，何もそのようなことをする必要はないでしょう。これは

政治の話でもブランドづけの話でもないからです。大切なのは，正しいドアを開ける方が正しいフェンスを立てるよりも価値がある，ということです。この姿勢は，ACT/RFT コミュニティの全域にわたって広く奉じられています。それゆえ ACT は，多くの臨床家の優れた考えを有効に活かすことが可能なのです。

❏　　❏　　❏

質問　ACT を支持するエビデンスには，どのようなものがありますか？

回答　この領域の研究については急速な進展を見せています。本書の執筆段階での最新の包括的レビューは文献27ですが，文脈的行動科学学会（Association for Contextual Behavioral Science; ACBS）のウェブサイト（www.contextualpsychology.org）を常に確認して，最新のデータに目を配っておいた方がよいでしょう。

結論

　マインドが作り出す習慣的なプロセスにあまりに強くフュージョンを起こすことで，人間は機械のようになってしまうことがある。その結果，言語によって人生をねじ曲げられてしまう。評価にとらわれて，未来あるいは過去に生きて，自らの言語プログラムに制御されて，柔軟性や反応性に欠けて，そして束縛されてしまうのである。ACT が提案するのは，言語マシンに支配されたり，あるいはそれを支配しようと試みる代わりに，こうした習慣，反応，関係をまとめ上げて，言語マシンも（他のツールと同じように，役立つ際には利用し，そうでない際には利用しないものとして）軽い気持ちでその一端に加えるということを学習してはどうか，ということである。抑止的で挫折的な学習経験にとらわれて生きるというよりも，むしろ人々が生きることに対してもっとバランスのとれたアプローチを見つけられるよう助け，彼らが自分の夢に向かって生きていけるよう力を与

えるのが，ACTの意図するところである。目指すは，旅である。意味と深みをもって生きられる，充実した，豊かな人生へと向かう旅である。

　このワークに共感する人ならば，自分がひとりではなく，他の多くの人たちがあなたとともにこの旅をしていることがきっとわかるはずである。その人たちと連絡をとって（p.563「付記B」参照），自分はこの旅路で他人に対して果たしてどのような貢献が可能なのか，情報を集めるとよい。

　ACTは，新しい形の心理学を創造しようとする努力の一端であり，科学哲学，認知に関する基礎的な研究プログラム，およびクリニックでの仕事をはるかに超えた適用研究や実践と結びついている。それは，これから探求すべき大きな未開拓地であり，まずはあなた自身のクライエントから始めていくのが，すばらしいスタート地点となる。それが本当に肝心な要である。そして，それは，私たちが本書を執筆した理由でもある。ACTモデルがクライエントに対して機能するということが，他の何よりも重要なことなのである。

　本書では，ACTモデルがあなたのクライエントに対してどのように機能するかを理解するために必要とされる，コア・スキルについて記している。クライエントが彼ら自身の苦悩との戦いから踏み出し，生き始められるように，彼らに力を与えて勇気づけられるよう，本書があなたの役に立つことを願うばかりである。

──● 体験的エクササイズ：すべてをまとめ上げる ●──

　このエクササイズでは，ACTセラピーの最後まで到達したクライエントに提案されるものとよく似たプロセスを，あなたに体験していただく。

　問➡　あなたは本書から何を学んで，何を自分の実践に取り入れていこうと計画していますか？　最も重要なことを3つ書きなさい。

1

2

3

問➡ ACTを学び続けるために，あるいはセラピストとして研鑽し続けるために，どんなことができそうですか？ 3つ書きなさい。

1

2

3

問➡ 前記のゴールを追及していく道からあなたを脱線させかねない，危険性の高い状況とは，どんな状況でしょうか？ 3つ書きなさい。あなたは，自分自身のことを一番よくご存じだと思います。自分自身のために設定した計画にしたがっていくことからはずれるときは，どのようにはずれてしまうでしょうか？

1

2

3

問➡ ACTの視点から見て，このような障害に対してどう対応したらよいでしょうか？ そのための計画を立てましょう。上の3つのバリアのそれぞれに対して，あなたならどのように対応すると思いますか？
1

2

3

問➡ ACTの視点を深く掘り下げて調べてみれば，ほんの少し見ただけでも，それが家族，学校，組織，文化に対して幅広い意味を含んでいるということに気づくことでしょう。このようなつながりが何かしら見出せたら，あなたとあなたの価値にとって個人的に重要なものを少なくとも1つ書きなさい。さらに，どうしたらそこにACTモデルを拡張できるようになるか，簡単に書き留めなさい。

●体験的エクササイズ●

―――――― さらに情報を入手するために ――――――

○さまざまなクライエント（例：不安障害，うつ病，精神病），環境（例：職場），フォーマット（例：グループ）に対する，ACTの全モデルの適用についてさらに知るには，文献31を参照。

付記A

グループや教室という場での本書の使用

　このセクションは，教室，ピア・スーパーヴィジョン，実践演習，あるいはあらゆる協同的な学習環境での本書の使用について，手引きとなるものである。クラスの構築方法についての情報，効果的なピア・コンサルテーション・グループの形成に関するヒント，ACT学習に際しての体験的エクササイズとロールプレイの使用に関する考え，モデリングの仕方，視覚的・聴覚的記録の振り返り，そしてコア・コンピテンシー評価用紙の使い方についてのアドバイスを提供する。ACT学習のプロセスについては，これまでに，2〜3の比較研究から考察が示されている（ここでそのいくつかに言及する）。しかし大半は，その学習プロセスを特定的な構成要素に分割しようと試みてこなかった。そのため，本セクションは主に，私たちがこれらの訓練方法を使用してきた体験に基づいている。

グループ学習環境で本書を使用するにあたっての一般的な問題点

　本書の使用方法として，ACTの知識，スキル，コンピテンシーを養成することに焦点を当てたコースや学習グループで，コア・テキストとして使用するという方法が可能である。ACTにおける継続的なスーパーヴィジョンは，セラピスト自身のバリアに対する体験的なワークをスーパーヴィジョン・プロセスに組み込む傾向があるが，それとは対照的に，学習グループは，ACTセラピストの知識的基盤や効果的な対応の学習に，より焦点を当てる傾向がある。オンラインと対面形式の両方によるACT/RFTの学習

グループが世界中に存在する。英語以外の言語コミュニティは，ACTの訓練を受けた現地の人間による専門家の核を育てるために，このような学習グループを活用してきた。

　ACTに焦点を当てるコースでは，少なくとも他にもう一冊，包括的なACTテキストを含めることが推奨される。原書の"Acceptance and Commitment Therapy"[32]といった，より理論的で哲学志向の書籍がよいだろう。教室を基盤とした学習グループでは通常，本書の題材の入門的な理解を進めるために，1章当たり約3時間程度の授業時間が適当である。私たちが用いてきた，1回のセッションあるいはクラスの概略は，次のとおりである。

- まずは，オープニング・エクササイズから始める。それは多くの場合，何らかのマインドフルネス・エクササイズである。例えば，毎週，その週のテーマとなるACTプロセスのある側面を含むような，マインドフルネス・エクササイズを実施するとよいだろう。
- もし，エクササイズに対する何らかの反応があれば，それについて簡単にディスカッションをする。
- その週の講読内容についてディスカッションをして，質疑応答の機会を設ける。本書に関する質問については，www.learningact.comが参考になるだろう。
- クラスで提起された質問や問題に対応する方法として，ロールプレイを実施するのもよい。例えば，クラスがある特定のコンピテンシーを理解していないように思われる場合，リーダーが，そのコンピテンシーを具体的に説明するためにロールプレイを行うと決めてもよい。あるいは，コンピテンシーに対して確信がないと表明した参加者が，それを理解するのはもちろんのこと，ロールプレイを試みることも可能である。

　クラスに来る前に，各参加者が関連する章を事前にくり返し読んでエクササイズに取り組んでおくことは，とても重要である。この点について，

インストラクターが確認またはテストをするのが賢明であろう。各参加者が，章を読み，エクササイズを完了する過程で気づいた質問や問題点を特定すると，学習に役立つ。議論する価値のある一般的な問題点のひとつは，対応練習の内容である。しばしば参加者は，カタチの上ではモデル対応と類似しているように見えない対応を生み出す。そのため，これらの対応が果たしてコンピテンシーを具体的に示しているのかどうか，という疑問が生じる。同様に，モデル対応の質，適切性，機能性についても，話し合った方がよいだろう。このような問題点を話し合うことで，理論とテクニックについて自らの理解により磨きをかけることができる。例えば，コンピテンシーと一貫してはいるが回答例とは異なって見える対応を，ある参加者が生み出したとしよう。その場合，これは，機能的には類似した対応がかなり異なるカタチをとる可能性があるということを，参加者たちが理解する機会となるだろう。その一方で，コンピテンシーの誤解を反映するような対応は，参加者のACTモデルについての理解を改善する機会となる。このプロセスはとくに，参加者がACT/RFTと文脈主義の別々の文献を読んでいた場合に生じる著しい誤解を取り除き，理にかなった方向性へと収束していく傾向がある。しかもそれは，参加者の誰ひとりとしてエキスパートではない場合でも，そうなのである。一個人特有の理解がグループによってチェックされることで，そこでのワークにおける内的な一貫性が保たれ，このような効果が生まれるように思われる。

　こういったディスカッションがまったくの言語的作業となってしまうことのないよう，注意をしていただきたい。なぜならそのようなやりとりは，ほとんど定義的な作業へと入り込んでしまうことがあるからである。もうひとつのあやまちは，あまりにも性急に単独の正解の出現を許してしまうことである。AFT/RFTの核心に到達するためには，あるレベル（例：通常の言語機能を変化させることに焦点を当てた，より高いレベルの臨床用語）ではさほど言語の厳密さを求めないようにして，別のレベル（例：RFTの原理や哲学的仮説）においては厳密にすることが必要である。その上，モデルというのは，そのすべての要素がしかるべき位置にあるときに，

より意味のあるものとなる。したがって，とくに早い段階においては，参加者はモデルを完成させていきながら，ある程度のあいまいさを我慢して受け入れていく必要がある。

学習グループはまた，オンラインでも実施できる。リストサーブ（メーリングリスト）上で行われる場合，通常，誰かが1章を要約し，その題材に関するオンラインでの書き込みという形でのディスカッションが行われることになる。このような議論は役に立つだろうし，主要なACTとRFTのリストサーブ（p.563「付記B」を参照）には，こういった題材が膨大におさめられており，利用可能である。これらの議論の要素を要約した新たな書籍もある（Gentry, in press）。インターネットや電話を基盤とする会議システムを通じて行う場合でも，学習グループの運営方法は対面形式のグループと同様である。インターネットを基盤とするコースには，有料のサービスもある。

ピア・コンサルテーション・グループに特有の問題

ピア・コンサルテーション・グループは，訓練や普及のためのACTアプローチの重要な部分であり，オープンで，機能的で，互いに対等な立場で行われる傾向がある。たとえそのグループに誰ひとりとしてエキスパートがいなくても，グループでACTを学習することは可能である。このようなグループをスタートさせて参加してきた体験から，ACTピア・コンサルテーション・グループの開始を考えている方々に参考にしていただきたい秘訣がいくつかある。グループが成功するためには通常，ミーティングを組織したり必要な調整を行って，グループが確実に定期的な会合をもてるよう責任を担う人物が，最低ひとりはいることが重要である。わずかふたりの小さなグループでも，効果的にミーティングを行うことで有用な取り組みを行えるということがわかっている。ピア・コンサルテーション・グループによっては，より個人的で，訓練の中に体験的ワークを取り入れるものもある一方で，スキルの構築により焦点を当てることで学習グループと

して機能するものもある。

体験的な要素をグループに含める予定の場合は，果たして体験的要素を含めるべきであるのかどうか，それをどのように実現するのか，および個人的な題材を提供することに関するメンバーの希望や恐れについて，早い段階のミーティングでいくらか時間をとって話し合っておくことが必須である。さらに，この話し合いでは，グループ・プロセスの体験的側面への参加は全面的に自発的なものであるべきことを認めることが必要である。良い体験的ワークの実行には，価値と信頼を共有しているという意識を高めることが必要であり，守秘義務の順守が必須となる。

スーパーヴィジョン，実践演習，および訓練環境での体験的ワーク

伝統的に，体験的ワークはACTセラピストのための訓練の重要な部分を占めてきた。体験的ワークという場合，6つのACTコア・セラピー・プロセスを，セラピストという一個人に適用することを意味している。他のCBTアプローチの訓練と比較して，この側面はかなりACT独特なものである。その違いは，モデルによるものである。セラピストは，自分のクライエントと同じように，言語のスープの中を泳いでいくのであり，アクセプタンスの欠如，困難な思考への巻き込まれ，価値の明確化の欠如，およびコミットされた行為の欠如という同じ基本的問題と戦うことになると想定されている。

体験的側面を訓練に含める主な理由は2つある。第一に，セラピストは自らACTプロセスに取り組むことで，クライエントとの取り組みに対してよりコミットして，よりうまくかみ合って，柔軟で有能になることができるのである。例えば，セラピストは，クライエントやクライエントに対する自分自身の反応に受容的でなければ，クライエントに自分自身を受け入れるよう導くことは難しい。脱フュージョンの実践には正しい方法あるいは間違った方法があるという自分自身の考えにセラピストがフュージョン

している場合，あるいはクライエントは何をする必要があるのかについて特定の考え方にとらわれている場合，クライエントと脱フュージョンをスムーズに実践しようというのは，セラピストにとってちぐはぐなものとなってしまう。実際，セラピストに焦点を当てたACT訓練は柔軟性を高め，巻き込まれを減らし，バーンアウトを減らし，学習能力を高めるという点で有用であることをすでに明らかにした研究がいくつかある（早期の研究についてはいくつか，文献27に要約されている。また，それ以外のものは現在査読中である）。

体験的ワークはまた，ACTプロセスの機能的理解がどれだけできているかという測定基準になるとも考えられている。例えば，セラピストが自分自身の認知的フュージョンや脱フュージョンの徴候に対してより敏感になると，クライエントが示すこのようなプロセスを察知し，その知覚を活用してACTモデルに対してカタチの上でしたがうこと（topographical adherence）とACTモデルを実践する際の機能的なコンピテンス（functional competence）の違いを見つけ出すことが容易になることがある。

体験的スーパーヴィジョンでは，クライエントに対して用いられるのと同じプロセスにスーパーヴァイジーを従事させることで，セラピストのコンピテンスに対するバリアをターゲットとする。このスーパーヴィジョンでは，スーパーヴァイジーがクライエントあるいはスーパーヴィジョンに対する自らの今の瞬間における反応と接触するのを支援する（「今，この瞬間」に存在すること）か，あるいは，自己に対する厳しい評価を観察する一方で文脈としての自己の体験に接触するのを支援する（文脈としての自己）といった形式をとることが考えられる。クライエントと共に行き詰まってしまったと感じているスーパーヴァイジーに対しては，行き詰まっているという当人の感覚や，その他に生じてくる思考や感情を用いた，「感情や思考をカタチにする」エクササイズを通じて指導するとよい（脱フュージョン）。そして，クライエントと共にセラピールーム内で戦っているという感覚に気づかせて，自分自身の反応をよりオープンに進んで受け入れる姿勢（アクセプタンス）を向上させられるよう，スーパーヴァイジーを支

援するとよいだろう。また，いったい自分は何のためにクライエントとワークをしているのか確信がないスーパーヴァイジーに対しては，自分のクライエントが想像上の引退パーティーに出席しているところを想像するというエクササイズを通じて，自分自身のセラピーに関連した価値を特定するよう指導するとよいだろう（価値づけされた方向性を定義すること）。最終的に，スーパーヴァイジーには，自分自身の不安反応や不快反応をおいておくスペースを作るのと同時に，クライエントとの話し合いやエクササイズに取り組むように指導するとよいだろう（コミットされた行為）。体験的モードで取り組んでいるときに問題となるのは，教えるということよりも，むしろ学習を可能にする状態をいかに構築するか，ということである。

　体験的ワークがスーパーヴィジョン・プロセスの一部となるには，その役割と，それがACTが体験的側面に焦点を当てているということといかに合致しているかを，はっきりと話し合うことが重要である。体験的技法を含むスーパーヴィジョンは，スーパーヴァイジーの内的体験と戦いをスーパーヴィジョン・プロセスの一部として含めることに関する，スーパーヴァイジーとの合意を軸として構成される必要がある。進んで自らを開示しようとするスーパーヴァイジーのウィリングネスと，プライバシーを求める彼らの願望は，尊重されるべきである。なぜならこのワークの体験的側面は，どのような形であれ，強要されないということが非常に重要だからである。これらの鍵となる体験プロセスのいくつかは，大幅な自己開示なしでも実行できるが，それによって用心深いスーパーヴァイジーでも，情動的反応や戦いや懸念に直接対処することが不安を引き起こし困難となる可能性があるとしても，このレベルまでオープンになると何か得られるものがあるということに徐々に気がつくだろう。より長期的なスーパーヴィジョンのコースに入る前に，まずはスーパーヴィジョンの試行期間をもっておくことが，スーパーヴァイジーにとって有用となることもある。

　スーパーヴァイザーとスーパーヴァイジーの双方にとって，スーパーヴィジョンの体験的レベルに焦点を当てることは，最初は人工的で，不快，あるいは束縛的と感じることがある。グループであろうと個人であろうと，

体験的ワークの基準が確立するまでは，スーパーヴァイザーは通常スーパーヴィジョンの早期に，体験的側面に焦点を当てることに懸命に取り組むことが必要となる。しかし，ひとたびこの基準が確立してしまえば，一般にセッションは，体験的学習に焦点を当てることから概念的学習に焦点を当てることへとスムーズに移行していく。スーパーヴァイザーが体験的プロセスの一部となることは，非常に重要である。このモデルは，すばらしいエキスパートが他の参加者たちを裁くべく座っているというものではない。これは，再帰的で水平的なモデルである。したがって，スーパーヴァイザーが閉鎖的あるいは防衛的である，もしくは正しくあることにとらわれていたりしたら，オープンに探求するという感覚をスーパーヴァイジーと共に形成することはできないだろう。

　スーパーヴィジョンでの体験的焦点を促すためには，（グループであれ，個人であれ）各セッションをマインドフルネス・エクササイズで開始するという方法がある。マインドフルネス・エクササイズは，状況のニーズにしたがって，ある特定のACTプロセスに焦点を当てるよう変更が可能である。その他，自分自身の価値やバリアを話題に取り上げるようスーパーヴァイジー（およびスーパーヴァイザー）に定期的に求める，という方法もある。これをACT訓練グループの開始時やメンバー構成が変化した後に行うためには，グループから得たいことを1つと，その目標の達成を阻みうる心理的バリアを1つ，すべての参加者に順番に報告させるという方法がある。参加者はたまに，そのバリアがグループの中で具体的にどのような形で現れうるかを語るように求められることもある。例えば，次のように言う人もいるかもしれない。「私が今期，グループ内で達成したいと思うことは，私のクライエントと共に新しいことを試みる際にもっと大胆になれることです。それの妨げとなっているのは，私が恐れて，『私がいかに無能か，あなたにもわかるだろう』と考え始めてしまうことです。それがここで明らかになるとしたら，私は冗談を言い始めて，自分が不快に感じる領域に議論が近づこうものなら何とかその話題を変えようとする，という形をとるでしょう」。各個人が順々に自分の抱負，恐怖，回避行動を発表して

いくにつれて，グループは結束していく傾向がある。自分のバリアのいかに多くが共有されているかを，メンバーが理解するからである。通常，スーパーヴァイザーはグループのメンバーに，グループが進んでいくにつれてバリアが現れてくるのに気づいたら，他のメンバーたちがそれを言語化するのを許可または認めてあげてほしい，と求める。

効果的な体験的スーパーヴィジョンには，信頼があり，オープンで，探求的なグループ・プロセスが必要である。そのようなプロセスを形成していく際に非常によく見られるバリアは，何らかの模範的基準が生まれ，それによってメンバーたちが任意のスーパーヴィジョン・トピックに対して最も洞察的あるいは正しい対応を出そうと競合するようになることである。良く見えよう，正しくあろうとするこのような試みは，訓練中のセラピストにとって役立ちうる効果的な対応のモデリングになりうるが，それが共通の恐怖の回避と機能的に結びつくと，重要な体験的ワークを抑制してしまうことにもなりかねない。体験的側面に焦点を当てようとするスーパーヴィジョン・グループでは，「知らないこと」と内的な感情的体験の表現が，正しくあることや賢くあることと同じくらいに重要となるような状況を作り出せるよう，懸命に努力することが必要である[51]。スーパーヴァイザーは，モデルを示すことと刺激を与えることの両方で，これを促すとよいだろう。グループがこのプロセスでもつれてしまった場合には，各メンバーに，現在どのような困難な思考や感情が存在しているか，それぞれ1つ，（それを変えようと試みずに）発言するよう求めるだけで，このプロセスを「今，この瞬間」に留めるのに役に立つ。

視覚的・聴覚的記録の使用

このワークブックと並んで，セッションの視覚的・聴覚的記録は，最も重要な訓練ツールである。これらは，今ではさまざまな訓練環境で一般的に実践されている。しかしながら，グループの中で確固たる立場にある専門家にとって，録画・録音は多くの場合，不快な体験である。このような

人たちは，自分のワークを誰かに見られるという体験が長年にわたって，なかったのかもしれない。そのため，コンサルタントや同僚の判断を恐れるということもあるだろう。彼らはクライエントの反応を恐れ，それらの反応が治療関係の妨げとなるのではないか，という懸念を表明することもある。このような恐怖は，直接的に対処されないと，強力なスーパーヴィジョンにおける重大なバリアとなる可能性がある。それでも，多少のウィリングネスと努力があれば，大半のセラピストは，自分のACTのワークに対して直接のフィードバックを得ることが非常に価値ある体験であると思うものだ。その上，記録が事実どおりに公開され，その目的および，どこまで秘密が守られるかが説明されている限り，クライエントの大多数はセッションを記録するプロセスに寛容である。

　セッションのビデオや録音の視聴は，スーパーヴィジョンの目的のために大いに推薦したい方法である。セッションを記録することで，スーパーヴァイザーと同僚は，実際の体験の中身に迫っていけるのである。その上，セラピーの題材に対して別の目で見て別の耳を傾けることで，当事者たちが気づいていない，クライエントとセラピストの行動の特定の側面をとらえることができる可能性も出てくるのである。これは，セッションを見たり聞いたりすることができなければ，不可能である。

　ACTのエキスパートのビデオを利用するのもよい。アメリカ行動／認知療法学会（the Association for Behavioral and Cognitive Therapies; ABCT）には，社交不安のクライエントに対するロールプレイのセッションを用いてSteve HayesがACTを具体的に説明する，1.5時間のビデオがある。少々急いでおり，オーディオの質も高くないのだが，このビデオを視聴することで，ACTがどのようなものであるのかがよく理解できるだろう。また，商業的なACTのビデオも出始めている。New Harbinger Publicationsには2007年に発売されたビデオのシリーズがあり，APAには2008年発売のACTのビデオがある[訳注]。ビデオは，文脈的行動科学学会のウェブサイトからの入手も可能である（付記Bを参照）。

訳注　日本では字幕付DVDが2009年9月に刊行。

訓練でのロールプレイの使用

　実際のセッションにおいてのみ存在する豊かな情報を再現する方法として，もうひとつ，ロールプレイを使用するという方法がある。ロールプレイは，複数の方法で，複数の目的のために実施できる。ロールプレイの目的のひとつは，とくにやっかいで，困難で，あるいは状態像が複雑なクライエントとの相互作用を解きほぐすことである。概念的に論じてしまっては退屈で活気のないエクササイズになりかねない概念的問題でも，ロールプレイならば，生命を吹き込むことができる。スーパーヴィジョンでの概念的問題は，実際には，概念的バリアと体験的バリアの組み合わさったものであることが多い。概念的問題を具体的に説明するロールプレイを行うことで，両方のタイプのバリアについてワークをすることが可能となり，セッション内での代替対応のモデリングの機会も生まれるのである。

　ロールプレイは，状況とセラピストのニーズに応じて，スーパーヴァイジーにクライエント役かセラピスト役，あるいはその両方を演じさせて実行するとよいだろう。ロールプレイは，クライエントに介入するための代替策を実験して，それらのモデルを示すために使われることが多い。しかし，臨床状況に関連した思考，気分，および身体的な感覚を明らかにして，それらに取り組むための機会として用いられることはさほど多くはない。このような内的なセラピストの体験は，セッション内のワークを必要とする最も重要な要素である可能性があるにもかかわらず，スーパーヴァイジーは自分の内的な感情的体験に関連するスーパーヴィジョンを受けるということに気づきもしなければ，考えもしないことがある。ロールプレイは，スーパーヴァイジーが臨床状況に対して最初にどのような反応をしたのかを再現するのに役に立つため，臨床場面でのもともとの行動により近い題材に取り組むことが可能になる。これは，セッションの録画・録音ができない場合には，とくに有用である。

　スーパーヴァイジーがクライエントを演じるロールプレイには，スーパーヴァイジーがクライエントの体験にさらに共感的になり，クライエント

の観点をよりよく理解するきっかけとなるという利点もある。グループでロールプレイを行う際には，複数のスーパーヴァイジーがセラピストの役を演じるとよいだろう。そうすることで，参加者間で生じうる競争から脱フュージョンすることができる。その上，スーパーヴィジョンの主な受け手であるスーパーヴァイジーに対する共感的な姿勢を，グループのメンバーの側に促すことにもなるだろう。

　ロールプレイを人工的でないものにするためには，スーパーヴァイジーに短時間，目を閉じて行うマインドフルネス・エクササイズをさせて，そのスーパーヴァイジーがクライエントをいかに思いやり，セッションにどのような価値をもち込んでいるか，そして，クライエントの痛みを感じ取ることができず，どのように支援したらいいかがわからずに困っているということに焦点を当てるという方法がある。スーパーヴァイジーはクライエントの身体の内部に入り込み，クライエントの痛みを感じるよう言われる。そして，エクササイズの最後に目を開く際，スーパーヴァイジーはそのクライエントになった状態を想像するよう求められる。人工的で非常に知的なエクササイズだったものが，ほんの数分で，苦しんでいる誰かと一緒にいるという現実に強烈に焦点を当てたロールプレイになりうるのである。

モデルの提供

　訓練中のセラピストにとって，熟練したモデルが仕事をしている状態を観察できる機会はめったにない。自分の学生に自分が仕事をしているところを見学するのを許すスーパーヴァイザーがほとんどいないからである。しかし，熟練したモデルがセラピーを実施するのを観察することこそ，新しいセラピー技法を学習する最速の方法のひとつであることは，研究知見からもうかがわれる[6]。そのため，ACTの学習方法として，モデリングを含めることが強く勧められる。

　スーパーヴァイジーがモデルを見ることで学習しようというならば，そ

のモデルの内潜的行動（covert behaviors）にアクセスする方法が必要となる。スーパーヴァイザーがモデルを演じているのであれば，いくつかの方法を確保することができる。スーパーヴァイザーはスーパーヴァイジーと一緒に臨床状況を見直して，その間に，自分自身の内的プロセスと，その臨床状況に対する自分自身の対応への気づきなどについてディスカッションをするとよいだろう。この対話の目的は，モデル対応を見せることそのものよりも，熟練したモデルの内的プロセスを聞く機会をスーパーヴァイジーに与えることである。

　熟練者のビデオ録画（例：別売りのDVDなど）をモデルとして用いる場合，スーパーヴァイザーが時おりビデオを止めて，目にしたものについてディスカッションをするよう導くと，スーパーヴァイジーにとっては勉強になるだろう。スーパーヴァイジーは，クライエントとセラピストが何をするのを見ただろうか？　セラピストにそのような行動をとらせることになったクライエントの行動とは何か？　セラピストの介入の背後にある目的と理論的根拠は何か？　また，スーパーヴァイジーには，熟練者の行動に関連する言語的対話を組み立て直させてみるとよいだろう。ACT理論がいかにして熟練者の行動を導いているかを理解しなければ，スーパーヴァイジーたちは，モデルから示される行動を臨床場面に般化する能力を獲得できないであろう。

=== 付記B ===

さらなる学習のためのリソースと参考文献

　ACT/RFTと文脈的行動科学のコミュニティは急速に成長するとともに，急速に変化もしている。したがって，当セクションのリソースの中にも，時間と共に変化していくものがあることは間違いないだろう。また新しいリソース（例：本，テープ，オンラインのリソース）も多く出現するだろう。したがって，ACTとRFTに関連するさまざまな用語をオンラインで検索するなどして，ここで提供されるいかなる助言についても補足情報を集めておくことをお勧めする。

　まずは，文脈的行動科学学会（the Association for Contextual Behavioral Science; ACBS）のウェブサイト（www.contextualpsychology.org）をブックマーク・リストに加えて，この学会への加入を検討することから始めるのがよいだろう。ACBSは，ACT，RFT，およびその他の形態の文脈行動科学の発展を支援している中心的組織である。ウェブサイトは，セラピスト，研究者，開発者，およびACTとRFTに関心をもつ専門外の人たちから成る，オンライン・コミュニティという関係を形成している。ACT開発者と研究者のコミュニティ全体が，ウェブページ，ファイル，マルチメディアのプレゼンテーションを追加し，投票や討論グループの開催などをして，このウェブサイトに貢献している。新しい題材は，定期的に追加されている。

　ACBSの会員は，実践で使用するフォームをダウンロードできる。治療マニュアル，出版物，測定ツール，オーディオ記録，ビデオ，視覚的補助教材，パワーポイントでのプレゼンテーション，そして他にも大量のACT学習やACT使用に役立つ情報がダウンロード可能である。訓練ワークショ

ップがサイト上に掲示されているので，自分の生活地域でのコンサルテーショングループがないかどうか確認するとよいだろう。ないようであれば，ACT リストサーブか，ウェブサイト上の討論フォーラムのひとつに，リクエストを載せてもよいだろう。

　ACBS は毎年，大規模な訓練イベント（すなわち，夏の講習会やワールド・カンファレンス）を開催し，何百人もの人が参加する。このようなイベントでは，ACT ワークの真髄を体験して，単に本を読む以上に徹底して学ぶことができる。アメリカ行動／認知療法学会（the Association for Behavioral and Cognitive Therapies）とアメリカ行動分析学会（Association for Behavior Analysis）の年次大会では，ワークショップが定期的に開催されている。

　ACT を学ぶセラピスト（以下，訓練者）は世界中にいる。訓練者のリストは ACT のウェブサイトに掲載されており，各訓練者がもつ価値についても述べられている。これは，訓練の提供プロセスが金銭に過度に焦点を当てることのないよう，また不必要に階層的にならないよう工夫したものである。自分の生活地域に訓練者やスーパーヴァイザーがいない場合は，電話でのコンサルテーションを考えてみてはどうだろう。これは，ACT の良い学習方法となりうるものであり，それを裏付ける研究データもいくつかある[44]。

　また，ACBS のウェブサイトにはリンク集もあるので，さまざまな ACT と RFT のリストサーブに加入することが可能である。ACT と RFT には一般的なリスト，多くの特定言語コミュニティ向けのリスト（例：フランス語，スペイン語，ドイツ語，スウェーデン語，ポルトガル語，オランダ語），特定の国や地域のリスト（例：英国，オーストラリア，ニュージーランド），特定のトピックのためのリスト（例：尺度，研究，摂食障害），特定の専門家のためのリスト（例：ACT の精神科医），クライエントと一般大衆向けのリストがある。これらのリストは，非常に有用である。ACBS のウェブサイトには，討論用の掲示板もあるので，そこに質問を載せて ACT コミュニティからの反応を受け取ることも可能である。また，オンラインのイベ

ントやオンラインのワークショップもある。

　*Learning ACT*ウェブサイト（www.learningact.com）は，本書と共に創設された。これは，本書に関する質問をしたり，実践対応に関するフィードバックを得るための場である。また，討論用の掲示板があり，そこでは著者はもちろんのこと，本書を用いている他の人たちと互いにやりとりすることもできる。*Learning ACT*とACBSの両方のウェブサイトでは，すべてのACTの書籍やビデオの最新のリストを入手できる。ACTの書籍の刊行にとくに積極的な二大出版社は，New Harbinger Publications（www.newharbinger.com）とContext Press（www.contextpress.com）である。

―― 付記C ――

ACT コア・コンピテンシー評価フォーム

　コア・コンピテンシー評価フォームは，セラピストがACTに合致する形でセッションに取り組むための主要なコンピテンシーを記述しており，スーパーヴィジョンにも使用可能である。このコンピテンシーは，ACT訓練者の会合におけるコンセンサスを通じて開発されたものである。その中には，本書で間接的には取り上げたものの，これまでの章では具体的に説明してこなかったコンピテンシーもいくつか含まれている。

自分自身のスーパーヴィジョンのために このフォームを使う

　もし，ACTを学ぶのであれば，このフォームを学習に活用するとよいだろう。例えば，このフォームを使って定期的に自分自身の評価をして，自己評価に関する以下の質問やガイドライン（これらはあくまでも提案であり，他の評価を追加することは常に可能である）について検討するのもよい。このプロセスに取り組むことは，ACTを学習していく中で次にどこに焦点をおいたらよいかを決めるのに役立つだろう。

○あなたが自分自身を低く評価したのは，どの領域か？　あなたは，そのコンピテンシーが何を意味するか，理解できるだろうか？　できないようであれば，このコンピテンシーに取り組むというのはいったいどういうことなのかを明らかにする必要があるかもしれない。また，どのような題材を読む必要があるだろうか？　ACTのメイリングリストもしくは

www.learningact.com に質問を投稿して助言を求めるか，あるいは，同僚に相談してみてはどうだろうか？

○ あなたが低い評価をつけている領域であなたが行っていることで，ACTと矛盾していることは何か，概要を示してみよう。言いかえると，あなたが行っている行動とそれがACTと矛盾している理由を分析して，まさにそのプロセスの解明にACTモデルが役立ちうるかどうかを確かめてみる，ということになる。このようにして，現在の対応パターンを継続したいのか，それとも何か新しいことを実践したいのか，判断するとよいだろう。新しいことを試みることには（たとえそれが継続しないことになったとしても），対応の柔軟性が高まるという利点がある。したがって，この新しい活動に対して即座に抵抗を覚えるならば，その抵抗それ自体がフュージョンしているか，さもなければ回避的なのか，そうしたことを確認するために，少し掘り下げて調べてみる価値はある。例えば，脱フュージョンと文脈としての自己の数項目で評価が低かったとしよう。クライエントがネガティブな自己評価的思考を表現したときに，今のあなたであれば，どのようなことを行うだろうか？　このような思考に異議を唱えるだろうか？　根拠を探すだろうか？　それとも，クライエントがこういった思考の起源となる学習経験を探究するのを支援するだろうか？　あなたがすでにやっていることをふり返ったあとで，あなたがそのアプローチに執着することでどの機能に役立つのかを確かめてみてはどうだろう。あなたは，自分のアプローチは役に立つという強力な体験をしているのかもしれない。あるいは，自分のアプローチは研究知見から明確に支持されていると結論づけるかもしれない。しかし，時として，これらのいずれも起こりそうにないこともある。そのときには，何か新しいことを試す必要が出てくるだろう。この場合には，柔軟性へのバリアに取り組むことが賢明かもしれない（例：恐怖，自信の欠如，正しくあること）。

○ 低く評価されたコンピテンシーについて，自分の行動を変えるための選択肢をいくつか考えてみてほしい。その領域での自分のスキルを向上さ

せるために，何ができるだろうか？　何か，読むべき本があるだろうか？　実践すべきスキルはあるだろうか？　新しい技法やスキルの実践には失敗の可能性があり，能力不足または無能であるといった感覚も伴うだろうが，進んでそれを受け入れる心のスペースを作って，なおもそれを行っていくつもりがあるだろうか？　おそらく，セッションに入る前に，同僚を相手にその新しいスキルをリハーサルした方がよいだろう。ひょっとしたら，1回のセッションを丸ごと，そのひとつのプロセスに集中させて，それを実践する機会を得るとよいかもしれない。また，その領域での実践を改善する方法について，ACTリストサーブに質問を投稿してもよいだろう。その他，このコンピテンシーに取り組む方法について，どのような考えがあるだろうか？

○ まずは何かひとつの行動を取り上げて，それにコミットするというところから始めることが，すばらしい出発点となる。その出発点となる行動は，どのような行動だろうか？　この行動を試しながら，ACTをあなた自身に適用してみよう。困難な思考（例：「私はこれがまったくうまくできないし，クライエントにもそのことを見通されてしまうだろう」）や困難な感情（例：「このような奇妙なことをすると，ひどく無能に感じる」）をオープンに受け止めて，その行動を行いながらこれらの思考を一緒にもっていくのである。

○ 最初に戻って，自分自身を低く評価した他のコンピテンシーでも，このプロセスをくり返してみよう。

他者のスーパーヴィジョンをするときにこのフォームを使う

　この評価フォームは，他者にスーパーヴィジョンを提供している際にも使用可能である。スーパーヴァイザーがすでにスーパーヴァイジーのワークによく精通しているのなら，スーパーヴァイジーのあらゆるコンピテンシーにおける一貫性をフォーム上で評価することもできるだろう。その後，

スーパーヴァイジーの柔軟性をさらに高めたり，評価が低い領域での実践を促すために，スーパーヴァイジーと共に計画を立てるとよいだろう。

あるいは，セラピーの個々のセッションを評価するためにこのフォームを使うこともできる。これは，ACTモデルに矛盾するセラピストの行動や，クライエントのスキルレベルを高める作用をもつセラピストの行動を特定するのに役立つ。

コア・コンピテンシー評価フォーム

コア・コンピテンシー評価フォームには，多くのコンピテンシーに関する記述がリストアップされている。あなた（あるいはあなたが評価している人）がACTを用いるときをふり返ってみて，各コンピテンシーがどの程度当てはまるか，横に数字を書き込んで評価しなさい。評価に際しては，評価尺度の数字を用いること。

評価尺度

1	2	3	4	5	6	7	?
まったく当てはまらない	ほとんどまったく当てはまらない	あまり当てはまらない	時々当てはまる	頻繁に当てはまる	ほぼ常に当てはまる	常に当てはまる	わからない

■ACTセラピー・スタンス

1	ACTのセラピストは対等で，傷つきやすく，共感的で，誠実な，そして分かち合う観点からクライエントに語り，クライエントが効果のない対応から効果的な対応に動いていく内在的能力を尊重する。	
2	それがクライエントの利益に役立つときには，個人的問題についても進んで自己開示する。	
3	「缶詰になった」ACT介入を使うことは回避し，その代わりに特定のクライエントの特定のニーズに介入を合わせるようにする。セラピストは，どの瞬間にあっても，クライエントのニーズに合うように介入経過を変更する準備がある。	

4	クライエントの体験と言語実践，社会的・民族的・文化的な文脈に合うように介入を仕立て，新しいメタファー，体験的エクササイズ，行動課題を作り出す。	
5	挑戦的努力を要する内容（例：治療中に現れるもの）のアクセプタンスをモデルとして示し，その一方で，クライエントの矛盾したり困難であるような考え，気分，記憶を，それらを解決しようとすることなく，進んでそのままにしておくようにする。	
6	体験的エクササイズ，パラドックス，メタファーを必要に応じて導入し，同じもの（エクササイズなどの対象）の字義どおりの意味づけに重点をおかないようにする。	
7	常に論点をクライエントの体験が示していることへと戻すようにしていき，クライエントの意見をその偽りのない体験に対する代替とはしない。	
8	クライエントに対して，論争したり，説教をしたり，強要したり，納得させようと試みたりしない。	
9	ACTに関連したプロセスをその瞬間に認識し，それが適切なときには治療関係の文脈の中で直接的に支持する。	

■ウィリングネス／アクセプタンスの育成

10	クライエント自身がだめなのではなく，役に立たない方略を使っているだけであることを伝える。	
11	クライエントが感情に対するコントロール方略のパラドックス的効果とじかに接触できるように支援する。	
12	臨床のやりとりにおいて，役に立つかどうかという考え方を積極的に用いる。	
13	感情をコントロールしようとする戦いをやめる実験をしてみるように促し，代替案としてウィリングネスを提案する。	
14	コントロールとウィリングネスの方略のそれぞれが機能する可能性を，対比して際立たせる。	
15	クライエントがウィリングネスと苦悩の関係を調べるのを支援する。	
16	クライエントが価値づけされた人生の目標と比べたときに，ウィリングネスの欠如がもたらす代償に接触するのを支援する。	
17	クライエントがウィリングネスの性質を体験するのを支援する。	

18	エクササイズやメタファーを使って、困難な内的体験が存在する中での行為としてのウィリングネスをわかりやすく示す。	
19	治療関係の中でウィリングネスのモデルを示し、クライエントが治療場面以外にもこのスキルを一般化できるように支援する。	
20	ウィリングネスの課題に対して、段階的で構造化されたアプローチを用いることができる。	

■脱フュージョン

21	ウィリングネスに対するクライエントの感情的・認知的・行動的・物理的バリアを特定する。	
22	私的体験の字義どおりの意味への執着がウィリングネスを維持しにくくするということを示唆する（私的体験を、自分の姿を映し出すものとしてではなく、あるがままの姿で見るのを支援する）。	
23	機能するだろうとクライエントのマインドが言っているものと、機能しているとクライエントの体験が言っているものを、アクティブに比較対照する。	
24	クライエントとクライエントの私的体験の間に健全な距離をおくため、言語的道具（例：「でも」をやめる）、メタファー（例：「頭の上の泡」「バスの乗客」）、体験的エクササイズ（例：カードに書いた思考）を使う。	
25	ウィリングネスをスタンスとして使いながら、困難な私的体験を「してみる」実験をするようにクライエントに働きかける。	
26	言語の隠れた性質を明らかにするため、多様なエクササイズ、メタファー、行動課題を用いる。	
27	クライエントが自分の物語を解明し、評価や理由づけをしようとする物語の性質に目を向けるのを支援する。	
28	物語内で語られる因果関係の恣意性にクライエントが向き合うのを支援する。	
29	セッションでマインドらしさ（mindiness：フュージョン）を感知し、クライエントにもまた、それを感知するように教える。	
30	私的体験の流れとそのような体験が有害ではないということの両方を明らかにするために、多彩な介入法を用いる。	

付記C　ACTコア・コンピテンシー評価フォーム　573

■「今,この瞬間」との接触

31	クライエントの報告内容から脱フュージョンして,その瞬間に注意を向ける。	
32	その瞬間の自分自身の思考や気分を治療関係に取り入れる。	
33	エクササイズを用いて,クライエントの,現在進行中のプロセスを体験するという感覚を拡大する。	
34	クライエントが過去あるいは未来へと知らず知らずのうちに向かっていってしまうのを察知し,「今」に戻ってくる方法をクライエントに教える。	
35	報告内容を複数のレベルから理解して,必要に応じて,「今,この瞬間」を強調する。	
36	自分自身のマインドから脱して「今,この瞬間」に戻ってくることをセッション内で実践し,モデルを示す。	

■概念としての自己と文脈としての自己を区別する

37	メタファーを活用して,クライエントが意識の内容や産物と意識そのものを区別するのを支援する。	
38	エクササイズを活用して,クライエントが文脈としての自己に接触し,それを概念としての自己から区別するのを支援する。	
39	行動課題を活用して,クライエントがマインドの機能と感情の体験に気づけるようにすると共に,体験のため(for)ではなく,体験と共に(with)選択したり行動したりする自己に接触できるよう支援する。	
40	評価する自己と評価そのものの区別をクライエントが認識できるよう支援する。	

■価値づけされた方向性を定義する

41	クライエントが価値に沿った人生の方向性を明確化するのを支援する。	
42	クライエントが自分の人生の意味として望むものにコミットするのを支援し，セラピーの焦点をそこに当てる。	
43	クライエントに価値とゴールを区別させる。	
44	達成されたアウトカムと，生きるプロセスに身を投じることを区別する。	
45	セラピーに関するセラピスト自身の価値を述べて，価値を述べることの重要性のモデルを示す。	
46	クライエントの価値を尊重して，それでもその価値を支持できない場合には，紹介先を見つけるか，代案を探す。	

■コミットされた行為のパターンを形成する

47	クライエントが価値に沿った人生のゴールを特定し，それにつながる実行計画を作成するように支援する。	
48	感知されたバリア（例：失敗への恐怖，トラウマ記憶，悲しみ，正しくあること）が存在していても，クライエントがコミットメントを行ってそれを維持できるように促す。また，コミットされた行為を行うことで結果的に新たなバリアが生じるということを，あらかじめ想定するように促す。	
49	クライエントがコミットされた行為の性質（例：活力，成長の感覚）を正当に評価し，その性質との接触を維持しながら，少しずつステップを踏むように支援する。	
50	クライエントが長期にわたって一貫してゴールに基づいて行動できるように支援するため，より大きな行為のパターンにクライエントが焦点を当てるのを続けさせる。	
51	評価的でないやり方で，コミットメントの維持と効果的な行為のパターンの形成プロセスに，失敗や再発を織り込んでいく。	

ACT用語の解説

　この用語集を使うにあたり、これらの大半は、専門的定義というよりも日常用語であるということを心に留めておいてほしい[訳注]。これらの用語の多く、とくに行動分析学とRFTに由来するものは、ここに載せたものよりも正確な専門的定義があるが、行動分析学での訓練の経験がないとそれらを理解するのは難しい。

＊　　　＊　　　＊

❏**アクセプタンス（acceptance）**　とくに心理的な害を引き起こす可能性のあるときに、あえて私的体験の頻度やカタチを変えるという不必要な試みをせず、学習経験によって生じた私的出来事を積極的に意識的に受け止めること。

❏**ウィリングネス（willingness）**　アクセプタンスを意味するもうひとつの語。この2語の間に、専門的に重要な区別はない。しかし、アクセプタンスは一般の使用では受動的な言外の意味を伝えることがあるため、セラピストは時として、アクセプタンスにおけるアクティブなスタンスを伝達するために、ウィリングネスを用いる。したがって、例えば、エクスポージャー・エクササイズは、ACTではしばしば「ウィリングネス・エクササイズ」と呼ばれる。

❏**オペラント（operant）**　特定の文脈での機能的効果によって定義された行動クラス。類似の文脈で発生し、類似の効果という結果を生む行動は、同じオペラントの一部と見なされる。

❏**概念としての自己（conceptualized self）**　私たちが自分自身について語る記述的で評価的な思考と物語。

訳注　説明自体は行動分析学に基づいており、日常用語と専門的定義をつなぐような解説になっている。

❏ **価値（values）**　個人的に重要な生き方であり，対象物としては決して獲得できず，瞬間ごとに具現化されるような，行為がもつ選ばれた性質。名詞として使われるが，価値は人の行為と分けられないので，valuing（価値づけする）という用語の方が適切であろう。

❏ **関係フレーム（relational frame）**　関係フレームはRFTにおける言語の最も基本的な単位である。より専門的には，恣意的に適用可能な関係反応の一タイプで，相互的内包，複合的内包，刺激機能の変換の文脈において，その定義に合致する特性を有するものを意味する。名詞として使われるが，これは常に行為であって，「出来事を関係的にフレームづけする」と言いかえられる。

❏ **関係フレーム理論（Relational Frame Theory; RFT）**　ACTの基盤にある，言語と認知に関する現代の行動分析学理論。RFTはACTよりもはるかに幅の広いリサーチ・プログラムであり，ACTだけではなく，人間の言語と認知を含むすべての行為の基盤をなす。

❏ **ルール（rules）**　関係フレームへの関与に基づいて，行動に指針を与える言語刺激。

❏ **機能的文脈主義（functional contextualism）**　ACTとRFTの基盤にあるプラグマティズムの一形態。そこでは，真理が，選択したゴールを達成する上での「機能する可能性」（workability）に基づいて定義されている。正確性，範囲，深さを伴った，行動に対する予測と影響という公の共通ゴールをもつ科学的哲学。

❏ **機能分析（functional analysis）**　行動原理に基づいてクライエントの困難の理解を進めるプロセスであり，変えたり影響を与えたりできる変数の間の重要な関係を特定することを目的とする。

❏ **言語（language）**　少なくとも部分的には関係フレームづけによって影響を受けている行動を意味する，社会的慣習に基づく用語。

❏ **言語的能力（verbal abilities）**　関係フレームづけに依存する，話し手あるいは聞き手の行為。

❏ 原理（principles）　高い精度と広い適用範囲を有する話し方。

❏ 行動の機能（function of a behavior）　学習経験や現在の状況という観点から分析された行動の目的。オペラント・レスポンデント・言語的行動の学習原理を通じて理解される。

❏ 行動のトポグラフィー（topography of a behavior）　行動のカタチや外見。

❏ コミットされた行為（committed action）　内的に体験されるバリア（例：思考）にかかわりなく，選ばれた価値の方向に向かう一連の行為。

❏ 恣意的に適用可能な（arbitrarily applicable）　社会的な気まぐれや社会的慣習のみを基盤として，反応が変容されうるような文脈を意味する語。

❏ 字義どおりという文脈（context of literality）　シンボル（例：思考）とそれが言及する対象（すなわち，シンボルが言及するか，意味しているように思われるもの）が一緒にフュージョンしている文脈。フュージョンによって，直接的に体験された世界と言語を通じて構造化された世界の間の区別は薄められている。

❏ 思考（thinking / thoughts）　恣意的に適用可能という意味で象徴的あるいは関係的なあらゆるもの。言葉，ジェスチャー，思考，サイン，イメージ，そして感情がもついくつかの性質が含まれる。

❏ 私的出来事（private events）　思考，気分，感情，身体感覚，記憶，イメージはすべて，私的行動のカタチである。ACTがその一部となっている行動分析学の伝統においては，公的行動と私的行動は両方とも行動と考えられていて，原則として，一方が他方よりも特権をもつわけではない。

❏ 心理的柔軟性（psychological flexibility）　意識をもった人間として「今，この瞬間」に全面的に接触し，選ばれた価値に向かって行動を持続または変化させるプロセス。

☐ **心理的非柔軟性（psychological inflexibility）** 選ばれた価値に向かって行動を持続または変化させる能力の欠如。通常は言語の制御プロセスの優位によって引き起こされる。

☐ **随伴性（contingency）** ある種の文脈でのみ，その文脈内の有機体の行動に依存して規則的に発生する結果。

☐ **創造的絶望（creative hopelessness）** 自分の行動が機能しないというクライエントの体験を詳しく説明したり妥当性を確認したりするプロセスを意味する語。創造的絶望は，クライエントの行動の中で，しばしば以前の方略を断念する姿勢として見られるが，そこで断念される方略はその人物の現在の問題解決に関わる言語的システムの一部であるので，真に新しい行動形態という創造性が入り込むことになる。

☐ **体験的エクササイズ（experiential exercise）** 参加者が，概念的学習を通じてよりも実践や出来事との直接的接触を通じて学習するような活動やエクササイズ。

☐ **体験的知識（experiential knowledge）** 実践や直接体験に基盤をおいて知る方法（例：ギターの演奏法を知る）。概念的理解を通じて得られる知識（例：音階上の音を知る）とは区別されるもの。

☐ **体験の回避／コントロール（experiential avoidance / control）** そのようにすることが，行動的な害の原因になるときでさえも，内的体験（例：思考，気分，身体感覚，記憶）のカタチ，頻度，あるいは状況的感受性をコントロールまたは変容しようとする試み。

☐ **脱言語化（deliteralization）** 脱フュージョンに対する，もともとのACT用語。発音が非常に難しいので，おきかえられた。

☐ **トラッキング（tracking）** ルールとルールを守ることによって接触される非恣意的な結果の対応関係の学習経験に基づいて，言語的ルールにしたがうこと。

❑ **内容としての自己**（self as content） 体験された思考，感情，身体感覚，記憶が自己と見なされるような，字義どおりの視点から自分自身を見ること。概念としての自己に同じ。

❑ **認知行動療法（伝統的）**（cognitive behavioral therapy; CBT）（traditional） 非機能的な信念の変容に，情報処理認知モデルを適用する心理療法の一学派。認知に対する論駁や，非合理的な認知を検証し異議を唱えるといったプロセスを通じて，私的出来事のカタチや頻度を変えることに焦点をおく，という点で，最も強くACTと区別される。

❑ **脱フュージョン**（cognitive defusion） フュージョンを解除する，つまり'de' + fusion という意味で考案された語。字義どおりでない文脈を創造するプロセスであり，この文脈では，言語がアクティブで持続的な関係的プロセスであり，学習経験に基づくという性質をもち，「今，この瞬間」に存在しているものとして見られる。

❑ **認知的フュージョン**（cognitive fusion） 人間が自分の考えている内容にとらわれてしまい，それが他の有用な行動制御の方法よりも優位になってしまう傾向のこと。

❑ **(理論における) 深さ**（depth (in theory)） 分析のレベル（例：心理学的，生物学的，社会学的）によらない一致度や首尾一貫性

❑ **プライアンス**（pliance） ルールにしたがうことがそれ以外の点で功を奏するかどうかにかかわらず，ルールにしたがうことに対して社会的に強化される学習経験に基づいて，言語的ルールにしたがう習慣。

❑ **プロセスとしての自己**（self as process） 「今，その瞬間」の思考，気分，その他の私的出来事に対する，脱フュージョンされた，非判断的な，現在進行中の気づきと記述。

❑ **文脈としての自己（self as context）**　「私／ここ／今」から出来事を体験すること。内省の対象としてではなく，そこから観察をする視点あるいは場所としての自己。

❑ **マインド（mind）**　ACTでは，マインドは実体として字義どおりに存在するとは見なされていない。むしろ，思考と呼ばれる言語的能力の集合体と見なされる。思考と思考する者の間の分離を作り出すのに役立つので，時として，マインドを実体であるかのように言及することが有用となる。

❑ **マインドフルネス（mindfulness）**　ACT六角形モデルの左側にある4つのプロセスを組み合わせたものを意味する語。マインドフルネスで，人は体験の意識的な観察者であるという感覚を維持しながら，思考の内容にとらわれることなしに，自ら進んで直接的に「今，この瞬間」と接触する。

❑ **欲求(行動)（appetitive（behavior））**　何かの達成や何かに向かって動くことで強化される行動を意味する用語。嫌悪刺激からの回避や逃避にコントロールされた行動である「嫌悪刺激にコントロールされた行動」と対比されるもの。

❑ **理由づけ（reason giving）**　行動についての言語的説明

❑ **理論（theory）**　機能的文脈主義では，その原理の集合をある任意の領域へ適用することであり，その目的は，正確性，範囲，深さを伴って，その領域内の現象を予測し，その領域内の現象に影響を与えることである。

文　献

1) Ackerman, S. J., & Hilsenroth, M. J. (2001). A review of therapist characteristics and techniques negatively impacting the therapeutic alliance. *Psychotherapy: Theory, Research, Practice, Training, 38*(2), 171–185.

2) Addis, M. E., & Jacobson, N. S. (1996). Reasons for depression and the process and outcome of cognitive-behavioral psychotherapies. *Journal of Consulting and Clinical Psychology, 64*(6), 1417–1424.

3) Bach, P., & Hayes, S. C. (2002). The use of acceptance and commitment therapy to prevent the rehospitalization of psychotic patients: A randomized controlled trial. *Journal of Consulting and Clinical Psychology, 70*(5), 1129–1139.

4) Barnes-Holmes, D., Hayes, S. C., & Dymond, S. (2001). Self and self-directed rules. In S. C. Hayes, D. Barnes-Holmes, & B. Roche (Eds.), *Relational frame theory: A post-Skinnerian account of human language and cognition* (pp. 119–139). New York: Plenum Press.

5) Barnes-Holmes, D., Hayes, S. C., & Gregg, J. (2001). Religion, spirituality, and transcendence. In S. C. Hayes, D. Barnes-Holmes, & B. Roche (Eds.), *Relational frame theory: A post-Skinnerian account of human language and cognition* (pp. 239–251). New York: Plenum Press.

6) Baum, B. E., & Gray, J. J. (1992). Expert modeling, self-observation using videotape, and acquisition of basic therapy skills. *Professional Psychology: Research and Practice, 23*, 220–225.

7) Beck, A. T. (1993). Cognitive therapy: Past, present, and future. *Journal of Consulting and Clinical Psychology, 61*, 194–198.

8) Berens, N. M., & Hayes, S. C. (in press). Arbitrarily applicable comparative relations: Experimental evidence for a relational operant. *Journal of Applied Behavior Analysis*.

9) Blackledge, J. T. (2003). An introduction to relational frame theory: Basics and applications. *Behavior Analyst Today, 3*(4), 421–433.

10) Bodian, S. (2006). *Meditation for dummies*. Foster City, CA: IDG Books.

11) Chödrön, P. (1994). *Start where you are*. Boston: Shambhala.

12) Crits-Christoph, P., Connolly Gibbons, M. B., Crits-Christoph, K., Narducci, J., Schamberger, M., & Gallop, R. (2006). Can therapists be trained to improve their alliances? A preliminary study of alliance-fostering psychotherapy. *Psychotherapy Research, 16*, 268–281.

13) Dahl, J. C., Wilson, K. G., Luciano, C., & Hayes, S. C. (2005). *Acceptance and commitment therapy for chronic pain*. Reno, NV: Context Press.

14) Dimidjian, S., Hollon, S. D., Dobson, K. S., Schmaling, K. B., Kohlenberg, R. J., Addis, M. E., et al. (2006). Randomized trial of behavioral activation, cognitive therapy, and antidepressant medication in the acute treatment of adults with major depression. *Journal of Consulting and Clinical Psychology*, 74(4), 658–670.

15) Eifert, G., & Forsyth, J. (2005). *Acceptance and commitment therapy for anxiety disorders*. Oakland, CA: New Harbinger Publications.

16) Fletcher, L., & Hayes, S. C. (2005). Relational frame theory, acceptance and commitment therapy, and a functional analytic definition of mindfulness. *Journal of Rational Emotive and Cognitive Behavioral Therapy*, 23(4), 315–336.

17) Gaudiano, B. A., & Herbert, J. D. (2006). Acute treatment of inpatients with psychotic symptoms using acceptance and commitment therapy: Pilot results. *Behaviour Research and Therapy*, 44(3), 415–437.

18) Gentry, D. (2007). *Talking ACT*. Reno, NV: Context Press.

19) Gifford, E., Hayes, S. C., Kohlenberg, B., Antonuccio, D. O., Piasecki, M., & Pierson, H. (under review). Applying the acceptance and relationship context model to smoking cessation: An initial evaluation of acceptance and commitment therapy, functional analytic psychotherapy and bupropion.

20) Hanh, T. N. (1992). *Touching peace: Practicing the art of mindful living*. Berkeley, CA: Parallax Press.

21) Hardy, R. R. (2001). *Zen-master: Practical Zen by an American for Americans*. Tucson, AZ: Hats Off Books.

22) Hayes, S. C. (1984). Making sense of spirituality. *Behaviorism*, 12, 99–110.

23) Hayes, S. C. (1989). *Rule-governed behavior: Cognition, contingencies, and instructional control*. New York: Plenum Press.

24) Hayes, S. C. (1993). Analytic goals and the varieties of scientific contextualism. In S. C. Hayes, L. J. Hayes, H. W. Reese, & T. R. Sarbin (Eds.), *Varieties of scientific contextualism*, (pp. 11-27). Reno, NV: Context Press.

25) Hayes, S. C. (2004). Acceptance and commitment therapy, relational frame theory, and the third wave of behavioral and cognitive therapies. *Behavior Therapy*, 35(4), 639–665.

26) Hayes, S. C., Barnes-Holmes, D., & Roche, B. (Eds.). (2001). *Relational frame theory: A post-Skinnerian account of human language and cognition*. New York: Kluwer Academic/Plenum/Springer-Verlag.

27) Hayes, S. C., Luoma, J. B., Bond, F. W., Masuda, A., & Lillis, J. (2006). Acceptance and commitment therapy: Model, processes and outcomes. *Behaviour Research and Therapy*, 44(1), 1–25.

28) Hayes, S. C., Rosenfarb, I., Wulfert, E., Munt, E., Zettle, R. D., & Korn, Z. (1985). Self reinforcement effects: An artifact of social standard setting? *Journal of Applied Behavior Analysis*, 18(3), 201–214.

29) Hayes, S. C., & Smith, S. (2005). *Get out of your mind and into your life: The new acceptance and commitment therapy*. Oakland, CA: New Harbinger Publications.
武藤崇, 原井宏明, 吉岡昌子, 岡嶋美代訳:〈あなた〉の人生をはじめるためのワークブック―「こころ」との新しいつきあい方 アクセプタンス＆コミットメント. ブレーン出版, 2008.

30) Hayes, S. C., & Strosahl, K. D. (Eds.). (2004). *A practical guide to acceptance and commitment therapy*. New York: Springer-Verlag.

31) Hayes, S. C., Strosahl, K. D., Luoma, J., Smith, A. A. & Wilson, K. G. (2005). ACT case formulation in S. C. Hayes and K. D. Strosahl (Eds.), *Acceptance and commitment therapy: A practical clinical guide*. New York: Kluwer/Plenum.

32) Hayes, S. C., Strosahl, K., & Wilson, K. G. (1999). *Acceptance and commitment therapy: An experiential approach to behavior change*. New York: Guilford Press.
33) Hayes, S. C., Strosahl, K. D., Wilson, K. G., Bissett, R. T., Pistorello, J., Toarmino, D., et al. (2004). Measuring experiential avoidance: A preliminary test of a working model. *The Psychological Record*, 54, 553–578.
34) Hayes, S. C., Wilson, K. G., Gifford, E. V., Follette, V. M., & Strosahl, K. (1996). Experiential avoidance and behavioral disorders: A functional dimensional approach to diagnosis and treatment. *Journal of Consulting and Clinical Psychology*, 64, 1152–1168.
35) Heffner, M., & G. H. Eifert. (2004). *The anorexia workbook: How to accept yourself, heal your suffering, and reclaim your life*. Oakland, CA: New Harbinger Publications.
36) Herbert, J., & Forman, E. (2005, July). *ACT versus traditional CBT*. Paper presented at the ACT Summer Institute, La Salle University, Philadelphia, PA.
37) Jacobson, N. S., Dobson, K. S., Truax, P. A., Addis, M. E., Koerner, K., Gollan, J. K., et al. (1996). A component analysis of cognitive-behavioral treatment for depression. *Journal of Consulting and Clinical Psychology*, 64(2), 295–304.
38) Kabat-Zinn, J. (1994). *Wherever you go, there you are: Mindfulness meditations in everyday life*. New York: Hyperion.
39) Kohlenberg, R. J., & Tsai, M. (1991). *Functional analytic psychotherapy: A guide for creating intense and curative therapeutic relationships*. New York: Plenum Press.
大河内浩人訳：機能分析心理療法―徹底的行動主義の果て，精神分析と行動療法の架け橋．金剛出版，2007.
40) Lappalainen, R., Lehtonen, T., Skarp, E., Taubert, E., Ojanen, M., & Hayes, S. C. (in press). The impact of CBT and ACT models using psychology trainee therapists: A preliminary controlled effectiveness trial. *Behavior Modification*.
41) Lewin, K. (1951). Problems of research in social psychology. In D. Cartwright (Ed.), *Field theory in social science: Selected theoretical papers* (pp. 155–169). New York: Harper & Row.
42) Lindsley, O. R. (1968). *Training parents and teachers to precisely manage children's behavior*. Paper presented at the C. S. Mott Foundation Children's Health Center, Flint, MI.
43) Lorde, A. (1997). *The cancer journals*. San Francisco: Aunt Lute Books.
44) Luoma, J. B. (2006, July). *Toward a more functional approach to the training and dissemination of ACT and other empirically-supported psychotherapies: Models, data, and future directions*. Address given at the Second World Conference on ACT/RFT and Contextual Behavioral Science, London, UK.
45) Martin, D. J., Garske, J. P., & Davis, M. K. (2000). Relation of the therapeutic alliance with outcome and other variables: A meta-analytic review. *Journal of Consulting and Clinical Psychology*, 68, 438–450.
46) McHugh, L., Barnes-Holmes, Y., & Barnes-Holmes, D. (2004). Perspective taking as relational responding: A developmental profile. *The Psychological Record*, 54, 115–144.
47) Moran, D. J., & Bach, P. (in press). *ACT in practice: Case conceptualization in acceptance and commitment therapy*. Oakland, CA: New Harbinger Publications.
武藤崇，吉岡昌子，石川健介，熊野宏昭監訳：ACT（アクセプタンス＆コミットメント・セラピー）を実践する―機能的なケース・フォーミュレーションにもとづく臨床行動分析的アプローチ．星和書店，2009.
48) Pierson, H., & Hayes, S. C. (2007). Using acceptance and commitment therapy to empower the therapeutic relationship. In P. Gilbert & R. Leahy (Eds.), *The therapeutic relationship in cognitive behavior therapy* (pp. 205–228). London: Routledge.
49) Ramnerö, J., & Törneke, N. (in press). *ABCs of human behavior: An introduction to behavioral psychotherapy*. Reno, NV: Context Press.
松見淳子（監修），武藤崇・米山直樹（監訳）：臨床行動分析のABC．日本評論社，2009.

50) Rehfeldt, R. A., Dillen, J. E., Ziomek, M. M., & Kowalchuck, R. (2007). Assessing relational learning deficits in perspective-taking in children with high-functioning autism spectrum disorder. *The Psychological Record, 57,* 23–47.

51) Safran, J. D., & Muran, J. C. (2000). *Negotiating the therapeutic alliance: A relational treatment guide.* New York: Guilford Press.

52) Sheldon, K. M., & Elliot, A. J. (1999). Goal striving, need satisfaction, and longitudinal well-being: The self-concordance model. *Journal of Personality and Social Psychology, 76,* 482–497.

53) Strosahl, K. D., Hayes, S. C., Wilson, K. G., & Gifford, E. V. (2004). An ACT primer: Core therapy processes, intervention strategies, and therapist competencies. In S. C. Hayes & K. D. Strosahl (Eds.), *A practical guide to acceptance and commitment therapy* (pp. 31–58). New York: Springer-Verlag.

54) Twohig, M. P., Hayes, S. C., & Masuda, A. (2006). Increasing willingness to experience obsessions: Acceptance and commitment therapy as a treatment for obsessive-compulsive disorder. *Behavior Therapy, 37*(1), 3–13.

55) Walser, R. D., & Pistorello, J. (2004). ACT in group format. In S. C. Hayes & K. D. Strosahl (Eds.), *A practical guide to acceptance and commitment therapy* (pp. 347–372). New York: Springer-Verlag.

56) Walser, R. D., & Westrup, D. (2007). *Acceptance and commitment therapy for the treatment of post-traumatic stress disorder and trauma-related problems.* Oakland, CA: New Harbinger Publications.

57) Wenzlaff, R. M., & Wegner, D. M. (2000). Thought suppression. *Annual Review of Psychology, 51,* 59–91.

58) Wilson, K. G. (2003, April). *Introductory experiential workshop on acceptance and commitment therapy.* Symposium conducted in Oxford, MS.

59) Wilson, K. G., & Hayes, S. C. (1996). Resurgence of derived stimulus relations. *Journal of the Experimental Analysis of Behavior, 66*(3), 267–281.

60) Wilson, K. G., Hayes, S. C., Gregg, J., & Zettle, R. D. (2001). Psychopathology and psychotherapy. In S. C. Hayes, D. Barnes-Holmes, & B. Roche (Eds.), *Relational frame theory: A post-Skinnerian account of human language and cognition* (pp. 211–237). New York: Plenum Press.

61) Wilson, K. G., & Murrell, A. (2004). Values work in acceptance and commitment therapy: Setting a course for behavioral treatment. In S. C. Hayes, V. M. Follette, & M. M. Linehan (Eds.), *Mindfulness and acceptance: Expanding the cognitive-behavioral tradition* (pp. 120–151). New York: Guilford Press.

62) Zettle, R. D., & Hayes, S. C. (1986). Dysfunctional control by client verbal behavior: The context of reason giving. *The Analysis of Verbal Behavior, 4,* 30–38.

索　引

英数字

6つのコア・セラピー・プロセス　17, 18
12ステップ　386
"ACT for Anxiety Disorders"　476
"ACT for Chronic Pain"　475
ACT訓練者たちのコンセンサス　430
ACTの治療スタンス　430
OCD　364, 511
PTSD　34, 73, 193, 343, 364
RFT　319, 439, 563, 575

【あ】

アイデンティティ　215, 380
アウェアネス　222
アウトカム　426, 429
アウトカム・ゴール　17, 368
アクセプタンス　18, 29, 64, 175, 219, 276, 316, 326, 433, 438, 446, 451, 459, 478, 479, 480, 483, 517, 554, 575
アクセプタンス&アクション質問紙（AAQ）　407, 415
アセスメント　444
「あなた／そこ／そのとき」という視点　439

『〈あなた〉の人生をはじめるためのワークブック』　xvi, xxi, 475
アメリカ行動／認知療法学会　558, 564
アメリカ行動分析学会　564
アルコール依存　141
アルコールの問題　515
アルコール乱用　346, 476
生きるプロセス　286
一次的性質　119
一段上の立場　496
逸脱　335
「今，この瞬間」との接触　173
「今，この瞬間」に存在すること　18, 22, 439, 448, 453, 461, 478, 480, 483, 516, 554
「今，この瞬間」への気づき　22
意味づけ　435
因果関係の恣意性　148
インディー・ジョーンズ　313
インフォームド・コンセント　534
ウィリングネス　19, 29, 64, 312, 434, 484, 485, 488, 489, 490, 497, 517, 575
ウィリングネスと苦悩の関係　78
ウィリングネスと苦悩の違い　90, 91
ウィリングネスの性質　80
うつ状態　510
うつ病　8, 34, 39, 40, 123, 143, 297, 309, 389

エクササイズ 69, 81, 143, 240, 265, 526
 「アイデンティティ選び」── 228
 「空き缶モンスター」── 487
 「あなたのマインドを散歩に連れて行く」
  ── 507
 「今，この瞬間」への気づきをもたらす
  ── 202
 「概念としての自己を手放す」── 245
 価値── 256
 観察者── 246
 「観察者としての自己」── 231, 481, 534
 「感情や思考をカタチにする」── 554
 「交互に文章を読む」── 121
 「自伝の書き直し」── 127, 380
 「自由思考を見つける」── 229
 「自由体験」── 183
 「身体的動作を指導する」── 111
 「小さな子ども」── 454
 弔辞の── 262, 288
 「流れに漂う葉っぱ」── 119, 181, 525
 「2つの墓碑銘を書く」── 279
 「兵隊のパレード」── 119
 「マインドを散歩に連れていく」── 117
 「ミルク，ミルク，ミルク」── 103, 235
 瞑想── 104
 「レーズンを食べる」── 184
エクスポージャー 311, 323, 326, 497, 509
エクスポージャー・エクササイズ 19
エンパワーメント 339
大きな行為のパターン 344
落とし穴 491
落とし穴を探す実践練習 504

オペラント 575

【か】

外的感情コントロール方略 403, 412
外的バリア 329
概念としての過去や未来 173
概念としての過去や未来の優位・制限された自己知識 6, 13, 376, 404, 413
概念としての自己 14, 176, 213, 214, 250, 575
概念としての自己に対するとらわれ 6, 14, 378, 404, 413
回避 370, 492
回避的解決方法 8
過食症 456
頭文字ACT 336
頭文字FEAR 337
仮説 367
価値 93, 175, 247, 253, 326, 334, 338, 499, 502, 576
価値づけ 16, 96, 257
価値づけされた人生の方向 31
価値づけされた人生の目標 79
価値づけされた方向性を定義する 18, 24, 440, 448, 454, 463, 518, 555
価値づけするプロセス 286
価値とゴール 299
価値に沿った行為 236
価値に沿った(人生の)方向性 253, 294, 314, 526
価値に沿った生活尺度 (Valued Living Questionnaire; VLQ) 262, 275
価値のアセスメントと明確化 475
価値の定義 257

価値の明確化　24, 480, 490
価値の明確化・価値との接触の欠如　6, 16, 380
価値の明確さの欠如　404
価値のワーク　259
学校での後延ばし癖　266
活動スケジュール法　311
活力　264
環境的バリア　406, 414
関係的文脈　19
関係ネットワーク　4
関係フレーム　576
関係フレームづけ　319
関係フレーム理論　xiii, 3, 576
観察者としての自己　191
感情コントロール　20
感情コントロールのための外顕的行動　371
感情的バリア　322
感情の減少　323
危険な行動　383
記述と評価の区別　234
傷つきやすさ　xxii, 8, 34, 61, 381
傷つきやすさを進んで受け入れる姿勢　271
汚い怒り　90
汚い苦しみ　34
気づき　13, 173, 175, 222
機能　xxii, 103, 227
機能するかどうか　40
機能する可能性　25, 77, 124, 451
機能的概念　135
機能的真実　165
機能的な結果　450
機能的な思考方法　375
機能的な"真"　262

機能的ニーズ　319
機能的プロセス　363
機能的文脈(主義)　19, 25, 259, 576
機能的有用性　127, 135, 170, 320
機能の理解　554
機能に基盤をおいたケースの概念化　364
機能のレンズ　423
機能分析　315, 319, 365, 530, 576
機能分析心理療法　441
気分変調性障害　298
逆向きの羅針盤　352
共感　23, 218, 249
強迫性　186
強迫性障害　10, 311
きれいな怒り　90
きれいな苦しみ　34
気を紛らわすこと　62
苦悩　30, 40, 176, 214, 367, 540
クライエントの強さ／強み　386, 406, 414
グループ学習環境　549
形式的(内容的)に同一　54
形態　xxii
ケース概念化記入用紙　417
ケースの概念化　274, 319, 363, 443
ケースの概念化の実践　408
ゲシュタルト療法　377
言語　1, 576
言語スキル　2
言語的関係　133
言語的システム　368
言語的・状況的文脈　501
言語的知識　xix
言語的道具　140
言語的能力　576

言語的バリア　320
言語(的)ルール　9, 159, 258, 541
言語の限界　111
言語病　540
言語マシン　153, 525, 544
言語を外在化する　115
現在進行中のプロセス　195
現在の問題　368, 401, 411
現在への志向性　270
現実とは違う体験をしたように考えてみる　114
コア・コンピテンシー　xvii
コア・コンピテンシーの実践　xix, 70, 137, 192, 238, 293, 339, 455
コア・コンピテンシー評価フォーム　567, 570
コア・セラピー・プロセス　xvii
行為としての価値づけ　287
行為のアウトカム　286
行為の欠如，衝動性，回避の持続　6, 16, 382
効果が実証的に支持された方法　319
効果的な治療関係　441
攻撃性　383
構造化されたマインドフルネス・エクササイズ　181
行動　363
行動課題　143, 240
行動活性化　311
行動原理　319
行動の一般原理　363
行動のカタチ　364
行動の機能　577
行動の機能の理解　364
行動のトポグラフィー　577
行動の抑制　372

行動分析　319
行動分析学　542, 575
行動変化　253
行動目標の6つの特徴　339
行動療法　319
行動的手法　311
行動レパートリー　19
傲慢な古代の王様の話をする　114
ゴール　257, 261, 316
ゴール追求の質　320
心の理論　23
言葉づかいの約束事　104, 129
言葉の派生的機能　120
コミットされた行為　18, 26, 309, 440, 449, 454, 464, 488, 490, 518, 555, 577
コミットされた行為のワーク　315
コミットメント　256, 310
コミットメントと行動変化のプロセス　18, 27
コミットメントのレベル　498
コミットメントを公言する　318
コントロールこそが問題　59, 475
コントロールのパラドックス　85
コントロール方略　74
困難な私的体験を「してみる」実験をする　141, 519
コンピテンシー　567

【さ】

再発　335
再フォーミュレーション　401, 411
慈愛　23
恣意的な学習歴　4
恣意的な性質　228

恣意的に適用可能な 577
支援的傾聴 199
自覚 173, 175
時間軸に沿った行為のパターン 334
字義支配のない文脈 157
字義どおり 20, 220
字義どおりという文脈 12, 577
字義どおりの意味 101, 164
字義どおりの意味への執着 139
字義どおりの機能 11
字義どおりの言語 5
字義どおりの"真" 262
字義どおりの真実(性) 124, 165
思考 577
思考と気分の機能 103
思考の自動性 164
思考や感情のカタチ 103
思考を見る能力 117
自己開示 432
自己概念 216, 228
自己主張の問題 477
自己体験 22
自己知識 14, 178
自己評価 233
自傷願望 197
自傷行為 383
システムと対決する 38
システムを引き出す 39
失感情症 13, 377
実行計画 316, 339, 527
実践エクササイズ xix, xx, 416
実践エクササイズ：柔軟性を高める 515
実践練習：ACTモデルで柔軟性を構築する 514

質問をしておいて答えさせない 353
実用的な意味 164
私的出来事 8, 19, 39, 577
視点 217, 229
視点を得るという体験 191
自伝的物語 378
自動思考質問紙－信用度（ATQ-B） 407
死人のゴール 317, 349, 527
社会的／言語的コミュニティ 3
社会的／言語的文脈 12
社会的コンプライアンス 260
社会的スキル訓練 311, 329
社会的・物理的環境 385
社会的／文化的コミュニティ 8
社会的ルール 381
社交不安 30, 34, 55, 294, 327, 498, 558
消去 323
症候群モデル 542
衝動性 383
人生の最重要領域 373
人生の方位磁石 276
心的外傷後ストレス障害 34
心配 186
心配性 408
心配の連鎖 378
心理的柔軟性 xiii, 17, 18, 37, 175, 316, 366, 386, 430, 442, 491, 577
心理的非柔軟性 1, 5, 6, 374, 404, 413, 578
随伴性 364, 578
スーパーヴィジョン 567, 569
スキル訓練 425
スモールステップ 317
精神疾患の診断・統計マニュアル（DSM） 363
精神病理のACTモデル 5

精神薬理学　540
性的トラウマ　272
正当化　135, 216
責任　309, 311
セッション内での回避　371, 403, 412
セッション内での脱フュージョン　128
絶望から始めよう　43, 542
説明　216
セラピスト自身の心理的柔軟性　514
セラピスト自身の反応　179
選択　16, 65, 236, 258, 268
選択された価値　309
選択された行動　311
全般性不安障害　408, 492
創造的絶望　43, 45, 53, 375, 474, 578
創造的な対応方法　433

【た】

第一水準の変化方略　329
対応可能（response-able）　167
対応できる能力　311
体験的エクササイズ　xvii, xx, 104, 140, 492, 533, 578
　　──：アクセプタンス　52
　　──：価値とゴール　282
　　──：価値に沿った方向性を見出す　254
　　──：コミットされた行為　361
　　──：自己ケース概念化　427
　　──：自由選択の瞑想　210
　　──：すべてをまとめ上げる　545
　　──：セラピストとしての価値を特定する　291
　　──：その瞬間の自己ケース概念化　427
　　──：脱フュージョン　109, 136, 172
　　──：治療スタンス　436
　　──：内容としての自己を文脈としての自己から区別する　250
　　──：平地を探す　471
体験的知識　xix, 113, 220, 578
体験的に知るという感覚　236
体験的バリア　326
体験的ワーク　553
体験的ワークショップ　437
体験の回避　2, 6, 13, 36, 96, 260, 371, 403, 412, 423, 450, 503, 539
体験の回避／コントロール　578
体験のコントロールというアジェンダ　30
体験のコントロールの文脈　13
体験の再発見　111
体験の直接的随伴性　35
体験へのアピール　61
第三世代CBTアプローチ　19
対象指示的　192
対象指示的フレーム　217, 248, 249
対象指示の関係フレーム　22, 448
対人関係　189
代替案としてウィリングネス　76, 523
第二水準の変化　533
正しくあること　450
脱言語化　108, 578
達成能力　317
脱フュージョン　18, 19, 35, 101, 175, 193, 219, 276, 316, 326, 438, 447, 451, 460, 478, 479, 488, 495, 516, 521, 554, 579
脱フュージョン技法　108
妥当性を確認する　43, 84

短期的結果　335
短期的目標　17
単純なスキル習得の問題　543
ダンス　473
小さいステップ　343
抽象的な価値　316
超越的な自己の体験　23, 192, 218, 229
長期的結果　335
長期的目標　17
治療関係　82, 189, 194, 269, 315, 384, 429
治療関係のACTモデル　441
治療関係の機能　430
治療関係の決裂　455
治療契約　538
治療初期のゴール　401, 411
治療マニュアル　363
「でも」　129, 160
転移　7
伝統的な行動的手法　311
伝統的な行動療法　26, 424
伝統的な認知行動療法　xxi, 19, 408, 425
動機づけ　259, 330, 405, 414
トポグラフィー　364
トラッキング　422, 578
トラック　421, 443
トラブルシューティング　491
トリートメント　xvii
トリートメント・プラン　387, 407, 415
ドロップアウト　538

【な】

ナーバス・ネリー　408
内的回避行動　371

内的感情コントロール方略　403, 412
内的体験のコントロール　29, 83
内的バリア　328
内部感覚エクスポージャー　326
内容としての自己　215, 579
泣くこと　271
人間関係　409
認知行動的介入（cognitive-behavioral intervention）　xiii
認知／行動療法（cognitive and behavioral therapy）　19, 363
認知行動療法（cognitive behavioral therapy; CBT）　3, 579
認知再構成法　426
認知的フュージョン　6, 9, 260, 375, 404, 413, 579
認知的論駁　543
ネズミはいつも正しい　501

【は】

場　221
パニック　34, 310
パニック障害　323, 341, 364
パニック発作　138
パラドックス　104
バリア　137, 156, 157, 255, 269, 315, 337, 340, 520, 529
般化　444
犯罪の証拠を示す策略　445
反芻　14, 36, 186
判断　176
反応の柔軟性　259, 325
反応の除去　323

ピア・コンサルテーション・グループ 552
引っ込み思案 340
評価 145, 176, 216, 233, 242, 249
評価－記述という区分 119
広場恐怖を伴うパニック障害 508
不安感受性指標 415
不安障害 340, 364, 445
フォーミュレーション 368
物質乱用 381, 383, 467
フュージョン 176, 370, 402, 411, 423, 492
プライアンス 304, 381, 579
プラグマティックな真実 25
プロセス・ゴール 16, 269, 281, 368
プロセスとしての自己 22, 181, 579
文脈 10, 20, 102, 218, 233, 258, 530
文脈的アプローチ 261
文脈的行動科学学会 xvi, 532, 544, 558, 563
文脈的方略 21
文脈的要因 496
文脈としての自己 18, 22, 23, 191, 213, 217, 439, 448, 453, 462, 481, 487, 517, 554, 580
文脈の強調 431
併存症 6
変化への動機づけ 383
ペンステート心配質問紙 415
弁別 133

【ま】

毎日，自分自身を殺しなさい 231
マインド xii, 2, 21, 35, 54, 57, 111, 116, 198, 215, 220, 580
マインドの働き 102
マインドフルネス 22, 33, 175, 222, 580

マインドフルネス・エクササイズ 525, 550, 556, 560
マインドフルネス・スキル 316
マインドフルネスとアクセプタンス 27
マインドフルネスとアクセプタンスのプロセス 18
マインドフルネス瞑想 178, 261
マインドらしさ 151
慢性的自殺傾向 381
慢性的な心配 535
慢性疼痛 381, 382, 389
ミクロレベル 366
ミスター不安 510
ミスター・マインド 352
ミドルレベル理論 366
メタファー 61, 81, 104, 140, 143, 223, 239, 492, 525, 533
　「穴の中の人」の―― 44
　「運転中のスリップ」の―― 338
　スーツの―― 227
　スペースの―― 332
　旅の―― 337
　チェスボードの―― 224, 234, 239, 524
　墓石の―― 262, 527
　バスケットボールの試合の―― 331
　バスの―― 116, 141, 161, 223, 327, 478
　「不安との綱引き」の―― 325
　方向性の―― 257
　「やっかいなご近所のエドナ」の―― 66, 97
　流砂の―― 58, 62
目標 501
物語 14, 122, 135, 145, 214, 227
問題解決能力 2

【や】

役に立つかどうか　75, 523
薬物依存　39, 335
薬物治療　540
薬物乱用　476
許すことと犠牲者になること　380
良い気分主義　xviii, 8
良く生きる　xv, 236
抑うつ反芻　505

【ら】

リチャード・コリー　xi
理由づけ　20, 123, 135, 145, 234, 580
理由づけの文脈　13
リラクセーション訓練　424, 543
臨床行動分析　311
ルール　50, 576
レパートリーの幅　323
ロールプレイ　550, 559
論駁　426

【わ】

「私／ここ／今」という視点　439

●監訳者あとがき

　本書は，先ごろ出版された『ACT（アクセプタンス ＆ コミットメント・セラピー）を実践する』の姉妹編であり，この2冊が揃ったことで，「ACTというダンスの踊り方」の体験的学習を可能にする実践的なマニュアルが整備されたと言ってよいだろう。そして，前者でケース・フォーミュレーションという「ダンスを踊るための舞台の作り方」が主に解説されたのに対して，本書では機能的な臨床スキルという「ダンスを構成する個々の動作の学び方」が主に解説されている。

　ちなみに，文字で書かれた本であるのに「体験的学習を可能にする」とはどういうことかと思う読者もいるかもしれない。ACTでは，第5章「概念としての自己と文脈としての自己を区別する」で取り上げられているように，プロセスとしての自己を含めて3種類の異なった自己が想定されている。このうち体験学習に関わるのは，主に文脈としての自己とプロセスとしての自己であるが，上記のように，この2冊の本は，文脈としてのセラピストとプロセスとしてのセラピストの強化のそれぞれに（もちろんお互いに乗り入れながら）深く関わると考えられるのである。つまり字義的な解説だけではなく，ケース・フォーミュレーションの進め方を身につけることを介して観察者としての視点を育てるという狙いや，多数の臨床ケースとのやりとりを実際にシミュレーションしてみることによって「今，この瞬間」の体験を可能にするという狙いがはっきりしているのが，この2冊の秀でた特徴と言えるだろう。

　本書では，ACTの6つのコア・プロセスに関する解説が順番に進められていくが，それぞれの中で強調されている点が明らかに違うことは，各章で頻繁に使われている英単語が異なっているということからもよく理解できた。例えば，上で述べた「プロセスとしての自己」に最も深く関わると

考えられる第4章「『今，この瞬間』との接触」では，「気づくということ」が中心的に取り上げられており，これに相当するawareness, mindfulness, noticeという単語が非常に多く用いられている。また，第2章「ウィリングネス／アクセプタンスの育成」と第3章「認知的フュージョンを弱める」では，ACTが拠って立つ認識論的基盤である機能的文脈主義の「機能的」という点が真正面から取り上げられているのが大変印象的である。機能というのは，行動の定義に関わる概念であり，弁別刺激－行動－結果の連鎖の中で，相互に関数関係をもちながら及ぼしあう効果や影響力のことである。この2つの章では，「ある対象に対して効果をもつ」という意味で，functional, workable, effectiveという語が多く用いられていたが，本来，関数関係をもつという含意がないeffectiveとworkableに関しては，原則として「効果的」「役に立つ」と訳し分けた。しかし，とくにworkableの用法に関しては，「関数関係に基づく効果」を想定した方がポイントを理解しやすくなると思われる箇所も多く，そのような場合は「機能」という訳語を充てた。「機能」は当然ACT理解の要でもあり，機能的でない言語行動にアプローチするのが「アクセプタンスとマインドフルネスの戦略」であり，言語行動および非言語行動の機能性を高めるアプローチが「価値とコミットメントの戦略」ということになる。

　ここでもうひとつ考えなくてはならないのは，何を基準にして「機能的」と言えるのかということであるが，その基準を与えるものが機能的文脈主義のもうひとつの要である「文脈」である。文脈とは，弁別刺激－行動－結果の連鎖で，お互いの機能に影響を与える広い意味での「環境」のことであるが，その中には「確立操作」「学習経験」などと共に，選択された人生の方向性である「価値」が含まれている。トリートメントにおいても，個々の問題へのアプローチに加え，文脈にアプローチすることが大きな課題になるが，そこで「価値」の明確化やそれと関連付けた治療目標の設定が重要になる。そのため，治療目標の設定は，機能分析と合わせてケース・フォーミュレーションの要になるのである。一方，文脈が変われば，

ターゲット行動の機能も変わるので，問題が問題でなくなるということが起こる。例えば，認知の歪みの内容（カタチ）を変えようとするのではなく，文脈を変えることによってその認知（言語行動）の影響力（機能）を変えるというとても効率の良い（嫌悪的な思考や感情の除去＝「体験の回避」のために使うエネルギーが必要なくなるという意味で）介入法が「脱フュージョン」であることは，本書を読み終わった読者は十分理解できたであろう。

さて，わが国では，本年9月に歴史的な政権交代が実現した。多くの国民が選択した「無駄の削減と国民の生活の重視」という国が進むべき方向性（価値）との関連の中で，臨床行動分析という基礎科学に基づくボトムアップ式のトリートメントであるACTが，さまざまな生活場面で今後ますます大きな力を発揮することを期待したい。

監訳者を代表して　　熊野宏昭

■著者紹介

ジェイソン・B・ルオマ（Jason B. Luoma, Ph.D.）
臨床心理士。オレゴン州ポートランドにあるポートランド心理療法クリニック・リサーチ・トレーニングセンターのセンター長であり，ネバダ大学リノ校の研究助成金雇用研究者である。研究のテーマは，カウンセラーのバーンアウト軽減に対するACTの適用，物質依存症に対する偏見への介入法としてのACT，エビデンスに基づくセラピーの普及とトレーニングである。さらに，アクティブに臨床実践を行っており，経験を積んだACTトレーナーでもある。この本は，こういった実践経験と研究の産物である。

スティーブン・C・ヘイズ（Steven C. Hayes, Ph.D.）
ネバダ大学リノ校の心理学教室の創立教授である。400近い論文と30冊以上の本の著者であるが，その中には，『〈あなた〉の人生をはじめるためのワークブック (*Get Out of Your Mind and Into Your Life: The New Acceptance and Commitment Therapy*)』や『*Relational Frame Theory*』が含まれている。アメリカ行動／認知療法学会の過去の会長であり，これまでに世界中で数百回ものACTのトレーニングを実施し，多数の大学院生の臨床的トレーニングのスーパーヴァイズを行っている。

ロビン・D・ウォルサー（Robyn D. Walser, Ph.D.）
臨床心理士であり，コンサルタントやACTのワークショップ講師として，そして自分で立ち上げたTLコンサルテーション・サービスのセラピストとして働いている。1998年以来，アメリカ国内でも国外でもACTワークショップを行ってきており，さまざまな形式とクライエントの問題に対するトレーニングを実施してきた。さらに，退役軍人問題・パロ・アルト・ヘルスケア・システムの国立PTSDセンターでも働いている。トラウマティック・ストレスの専門家であり，多くの論文と，ACTをPTSDとトラウマ関連問題に適用するための『*Acceptance and Commitment Therapy for the Treatment of Post-Traumatic Stress Disorder and Traumatic Related Problems*』の著者である。

■監訳者紹介

熊野 宏昭（くまの ひろあき）
石川県生まれ。医師、臨床心理士。
1985年に東京大学医学部卒業、1995年に東京大学博士（医学）取得。東京大学心療内科医員、東北大学大学院医学系研究科人間行動学分野助手、東京大学大学院医学系研究科ストレス防御・心身医学（東京大学医学部附属病院心療内科）助教授・准教授を経て、2009年4月から、早稲田大学人間科学学術院教授。

『季刊こころのりんしょうà・la・carte（第28巻1号）特集号ACT＝ことばの力をスルリとかわす新次元の認知行動療法』（武藤崇との編著、星和書店、2009年）
『二十一世紀の自分探しプロジェクト』（サンガ新書、2009年）
『ストレスに負けない生活』（ちくま新書、2007年）

◉

高橋 史（たかはし ふみと）
秋田県生まれ。臨床心理士。
2004年に早稲田大学人間科学部を卒業。2009年に早稲田大学大学院人間科学研究科修了（博士〔人間科学〕；早稲田大学）。2009年4月から、葛飾区子ども発達センター心理発達専門員。

◉

武藤 崇（むとう たかし）
埼玉県生まれ。臨床心理士。
1992年に筑波大学第二学群人間学類を卒業、1998年に筑波大学大学院心身障害学研究科修了（博士〔心身障害学〕；筑波大学）。1998年に筑波大学心身障害学系技官、その後、同助手を経て、2001年4月から立命館大学文学部准教授、現在に至る。また、2007-2008年、ネバダ大学リノ校客員研究教授としてヘイズ博士の研究室に所属。

『季刊こころのりんしょうà・la・carte（第28巻1号）特集号ACT＝ことばの力をスルリとかわす新次元の認知行動療法』（熊野宏昭との編著、星和書店、2009年）
『臨床行動分析のABC』（米山直樹との共監訳、日本評論社、2009年）
『アクセプタンス＆コミットメント・セラピーの文脈：臨床行動分析のマインドフルな展開』（編著、ブレーン出版、2006年）

■訳者紹介

熊野　宏昭（監訳者紹介参照）

◉

高橋　史（監訳者紹介参照）

◉

黒澤　麻美（くろさわ　あさみ）
東京都生まれ。
1989年に慶應義塾大学文学部卒業。1990年より英国オックスフォード大学留学（～1993年）。1991年に慶應義塾大学大学院文学研究科修士課程修了。帰国後，複数の大学で英語講師として勤務。2005年より北里大学一般教育部専任講師。

訳書：『境界性人格障害＝BPD 実践ワークブック』（共訳，星和書店，2006年），『認知行動療法を始める人のために』（共訳，星和書店，2007年），『ACTを実践する』（共訳，星和書店，2009年）

◉

佐藤　美奈子（さとう　みなこ）
愛知県生まれ。
1992年に名古屋大学文学部文学科卒業。現在は翻訳家としての活動のかたわら，英語の学習参考書・問題集の執筆にも従事。

訳書：『わかれからの再出発（増補改訂第2版）』（共訳，星和書店，2003年），『いやな気分よ，さようなら』（共訳，星和書店，2004年），『私は病気ではない』（共訳，星和書店，2004年），『みんなで学ぶアスペルガー症候群と高機能自閉症』（共訳，星和書店，2004年），『虹の架け橋』（共訳，星和書店，2005年），『食も心もマインドフルに』（共訳，星和書店，2005年）

ACT（アクセプタンス＆コミットメント・セラピー）をまなぶ
セラピストのための機能的な臨床スキル・トレーニング・マニュアル

2009年10月10日　初版第1刷発行

著	ジェイソン・B・ルオマ　スティーブン・C・ヘイズ　ロビン・D・ウォルサー
監訳	熊野宏昭　高橋史　武藤崇
発行者	石澤雄司
発行所	株式会社 星和書店

東京都杉並区上高井戸1－2－5　〒168-0074
電話　03(3329)0031（営業）／03(3329)0033（編集）
FAX　03(5374)7186
http://www.seiwa-pb.co.jp

©2009　星和書店　　Printed in Japan　　ISBN978-4-7911-0725-4

ACT(アクセプタンス&コミットメント・セラピー)を実践する

機能的なケース・フォーミュレーションにもとづく臨床行動分析的アプローチ

[著] P・A・バッハ／D・J・モラン
[監訳] 武藤 崇／吉岡昌子／石川健介／熊野宏昭

A5判　568頁　本体価格 4,500円

本書は、アクセプタンス&コミットメント・セラピー（ACT）を、個々の治療に生かしていく方法を探求し具体的に説明する。体験の回避によって特徴づけられるような、さまざまな臨床上の問題に対して、どのようにケースを概念化していくか、ACTを実施していくか、ということを、詳細な事例を提示しながら解説する。また、本書は、行動を見るための新鮮な方法も紹介する。

第1部　ACTの原理に関するイントロダクション
ACTをはじめるにあたって／臨床行動分析と行動療法の「3つの波」／機能分析とACTのアセスメント／関係フレーム理論／ケースの概念化とは何か？

第2部　ACTにおけるケースの概念化に関する基礎
機能的にケースを概念化する／「今，この瞬間」との接触と視点取り／価値，コミットメント，そして行動の変化：3つのプロセス／アクセプタンスのプロセス

第3部　ACTを実践する
「絶望から始めよう」：「解決策」が問題である場合／マインドフルネスを臨床的なワークに取り入れる／価値のワーク／脱フュージョンと脱言語化／ウィリングネス／アクセプタンスとチェンジ／ACTというダンスの踊り方

発行：星和書店　http://www.seiwa-pb.co.jp　価格は本体(税別)です

季刊 こころのりんしょう á·la·carte

第28巻1号

[特集] **ACT**(アクト)（アクセプタンス&コミットメント・セラピー）
＝ことばの力をスルリとかわす
新次元の認知行動療法

[編集] 熊野宏昭／武藤 崇

B5判　204頁　本体価格1,600円

ACTは、認知行動療法の第3の波といわれる最新の心理療法。言葉へのとらわれという面から、症状、生きにくさをとらえ、症状をときほぐす。驚きの治療効果!!

【主な目次】特集にあたって／ACT Q&A集／座談会「ACTとは何か?」／ACTとRFTにおけるカッティング・エッジ（最先端）の探求
〈基礎編〉　臨床家のための「関係フレーム理論」入門／マインドフルネスとACT／価値とACT／治療関係とACT　ほか
〈臨床編〉　ACTに関する実証研究の展望／全般性不安障害に対する適用／思春期の初発統合失調症に対してACTを適用した症例／青年期の問題への適用／職場のストレスマネジメントへの適用／ターミナル・ケアへの展望／糖尿病治療への展望　ほか

発行：星和書店　http://www.seiwa-pb.co.jp　価格は本体（税別）です

認知療法・認知行動療法 事例検討ワークショップ (1)	伊藤絵美、 丹野義彦 編著	A5判 284p 2,800円

認知療法・認知行動療法 事例検討ワークショップ (2)	伊藤絵美、 初野直子、 腰みさき 著	A5判 292p 2,800円

認知療法実践ガイド・ 基礎から応用まで ジュディス・ベックの認知療法テキスト	ジュディス・S・ベック 著 伊藤絵美、神村栄一、 藤澤大介 訳	A5判 464p 3,900円

認知療法実践ガイド： 困難事例編 続ジュディス・ベックの認知療法テキスト	ジュディス・S・ベック 著 伊藤絵美、 佐藤美奈子 訳	A5判 552p 4,500円

認知療法全技法ガイド 対話とツールによる臨床実践のために	ロバート・L・リーヒイ 著 伊藤絵美、 佐藤美奈子 訳	A5判 616p 4,400円

発行：星和書店　　http://www.seiwa-pb.co.jp　　価格は本体（税別）です